朱岳 刘怡

贾行家

裴鹏程

得到

速通
100本经典

得到听书 编著

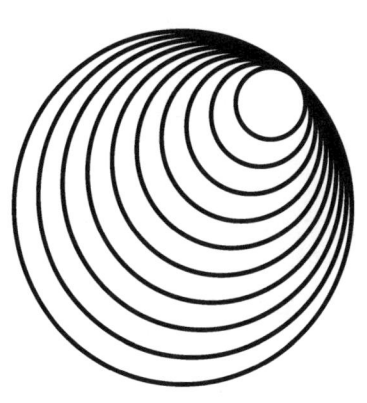

浙江人民出版社

图书在版编目（CIP）数据

得到：速通100本经典 / 得到听书编著. -- 杭州：浙江人民出版社，2024.11（2024.11重印）. -- ISBN 978-7-213-11707-7

Ⅰ．Z835

中国国家版本馆CIP数据核字第2024MC4771号

得到：速通 100 本经典
DEDAO: SUTONG YIBAI BEN JINGDIAN

得到听书　编著

出版发行	浙江人民出版社（杭州市环城北路 177 号　邮编　310006）
	市场部电话：（0571）85061682　85176516
责任编辑	尚　婧　方　程　陈　源　潘海林　昝建宇
策划编辑	陈世明
营销编辑	陈雯怡
责任校对	杨　帆　何培玉　陈　春　王欢燕　马　玉
责任印务	幸天骄
封面设计	马草地
电脑制版	北京五书同创文化发展有限公司
印　　刷	杭州丰源印刷有限公司
开　　本	880 毫米 × 1230 毫米　1/32　印　张：16.75
字　　数	434 千字　　　　　　　　　　插　页：1
版　　次	2024 年 11 月第 1 版　　　　印　次：2024 年 11 月第 2 次印刷
书　　号	ISBN 978-7-213-11707-7
定　　价	79.00 元

如发现印装质量问题，影响阅读，请与市场部联系调换。

序 言
经典，另一个读法

罗振宇

得到创始人

一

逐字逐句读才是打开经典的方式吗？

不见得。

我很早就对孔子感兴趣。上大学的时候，我把《论语》手抄了三遍。那时候读《论语》，纯粹就是青年人的好胜心——作为一个中国人，怎么能没读过《论语》呢？

当通读完《论语》，我突然发现，原来好多词我早就知道，比如温故知新、不亦乐乎、见贤思齐、适可而止……

我才意识到，《论语》不到16000个字，却为汉语贡献了近400个成语。其微言大义，已经深深嵌入了我们中国人的日常生活。

所以，什么是经典？不是有多少人读过就是经典，不是创作的时间早就是经典。经典之所以经典，恰恰是它早已"日用而不知，习焉而不察"，在不知不觉中融入了我们的生命血液。

《论语》不就是最好的例子吗？它创造了我们中国人基本的价值观和大量的高频词汇。就算你没有通读过全文，下面这些话，"人无远虑，必有近忧"，或者"己所不欲，勿施于人"，再有"三十而立，四十而不惑，五十而知天命"，听也总是听过的。

所以，我们鼓起勇气打开经典时，经常能有这种感觉："好多的老熟人啊！原来，你早就在这里了。"正如电影《一代宗师》里的那句经典台词："人世间所有的相遇，都是久别重逢。"

读经典的心境，不就是这样的吗？

二

我们经常听到一个论调：读书，一定要读经典。

比如，读美学著作，就一定要从黑格尔的那几大本美学作品读起；读历史，就一定要从《史记》《资治通鉴》读起。甚至还有人说，"活人写的书我都不读"。这好像成了读书界的一个"天然正确"的说法。

但是我最近从科学作家万维钢老师那里听到了另一个说法，很有启发。他说，以前做物理研究的时候，从来没有听过要"读经典"这个说法。

道理很简单。没有一个物理学教授会跟学生说，"你去读一读牛顿的《自然哲学的数学原理》"，或者"你去读一读爱因斯坦讲相对论的原始论文"。

先不论那些知识是否过时，就连那些经典的表述方式，都可能不如今天的一本中学物理教科书精彩。

我们的读书策略，就该是读那些还在当下世界一线的英雄豪杰所写的新书。我们要相信这些当代英雄豪杰对于原典的再解释。

这就像你此时此刻在草地上随意摘下的一朵花，其中的信息一定包含着来自几十亿年前的那些最根本的生物遗传信息，而且，那些信息以极其强悍的方式进化到此时此刻。我们绝对不会因为这朵花是新的就抛弃它而去寻找几十亿年的化石。那没有必要，对不对？此时此刻的任何一个鲜活事物，包含的信息本身就无比丰富和完整。

经典同样如此。

我们的人类文明是从经典之上衍生出来的，我们早已站在了经典之上。经典，不是我们要跪着崇拜的东西；经典，是我们要踩着它，拨弄着搜寻着它，经由它继续向前走的东西。

我们完全可以通过对经典的各种方式、各种姿势的阅读，完成对于那些人类文明基座的一次次回眸。

三

书，不是我们的神，而是我们的兵。

Visa（维萨）信用卡系统创始人迪伊·霍克也有一句类似的话："读书时不要像狗服从主人，而要像老鹰搜寻猎物。"

如果将书当作书架上的神灵，只要是被称为经典的都要读，那读到海枯石烂也读不完。那么，这就给"速通"的读法提供了一种可能。

你可能会说，读书怎么能不求甚解呢？是的，读书快，在我们通常的读书概念中，是有某种"政治不正确"含义的。能逐字阅读、准确理解，当然是一种能力。然而，还有另一种阅读能力更值得建构，那就是快。

风物长宜放眼量。用快速的方法结缘，等待机缘成熟，也是一个读法。不用害怕你没有读透这本书，哪怕和它打个照面，再随手抛开，谁知道多少年后，会不会有一个特别的机缘，再结出奇妙的果实呢？

在"速通"背景下，人和书之间真实的关系就应该是：读书的自己如大帅临阵，手下良将如云。

你就是帝王,在阅读的世界里,你有你的精神王国疆土,书是你手下的天兵天将。你知道,你有哪些部队,指挥官在哪里,他们各有什么样的战斗力。如果边关有事,你知道怎么调动他们。明白这些,就足够了。

而这本《得到:速通100本经典》解决的就是这件事。

我们从文学名著、人文社科、商业视野、科学素养、思维工具五大知识模块中,精选出100本经典,在呈现原书核心内容的同时,使你如同逛公园一样轻松地领略那些过去不敢触碰的经典大部头。

我们希望,不管这些经典多么威风凛凛,你都能把它们变成自己的修行,变成进步路上的阶梯。去踩着它们,去速通它们,同时,对它们心存感激。而不要去跪拜它们,不要去臣服它们。

经典,需要有另一个读法。

目 录

第一模块　文学名著篇

01 |《百年孤独》：魔幻现实主义的扛鼎之作　/003
02 |《悲惨世界》：一部人类苦难的百科全书　/009
03 |《变形记》：一部现实主义的变形神话　/015
04 |《浮士德》：歌德倾注60年心血的巨著　/020
05 |《荷马史诗》：西方文学的起源　/027
06 |《红楼梦》：古代社会、传统文化与复杂人性的样本　/034
07 |《麦田里的守望者》：一部反抗成人世界的青春史诗　/041
08 |《人间失格》：广受争议的"丧文化"经典　/047
09 |《人类群星闪耀时》：什么样的瞬间会决定历史？　/052
10 |《人性的枷锁》：名作家毛姆的人生之书　/058
11 |《三国演义》：中国人品格的大百科　/063
12 |《神曲》：关于爱的不朽诗篇　/069
13 |《十八岁出门远行》：余华创作生涯原点　/075
14 |《水浒传》：它的主题从来就不是打打杀杀　/080
15 |《我的名字叫红》：细密画中的传统与人性之争　/086
16 |《雾都孤儿》：现实主义的丑小鸭童话　/093
17 |《西游记》：直面人心的神魔经典小说　/098

18 | 《喧哗与骚动》：什么是意识流小说？ /104

19 | 《樱桃园》：认识作为"戏剧家"的契诃夫 /109

20 | 《追风筝的人》：一个勾勒人性的阿富汗故事 /114

第二模块　人文社科篇

21 | 《悲剧的诞生》：古希腊悲剧的意义何在？ /121

22 | 《沉思录》：如何保持内心的宁静？ /126

23 | 《第二性》：如何理解女性？ /131

24 | 《洞穴奇案》：人吃人的案件应该怎么判？ /136

25 | 《规训与惩罚》：权力如何造就控制？ /141

26 | 霍布斯鲍姆"年代四部曲"：关于现代世界史的史诗巨著 /146

27 | 《旧制度与大革命》：法国大革命爆发的直接动力是什么？ /153

28 | 《菊与刀》：日本文化的两面性 /157

29 | 康德"三大批判"：西方哲学绕不过去的巅峰 /161

30 | 《理解媒介》：媒介如何影响生活？ /166

31 | 《理想国》：正义何以重要？ /171

32 | 《论法的精神》：人类思想史上里程碑式的作品 /176

33 | 《论犯罪与刑罚》：为什么有人主张废除死刑？ /181

34 | 《罗马帝国衰亡史》：通史研究奠基之作 /186

35 | 《美的历程》：中国古代艺术到底美在何处？ /191

36 | 《美术、神话与祭祀》：揭示中华文明的底层密码 /196

37 | 《枪炮、病菌与钢铁》：为什么富国基本在北半球？ /201

38 | 《人类简史》：人类和动物最本质的区别是什么？ /206

39 | 《社会契约论》：现代国家何以可能？ /212

40 | 《梳毛、八卦及语言的进化》：我们为什么爱聊八卦？ /217

41 | 《天朝的崩溃》：中国近代史的开端 /222

42 | 《万历十五年》：史上最牛的罢工皇帝 /227

43 | 《乡土中国》：中国传统社会的底色 /232

44 | 《想象的共同体》：民族是如何形成的？ /236

45 | 《战争史》：为什么文化才是影响战争的第一要素？ /241

46 | 《长和平》：大国竞争为什么未必导向战争？ /246

47 | 《政治秩序的起源》：政治秩序的过去与未来 /251

48 | 《中国历代政治得失》：看懂中国传统政治 /257

49 | 《中国文化的精神》：中国传统文化的内核与底层逻辑 /262

50 | 《中国艺术与文化》：全球视野里的中国艺术 /266

第三模块　商业视野篇

51 | 《21世纪资本论》：贫富分化加剧的根本动因是什么？ /273

52 | 《巴菲特传》：股神的成长之路 /278

53 | 《财富的起源》：以进化视角重新理解增长之谜 /283

54 | 《大转型》：为什么不受干预的自由市场是乌托邦？ /288

55 | 《定位》：在竞争中胜出的营销之道 /293

56 | 《反脆弱》：为什么说压力和混乱可能会成就你？ /298

57 | 《富爸爸穷爸爸》：金钱观如何改变人的行为模式？ /302

58 | 《国富论》：现代经济学的拂晓 /307

59 | 《合作的进化》：博弈常胜的策略是"一报还一报" /313

60 |《黑天鹅》：如何应对不可知的未来？ /318

61 |《美国增长的起落》：一部美国百年经济史巨作 /322

62 |《灭火》：美国金融危机最深刻教训是什么？ /327

63 |《纳瓦尔宝典》：如何过上更富有、更幸福的人生？ /332

64 |《穷查理宝典》：查理·芒格的智慧箴言录 /336

65 |《史蒂夫·乔布斯传》：真实的乔布斯是什么样的？ /341

66 |《思考，快与慢》：大脑是如何思考的？ /346

67 |《逃不开的经济周期》：经济盛衰轮回的秘密 /350

68 |《原则》：为什么你需要成为一个"专业犯错者"？ /355

69 |《助推》：怎样无痛养成一个好习惯？ /360

70 |《卓有成效的管理者》：人人都是管理者 /365

第四模块　科学素养篇

71 |《别闹了，费曼先生》："科学顽童"的关键特质 /373

72 |《从一到无穷大》：那些反直觉的数学问题 /378

73 |《规模》：变大到底意味着什么？ /383

74 |《科学革命的结构》：如何理解科学的进步？ /389

75 |《上帝掷骰子吗？》：量子论是如何颠覆人类认知的？ /394

76 |《时间简史》：可能是知名度最高的科普经典 /399

77 |《宇宙的琴弦》：为什么说宇宙空间是十维的？ /403

78 |《怎样解题》：解决问题的底层心法 /408

79 |《众病之王》：癌症到底能不能被治愈？ /412

80 |《自私的基因》：为什么人类生来自私？ /416

第五模块　思维工具篇

81 ｜《爱的艺术》：爱有没有方法可循？　/423

82 ｜《被讨厌的勇气》：什么是这个时代的"精英精神"？　/428

83 ｜《非暴力沟通》：如何让人与人之间充满善意？　/433

84 ｜《福格行为模型》：如何让改变发生？　/438

85 ｜《广场与高塔》：用网络重新理解历史　/443

86 ｜《金字塔原理》：一个解决问题的武器库　/448

87 ｜《巨人的工具》：如何掌握"牛人"的工作方法？　/453

88 ｜《刻意练习》：天才是掌握了这些方法的人　/459

89 ｜《理性乐观派》：用什么样的心态看未来？　/464

90 ｜《模型思维》：如何用模型理解世界？　/469

91 ｜《清单革命》：怎样在复杂世界把事做对？　/474

92 ｜《人性的弱点》：如何成为人际交往高手？　/478

93 ｜《少有人走的路》：如何成为一个心智成熟的人？　/483

94 ｜《深度工作》：如何成为职场"开挂达人"？　/488

95 ｜《心流》：如何运用心流提升生活质量？　/493

96 ｜《学会提问》：如何成为一个批判性思考者？　/497

97 ｜《园丁与木匠》：如何做优秀的父母？　/502

98 ｜《掌控习惯》：怎样用四个步骤改变人生？　/507

99 ｜《书读完了》：一套打通古今中外知识的阅读方法　/512

100 ｜共创第 100 本经典：写下你心中的好书　/517

附　录　/519

{第一模块}
文学名著篇

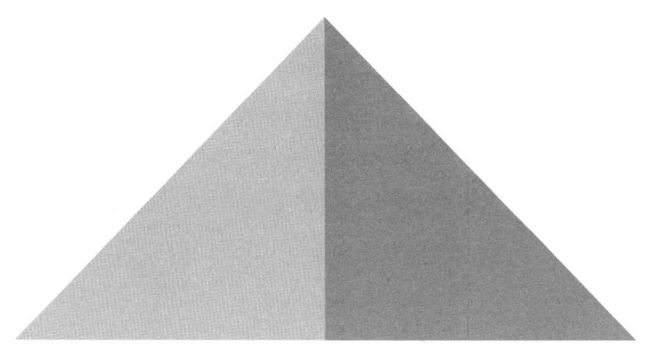

01 | 《百年孤独》
魔幻现实主义的扛鼎之作

李翔[①]

即使没有读过《百年孤独》的人,肯定也听说过这本书。从1967年出版以来,《百年孤独》被译为40多种语言,全球销量超过5000万册。这本书的作者是哥伦比亚作家加西亚·马尔克斯,他是拉丁美洲魔幻现实主义文学代表人物,从20世纪50年代开始出版文学作品,于1982年获诺贝尔文学奖。

在读者眼里,《百年孤独》的口碑是两极的:有人认为非常好看,也有人觉得根本读不下去。大家读不下去的原因可能和这本书的写法有关。这本书没有一个从头到尾的故事,也没有绝对的主角,甚至说不上有主题。在这本书里,一个故事将要结束,另一个故事马上开启,同时故事嵌套故事,人物之间有着千丝万缕的关系,更别提书中还有马尔克斯喜欢用的长句子以及魔幻现实主义的风格。

1.马尔克斯在什么情况下写出了这部小说?

马尔克斯出过一本自传。自传一开头写的就是,他告诉母亲,他不会按照家里人的规划(在大学学完法律,然后当一名律师,最后过上中产阶级的生活)去生活,他想当一名作家。

作为跳板,他先进入了新闻行业。一开始,马尔克斯在哥伦比亚的首都当记者,后来被派到欧洲去做驻外记者。不过,和很多想转型

---

① 李翔,资深媒体人,曾任得到App总编辑。著有《趋势》《详谈》系列。

成为作家的记者一样,马尔克斯面对着两个问题。第一个问题是穷,他曾经穷到在巴黎的垃圾桶里找吃的。第二个问题是,他认为新闻工作在消耗他,但他又没有办法马上获得文学上的成功。

他就是在这种处境下开始《百年孤独》的写作的。后来,这个过程被神化了。按照公开的说法,他在一次开车带着家人从墨西哥回家的路上,没走多远,"不知从何而来,小说的第一个句子出现在他的脑海。在这个句子之后,虽然看不见但很明白的是,整部小说,仿佛从天庭直接聆听书写下载而来,强而有力,如魔法般无可抗拒"。

最终他写完《百年孤独》时,是一个上午的11点。马尔克斯回忆,当时家里只有他一个人,他打电话想告诉朋友,可是又找不到人。接下来,他陷入一种多年忙于做一件事但突然做完又不知道该干什么的困惑之中。这时,他看到一只蓝色的猫走进房间,心想:嗯,可能这本书会卖得好。

这本书有很多种解读。其中一种解读,把它同哥伦比亚以及拉丁美洲的政治局势联系在一起。如果仅仅从这个视角来看待《百年孤独》,还是把这本书的格局看小了。《百年孤独》之所以能成为一本全球畅销书,并且在文学已经不再是主流的年代掀起一阵阅读狂潮,跟它具有超越了某个民族、某个国家的共性有关。著名文学评论家布鲁姆就说过,《百年孤独》不是关于某个国家的人的故事,而是关于整个人类的故事。

2.人物分类和故事主线

如果一定要对这本书进行概括,那么这本书讲述的是一个家族七代人的兴衰。其中每一个出场的人物,都有自己完整的形象和故事情节。可以说,随着时间线推移,主角轮流当。

马尔克斯设定的时间框架是"百年",不是精准的100年,而是一个家族完成一个兴衰周期的时间长度。小说也设定了一个空间框架，所有故事都发生在一个叫"马孔多"的小镇上。马尔克斯创造出了一个"马孔多宇宙"。

小说的主要出场人物来自一个家族，叫布恩迪亚家族。马孔多这个地方，由布恩迪亚家族开创，同时伴随着最后一个家族成员的去世而消亡。这个家族七代人的命运，就是这本书要讲的故事。

在小说里，这个家族的命运其实早已经被写好了。书里出现过一位吉卜赛魔法师。这位魔法师跟这个家族的交情很深。他留下了一册羊皮卷，羊皮卷上明明白白地记载了这个家族的历史。只不过，羊皮卷是用梵文写的，需要破解。

家族第六代的一位男性，就用了相当长的时间来破解这个羊皮卷。不过，就算破解出来也没什么用，因为破解羊皮卷的过程和家族命运的进程是同步的。羊皮卷上记载的事情都已经发生，没有办法挽回。

我们可以用开拓者、权势者、纵欲者和沉思者来概括他们。这四种人格在家族的成员中交替出现。我挑选出了四个人，他们是家族里最典型的四个人。

羊皮卷上的一句话概括了这个家族的命运："家族的第一个人被捆在树上，最后一个人正被蚂蚁吃掉。"

家族的第一个人，就是开拓者。他是马孔多的创建者。开拓者娶了自己的一位表亲。这就带来了一个恐惧：近亲结婚，据说会生下一个有猪尾巴的孩子。他们非常庆幸，自己生下来的两个儿子和一个女儿都非常健康，准确地说，都没有猪尾巴。

开拓者是一个非常有能力的人。他把各家房屋的位置安排得井井有条，对所有未知的事物充满了好奇和探索。比如，他曾经试图用放大镜来制造武器，还研究过炼金术。他是那位吉卜赛魔法师的好朋友。但是，在生命的后半段，开拓者完全沉浸在了自己的世界里，最终疯狂。后来，他一直被捆在院子里的树上，头上搭着凉棚，直到死去。

权势者是家族第二代中的佼佼者。《百年孤独》的第一句话是："多年以后，面对行刑队，奥雷里亚诺·布恩迪亚上校将会回想起父亲带他去见识冰块的那个遥远的下午。"

奥雷里亚诺上校就是那个权势者。他是革命军的领导者，掀起了席卷全国的战争，一度甚至有可能推翻政府，成为执政者。他是家族中成就最高的人。按照马尔克斯的叙述，奥雷里亚诺上校发动过32场武装起义，逃过14次暗杀、73次伏击和1次枪决。他只受过一次伤，原因是自杀未遂。

在这个传奇军人不断逼近权力巅峰的过程中，马尔克斯用一些非常有意思的细节来表明权力对他的影响。当决定要枪毙自己惺惺相惜的对手时，他说："不是我要枪毙你，是革命要枪毙你。"他的对手回嘴说："见鬼去吧，老兄。"然后，他的对手说了一句非常经典的话："我担心的是，你那么憎恨军人，跟他们斗了那么久，琢磨了他们那么久，最终却变得和他们一样。人世间没有任何理想值得以这样的沉沦作为代价。"

失败拯救了他，把他从这个原地打转的战争里拉了出来。余生之中，他都待在父亲留下的炼金实验室里，把黄金铸造成小金鱼。开始的时候，他还把小金鱼拿出去卖，把换回来的黄金再铸成小金鱼。后来，做完之后，他就直接将其重新熔化，周而复始这个过程，直到死去。

家族第三代有一个小权势者。在奥雷里亚诺上校出门远征，到全国各地打游击的时候，这个小权势者就成了马孔多的统治者。小权势者变成了人人讨厌的独裁者，最后被政府军枪杀了。

家族的第三代是过渡的一代。他们是父辈成就的牺牲品。政府因为忌惮奥雷里亚诺上校，便对他的后代进行了报复。所以，家族第三代男性全都死于非命。

纵欲者是家族第四代的一个代表人物。纵欲者是双胞胎之一。他的一个情人拥有一种魔力，就是可以让包括奶牛在内的家畜飞快繁衍。他就这样发达了起来。

他并没有娶自己的情人。他娶的是另一个出身于没落的贵族家庭的女人，这个女人从小就被当作女王培养。讽刺的是，纵欲者最后是饿死的。在马孔多下了四年十一个月零两天的大雨之后，家畜纷纷死掉，他就像被一双大钳子扼住了咽喉一样，不要说吃东西，连呼吸、说话都困难。

从纵欲者这一代开始，家族的命运开始由盛转衰。

纵欲者的女儿有一个私生子，就是沉思者。沉思者是家族第六代中唯一一位男性，也是最终破解了吉卜赛魔法师留下的记载了家族命运的羊皮卷的人。

沉思者年轻时被囚禁在家里，不允许外出。魔法师的鬼魂会跟他交谈，告诉他家族的往事，还指导他如何破解羊皮卷。沉思者与自己的姨妈乱伦，生下了一个有猪尾巴的儿子。然后，母亲死于产后失血过多。父亲非常悲痛，离开家去找自己的朋友。婴儿被一群蚂蚁拖了出来，给吃掉了。羊皮卷上所有的话都应验了："家族的第一个人被捆在树上，最后一个人正被蚂蚁吃掉。"

一场《圣经》中才有的飓风，把马孔多这个小镇从地球上彻底抹掉了。

3. 理解《百年孤独》的三个关键词

开拓、权势、纵欲、沉思四种特征，在家族七代人身上，其实是不断重复出现的，甚至是有所交叉的。理解这部小说的一个关键词是"重复"，或者用我们喜欢说的词，就是"轮回"。

关于"重复"这一点，我们从家族成员的名字上就可以看出。很多人读《百年孤独》时的一个特别大的困惑就是：搞不清楚到底谁是谁,以及谁跟谁又是什么关系。而且,很多名字会反复出现,明明是不同代的人,却有着相同的名字。因为家族在给后代取名字时,会从长辈的名字中挑选。在早期的《百年孤独》版本里,马尔克斯本人也搞混过,弄错了人物之间的辈分关系。

名字代表着命运,一方面代表着叫这个名字的人的命运,另一方面代表着整个家族在重复中向前推进。《百年孤独》里有一句话:"这个家族的历史不过是一系列无可改变的重复,若不是车轴在进程中必不可免地磨损,这旋转的车轮将永远滚动下去。"

理解这部小说的另外两个关键词是"权力"和"爱情"。权力和爱情其实是马尔克斯的作品中两个永恒的主题。他擅长写权力和爱情对人的改变。人会为爱情痴迷,也会为权力痴迷。后果都是惊人的。

4.结语

《百年孤独》漫长的七代人历史,其实就是权力和爱情的不断重复。这里的权力,有时是权势者那种直接的军事权力,有时是家族内部族长的权力。权力造就权势者,造就族长,造就小独裁者。这里的爱情,有时是古典意义上对爱情的追逐,有时则表现为欲望的满足。爱情造就了纵欲者,也让沉思者走向灭亡。它们不断重复,直到家族命运走向终结。

02 ｜《悲惨世界》
一部人类苦难的百科全书

邓一丁[①]

《悲惨世界》是法国文豪维克多·雨果的代表作，描写了1789年法国大革命至1832年巴黎共和党人起义这段波澜壮阔的历史中的一段传奇。原书出版于1862年，是19世纪最具影响力的小说之一，至今仍被公认为世界文学经典。

18世纪末至19世纪上半叶的法国社会处于剧烈的动荡之中。半个世纪间，大革命推翻波旁王朝；革命党建立法兰西第一共和国；拿破仑建立独裁政府；法兰西第一帝国在对外战争中接连取胜，又在远征俄罗斯时严重受挫；拿破仑短暂退位后再度夺权，却在滑铁卢遭遇惨败而被放逐；波旁王朝复辟；此后是路易·菲利普的七月王朝，二月革命建立的法兰西第二共和国……这段历史的大部分被写进了《悲惨世界》，而在书外，雨果也亲历了历史的动荡。他将目光投向了在这段历史中艰难求存的底层民众，对怀揣共和理想的革命者报以极大的同情。他也认真思考着许多与现实相关的政治问题：法国的政体，法国政府的运作逻辑，以及法国人民的命运和未来。

以今天的眼光来看，这部小说的写作方式很不寻常。在主线情节以外，雨果时常直接与读者展开对话，真诚地宣讲自己的政治思想，抒发他对动荡时局的慨叹。此外，书中还时常出现一些更加"离题"的内容。雨果会用数十页的篇幅详细描述当时一位主教的生活细节、

[①] 邓一丁，得到听书专职作者。

巴黎下水道的建筑方式、滑铁卢战争的历史、俚语的词源、修道院的组织形式……喜爱雨果的读者认为，这些内容精确还原了那个年代法国社会生活的细节；而批评者则称，雨果的写作松散无度。这些内容和主线情节一起，串联成这部百万言的厚重经典。巨大的篇幅，略显任性的写法，以及历史的隔阂，都会令初读此书的现代读者感到有挑战，但耐心进入后，这本书将像一个细节俱在的庞大世界般展开，令读者深深沉浸其中。

《悲惨世界》共分为五部，我们依次来了解这部经典的核心内容。

1. 第一部：芳汀

时间来到1815年，在法国南部城市迪涅，一位名叫冉阿让的囚犯刚刚获释不久。19年前，他曾为拯救饥饿的姐姐一家人偷窃了面包，被判刑五年。服刑期间，他又屡次越狱失败，刑期最终延长到了19年。出狱后，他必须随身携带一张黄色的假释条，定期向假释官报到。由于这张屈辱的假释条，他无法找到谋生的差事，甚至被旅店拒绝入住，只能露宿街头。

阴差阳错，冉阿让敲开了当地主教米里哀的家门。米里哀是一个圣人般的角色。作为当地主教，他享受着巨额的薪酬，却将所有钱财都用于接济穷人。米里哀慷慨地接纳了冉阿让，用丰盛的食物招待他，又留他过夜。但此时的冉阿让内心满怀对世界的苦毒，无法信赖任何人。于是，他趁夜偷走了主教的银餐具——那几乎是主教家里唯一值钱的东西，随后他被逮捕了。

没想到，米里哀主教居然向警察解释，银餐具是自己送给冉阿让的礼物。他还将一对银烛台也送给了冉阿让。警察走后，主教和冉阿让谈话，要求冉阿让从此做一个正直的人。如此善举感化了冉阿让。冉阿让撕掉假释条，决心改头换面。从这以后，化名马德兰的冉阿让靠主教赠予的贵重银器起家，凭借勤劳和智慧做到了工厂主，还当选为市长。当然，在警局里，冉阿让仍然是多年前失踪的逃犯。

这时，在巴黎城里，美丽的少女芳汀遭人诱惑，未婚生下女儿珂赛特。她出身贫寒，无力独自抚养女儿，只能把珂赛特寄养在酒店老板泰纳迪埃夫妇家里，自己来到马德兰的工厂打工。马德兰为人善良、正直，但厂里的工头待人苛刻。工头查出芳汀有一个私生女，借机将芳汀赶出了工厂。芳汀走投无路，沦为妓女。一次，她遭人调戏，反抗时打伤了此人，被抓进了警局。

此时，和马德兰缠斗一生的对手出场了。当地的警长沙威是一个一丝不苟、崇尚绝对正义的执法者。他认定芳汀违法，正要判她六个月监禁，没想到马德兰及时赶到，动用市长威严救走了芳汀。沙威因此对马德兰心怀不满。更麻烦的是，沙威早年见过服刑的冉阿让，眼前这个市长的面容引起了他的怀疑。他又目睹马德兰亲手救出一位被压在马车下的老者，想起当年的苦役犯冉阿让也有同样神力。沙威决心调查马德兰。恰在此时，有消息传来，多年在逃的冉阿让已被抓捕归案。这时，沙威和马德兰的内心都陷入了纠结。马德兰心知落网的"逃犯"只是一个长得很像自己的无辜之人，但自己多年挣来了美好生活，又肩负厂主和市长的职责，实在难以抽身自首。一番挣扎后，他还是想起了米里哀主教当年的嘱托，向法院坦白了自己的身份。沙威逮捕了冉阿让，而被冉阿让救出的少女芳汀也在贫病中悲惨地死去。

2. 第二部：珂赛特

冉阿让被捕后再次逃脱，并巧遇芳汀的女儿珂赛特。冉阿让跟随珂赛特来到住处，发现旅店老板泰纳迪埃夫妇为人奸诈，他们极度溺爱自己的孩子，却虐待珂赛特，让她承担繁重的劳务。这里多说一句，如今众多版本的《悲惨世界》常用一个面容悲伤的女孩作为封面，这个楚楚可怜的女孩来自初版《悲惨世界》中的版画插图，描绘的正是生活困苦的珂赛特。

冉阿让花重金赎走了珂赛特，将她收为养女。在沙威的追捕下，父女二人逃进一座修道院。无巧不成书，修道院的园丁正是冉阿让当年出手从马车下救出的老者。他收留了落魄的父女二人。冉阿让成为园丁，珂赛特也进入修道院学习，他们度过了几年平静的时光。

3. 第三部：马吕斯

在小说的第三部里，重要的新角色——青年马吕斯登场。马吕斯的外祖父拥护波旁王朝，而马吕斯的父亲曾是拿破仑的部下，两个人因水火不容的政治立场而决裂。马吕斯从小跟着外祖父长大，原本同情保皇党，但在心智成熟后，他的政治立场又彻底倒向了父亲这边。此时，马吕斯的父亲已经去世，马吕斯常常偷偷去祭拜父亲，在外祖父知晓此事后被逐出了家门。

马吕斯得知亡父的嘱托：要向一位名叫泰纳迪埃的救命恩人报恩。这个泰纳迪埃正是此前受芳汀之托收留珂赛特的旅店老板，是一个唯利是图的小人。他救助马吕斯父亲这件事纯属意外，马吕斯当然不知此中内情。

马吕斯在巴黎的卢森堡公园散步时偶遇了冉阿让和珂赛特，对这位出落得十分美丽的少女一见倾心。此时，泰纳迪埃一家由于法国社会动荡而破产，改换了姓名，在巴黎落脚，他们的邻居正是马吕斯。

正所谓冤家路窄，泰纳迪埃一家在接受一位慈善家的救济时，认出了这位慈善家正是当年逃走的冉阿让。他们决定报复冉阿让，趁机勒索钱财。马吕斯此时得知自己那户行迹猥琐的邻居正是父亲当年的"救命恩人"，又见他们即将与自己爱慕的少女的父亲相争，心中产生了剧烈的冲突。冉阿让与泰纳迪埃一番相争后逃走。

4. 第四部：卜吕梅街的儿女情和圣德尼街的英雄血

时值巴黎共和党人六月起义前夕，时局动荡，冉阿让又遇到冤家泰纳迪埃，决心带养女逃亡英国。此时，珂赛特却和马吕斯互诉衷肠，两个年轻人一见钟情。然而，冉阿让去意已决。得知珂赛特即将离自己而去，马吕斯肝肠寸断，绝望中加入了起义。

心怀共和理想的青年学生掀起暴动，在巴黎街头建起堡垒，和警方对峙。警长沙威乔装打扮混入革命者队伍，打算刺探情报，却被识破，并被抓了起来。另一边，马吕斯在暴动中表现英勇。他本就同情共和主张，又被绝望的爱情冲击了理智，此时已决心将生命献给革命。珂赛特托人给马吕斯送来一封信，马吕斯却以诀别信答复。这封信并没送到珂赛特手中，而是被冉阿让截获了。此时，冉阿让再次面临内心的挣扎。他想带珂赛特出国，远走高飞，从此过上平安的生活。可是，珂赛特已深深爱上马吕斯。他是否要尊重养女自由的选择呢？冉阿让心中没有确定的答案，他穿上国民警卫队的制服，躲过警察的封锁，来到了革命者中间。

5. 第五部：冉阿让

此时的冉阿让并不确定自己是来拯救马吕斯的，还是来干掉他的。警方和起义者的对峙已进入白热化，青年学生们陷入了绝境。他们决定处死手中的间谍沙威，而冉阿让主动请命对沙威执行死刑，却在僻静处放走了沙威。

在下一场战斗中，马吕斯受伤昏迷，冉阿让背起马吕斯，从下水道中逃走。老少二人满身污泥地逃出下水道，却遇到了沙威。沙威本想逮捕二人，但此时他的内心正发生着剧烈的挣扎。他曾是法律坚定的维护者，但眼见自己追踪多年的逃犯冉阿让一再舍身救人，心中对法律的信念发生了前所未有的动摇。他独自回到警局，不忍再对冉阿让实施逮捕，但他又无法接受自己的渎职。终于，在矛盾中，沙威投入塞纳河，了结了自己的一生。

此时，起义的风波已然平息。马吕斯和珂赛特这对有情人欢喜重逢，即将成婚。冉阿让祝福二人，并送给二人巨额财产。冉阿让在婚礼后向马吕斯坦白，自己是在逃多年的苦役犯。马吕斯对冉阿让的为人并不了解，甚至不知当初救下自己性命的正是冉阿让。他残酷地赶走了冉阿让，要求冉阿让不再和自己的新婚妻子往来。冉阿让沉默地独自离开，因内心的痛苦而卧病在床。

这时，奸邪的泰纳迪埃再次出现，他本想向马吕斯说明冉阿让的真实身份，借机勒索钱财，却意外地让马吕斯了解到冉阿让正是自己的救命恩人。马吕斯愤怒地用钱砸跑了泰纳迪埃，命令他永远消失。泰纳迪埃从此离开了法国，去往美洲，做了卑劣的奴隶贩子。

马吕斯向珂赛特说明情况，这对新婚夫妇赶在冉阿让弥留之际来到他身边。冉阿让这时才向养女坦白了自己真实的过往，完成了埋藏在心底的忏悔，安详地离世。

6. 结语

《悲惨世界》自问世之日起畅销不衰，也因其充满戏剧张力的情节被改编成话剧、电影和音乐剧。这个传奇故事的底层是历史变迁中下层民众可悲可叹、可歌可泣的命运。雨果为这本书所写的简短序言或许可以说明这部杰作的价值：

> 只要因法律和习俗所造成的社会压迫还存在一天，在文明鼎盛时期人为地把人间变成地狱并使人类与生俱来的幸运遭受不可避免的灾祸；只要本世纪的三个问题——贫穷使男子潦倒，饥饿使妇女堕落，黑暗使儿童羸弱——还得不到解决；只要在某些地区还可能发生社会的毒害，换句话说，同时也是从更广的意义来说，只要这世界上还有愚昧和困苦，那么，和本书同一性质的作品都不会是无益的。①

---

① ［法］雨果. 悲惨世界［M］. 李丹，方于，译. 北京：人民文学出版社，1992.

03 | 《变形记》
一部现实主义的变形神话

李迪迪[①]

《变形记》是奥地利小说家卡夫卡著名的中篇小说,完成于1912年,出版于1915年。小说主人公格里高尔·萨姆沙是一家公司的旅行推销员,用自我牺牲的爱守护着整个家庭。一天清晨醒来时,他变成了甲虫,不仅丧失了生活和工作能力,还被视为家庭的负担和耻辱,父母、妹妹对他的态度骤然反转,最终,格里高尔在饥饿中孤独地死去。

虽然《变形记》以超现实的设定开篇,但它展开的逻辑完全是现实主义的。这让它产生了诡异的噩梦般的气质,这是卡夫卡独有的气质。小说用精确如科学家的笔触和敏感的艺术家之心描绘出了一个充满悖谬的世界。变成虫子后的格里高尔越发显露出他美好的人性,而相比之下,他的家人才更像变形者:他们从温情脉脉的家人变成了冷酷无情的陌生人。

1.《变形记》在文学史上的地位

《变形记》是卡夫卡为数不多的在生前发表的作品。如今,这个故事早已家喻户晓,还入选了中国高中语文教材,对文学史的影响非常深远。马尔克斯曾经说,正是《变形记》的开头让他明白了小说原来还可以这么写:"一天早晨,格里高尔·萨姆沙醒来,发现自己

---

① 李迪迪,译者,南京大学比较文学与世界文学博士。

变成了大甲虫。"接下来，卡夫卡对格里高尔变成甲虫这件事没做任何解释，格里高尔和他的家人也没去想他为什么就变成了甲虫，故事就以这么不讲道理的魔幻开头，顺着完全现实的逻辑进行了下去。当时，还在读大一的马尔克斯立刻开了窍："我姥姥不也是这么讲故事的吗？"他从此走上了文学道路。可以说，没有《变形记》，就没有《百年孤独》和魔幻现实主义。

没错，我们的祖先都是这样讲故事的。我们不妨回忆一下小时候听过的神话传说，跨物种的变形是多么容易发生。这是因为我们的祖先相信灵魂是不灭的，并且可以在不同物种之间轮转。西方神话传说里的变形通常来自更高一级的神力，比如神明的诅咒或赐福，故事的重点在于变形的原因，变形是故事的结局；而中国古代的变形故事通常来自个体的主观意愿或者修炼多年后获得的本领，带有很强烈的主体性，变形是故事的开始。

卡夫卡既熟悉古希腊、古罗马的变形神话，也研究过《聊斋志异》的德译本，他曾在给友人的信中赞叹说："这些中国鬼怪故事真是精妙绝伦。"他的《变形记》更像一个"中国鬼怪故事"。变形是故事的开始，重点在于变成其他物种后如何与人类相处。人物的变形也并非来自神明的诅咒，更像来自他深藏的痛苦和觉醒的自我意识。

2.小说第一句话就暗示了整个故事

卡夫卡被称为"寓言作家"，他既不会随随便便给人物起名字，也不会随便使用任何一个词。所以，我们先说说主人公格里高尔·萨姆沙的名字。格里高尔（Gregor）在德语中是"守护者"的意思，萨姆沙（Samsa，读音为zamza）是姓，其德语拼写跟卡夫卡（Kafka）结构一致，用意明显。故事中，格里高尔是一个旅行推销员，这是非常辛苦的工作。他需要每天清晨四点起床，赶早上五点的火车，这样的生活已经像钟表一样雷打不动地过了五年。而他之所以这么拼，是因为他的父亲破产了，欠下这家公司一大笔债务，而且也不打算工作了；他的母亲有气喘病，只能待在家里；妹妹格蕾特（Grete）17岁，还不能工作。顺便说一句，"Grete"是"Gregor"的阴性变体。格里高尔极端内向、被动、敏感、压抑；而格蕾特是他的反面，外向、阳光、直爽，充满青春活力。格里高尔很宠爱妹妹。因为妹妹喜欢小提琴，格里高尔就暗下决心，一定要送她去音乐学院读书，这可是他们的父母连想都不敢想的。格里高尔有强烈的家庭责任感，他的目标不仅是还清负债，还要维持一家人体面的中产生活。所以，五年来，家人住的是他租下的一套舒适的大公寓，还雇有一个女佣、一个厨娘。总之，变形前，年轻的格里高尔是整个家庭唯一的经济来源，他用生命在赚钱，是整个家庭的守护者。

说完了主人公的名字，我们再来说甲虫（ungeziefer）。在德语中，这个词并不是中性的，它指的是害虫或者有害的动物（害畜）。它的词源是中古高地德语中的两个词，大意是"不洁而无法用以献祭的牲畜"，马丁·路德曾经在《圣经》的德译本中使用这个词，后被用来指不信基督教的犹太人。

这样看来，小说的第一句话其实已经暗示了整个故事：一个家庭守护者一觉醒来变成了一只害虫。

3.为什么称卡夫卡为"噩梦艺术家"？

卡夫卡的语言如科学家般精确和冷静，充满不厌其烦的细节和诡异的氛围。小说的设定是超现实的，展开的逻辑却完全是现实主义的。这让小说充满悖谬，也弥漫着噩梦般的气质。这是卡夫卡独有的气质，因此，他被称为"噩梦艺术家"。有一个词叫"卡夫卡式的"（Kafkaesque），专门用来形容生活中这种噩梦般的感觉：厄运莫名地降临，人物用一股几乎不可摧毁的执拗去反抗，但是没有任何获胜的机会。

一个世纪以来，人们用不同的方式对这个故事进行解读。人们最容易想到的是，格里高尔变形这件事，其实是在说一个人突然病了。他也许是身体病了，也许是精神病了。总之，他丧失了社会功能。这就像一个实验，用来检验他所生存的家庭，用来检验人性。当然，人性是经不起检验的。

或者，我们可以认为，这个故事其实是在说一个人突然不想再拼命工作了，不想再做"爱的受虐者"了，他想为自己而活，哪怕只是像一只甲虫一样孤独而无害地活着。这是多么卑微的反抗，然而在家人看来，这样活着还不如死了好。

又或者，我们可以借着这个故事对卡夫卡进行精神分析，我们会发现他写的是他对父亲的深深恐惧，以及他既想逃离又不敢逃离的矛盾内心造成的对家庭的负罪感。现实中，卡夫卡是一家保险公司的职员，白天上班，兢兢业业，晚上写作，呕心沥血。这导致他41岁就死于肺结核。卡夫卡的父亲确实如故事中的父亲一般，是威权的化身，对儿子充满轻蔑。这让他成为一个精神上的施虐者，导致卡夫卡始终被神经症困扰。如果不写作，卡夫卡根本就无法活下去。但他的父亲认为写作纯属浪费时间，希望他把精力用在工作上。后来，卡夫卡最爱的小妹妹也站在父亲一边，指责他过于沉溺写作，而忽略了家庭责任。这彻底伤了卡夫卡的心。《变形记》写的就是这样一个敏感的艺术家被最亲近的人不断伤害的故事。当然，这个故事写的也是犹太人的命运，他们仅仅因为信仰不同，就遭到基督教世界的驱逐和屠杀，被贬低为"虫子"，像无辜的虫子一样被踩在脚下。

任何一种解读方式，都能自圆其说；但任何一种解读，都是不完整的。事实上，卡夫卡的作品始终在有意避免任何一种单一的解读方式。就像俄裔美国作家纳博科夫所说的，大部分作家的作品是二维的，好作家的作品是三维、四维的，而卡夫卡的作品是五维、六维的。当意义是任意的，那也就没有了意义。任何人都可以为《变形记》附加意义，却不能通过某一种意义去占有它。这也是卡夫卡的作品的魅力所在。

04 |《浮士德》
歌德倾注 60 年心血的巨著

李迪迪

诗体悲剧《浮士德》是德语文学家歌德的代表作。歌德被誉为欧洲文艺复兴以来最后一位"在思维能力、热情和性格方面，在多才多艺和学识渊博方面的巨人"。他在文学、哲学、科学等领域均取得了突出成就，在德国文化里享有近乎"圣人"的地位。在歌德的年代，神圣罗马帝国（962—1806）已经解体，德意志帝国（1871—1918）尚未建立，所以那片土地上还不存在所谓的"德国"，只有数百个各自为政的城邦。歌德的作品无疑构成了德国文化认同的一大基石。歌德一生著作等身，而《浮士德》是他倾注毕生心血写成的从头到尾共计 12000 多行的一部鸿篇巨制，前后耗费他 60 年的心血。

《浮士德》根据 16 世纪的民间传说创作而成。它描写了主人公浮士德一生探求真理的痛苦经历，反映了从文艺复兴到 19 世纪初整个欧洲的历史，展示了光明与黑暗、进步与落后、科学与迷信的不断斗争。歌德借助浮士德的抱负和追求，表达了他对人类未来的远大而美好的理想。全书由一系列叙事诗、抒情诗、戏剧、歌剧以及舞剧组成，涉及神学、神话学、哲学、科学、美学、文学、音乐以及政治经济学。

1.《浮士德》的原型故事

浮士德并非歌德首创的人物，而是长久地留存于西方的传说当中。他是西方文学史上最核心的人物之一，因为他代表了最重要的问题：灵魂能出卖吗？灵魂能卖个什么价？"灵魂"这个词总是一尘不染，但它在现实中往往是妥协的产物。

浮士德的传说有很多版本。追本溯源，其原型是15世纪的炼金术师，当时有好几个炼金术师叫浮士德。而炼金术师是一个很模糊的头衔。一个被称为炼金术师的人，实际上可能是骗子、魔法师、化学家或医生。炼金术师那些真真假假的神奇事迹，让人们很自然地联想到魔鬼，以讹传讹，最后就出现了"浮士德和魔鬼做交易"的传说。这个传说又衍生出小说、戏剧、木偶戏。

在看过浮士德木偶戏的孩子里，出了一个大人物，叫歌德。歌德笔下的浮士德故事有一条清晰的精神主线，那就是浮士德的奋斗。在歌德的改编下，浮士德已经从最初那个出卖灵魂的反面典型，变成了永远进取的正面模范。

2.见自己：如何认识自我？

浮士德的故事，始于魔鬼梅菲斯特和上帝的一场赌约。魔鬼相信，人的欲望如果得不到满足就会痛苦，如果得到满足就会空虚，接着堕落。上帝当然不认同这种观点，便和魔鬼打了一个赌：有这么一个人，在满足了他所有愿望之后，他还是不空虚、不堕落。而浮士德，就是这个赌约里的实验品。

浮士德登场时，是个一事无成的老学究。他本打算自杀，却在这时遇到了魔鬼。魔鬼向浮士德提议："我可以满足你的任何愿望，但在你心满意足后，你的灵魂就要归我。"浮士德却说，自己永远不会满足。

接下来就轮到魔鬼大显身手了。为了满足浮士德的一切愿望，魔鬼首先让浮士德恢复青春。返老还童的浮士德在街上遇到一位名叫格蕾琴的少女，陷入了久违的爱情。此时的浮士德年轻力壮、出手阔绰、学识渊博，他成功地获得了格蕾琴的芳心，并让她怀孕了。格蕾琴的哥哥来找浮士德决斗，反被浮士德刺死。

然后，魔鬼带浮士德一走了之，去一座山上参加"女巫之夜"，也就是一大帮女巫的狂欢派对。浮士德竟然在这里见到了格蕾琴的幽灵。原来她杀掉了生下来的婴儿，这在当时的社会是不得已之举，但杀婴毕竟是死罪，格蕾琴也因此被处死。浮士德看到自己酿成的罪过，于心不忍，请求魔鬼拯救格蕾琴。格蕾琴却不肯走，她告诉浮士德，自己愿意接受上帝的审判。魔鬼自言自语道："她完了！"而天上却传来一个声音说："她得救了！"那个声音开始呼唤浮士德的名字，但浮士德已经跟着魔鬼离开了。

《浮士德》分为两部，第一部到此结束。第一部其实有点像《聊斋志异》里的故事，类似失意秀才的艳遇或者人鬼殊途的爱情悲剧。第一部只写小世界，小世界指的是浮士德在此时只能达到"见自己"的小境界。

人怎样才能"见自己"呢？当然要靠镜子。格蕾琴就是浮士德找的一面镜子：从格蕾琴的眼里，浮士德看到原来自己也会被爱。而这也是格蕾琴悲剧的根源。格蕾琴常常问自己：浮士德为什么会看上自己这样一个平平无奇的乡下女孩？答案很简单：人照镜子，不是因为爱镜子，而是因为爱镜子中的自己。浮士德想体验人生，代价却是毁掉格蕾琴的人生。一个人要看清自己，往往都要付出非常惨痛、追悔莫及的代价。

3.见天地：存在超越性的法则吗？

《浮士德》第二部的长度是第一部的两倍多，故事天马行空。在故事的一开始，浮士德昏睡在一片草地上，头顶有许多小精灵飞舞盘旋。这些小精灵不停地向浮士德洒下忘川的水珠，帮他忘掉前生。浮士德因而忘记了格蕾琴的悲剧，醒来时又成了崭新的好人。

这一次，魔鬼安排浮士德出现在神圣罗马帝国宫廷的化装舞会上。浮士德靠魔鬼的能力掌握了炼金术，在舞会上当场变出大量黄金，征服了正处于财政困境中的宫廷，一举成为皇帝的大法师。

皇帝看浮士德法力高强，提出要看一下男人和女人的理想形象，也就是古希腊的帕里斯和海伦。浮士德再次借用魔鬼的力量，幻化出两个传说中世间最美的人的形象。这在舞会上引起了骚乱，浮士德自己也深深地被海伦迷住了，昏迷了过去。

眼看浮士德造成了混乱，魔鬼只好把他带出了宫廷。他们回到浮士德的书斋，在那里碰到了浮士德的一个学生。此人学习炼金术，搞出了一个大名堂，从烧瓶里人工创造出一个"生命"，叫荷蒙库洛斯，字面意思就是"小人儿"。不过，这个"小人儿"没有人的身体，只是纯粹的精神，像一团装在烧瓶里的磷火。

荷蒙库洛斯能够透视浮士德的梦境。浮士德在梦中也对海伦念念不忘。荷蒙库洛斯告诉魔鬼，要让浮士德醒过来，就必须带他回到古希腊。于是，这奇异的三人组踏上了重回古希腊的旅程。浮士德此行的目的是去冥界把海伦带回来。经过一番周折，他如愿复活了海伦，并和她结了婚。两个人还生了一个儿子，叫欧福里翁。

这又是歌德在移花接木。在原版的古希腊神话里，欧福里翁是海伦和另一位古希腊英雄的儿子。不过，欧福里翁的结局倒是一样的。这个天赋极高又极其俊美的孩子，以为自己能飞，从高处跳出去，结果摔死在父母脚边。海伦大受打击，拥抱了一下浮士德，便追随儿子重回冥界。而海伦的衣裳化为祥云，把浮士德又带回了现实世界。经过这一趟大冒险，浮士德最后又回到了起点，但浮士德的精神境界已经不同，不只"见自己"，还可以"见天地"。

"见天地"并不仅仅是指我们去过多少地方、见过多少人，而是指我们认识到世上有一些超然于个体的法则，它们比我们古老、恒久，不以我们的意志而改变，甚至连魔鬼都无法改变。海伦就是这种法则的代表。浮士德爱的海伦并不是一个具体的女人，而是一种抽象的绝对的"美"。因此，他不可能占有这种美。

如果我们把浮士德和海伦的婚姻看作德国文化对古希腊文化的追慕，那么故事的结局也说明，歌德认为过去的美好不可复现，人应该创造属于自己的未来。歌德的浮士德代表永远前进的精神。

4.见众生：何为美好人间？

后来，浮士德再次对魔鬼提出要求。这一次，他想要填海造地，为百姓建立一个理想之邦。这个愿望要花费大量的时间，直到浮士德100岁时才能完成。他在海上凭空造出了一块国土，几百万人在上面安居乐业。然而，有一对老夫妇，就是不肯搬到新的土地上，因为他们觉得那里有魔鬼的法术和无数工人的血汗。

这对老夫妇并非无名之辈，他们分别叫鲍西丝和弗莱蒙。在古希腊神话里，由于他们招待宙斯有功，宙斯让他们许一个愿望。他们的愿望是"谁都不要比对方先死"。宙斯就把他们变成了两棵交缠在一起的椴树和橡树——这两种树都非常长寿。歌德将这两位神话中的角色挪用到了自己的故事里。浮士德创造了新国度，却看到老两口孤零零地住在旷野里，很不满意。于是，魔鬼强迫老两口搬家，却把他们活活吓死了。

浮士德听了魔鬼的汇报，勃然大怒，却无可奈何。他夜不能寐，回顾人生，后悔和魔鬼打交道，在深深的忧虑中双目失明。魔鬼知道浮士德离死不远了，就招来一帮僵尸，给浮士德挖墓。失明的浮士德听见铁锹此起彼伏的声响，误以为是工人们在建设新的美好家园，一股豪气又涌上心头。他说道："只有每天争取自由和生存的人，才能享受自由和生存的权利！我真想看到这样一群人，在自由的土地上和自由的人民做邻居。只有那时，我才会对那个瞬间说，停一停吧，你真美啊！"这是浮士德欲望满足的那一刻，他说完便倒地死去。

在这里，浮士德通过一个很讽刺的误解，总算见到了"众生"。"见众生"就是终于明白每个人都是自由的，都可以争取用自己的方式去生存。人间本就是参差不齐的。我们可能并不认同别人的选择，却没有必要，也没有权利，把自以为最理想的选择强加给别人。鲍西丝和弗莱蒙的悲剧无疑说明了这一点。浮士德自以为大家都在按照他"英明"的安排工作，却看不到大家其实在忙着挖掘他的坟墓。只有在生命的尽头，当浮士德不再能规划一切、控制一切，不得不寄希望于每个人，让他们自发地去奋斗时，他才终于看见一个自由的人间是多么美好。

在故事的结局，魔鬼赌赢了吗？魔鬼终于满足了浮士德的全部愿望，也酿成了无数灾祸。魔鬼本想召集小鬼，收走浮士德的灵魂，但是灵魂被上帝抢走了。上帝在作弊吗？并非如此。浮士德最后说的那句话表明，他并非留恋过去，而是在憧憬未来。他从没有满足，一直到死都想着奋斗进取。魔鬼的胜利只是字面上的胜利，而上帝的胜利是事实上的胜利。

上帝和魔鬼在打赌的时候为什么选浮士德作为实验品呢？恰恰是因为当时浮士德陷入了迷茫和懈怠。上帝没有直接派天使去帮助他，而是故意设下赌局，让魔鬼去帮助他。连魔鬼自己都很好奇：难道不怕浮士德堕落吗？而上帝回答：奋斗的人都难免要犯错。

5. 结语

至此，我们了解了《浮士德》的主要情节。在歌德笔下，浮士德代表着一种永远进取的精神。浮士德在魔鬼的帮助下，经历了上天入地、穿梭古今的一系列冒险，一步步完成了"见自己、见天地、见众生"的人生境界。有人说，读懂了《浮士德》，就读懂了德国。而我们或许可以说，读懂了《浮士德》，就读懂了现代。人类进入现代社会以后，科学、经济、文化一路向前狂飙，虽然这种发展不可避免地带来了无数问题,但这些问题不可能用倒退来解决。其实,在现实生活中,"出卖灵魂"与其说是一锤子买卖,倒不如说是一个动态平衡的过程。人类不可能放弃前进,只是要想办法少犯一点错。

05 ｜《荷马史诗》
西方文学的起源

陈戎女[①]

《荷马史诗》相传由古希腊的盲诗人荷马编订，实际上早在荷马诞生前的几个世纪就已广泛流传于古希腊世界。这部成书于近3000年前的经典，是公认的西方文学的起源。

《荷马史诗》包含《伊利亚特》和《奥德赛》两部。《伊利亚特》讲述了特洛伊战争中，英雄阿喀琉斯的个人选择左右战局的故事。而《奥德赛》讲述了特洛伊战争中，英雄奥德修斯在战后重返家园的故事。两部史诗生动地反映了古希腊人神共居的世界观。今人熟知的宙斯、赫拉、阿波罗、雅典娜等古希腊众神在故事中悉数登场，成为左右凡人命运的关键因素。而凡人英雄面对无解的命运坦然地选择，他们的勇猛与智谋也展现了古希腊人关于理想人格的信念。

在文学上，《荷马史诗》对荷马时代之后的古希腊文学有巨大影响，《荷马史诗》的风格和语言激发了公元前6世纪希腊古风时期充满热烈情感的抒情诗。在公元前5世纪的古典时期，希腊三大悲剧诗人的悲剧情节和主题也主要取材于《荷马史诗》。文学家们通常称《荷马史诗》是"欧洲叙事诗的典范"。

---

① 陈戎女，北京语言大学教授、博士生导师，现任北京语言大学比较文学研究所所长、人文学院副院长，辑刊《当代比较文学》主编。

1. 什么是"荷马问题"？

关于《荷马史诗》，学界争论不休的一大课题就是所谓的"荷马问题"：史诗传说中的作者荷马是否真实存在？

传统的说法是，荷马是一位生活在公元前9世纪至公元前8世纪的盲诗人。他编订了广泛流传于民间的关于特洛伊战争的传说，形成了我们今天看到的完善的《荷马史诗》文本。但关于荷马的生平，历史学界掌握的资料其实非常有限。之所以说他是盲眼的诗人，只是因为"荷马"这个名字在古希腊语里可以断成"看不见东西的人"这么一个短语。更可疑的是，在他生前身后的数百年间，除了他，学者并没有发现第二个名叫"荷马"的希腊人。这很可能说明，"荷马"并不是一个人名，而是对盲诗人群体的总称。在古代，吟唱史诗的盲人并不罕见。关于荷马生活的年代，历史学界也众说纷纭，结论从公元前12世纪至公元前7世纪不等。总之，我们对这位无人不知的荷马近乎一无所知。

"荷马问题"之所以重要，是因为它关系到文学的源头到底是什么。思考"荷马问题"，让研究者发现，史诗是在各文明中普遍存在的一种口述传统，比如古巴比伦也有英雄史诗《吉尔伽美什》。更合理的结论是，文学并非始于某个天才人物，而是在不断地传唱中形成的，最后被人写定，才成了我们现在看到的样子。

2. 特洛伊战争因何而起？

按照《荷马史诗》中带有浓厚神话色彩的记述，特洛伊战争始于神界的纷争。

在古希腊神话中，众神之王宙斯从创造了人类的普罗米修斯那里得知，如果他跟海洋女神忒提斯结婚，生下的孩子将推翻他的统治。宙斯为了保住自己的地位，决定把忒提斯下嫁给凡人的一个首领，即佩琉斯。他们生下的孩子就是古希腊最勇猛的战士阿喀琉斯，也就是

《伊利亚特》的主角。

女神忒提斯和凡人佩琉斯在举行婚礼时,邀请众神来参加,却把争吵女神漏掉了。于是,争吵女神来到婚礼席间,扔下一个"不和的金苹果",上面写着"给最美的女人"。宙斯的妻子赫拉、智慧女神雅典娜、爱与美之神阿佛洛狄忒三位女神果然都想要这个金苹果。宙斯让她们去找特洛伊的小王子帕里斯,评判这个苹果该给谁。

三位女神都想贿赂帕里斯,赫拉许他成为最伟大的君王,雅典娜许他成为最伟大的英雄,阿佛洛狄忒许他最美貌的妻子。俊俏的帕里斯选择了美貌的妻子,把金苹果判给了阿佛洛狄忒。所以,当帕里斯在希腊做客时,阿佛洛狄忒帮助他拐走了美丽的海伦,她是希腊斯巴达国王的妻子。

希腊各个部落听到这个消息后非常生气,便让斯巴达国王的兄长、迈锡尼王阿伽门农当联军统帅,攻打特洛伊。与此同时,奥林波斯山上的众神也分成两大阵营:赫拉、雅典娜和海神波塞冬支持希腊一方,阿佛洛狄忒、光明之神阿波罗、战争之神阿瑞斯支持特洛伊一方。而宙斯作为神界首领见机行事,保持着某种平衡和公正。这就是特洛伊战争发生的背景。

这些叙述似乎只是古希腊人的奇妙传说。但由于史诗的描述太过生动,19世纪有一个叫施里曼的德国人一直相信特洛伊城和特洛伊战争的存在。经过艰苦不懈的考古挖掘,他分别挖掘出两个遗址:一个是特洛伊城遗址,另一个据说是希腊国王阿伽门农统治的"富有黄金的迈锡尼"遗址。这两个发现基本可以证明,公元前12世纪的特洛伊的确有过一场大规模战争,这也证明了《荷马史诗》中既有文学的虚构,也有历史的事实。

接下来,我们来了解《伊利亚特》和《奥德赛》两部史诗的梗概。

3.《伊利亚特》讲了什么？

在《伊利亚特》里，对战的双方是希腊人与特洛伊人，他们为了绝世美人海伦打了十年战争。

一进入《伊利亚特》，十年的"特洛伊战争"已经进入最后一年，城墙高耸的特洛伊城久攻不下，希腊联军却发生了一场内讧。起因是联军统帅阿伽门农仗着自己的势力，抢走了联军第一勇将阿喀琉斯宠爱的一名女俘。阿喀琉斯非常愤怒，退出了战场。希腊文《伊利亚特》的第一个词，就是"愤怒"，不过中文翻译过来的时候调整了字词的顺序：

> 女神啊，请歌唱佩琉斯之子阿喀琉斯的
> 致命的愤怒，那一怒给阿开奥斯人带来
> 无数的苦难。①

其中，阿开奥斯人也就是希腊人。史诗开篇直白地告诉我们，"愤怒"是阿喀琉斯的主要情绪，也是推动史诗不断向前的主要元素。愤怒的产生、发展、突变和最后的消解，编织出了整个史诗的经纬。

因为对阿伽门农的愤怒，阿喀琉斯拒绝出战，希腊联军自此一败涂地，溃不成军。特洛伊军队在统帅赫克托尔的率领下不断取胜。面对特洛伊凌厉的攻势，阿伽门农不得不向阿喀琉斯赔礼道歉。他派出劝说团，许诺阿喀琉斯非常丰厚的赔礼，甚至包括把他的女儿嫁给他，然而阿喀琉斯余怒未消，拒绝了礼物，仍然拒不出战。赫克托尔的军队冲破希腊人修建的营寨，一直杀到希腊人的船队前，还放火烧船。

---

① ［古希腊］荷马.荷马史诗·伊利亚特［M］.罗念生，王焕生，译.北京：人民文学出版社，2020.

情势紧急，阿喀琉斯的好友帕特洛克罗斯披挂上阿喀琉斯的盔甲，杀入敌阵，斩敌无数。但是，在攻击特洛伊城墙时，他不幸被阿波罗和赫克托尔杀死。阿喀琉斯听到噩耗后悲痛欲绝，决定给死去的好友复仇。阿喀琉斯一上战场，战局立刻反转。他杀人无数，尸体多到堵塞了河流，甚至激起河神和他战斗。

《伊利亚特》最壮观的一幕是阿喀琉斯与赫克托尔的终极对决。最终赫克托尔被阿喀琉斯杀害。史诗里说："就这样实现了宙斯的意愿。"阿喀琉斯为了给朋友雪耻，把赫克托尔的尸体挂在战车后面拖拽泄愤。他还为好友帕特洛克罗斯举行了葬礼。

在《伊利亚特》的最后一卷，神明们开会，决定让阿喀琉斯归还赫克托尔的尸体。特洛伊老国王普里阿摩斯为了赎回儿子的尸体，冒险来到敌人军营，恳求阿喀琉斯。阿喀琉斯动了恻隐之心，向老人归还了尸体。最后，特洛伊人为赫克托尔哀悼，史诗在隆重的葬礼中结束。

4.《奥德赛》讲了什么？

在特洛伊战争的末尾，希腊人采纳了足智多谋的奥德修斯的计策"木马计"，攻下了特洛伊城。战争结束以后，希腊的英雄们都凯旋了，只有奥德修斯在海上漂流，滞留他乡。《奥德赛》讲的就是奥德修斯的返乡之旅。

在《奥德赛》一开篇，特洛伊战争已经结束了十年。当时，身为国王的奥德修斯身边一个同伴都没有，孤身一人，困在一座海岛上。智慧女神雅典娜召集众神开会，请大家想办法让奥德修斯返回故乡伊塔卡。

在接下来的几卷里，故事并没有围绕奥德修斯展开，主要讲的是奥德修斯留在家乡伊塔卡的儿子特勒马科斯的故事。特勒马科斯已经长大成人，但是20年来，他从没见过自己的父亲。雅典娜启发他，让他出海航行去打听他父亲的消息。但是，伊塔卡的其他人都认为奥德修斯20年没回来了，肯定死了。于是，当地很多人想要夺取奥德修斯的王位，他们的方法是追求奥德修斯的妻子佩涅洛佩。但是，佩涅洛佩很忠贞，用计拖延着，也盼望着丈夫能生还。

故事回到奥德修斯这条主线。经过雅典娜的劝说，宙斯设法让奥德修斯离开了孤岛。他漂流到一处陆地，受到此地王族的款待。在宴席上，他追溯特洛伊战争结束后自己漂流十年的种种经历。

在他的讲述中，我们得知很多熟悉的古希腊神话故事，比如奥德修斯是怎么得罪海神波塞冬的。奥德修斯和同伴遇到过一个独眼巨人，一番缠斗后戳瞎了巨人的眼睛才虎口脱险。这个巨人正是海神波塞冬的儿子，因此奥德修斯跟强大的海神结下了梁子，难以从海上还乡。奥德修斯的同伴还遇到过一个魔女，魔女把同伴变成了猪。奥德修斯赶去救了他的同伴，并跟这个魔女相好了一年。最离奇的故事是，奥德修斯还去过冥府。他在那里向一位先知询问了自己的归程和命运，见到了母亲以及许多死去英雄和女性的灵魂。

奥德修斯的漂流经历既奇幻又艰难，几乎涵盖了古人社会的各种情况。在这个过程中，他见识了各种各样的人，了解了各处城邦的习俗。接待他的王室听完他的故事后，对他十分敬重，决定帮他回家，给了他一艘能够自己辨别方向的船。奥德修斯终于平安返抵家乡伊塔卡。

之后，故事进入下半段，主题是"复仇"。由于奥德修斯20年没有回家，当地的人都认为他死了，很多人向他老婆求婚。奥德修斯最大的敌人就是这些求婚人。三年多来，他们占据着他的家，挥霍他的家产，还觊觎他的王位。

奥德修斯跟雅典娜事先谋划好了复仇的计划。他先隐藏身份，暗中观察其他人（比如求婚人、亲人、仆人）的行为和内心，然后进一步想办法恢复奥德修斯家族的统治。一回到家，奥德修斯就伪装起来。他需要不断说谎，不断告诉别人他是另外的某个人。

奥德修斯先是假装成异乡的乞丐，试探了仆人，看看哪些人忠诚、哪些人已经倒向了那些求婚人。然后，他找到机会跟儿子相认。接着，他以乞丐的身份进入王宫，想办法试探那些求婚人，也试探了自己的妻子。在确定了妻子的忠诚后，他制订了下一步的计划，利用妻子的比武招亲，设法跟儿子、忠仆们一起把求婚人全部杀死，还处死了跟求婚人私通的女仆。最后，佩涅洛佩利用奥德修斯制作的婚床确认了丈夫的身份，分离多年的夫妻终于团聚。

但是，故事还没结束。经过奥德修斯这么一闹，伊塔卡的贵族死了一大片，他们的亲朋好友不干了，跑来攻打奥德修斯一家。最终，神明出面，重新确立了奥德修斯的王权和伊塔卡的和平。

5. 结语

虽然成书至今已将近3000年，《荷马史诗》的文化生命力却长盛不衰。史诗中那些突出的角色已经演变成了通用的符号，成为千百年来的思想者们在想象的沙盘上推演时，可以随手挪用的模型。在近代科学发轫以前，神话和现实的边界不像现在这样清晰。神话往往是现实的延伸，在常人目之所及的尘世以外，构建出一个上达天庭、下至幽冥的精神世界，安放所有鬼神、祖先和凡人的灵魂。如何想象这个世界，往往决定了一个民族的精神气质。对于西方文明而言，其精神世界耸立着两根最高大的支柱：一根是基督教文化，另一根就是古希腊神话。《荷马史诗》和差不多同时代的赫西俄德的《神谱》是至今存世的涉及古希腊神话的最古老的文本。如今，关于古希腊神话的很多知识，我们要回到《荷马史诗》里才能找到最原本的记述。

06 ｜《红楼梦》
古代社会、传统文化与复杂人性的样本

陈章鱼[①]

有一个著名的问题：如果你要在一座孤岛上生活好几年，只能带一本书，那么你会带哪一本？《红楼梦》就是一个很好的答案，因为《红楼梦》太丰富了，它既可以当成一部爱情小说，也可以当成一部世情小说，还可以当成诗集、文选、谜语书甚至家装和饮食的生活指南。

想要用几段话说清《红楼梦》很难，不过，我们可以尝试从几个角度来感受这本书的丰富与魅力。

1.作为古代社会研究样本的《红楼梦》

曹雪芹是千年一遇的大手笔，他的笔法就像凝固一颗琥珀，把四大家族方方面面的细节都完好地保留了下来。

在贾府，我们能够找到中国旧家庭的各种话题。比如中国旧家庭的权力分配，在荣、宁二府，地位和权力最高的当然是贾母。在古代的历史和文艺作品里，我们很难找到这么完整丰满的上层社会女性形象。这个庞大的宗法家庭，内部早已分裂成很多集团，因为贾母的存在，才维持着表面平稳。贾母不仅地位崇高，而且对贾府的大事有最高决策权。贾母的政治智慧是很高明的。小说里提到过，她出身同为大族的史家，年轻时掌管过家庭权力，比王熙凤还要精明强干，见

---

① 陈章鱼，得到听书专职作者。

识过贾家最辉煌的时代。如今，她行使权力的方式是，对日常吃喝玩乐，好像不闻不问，但对家中的重大事件是留意的，保留着最后一个发言的权力。只要她做出决定，这件事就没有商量余地。

家庭的具体权力，则掌握在贾府上层的主妇们手中。如果仔细观察一下贾府，我们就会发现这个家是由女性掌权的。这并不是曹雪芹虚构的。在中国古代家庭，尤其大家族里，通行法则就是俗话说的"男主外、女主内"。

妇女掌管家庭大权，这本身就是一个问题。这和性别无关，而是礼法造成的。旧社会的女性大多不能接受正规教育。比如，王熙凤虽然出身高贵，聪明伶俐，但不认识字，她的杀伐决断出自天赋，缺乏修养，常常表现得小事聪明而不识大体，没有战略眼光。另外，有身份的妇女是不能随便出门的，没法直接处理对外事务，所以探春才要感慨"我但凡是个男人，可以出得去，我必早走了，立出一番事业来"。

主妇们既然不能亲力亲为，就要假手别人，这就造成了权力旁落，出现失控。历史上，一旦皇后、太后掌权，朝廷接下来就会出现外戚把持朝政的局面。在《红楼梦》虚构的情节里，这种例子也存在。王熙凤受贿以后，利用贾府势力干预司法，具体办事人是她从娘家带来的家奴来旺。来旺参与王熙凤的作弊，同时取得了挟持王熙凤的能力。他的儿子吃喝嫖赌、相貌丑陋，想娶王夫人房里的丫头彩霞。不仅彩霞不愿意，连贾琏都不同意，但王熙凤基于和来旺的关系而出面坚持，这件婚事还是成功了。

如今来看，贾府的衰败也象征着古代政治和传统礼法的矛盾之处。在几千年里，中国人从家庭的自然伦理中发展出了高度完备的制度文明。但是，制度不断完善不等同于精神也在进步：家族伦理的基础是血缘和感情，以感情建立的道德是不稳定的，与社会制度的逻辑不同，时间越长，关系越远，矛盾就越凸显。

2. 作为传统文化研究样本的《红楼梦》

西方人在讲故事时有一个经典套路，叫"英雄之旅"，这是神话学家坎贝尔的伟大发现。他说，古往今来的英雄在不同时代有不同的面孔，但是他们的成长模式是一样的，就是启程、启蒙、回归三步走，这就是所谓的"原型"的一种。很明显，《红楼梦》不符合这种"原型"，不光《红楼梦》不符合，大多数中国古代小说、戏曲也不符合。

那么，中国文学典型的原型是什么样的呢？是配对加循环，也就是古代中国阴阳加五行思想的底层逻辑。

在中国古人朴素的世界观里，和谐恒定的世界是一个完整的系统，它的内在规律就是阴阳调和、五行平衡，万事万物都在系统里各安其位。而能够各安其位的原因，是任何事物都处在配对或者循环的关系里。这种思维已经渗透到了社会生活的方方面面。比如逛故宫的时候，我们会发现故宫的建筑布局就符合这个规律：乾清宫和坤宁宫是乾坤相对，寓意是阴阳调和。空间的四方、时间的四时、身体的五脏，也都跟五行有对应关系。

那么，《红楼梦》到底是怎么用这种配对加循环的原型来讲故事的呢？

五行是金、木、水、火、土五种元素，它们之间是相生相克的关系。每三种元素都是一个小循环，比如金、木、土，它们的关系是金克木、木克土、土生金。宝玉、黛玉和宝钗的关系，就是用这个小循环组织起来的：黛玉对应木，宝钗对应金，宝玉对应土。这可不是牵强附会，小说里有明确的暗示。黛玉姓双木林，在第1回的神话里，她前世是绛珠仙草，草属木；宝钗的钗是金字旁，她又带着一个金锁；而宝玉所戴的通灵宝玉，前世是一块石头，石头自然就属土。

曹雪芹通过人物性格强化了这种对应。在古人的理解中，五行中的每个属性都各有特点。木的特点是生发，在四季里对应春天，我们可以想象一下刚刚发芽的柳条。所以，黛玉不仅情深，而且一定要表达出来，不管是作诗，还是跟宝玉闹小性子。金的特点是肃杀，在四季中对应秋天，我们可以想象风中飘零的落叶。所以，宝钗的性格是克制，有一种跟年龄不相符的沉稳。

一旦人物跟属性对应，属性的关系就转化成了人物的关系。金、木、土是一组三角关系，宝玉、黛玉、宝钗是一组三角恋情。因为金克木，所以宝钗的到来，打破了黛玉和宝玉的亲密无间。宝钗和宝玉的"金玉良缘"，一直让黛玉如鲠在喉，可以说是她早夭的一个重要原因。

五行对当时的小说读者来说是一种常识。曹雪芹这样写，让读者在读小说的时候运用这些常识，从而获得一种仿佛能预见未来的感受。比如，清代读者一下子就能体悟到宝玉、黛玉和宝钗的关系符合金、木、土的循环，他们自然会对人物的命运形成一个预期，然后发现，人物的性格、情节的走向甚至带有预言性质的诗词，都在不断印证他们的预期。

我们发现，中国传统文化里几乎所有重要的问题都被装进了这部小说里。比如真和假的问题，《红楼梦》一上来就用"假亦真来真亦假"的对联点明了。然后，《红楼梦》里又写了一个甄宝玉来跟贾宝玉对应。如果单纯从故事本身来看的话，那么甄宝玉和甄家好像没有存在的必要；但是如果考虑到写法和寓意，我们就能理解，这是曹雪芹给读者的提示。甄宝玉和贾宝玉可以是镜像关系、转换关系、对比关系等，读者只要发现提示，就能解读出其中蕴含的深意。

对中国文人来说，人生有一个难解的困境是出仕还是归隐。考虑到这个文化背景，我们就能理解，曹雪芹写宝玉顽劣不只是表面意思的淘气、不听话，他或许想说，宝玉始终处在类似的两难境地。对大观园里的女孩来说，出嫁也有和出仕类似的意味。对宝玉和这些女孩来说，大观园是桃花源，是一个天真的世界，他们不愿意从这里出去。但是，曹雪芹告诉我们，这个大观园从一开始就是为了元妃省亲而建造的临时建筑，是靠不住的"空中楼阁"。

在阅读《红楼梦》的过程中，我们可以遇到无数类似的命题。具体的人物、情节、故事、细节都在为寓意服务，是在阅读过程中帮助我们触发自身知识和经验的点。所以，《红楼梦》是一个可以生长的意义系统。这就是《红楼梦》在形式上的美，也是它的魔力所在。理解了这一点，我们就会明白为什么《红楼梦》是一本说不尽的小说。

3.作为复杂人性研究样本的《红楼梦》

《红楼梦》的人物有一个特点：没有明确的好人和坏人。

传统的审美习惯是黑白分明。在传统戏剧舞台上，白脸的曹操准是大坏蛋，红脸的关羽准是大好人。在四大名著另外三本书中，我们都能看出"好"与"坏"两大阵营：在《水浒传》中，梁山好汉"好"，贪官污吏"坏"；在《三国演义》中，刘备这边"好"，曹操那边"坏"；在《西游记》中，唐僧师徒"好"，妖魔鬼怪"坏"。

《红楼梦》偏不给人这种"皆大欢喜"的感觉。曹雪芹用"有缺点的人"挑战"完美的人"。

比如，黛玉固然十分聪明灵秀，为人清洁，但她使起小性子来，实在让人难以招架。她刚来贾府的时候，有一次，王夫人的心腹周瑞家的被薛姨妈抓了差，让她给各位姑娘捎来用纱堆的花。其实，周瑞家的只不过是顺路依次送的，但是因为送到黛玉眼前，盒子里只剩了两枝花，黛玉立刻撂下一句："我就知道，别人不挑剩下的也不给我。"

再说宝钗，她艳冠群芳、宽容大度，连黛玉都不得不服。但是，宝钗越长大，有个毛病就越突出，一开口就是用大道理教育人。她不但越来越无趣，而且越来越无情。她哥哥薛蟠的救命恩人柳湘莲，因为尤三姐自杀，自己也削发出家。薛姨妈说起来都不禁感慨，薛蟠回到家时脸上还挂着眼泪，但是宝钗听了并不在意。她惦记的是：薛蟠打江南贩货回来，要记着及时宴请酬谢那些伙计，"别叫人家看着无理似的"。这才是宝钗心里在意的事。不用说，宝钗的情商是高的，人情常理无不周到，但是说到真情真意，还真是寡淡到让人有点寒心。

对于王熙凤，我们很容易给她贴上贪婪、虚荣、势利的标签。她对待下人手段严酷，又费尽心思挪用贾府工资去放高利贷，中饱私囊。但同时，曹雪芹也用了大幅笔墨写她超乎男子的精明和才干。而且，就是这样一位凤姐，暗地里还保护过别人，也会有心软行善的那一面。

我们会发现，在《红楼梦》里，就算是主角，我们也没有办法简单地说谁是好人、谁是坏人。每个人物都很复杂，都会让人们喜欢他的一部分，同时又会讨厌甚至恨他的另一部分。

这种复杂，恰恰是《红楼梦》中最有价值的部分，是我们最应该阅读《红楼梦》的理由。所有的人都按照自己的行事逻辑行动，每个行动背后都有自己的理由。

我们读这个故事，不是做法官去审判谁对谁错，而是要体察他们的内心。如果能读懂这种复杂，我们就能理解对每一个生命的体察、同情与反思。《了不起的盖茨比》一书的作者菲茨杰拉德说过："抱有两种相反的观点，而且还能正常行事，这是第一流智慧的表现。"

4.阅读指南

如果你第一次打开《红楼梦》，那么我建议你只读半部。

第一个原因，曹雪芹创作的文本到第80回就戛然而止了，实话实说，后40回不论是作者的眼界还是文才，都比不上前80回。比如，根据曹雪芹的安排，贾府最后的结局是家败人亡、富贵散尽。但是，后40回硬要安排一个好结局，让宝玉参加科举、金榜题名，贾家丢的官职爵位也被皇帝归还。这一下就让《红楼梦》的厚重深刻减色了不少。

第二个原因，后半部分的阅读会让你感到巨大的悲凉。藏传佛教里有一种很特别的仪式，叫"坛城沙画"，喇嘛们把各种颜色的名贵矿石磨成细沙，再用细沙绘制精致复杂的图样，有时甚至需要很多喇嘛花费数月时间才能绘好。可是，当绘制完成之时，坛城就要被毁掉，所有的细沙扫在一起，抛入河流中。整个仪式的意义正在于说明世事浮华转瞬皆空。

《红楼梦》就是曹雪芹自己的坛城沙画，前边对人、事、景物描写得越鲜活、越美丽，最后的一把抹平才越惊心动魄。

所以，越读到后边，你就会越觉得伤心。你前边喜欢的人物，会遭遇不幸，会远离，甚至会死亡。

《红楼梦》特别喜欢用春天和花来比喻那些美好的女孩。因此，如果你第一次打开《红楼梦》，不如先看前半部分，领略那个美好的、百花盛开的春天。

07 |《麦田里的守望者》
一部反抗成人世界的青春史诗

巫昂工作室[①]

《麦田里的守望者》以第一人称的叙述方式,描写了16岁少年霍尔顿在圣诞节前,被学校开除后,独自在纽约徘徊的生活。这段生活的时间跨度只有一天两夜。作者杰罗姆·大卫·塞林格从青少年的视角出发,用纯口语的方式生动细致地描绘了青春期孩子对成人世界的看法和对现实世界的批判。

这本书的故事结构并不复杂,全书译成中文后只有13万字,语言通俗易懂。但除了故事性,我们也可以看到它的批判性以及它背后的质问,那些才是足以让人深思的部分。这些质问把我们带进作者塞林格的内心世界,也让这本书披上了神秘的自述色彩。我们可以通过细读它、分析它,看到塞林格的选择。

1. 一部被拒绝的书稿

这本久负盛名的书出版于1951年,当时塞林格才32岁。书一经上市,就获得了空前的成功,销量步步升高。塞林格一夜之间成了国民作家。之后,这本书不断再版,以每年大约25万本的销量成为当时美国年轻人人手一册的书。时至今日,它的售出册数已经达到了6500万册,成了名副其实的畅销书和长销书。

《麦田里的守望者》的意义大概就是一簇小火焰,从点燃的那一

---

① 巫昂工作室,得到听书特邀解读人。

刻起，就成为一个引燃物，以不可扑灭之势迅速燃烧甚至引爆一些思潮和风潮。比如，"垮掉的一代""自白派"无不受其影响，甚至塞林格塑造的主人公——脏话少年霍尔顿的言行举止和装扮也成了年轻读者们竞相模仿的对象。

我们先来看一些有趣的幕后相关故事。在《麦田里的守望者》出版之前，年轻的塞林格就已在《纽约客》上发表了一系列的佳作。

很显然，《纽约客》代表的是思潮先驱和文化贵族，具备一定的精英属性。能让这样的周刊发表自己的作品，对大多写作者来说，就是一种肯定。而1947年，28岁的塞林格就在《纽约客》上发表了一系列备受好评的作品，其中包括《逮香蕉鱼的好日子》，正是这篇小说，使得骄傲的《纽约客》与他签订了一份叫《初次退稿权》的秘密合同。合同里有一条很有意思的承诺：《纽约客》每年给塞林格付一定数额的报酬，以获得其作品的优先审读权。报酬的金额有传言说是3万美元，而当时美国的人均年收入是3000美元，一辆家用小轿车也就1000多美元。

接着，依据这份合同，塞林格先后交给《纽约客》九个短篇小说，《纽约客》采用了七个，拒绝了另外两个。在《麦田里的守望者》出版两年后，这九个短篇又被集结到一起，成为塞林格最有名的短篇小说集——《九故事》。《九故事》一经出版，就在《纽约时报》的畅销书榜单中待了三个月。

另外一件特别奇怪的事情是，《麦田里的守望者》是在《初次退稿权》的合约期内创作的，塞林格按照惯例将手稿先交给《纽约客》，但《纽约客》拒绝了这部小说。于是，塞林格把这本书的版权卖给了一家叫作利特尔-布朗的出版公司。就这样，《纽约客》与《麦田里的守望者》失之交臂，略具冒险精神的利特尔-布朗出版公司鬼使神差地抢到了先机。

2.战争对少年的影响

1941年,日本偷袭珍珠港,美国宣布参战,当时塞林格22岁。第二年,他正式入伍。两年后,也就是1944年1月,塞林格申请了反情报部门的职位,编入12团,前往欧洲西线战场。同年,美英盟军在诺曼底登陆,德军撤退巴黎,塞林格和他所在的12团作为第一批美军进入巴黎。巴黎民众极其热情,而最让塞林格开心的,是他在巴黎遇见了海明威。当时,海明威是《克利尔》杂志的战地记者。两个人约在一家酒店碰面,边喝边聊文学。海明威的外号是"爸爸",塞林格此后一直这样称呼他。这一小段时光,可能是塞林格心目中在巴黎最美好的日子。

这种短暂的美好并没能抹去战争在塞林格身上打下的烙印。塞林格当时写过一个短篇小说,叫《魔术般的猫耳洞》,取材就是诺曼底登陆后的亲眼所见,所到之处尸横遍野,目光所及处一片疮痍。所有这些都让他感到愤怒,他在小说里谴责军队和战争,告诫父辈们不要只向孩子们渲染所谓的"光荣",更要知道战争的盲目性和愚蠢。在这篇小说里,塞林格开始询问:上帝在哪里?

在巴黎待了一个月左右,塞林格就被派往德法边境的赫特根森林,这是德军的重兵布防地。战役历时三个月,由于战略失误,整支盟军几乎全军覆没,杀戮极其惨烈。到撤退的时候,塞林格所属的团从最初的3080名官兵,到最后只剩下563人。塞林格作为死里逃生的幸存者,等于去了一趟地狱。

五个月后,也就是1945年5月,第二次世界大战欧洲战场结束。在此期间,塞林格仍然参与情报搜集工作,见到了惨绝人寰的大小集中营。之后,塞林格写下了第七个以霍尔顿为主角的故事,即《这片没有果酱的三明治》。在这篇小说里,因死亡造成的痛苦无处不在。塞林格患上战后心理综合征,他转去纽伦堡的一家医院接受治疗。战争无疑摧毁了一些东西。

第二次世界大战之后的美国，经济持续增长。从1945年到1960年，美国国民生产总值增长了一倍，新中产阶级由此兴起。但与繁荣并存的是战后的伤痛，它没有因为表面上的平静而消退；相反，大量老兵的伤亡促使人们进入反思期。

与之后"垮掉的一代"略有不同的是，垮掉派的作家和诗人直接给出了行动，他们走在路上，落拓不羁，不问缘由，用无目的来寻找和反抗。他们与毒品、性滥交为伍，表现得更为激烈一些，用狂躁取代了抑郁。而麦田的少年们，则找不到任何解决方案，他们的正确路途是成为父母那样的中产阶级，然而他们在精神层面上，又完全否定那种价值观和生活方式。

3. 书之外的故事

在《麦田里的守望者》出版的四年后，也就是1955年，36岁的塞林格娶了小自己16岁的女孩克莱尔。婚后没过多久，塞林格就希望自己能独处隐居，然后他在离家0.25英里（约402米）的树林里盖了一间小木屋。小木屋隐藏在一排高墙和一片树林后面，四周都是树木，竖着高大的铁丝网，网上装着警报器。唯一把塞林格与这个世界联系起来的，是一条爬上山丘延绵几英里崎岖不平的小路。路的尽头立着一个没有主人名字的邮箱，沿途还有不少树上挂着"禁止闯入"的警示牌子。为了防备可能的闯入者，他把小屋漆成了跟树林环境相似的黛绿色，然后在这里度过一天中的绝大部分时间。

据不可考证的资料，塞林格变得越来越古怪和匪夷所思。比如，为了保健，他会喝自己的尿，会在一种据说可以治病的木盒里一坐就是几个小时，以"吸收生命能量"。再如，当孩子生病时，他会用顺势疗法让孩子们自愈，或者用针灸术给他们治疗。不过，可怕的是，他用的不是针，而是木刺。这段婚姻持续了11年，以克莱尔提出离婚结束。

之后，塞林格有一些短暂的恋爱史。20世纪80年代后期，他娶了比他年轻很多的奥尼尔。奥尼尔很尊重塞林格的隐居守则，所以人们对这段婚姻了解极少。

从《麦田里的守望者》出版那天起，它就以席卷之势在书坛风靡。但当时，人们对这本书有着两种完全不同的看法：一方面，不少学校和图书馆将它列为禁书，视之为洪水猛兽；另一方面，年轻读者将它视作一本必读经典。我们可以看看这本书导致的一些有意思的争议。1960年，俄克拉何马州塔尔萨的一位老师因在班上教授该小说而被开除，之后又被复职。1961—1982年，这本书在美国高中、图书馆被禁。1981年，这本书在美国受到最严格的审查，但同时也是高中第二必读书。

然而，这些并不算什么，还有两起与这本小说有关的枪击案，其中一起是著名的"枪杀约翰·列侬案"。1980年12月的一个夜晚，马克·查普曼掏出手枪向列侬开了五枪，然后不慌不忙地坐在街道边读起了《麦田里的守望者》。他对随之而来的警察说："这本书是写我的。"几年后，查普曼透露，他杀害列侬，就是为了把自己变成书中的主人公霍尔顿。查普曼甚至在狱中说："我希望有一天你们都能读一读《麦田里的守望者》，我今后的所有努力都是为了这个目标，因为这本非同寻常的书里有许多答案。"

另外一起枪击案是四个月后的"里根总统遇刺"。在罪案现场，警察从凶手小约翰·欣克利的口袋里发现了一本《麦田里的守望者》，书已被翻得破烂不堪。而对外面发生的这一切，塞林格毫无兴趣知道。在人生的后50多年里，他雇用了一帮专业律师蛮不讲理地阻止自己曾经的朋友写下任何关于透露他隐私的文字，还毫不留情地把任何他认为侵犯了自己著作权的出版商告上法庭。可他其实一直在写作，只是不再出版，他说不再出书使他得到了一种美妙的宁静，他为此感到平和与快乐。他认为，出版于他而言，是对隐私的一种严重侵犯。

1992年,他的房子发生了比较严重的火灾,但他还是设法逃避了记者们的视线,没有人拍到他,也没有人采访到他。之后有关他的新闻,全是他女儿和情人的回忆文章,或者他的代理人与出版商的纠纷。塞林格顽强地沉默着,我们甚至听不到他的呼吸声。

4. 结语

《麦田里的守望者》是塞林格唯一的一部长篇小说,也是公认的现代文学经典。它的故事结构其实很简单,就是一个少年被学校开除后,独自在街头徘徊了一天两夜的经历。它的写作背景是在第二次世界大战之后,美国经济持续高速发展,大量新中产阶级诞生,财富积累与战后伤痛并存,人们开始思考战争的意义。麦田的少年们就是这个时期的代表人物。

从人物形象上说,作者塞林格与主人公霍尔顿难解难分。事实上,在这本书出版后的几年,塞林格所选择的生活也就是霍尔顿曾经描述的生活方式。所以,这本书带有一定的自传性,了解了其中任何一位,也就走进了他们的内心世界。这本书出版后,对美国主流文化产生了巨大的冲击。围绕着这本书发生的争议和效仿,最终引发了一个时代的风潮和思潮。

08 ｜《人间失格》
广受争议的"丧文化"经典

李迪迪

《人间失格》是太宰治的巅峰之作，也是他的绝笔之作。"人间失格"的意思是丧失为人的资格。小说由序、第一手札、第二手札、第三手札、后记五个部分构成，其中序和后记以作者的口吻叙说，三本手札则以主人公叶藏的口吻叙述。主人公叶藏胆小懦弱，惧怕世间的情感，不了解人类复杂的思想，继而通过搞笑取乐别人，隐藏真实的自己。后来，他发现通过饮酒作乐似乎更能逃避这个世界，于是终日放浪形骸，通过酒精、药物、女人来麻痹自己，最终走向毁灭。他被最真切的痛苦折磨，终其一生都在自我厌倦下寻求爱、逃避爱，最后只能毁灭自己。

1. 太宰治是谁？

太宰治，本名津岛修治，1909年6月19日生于日本青森县的一个望族，是家里排行第十的孩子。其父经营银行和铁路，还是县议员和众议院议员，最后因为多额纳税而成为贵族院议员，可谓既有钱又有势。然而，太宰治在家中只能说衣食无忧，因为不是长子，所以缺乏地位和关爱。文学和纵欲成了他精神的出口。他的纵欲包括烟、酒和女色。而他的文学写的正是这种颓废堕落的生活，文学史称之为"无赖派"作家。太宰治一生五次尝试自杀，其中三次是和情人殉情。最后，他在和女读者殉情的时候，早已结婚生子，甚至还有别的情人和私生女。

说起太宰治，很多人会先想起一句名言："生而为人，对不起。"其实，这句话并非太宰治的原创。原作者是一个名不见经传的诗人，叫寺内寿太郎，此人在得知自己的话被太宰治剽窃以后感叹道："简直像命被偷走了一样。"不过，话说回来，太宰治虽然偷来了这句商标一样的名言，但还是需要具体产品来支撑的。要知道，太宰治的作品被誉为"昭和文学不灭的金字塔"，如果说"生而为人，对不起"这句话是金字塔耀眼的塔尖，那么拿掉这句话，应该也不至于让整座金字塔崩塌。

所以，真正的问题还是：大家为什么喜欢太宰治？一代代读者，想在颓废丧气、"不配做人"的无赖身上寻找什么呢？

2. 太宰治眼中的世界

《人间失格》以三张照片为线索，串联起主人公叶藏的童年、青年和中年。叶藏家的背景和现实中的太宰治很像：父亲是地方上的财主和议员，常年不在家；而母亲身体不好，也没有精力照顾家里的众多子女。其实，叶藏的全名是"大庭叶藏"，这个名字从字面上说，不就是"一个很大庭院里的一片无人在意的小树叶"吗？这个名字本身就概括了叶藏"衣食无忧但缺乏关爱"的童年环境。而这种环境和处境也造成了叶藏相当偏颇的世界观：对物质不屑一顾，对感情过度敏感。

这两个特点让叶藏无法正常看待世界和他人。比如，叶藏曾以为天桥是一种游乐设施，等发现天桥只是为了方便行人跨越铁轨，他一下子就觉得天桥索然无趣。也就是说，叶藏看一件东西，只强调好玩，不注重实用。再如，叶藏小时候体弱多病，经常卧床，一直以为褥子、枕套、被套都是没用的装饰品，等他发现这些东西有实用目的，竟然"不禁为人类的节俭而黯然神伤"。最离谱的是，他甚至不知道人为什么要吃饭，因为他从来都没有饥饿的感觉，也从来不觉得食物有什么美味可言。这恐怕恰恰是因为他作为一个富二代，从小吃得很好。但这样一来，"人为了吃饭而工作"对于叶藏来说就变得难以理喻了。

蔑视实用、不肯节约、拒绝工作是叶藏从小养成的三个习惯，也为他后来堕落为浪子埋下了伏笔。

虽然叶藏在物质生活方面不太接地气，但他对人际关系特别敏感。在手札中，叶藏常常用"神秘"和"恐怖"两个词来形容正常的人际交往。"神秘"在于他不知道对方的目的是什么，而"恐怖"源于他不知道别人什么时候会突然发火。在叶藏看来，人一发火就会暴露出可怕的动物本性，"就像温顺地躺在草地上歇息的牛，会突然甩动尾巴抽死肚皮上的牛虻一样"。一想到"这种本性也是人类生存下去的资格之一"，他就感到"彻底的绝望"。

不过，第一人称叙事是主观的，也就未必是可靠的。虽然叶藏心中痛苦，但要说"彻底绝望"恐怕还是有点夸张了，因为他明明有应对之道：哗众取宠，扮演小丑。比如，夏天时，叶藏会把姐姐的红色绑腿套在手上，从浴衣的袖口露出来，假装在浴衣里面穿了件毛衣，然后在过道里来回走，把大家逗得哈哈大笑。还有一次，叶藏的父亲问他要什么礼物，买书还是买披在小孩身上舞狮的玩具。叶藏知道父亲希望他选择舞狮礼物，可一旁的哥哥替他选了书。叶藏不能当面反对哥哥，只能在夜里悄悄把父亲的记事本拿出来，写上"狮子"。这一招后来把父亲逗得大笑。

叶藏很能把握他人的反应，人际关系对他而言并不那么"神秘"和"恐怖"。其实，这种敏感的孩子，并非不理解自己看到的世界，只是不愿意接受自己洞悉的真相。虽然他只是孩子，但如果把叶藏放进《皇帝的新衣》的故事里，他肯定不会大声说出真相，因为他已经看懂大家为何要赞美裸体的皇帝。实际上，叶藏看到父亲的那些朋友就是这样背后肆意嘲笑父亲，当面又狂拍父亲马屁的。既然现实的人际关系只能用谎言和表演才能维系,那么扮演哗众取宠的小丑,就非但不是出格之举,反而是最合乎情理的适应之道。

3."生而为人"如何避免"人间失格"?

在小说的后记里,没有具体姓名的"我"来到京桥的小酒馆——叶藏曾经给那里的老板娘当过小白脸。十年前,叶藏把三张照片和三本手札从家乡寄给了老板娘,老板娘以为"我"认识叶藏,所以又拿出来给"我"看。这段后记补全了照片和手札的来历,但更重要的是,提供了一个机会,让老板娘这样的旁观者也可以对叶藏的一生发表看法。整部小说的最后一句话是老板娘的发言:"都是他的父亲不好……我们所认识的阿叶,又天真又乖巧,要是不酗酒的话,不,即使是酗酒……也是个神一般的好孩子啊。"

整部小说都在说叶藏如何一步步堕落为"渣男",最后却突然反转,将其拔高为"神"。这是太宰治最巧妙的安排。读者大可认为这句话只是老板娘信口开河。事实上,这句话的前半段把叶藏的悲剧全部归因于父亲和酗酒明显就是肤浅的看法。但是,到底为什么太宰治要把叶藏拔高为"神"?其实,这里的"神",不是指日本的"神",而是特指耶稣。太宰治钻研过《圣经》,《圣经》虽然并没有拯救太宰治的苦闷,却为他设定了一个至高的理想标准。这个理想标准就是:耶稣替世人背负罪恶。而在某种程度上,叶藏是在替所有失格之人背负痛苦。文学人物不同于宗教人物,文学人物替世人背负痛苦的方法,就是把自己变成一个可以引起广泛共鸣的典型。而读者可以通过他得到救赎,也就是明白原来自己的痛苦并非个例。

再说一则逸闻。著名作家三岛由纪夫以严于律己著称,他很讨厌放纵颓废的太宰治,甚至专门跑去太宰治喝酒的地方对他说:"我不喜欢你的作品。"太宰治却说:"既然来了,说明你还是喜欢的。"后来,三岛由纪夫在自杀前给友人的信里说,其实自己和太宰治是一样的人。这个例子其实解释了为什么一代代读者着迷于叶藏的故事，因为每个人都会遭遇类似的软弱、颓废和绝望。社会给人的种种要求是严格的，人总有达不到的时候。这时候，人们就会有"人间失格"的痛苦。

4.结语

《人间失格》是日本传奇作家太宰治的名作，这是一部自传性很强的小说，也可以视为太宰治的绝笔之作。小说以三张照片为线索，描写了富家子弟叶藏一步步堕落，最终人间失格的历程。小说的主体是叶藏本人的三本手札。叶藏在手札里反复诉说自己和世界格格不入的痛苦。他在心里认为自己是真诚、善良、热爱生活的人，然而他的行为是虚伪的表演，且往往伤害了他人，尤其是爱他的几个女人。内心和外部行为的巨大反差，给读者留下了自由解读的空间。英国女作家弗吉尼亚·伍尔夫曾说："人不可能通过逃避获得平静。"在我看来，太宰治的《人间失格》，就是用极致的逃避来告诉我们：逃避不仅可耻，而且没什么用。

09 | 《人类群星闪耀时》
什么样的瞬间会决定历史？

贾行家[①]

《人类群星闪耀时》包括14篇历史传记，在世界范围内畅销了半个多世纪。这本书的作者是奥地利作家斯蒂芬·茨威格，他既是大师级小说家，也是世界文学界公认的最佳传记作家。他高贵的人格气质、优雅的文风和理想主义的笔调迷倒了无数中国读者。

书中的每篇传记都以关键人物为视角，展现了特定的历史时刻，远到公元前1世纪古罗马的政治危机，近到写作前不久的第一次世界大战后的巴黎和会。这本书除了是历史传记经典，也是新闻写作标杆。

1.什么是"历史特写"？

《人类群星闪耀时》的写作方法被称为"历史特写"。这种写法的特点是画面感强，对人物心理的刻画细致入微。我们怎么理解这种写法呢？

近年来，有一个摄影术语，经常被用来形容历史，叫"决定性瞬间"。其含义是：每件事物都有一个最重要的时刻，能够显现它的全貌和内涵。茨威格之所以把这本书命名为《人类群星闪耀时》，就是因为这14篇特写就是历史上的14个决定性瞬间。

[①] 贾行家，作家，著有随笔集《潦草》《尘土》。得到App"文化参考""贾行家说《聊斋》""贾行家说千古文章"等课程主理人。专注于中国文化和文学研究。

他说:"一个民族,总是要在几百万人里,才涌现这样一个天才。而在天才的一生里,这种高光时刻,也往往只发生在某一天,甚至某一分钟。世界总是在经历了漫长等待以后,才会出现这一群星闪耀的时刻。"

2.历史能为我们提供什么?

虽然没人怀疑这本书的文学价值,但是我们能把它当成严谨的历史来读吗?我们先来讨论一个更深层次的问题:历史到底是什么,它能为我们提供什么?

在古希腊的知识体系划分里,历史不被当作真正的知识,因为历史不提供必然性规律。然而,人类始终对历史抱有浓厚的兴趣。因为曾经发生的事,虽然不提供必然性,却提示可能性。在缺乏必然性的世界上,可能性是最重要的消息。另外,从人的心理和情感来说,可能性意味着希望。有希望,人才会去积极地行动,才会继续创造有意义的历史。

从更大的视角来看,历史呈现的是一个社会共同体值得追忆的事情,是一种精神传统。它可以让人群确认共同的文化身份。

说到这里,人类情感和心理活动,或者说人性,就和客观世界产生联系了。历史的本质就是人的本质。研究历史并不是为了研究客观事物,而是为了研究人的精神发展,也就是人性。至于事和物,只是人的活动留下的痕迹。可以说:人性,就是历史中的"决定性"。

茨威格通过分析人性来描述历史,是符合历史本质的。而且,这是他最擅长的。

3.文学大师描写历史的方法

讲述历史,人的精神状况和思维方式绕不过去,只有这样,我们才能看到思想是怎样变成具体行动的,才能对人性进行全面观察。茨威格就是描述这种现象的顶尖高手。我们用书中的一篇来说明。

1918年12月,第一次世界大战刚刚结束。美国的第28任总统伍德罗·威尔逊前往欧洲,试图说服英法等战胜国接受他的"十四条原则"。他的这个构想很理想主义,包括取消秘密外交、不要逼迫战败国接受屈辱条约、公正处理殖民地问题等内容。

他自信带来的方案是公正的,能为世界带来长久和平。结果,谈判僵持的时间越拖越长,欧洲局势发生了变化。此时,美国国内也开始指责他为外国考虑得太多,63岁的威尔逊在巴黎病倒了,精神极度疲惫。在4月7日这一天,他试图通过一个强硬措施向其他国家施压,放出消息说自己要回国,也就是说:宁可退出谈判,美国也不让步。他当时写道:"这一时刻,将决定未来几十年甚至上百年的欧洲命运。"

书中的这一篇名叫《威尔逊的失败》,写作于1940年,此时第二次世界大战已经爆发,茨威格的祖国奥地利被德国吞并。茨威格的观点很明确:属于威尔逊的"群星闪耀时",就在22年前的那一个星期。如果威尔逊能坚持主张,促成提案实现,第一次世界大战就不会种下纳粹这个恶果,第二次世界大战将有可能避免。

那么,威尔逊是怎么失败的呢?当时,仿佛全世界的舆论都在指责他一意孤行,曾经有千百万的声音恳求他挺住,后来也都消失了。连战败国都希望他妥协。国内那些支持他的朋友,写信劝他收回成命。威尔逊感到极度的软弱和孤独,最后选择顺从了这些声音。于是,所有人又开始赞美他是智慧的政治家。在他听来,这些夸奖在焚烧他的灵魂,他的威望和力量已经一去不返。当他乘坐的轮船驶离海岸时,他甚至不愿意再看欧洲大陆一眼。

我们可以看出,茨威格的写作风格确实带有很强的主观色彩。威尔逊到底在想什么,别人不可能完全知道。那么,茨威格最主要的特点,是把精神分析方法和文学方法组合在一起,把历史活动和人的心理写到一起。

虽然人们常说"我思故我在",但历史的发展不仅要和思想有关,更要基于行动。所以,历史叙事的原则,可以说是"我行动,所以我在"。

茨威格的特写像两面立起来的镜子,让思想与行动相互对映,显现出无尽深度。比如,他在书中写到托尔斯泰的死。托尔斯泰在83岁高龄离家出走,最后死在一个偏远的火车站,这是一段文学史谜案。在这本书里,茨威格使用精神分析方法为托尔斯泰写了大段独白,用托尔斯泰本人的口吻讲述他自己的心理活动:"我不是圣人,我只是个软弱、衰微的老人。我从来都不能完全说出真话,如果在这个家里死去,我的死就像我的生一样不诚实。现在,我该去践行那些痛苦地折磨我的事。死神或许正在等我,而我却毫无恐惧地迎向他。"这些话与托尔斯泰的思想非常吻合,能帮助读者直接走进他的内心世界,从而理解那些矛盾的行为。

4.判断重大历史事件的标准

人类生活的面貌会受到经济、政治、宗教、技术乃至能源、气候等各种因素交织影响,让人们很难断定哪一件事情会成为某个未来历史事件的导火索。决定当代命运的大事到底是什么?很可能要在多年以后才能看清。

茨威格也有自己对历史的解释体系。《人类群星闪耀时》的14篇特写不是随便凑到一起的,而是出于他判断"决定性瞬间"的严格标准。全书最后一篇写于1940年,而第一篇写于1912年。这本书的写作,几乎贯穿了他的文学生涯。

这些历史瞬间可以分成三类:一是决定西方格局的瞬间,二是人类对世界的探索瞬间,三是人类思想和艺术的光辉瞬间。在这三类历史时刻里,人的情绪、性格,包括灵感的突然迸发,都起到了决定性作用。

在这个解释体系里,历史有什么不一样的呈现呢?

我们来看一个决定西方世界格局的瞬间。1453年5月29日,当时的东罗马帝国,也就是拜占庭帝国的首都君士坦丁堡,被奥斯曼帝国军队攻陷。这标志着罗马帝国的彻底灭亡,也被很多历史学者作为中世纪的结束点。

而茨威格的讲述更有戏剧性。他认为,决定这个历史时刻的,是奥斯曼苏丹穆罕默德二世的性格。穆罕默德具有过人的魄力和狠毒的心肠。他在国外接到父亲去世的消息时,独自骑上最好的马,一口气跑了120千米,然后渡海回国,纠集了精锐部队争夺继位权。他在执政后的第一件事是派杀手把未成年的弟弟淹死在了浴缸里,第二件事是灭了杀手的口。这一年,他只有21岁。

穆罕默德二世是一个双面人:既残忍野蛮,又热爱艺术、学识渊博;既是勇猛的战士,又是虔诚的信徒。他的理想,就是要创造比父辈更光荣的功绩,拔除这座基督教世界的象征。另外,他还是一个手腕高明、厚颜无耻的外交家。在完成备战工作之前,他一直在全力鼓吹和平。他按着《古兰经》发誓,要维持与东罗马帝国的和平条约。等到一切准备妥当之后,他立刻发动了战争。因为这种个性,他激发出了奇特的创造力,攻陷了号称"不可摧毁"的君士坦丁堡。历史总是青睐这些强者和暴君,因为他们的性格也像历史命运一样冷酷而不可捉摸。

现代社会里还有一种个性会塑造历史瞬间。1858年,为了铺设连接欧美大陆的海底通信电缆,美国实业家菲尔德发起集资。铺设连续失败了两次,他浪费了大量金钱和好几年时间。不只股东施压,其他人也说他是骗子。直到1865年7月,经过多年沉寂,菲尔德再次筹集到资金,买下巨轮出海。这一次,他取得了成功,接上了之前断裂的旧电缆,让美洲和欧洲有了两道通信桥梁,实现了人类第一次越洋通话。茨威格写道："拥有对奇迹深信不疑的天真和勇气，富有热烈的冒险精神和信念。他既是商人，又是英雄。"

5. 结语

历史向人传达的消息大多是关于人性的。我们说"还原历史真相"，不只是弄清事实原委，也是要借此看清背后的人性真相。至于历史对未来的作用，它永远不会直接告诉我们某个事件的准确结果，而是帮助我们通过研究人的来源、人性的发展，去探寻人类的最终目的。

传记作家茨威格擅长的就是深入人物内心和情感世界，文学批评家称他"拥有X光透视一样"的心理分析能力。这种能力成为我们阅读《人类群星闪耀时》的主要收获。

10 ｜《人性的枷锁》
名作家毛姆的人生之书

邓一丁

出版于1915年的长篇小说《人性的枷锁》，是英国作家毛姆最长的一部作品，翻译成中文有将近60万字。这个书名取自哲学家斯宾诺莎的《伦理学》，指的是一个人尽管拥有明辨是非的知识，却受限于本性，终究会对世界形成错误的认识，并在行动中疏漏百出。换句被用得有点俗气的话，就是"懂得很多道理，却还是过不好这一生"。

这个总也过不好生活的主人公名叫菲利普。从各种意义上讲，菲利普都极像是毛姆在文学世界里的一个分身。有人干脆就说《人性的枷锁》就是毛姆换了个名字的自传。对此，毛姆的解释是，"自传"倒不至于，但菲利普的确是以自己为原型设计的角色。这也是《人性的枷锁》这本书的一个看点，你能从主人公的言行中看懂他背后的作者理解世界的方式。

1. 懵懂与清醒

我们就从主人公菲利普九岁的那年说起。菲利普是一个懵懂的孩子，当他的父母亲在这一年里相继去世，他只是隐隐感到再也不能与他们相见，也时常为此伤心。和他比起来，这时候更头疼的倒是他的伯父和伯母。这对四十来岁的夫妇膝下没有子女，住在伦敦60英里（约96.56千米）外一座海边的镇子上。菲利普的伯父是英国国教的牧师，在当地算是一个有头有脸的人物。但和菲利普在伦敦做医生的父亲相比，伯父这家人过得还是拮据了点。

对他来说，收养菲利普更多是出于无可推卸的责任，他对这个孩子没什么感情。和伯父相比，菲利普的伯母是一个更敏感，也更温柔的人。她一直渴望拥有自己的孩子，菲利普的到来给了她一次做母亲的机会。可是由于缺乏经验，伯母在和菲利普沟通时总是过于拘谨。

寄居在这样的家庭里，你能想象一个九岁的孩子天然会感到压抑和无聊。菲利普的脚又有天生的残疾，不适合跑跑跳跳。他原本就不是一个开朗的孩子，这时候的性格就更加内向了。在伯父家里，菲利普能找到的唯一有趣的东西是书。从伯父的书架上，菲利普时常能找到一些有趣的故事书，读着读着就入了迷。

就这样，书籍成了菲利普寄居生活中最好的伙伴，帮他缓解了孤独。进入中学后，菲利普发现自己和身边的孩子相比，知识更丰富，心智也更成熟。但他的残疾给他惹来了麻烦。因为那只跛脚，他成了同学们眼中的怪胎，甚至有位粗鲁的老师也在盛怒之下骂他是"瘸子"。菲利普起初不明白这些野蛮的恶意为何无端地向他袭来，到后来他就越发安静地沉入了书籍的世界，在幻想中寻找安慰。

就这样，在少年时代，菲利普由于残疾带来的敏感，再加上阅读锻炼出来的心智，很早就形成了清晰的自我意识。这种清醒帮他突破了少年懵懂的枷锁，拥有了向内省察和洞悉人心的能力。然而，这种能力也让他更容易受伤，并且更难以相信世人眼中的理想生活。这决定了他日后的道路。

2.天才与平庸

从中学毕业后，菲利普决心探索自己的人生。于是，他断然放弃了升入牛津大学进修神学的机会，跑去了德国。在接下来的几个月里，菲利普接触了广泛的知识，也交到了几个朋友。从德国回来后，菲利普遵照伯父的意见去伦敦学会计。不过比起会计，他更感兴趣的是伦敦，他渴望到大城市里见见世面。接下来，菲利普用一年的时间确认了一件事：自己完全不适合会计这个行当。他要做更有创造力的事，他要去巴黎学美术。

这一次，菲利普的决定惹得伯父勃然大怒。他责备菲利普做事没有常性，而毛姆在写到这里时留下了一句意味深长的评语，说菲利普的伯父"像所有懦弱的人一样，把善始善终看得太重要了"。对菲利普来说，唯一重要的是撒开手脚去寻找有意义，至少是有意思的生活。他也不太担心伯父的反对，因为再有几个月，他就年满21岁了，可以继承亲生父母留给他的一小笔遗产。

初到巴黎，菲利普进入了一家教绘画的机构。菲利普在画室里遇到的第一位同学名叫普里斯。菲利普虽然没学过画，但看过不少，也确实有些天赋。他一眼就看出普里斯的画完全不对。这间画室里真正有才华的是另外两个学生，一个叫克拉顿，另一个叫劳森。没过多久，他们都成了菲利普的朋友。劳森的天赋很高，技巧也纯熟。而克拉顿了不起的地方在于眼界。当时的巴黎正是印象派的天下，而克拉顿却敏锐地意识到印象派已经走入了瓶颈。他四处游历，寻找能给他带来新启发的画家和作品。

有一次从布列塔尼回来，克拉顿兴奋地向朋友们说起一个名不见经传的画家。那个人原本是一个证券商，人到中年，赚了不少钱。可是有一天，他突然抛家弃子，独自一人过起了画家的生活。克拉顿相信这位画家能给印象派蹚出一条新路来。朋友们对他的说法难以置评，因为他们都没听说过此人。

如果你熟悉西方美术的历史，那你一定已经猜出来了，克拉顿说的这位，正是后来横空出世的印象派大师高更，也就是《月亮和六便士》的主人公查理斯·斯特里克兰德的原型。这么看来，克拉顿对艺术的判断的确是准确且超前的。可是，克拉顿的问题在于，他说得多，画得却很少。和他比起来，劳森要务实得多。可是，劳森也清楚自己的局限。他的绘画技巧无可指摘，假以时日，他一定能成为小有名气的画家，可劳森这个名字是不会被写进美术史的。

毛姆讲述这些青年画家的故事，到底是在讲什么呢？我觉得他讲的是他作品中反复出现的那个主题：天才和平庸者的差距。从他的作品来看，毛姆显然崇拜天才，他塑造的主人公常常以极端的方式对抗世俗生活，孤注一掷地追寻心中的理想。对毛姆来说，能否恰当地处理天赋与勤奋、理想与现实的关系，是每个人生命里的根本问题。这将决定他们幸福与否，乃至于生死。

说回故事里的巴黎。这时，巴黎发生了一件非常令人遗憾的事。普里斯自杀了。这个把艺术视为生命的可怜人被艺术之神无情地拒之门外，终于绝望，在贫穷和孤独中了百了。菲利普作为她生前联系的最后一个人，帮她操办了丧事。菲利普心里充满了怅惘，又不禁想到自己，他可以成为一名真正的画家吗？还是要等蹉跎半生才发现自己走错了路呢？

菲利普做了一个勇敢的决定。他找到之前在画室里指导学生的一位极其严苛的画家前辈。菲利普将自己的画一幅一幅地拿给这位前辈看。菲利普告诉前辈，自己的钱只够支撑几年的生活，他不怕失望，只想要听到真相。前辈看他诚恳，也放下了傲慢和刻薄。前辈对菲利普说："你给我看的这几幅画里没显出任何天赋，但你下功夫了。你充其量能做个二流画家。可是考虑到你的实际情况，还是放弃吧。"

这是一个让菲利普心碎的回答，可是这样的心碎像一份恩赐。他向前辈道谢。前辈走到房门口，突然回过头拍了拍菲利普的肩膀说："你知道吗，我愿意拿世上所有东西去换取一个机会，能让我回到你这么大的年纪，遇到一个能给我这样建议的人。"

3. 生死与意义

放弃学画后，菲利普来到伦敦学医。他的学业进行得磕磕绊绊，直到七年后，他才终于拿到行医执照，有了安身立命的本领。在这年里，他经历了一场痛苦的爱情。在疯狂的爱欲面前，人的理智一败涂地。在毛姆看来，这是人性的又一重沉重的枷锁。

在学医的这些年里，菲利普始终在思考着生活的意义。他在巴黎时结交了一位朋友，是一位上了年纪的诗人。这位诗人的生活过得穷困潦倒，终日坐在小酒馆里买醉。他时常乘着酒兴发表一通奇谈怪论，引得邻桌的客人纷纷侧目，却也让菲利普这帮喜爱思考的年轻人啧啧称奇。在菲利普离开巴黎前，这位诗人送给他一块破旧的波斯地毯，神秘兮兮地说这块地毯就是人生的意义，但其中的玄机他不能道破，只能让菲利普自己参悟。

一块地毯算什么意义呢？菲利普没太当真。不过多年后，他却忽然想出了一套自己的解释。这些年间，他在医院里实习，见证了太多生死。许多人因为贫穷放弃了治疗，许多人为了现实的利益抛弃了家人，还有许多人热爱生命，满怀希望地接受治疗，却最终事与愿违。这些人在人世间庸庸碌碌、匆匆忙忙地走过，他们的人生有意义吗？菲利普想到，或许所有人的人生都像一块波斯地毯。我们度过的分分秒秒、日日年年，都会在这块地毯上留下痕迹，绘制出一幅纷乱却华美的图景。当一个生命走向终结，他身后就留下了独一无二的人生的轨迹。这条轨迹也许并不关乎永恒或真理，但它实实在在地存在过，就像每个人的生命都无可否认地存在过一样。没有谁的人生是白白度过的。

11 | 《三国演义》
中国人品格的大百科

陈章鱼

《三国演义》有很多老百姓的想象，比如神兵利器、出奇的阵法、武将之间的单挑，这些都不是历史上真实发生的。这本书为什么要这么写？因为我们无法建立那么大的宏观认识，只能"以小比大"，所以到了评书艺人口中，两军对垒只能当作人肉背景，胜负全靠双方武将单挑。人们如果无法把握宏观趋势，就会在想象中用简单的局部操作来代替。

所以，评价《三国演义》有一个经典的说法，叫"七分真，三分假"。其中，"三分假"就是大人物按照小人物的规则生活，用小人物的人情世故取代大人物的韬略智谋。但是，这反而让《三国演义》成为四大名著里最和普通人亲近的，也是最容易学的。因此，《三国演义》了不起的地方，就是这些人物对一代代中国人都有潜移默化的影响。这本书已经成为一部品格教材，是中国人品格的大百科。

比如，关羽对各行各业都有教育功能。平时，人们会说，"你得学关公，做个有义气的人"；职场中，老板会跟员工说，"你得学关公，做个不贪财的人"。

关羽这个榜样，我们已经很熟悉了。接下来，我们再来聊三个榜样：刘备、张飞和赵云。

1.为什么大家都围着刘备转？

刘备此人，武功比不上关羽、张飞，智谋比不上诸葛亮，做主公也比不上曹操、孙权,天天被人追着打,连地盘都没有,感觉什么本事都没有,遇到事情就会哭,为什么大家都围着他转呢?

刘备身上有一个特别重要的品质,即"让"。在《三国演义》中,刘备有两次机会能白得地盘,但是他都让出去了,一次是让徐州,另一次是让荆州。

最乱的时期,刘备在陶谦手下。陶谦管的地盘是徐州。陶谦在去世前亲自请刘备接手徐州,但刘备怎么都不肯接受,情急之下要横剑自刎。直到徐州百姓也来请刘备接手,刘备才顺从民意。后来,刘备又被曹操打败,投奔到刘表手下。刘表的地盘是荆州,刘表生了重病,也快死了,要把荆州交给刘备,刘备也是直接拒绝。这个时候,刘备手下已经有诸葛亮了,诸葛亮一直劝刘备把荆州夺下来当自己的大本营。刘备说,不能乘人之危。因为刘表有儿子,刘备宁肯死也不接受荆州。

如今,我们感觉刘备特别软弱。但是,回到当时,这是一个理想的仁君。相比之下,其他人太能争了。他们太渴望地盘,太渴望权力,所以什么招都能用出来。这些人当中,只有刘备在"让"。

刘备是仁慈的榜样。刘备仁君形象的顶点,是《三国演义》第41回的"刘玄德携民渡江"。他带着荆州的十几万难民南下奔走,宁可被曹操追上,也不肯弃掉民众。所以,刘备的形象不是我们想象中的软弱。怕伤害自己,所以不去争,那是软弱;怕伤害别人,所以不去争,那是仁慈。

而且,一般人对别人宽厚,对自己也容易放低标准,但是刘备除了仁慈之外,一直在进取。虽然他是《三国演义》中人生最曲折的,到处打败仗,到处跑,但是他百折不挠。历史上,他还有一个"髀肉复生"的故事。

一天,刘表请刘备喝酒聊天,刘备起身上厕所,摸了摸自己的髀(大腿),不禁掉下泪来。回到座上的时候,刘备脸上还留着泪痕。刘表见了很奇怪，问道："怎么啦？您是不舒服还是有什么心事？"刘备不好意思地说："没什么，我以前一直南征北战，长期身子不离马鞍，大腿上的肉精壮结实。到这里来后，闲居安逸，用不着骑马，大腿上的肉又肥又松。一想起人都快老了，复兴汉室的功业一点也没有建成，因此心里非常难受。"

那个时候，刘备已经40多岁了。所以，刘备的身上除了"仁"，还有"韧"。

2.张飞的性格有多"真"？

我们印象中的张飞，就像《水浒传》中的李逵一样：大黑脸，大胡子，说话声音大，脾气火暴，没什么文化。实际上，历史上的张飞虽然很勇猛，但是并不是大老粗。他是一个书法家。史料记载，他还是一个画家。但是，《三国演义》把这些事给砍掉了，还把一些历史上不是张飞干的事放在张飞身上。

比如《三国演义》中张飞怒鞭督邮的故事。督邮就是负责考察官员的，他来到当时刘备担任县尉的安喜县巡察，妄想敲诈刘备，被性如烈火的张飞绑到树上暴打了一顿。不过，按照历史记载，怒鞭督邮的不是张飞，而是刘备本人。当时，朝廷准备淘汰一批因为镇压黄巾起义而获得官位的人，派督邮来考察。刘备认为自己肯定在遣散名单里，就去求见督邮。但是，督邮不见刘备，刘备便直接闯进去把督邮痛打一顿，然后把官印挂在督邮脖子上，弃官而去。可见，历史上真正的刘备不是只会哭的。

这是《三国演义》写人物的一种常用方法，用移花接木的方式，把一些事集中在一个人身上，突出塑造一种性格。

张飞身上的性格是"真"。这个"真"在《三国演义》开篇第1回的"桃园三结义"中就定下了基调。

当时，幽州遭受黄巾起义军的攻击，官府张榜招募义兵。涿县

（今河北涿州）的刘备站在榜下，虽然有心扫荡中原，但是恨自己没有实力，于是长叹一声。这时，张飞出现了。两个人素未谋面，但张飞就敢厉声责备："大丈夫不给国家出力，长叹什么？"如今，我们都不敢当面这样跟陌生人聊天，但是张飞就是这样直率的人。

《三国演义》中还有一个有意思的地方，就是刘备和张飞的互动特别多。因为张飞的"真"更能衬托刘备的"仁"，刘备的"仁"也能衬托张飞的"真"。

比如三顾茅庐的故事，刘备一次次去请诸葛亮，去一次见不到，去两次还是见不到，张飞就急了，他说："量此村夫，何足为大贤；今番不须哥哥去；他如不来，我只用一条麻绳缚将来。"

诸葛亮出山之后，张飞也是有点看不起他的。刘备说："我得到孔明，如同鱼得到了水。"结果，曹操来进攻刘备，张飞就说："哥哥派水去就全解决了。"诸葛亮布置诸将出去设伏，关羽、张飞就问他："你在哪里？"诸葛亮说："我独自守县城。"关羽没说什么，但是张飞大笑说："你可真是有智啊，我们都去厮杀，你在家里坐着！"但是，按照诸葛亮的安排，刘备以少胜多打败了曹军，张飞心悦诚服，主动夸奖诸葛亮是真英杰。所以，直率是张飞的品格。

3.为什么赵云是理想化的武将？

男生往往特别推崇赵云，赵云其实是《三国演义》中非常理想化的武将形象，他是"勇"的人格标杆。这种"勇"不是一时冲动的"血气之勇"，而是有信仰、有武力、有担当且贯穿一生的"大勇"。

所以，《三国演义》给赵云的高光时刻，是在长坂坡。刘备带着军民南撤，交给赵云的任务是保护家小。刘备在张飞保护下奔走，结果赵云不见了刘备，自己所保护的对象也不见了。

原本赵云上战场打仗，都是很从容的，永远是枪法不乱；但是这一次，赵云采取了拼命乱打、不计生死的战术。遇到敌人时，小说中写道："云乃拔青釭剑乱砍。"而且，小说刻意强调了他的马速度快，自己的部卒都跟不上。最后，赵云找到了刘备的儿子阿斗。"只剩得孤身"，这就完成了"赵子龙单骑救主"的壮举。在整部《三国演义》中，其他各处都是"将对将，兵对兵"地搏杀，只有在长坂坡，赵云是一人独当群敌。

刘备去世之后，诸葛亮主政。在北伐打曹魏的时候，关张赵马黄之中，就只剩下赵云。赵云岁数大了，诸葛亮怕赵云出征时会遇到危险，哪怕不是生命危险，就算打了败仗，那也是"动摇一世英名，减却蜀中锐气"。赵云的回话气壮山河："大丈夫得死于疆场者，幸也。"他完全把个人英名放在了一边，而且主动要求做前部先锋。

赵云戎马一生，他难道不知道战场的凶险吗？他不知道自己的力量在变弱吗？他不担心自己"常胜将军"的名号在最后一刻被否定吗？他都知道，但他还是站出来了。"勇敢"不是不害怕，而是在有担心、有恐惧的时候还能站出来。

4. 阅读指南

知名的历史文化作家潇水老师，对《三国演义》的解读有一个特别清晰的模型。他说，别看《三国演义》有几百个人物、120回、几十万字，其实抓住四个人的故事，我们就能抓住全书的脉络。用最通俗的话概括，就是四个人轮番开挂：曹操开挂、刘备开挂、诸葛亮开挂和司马懿开挂。我们可以根据自己的兴趣选择阅读，毕竟《三国演义》有多种解读，我们不用寻章摘句去体味作者罗贯中的原意，而是要从书中读到我们在这个时代需要的东西。

表 11-1 《三国演义》阅读指南

曹操开挂 （第 1 回至第 35 回）	桃园三结义	怒鞭督邮	温酒斩华雄
	三英战吕布	连环计	衣带诏
	青梅煮酒论英雄	千里走单骑	官渡之战
刘备开挂 （第 36 回至第 85 回）	三顾茅庐	携民渡江	长坂坡
	群英会	草船借箭	苦肉计
	三气周瑜	单刀会	白帝城托孤
诸葛亮开挂 （第 86 回至第 104 回）	七擒孟获	六出祁山	五丈原
司马懿开挂 （第 105 回至第 120 回）	诈病赚曹爽	姜维北伐	三分归一统

12 |《神曲》
关于爱的不朽诗篇

李迪迪

《神曲》是世界文学史的里程碑杰作,是公认的经典中的经典,是文学巨匠、文艺复兴先驱、意大利语之父但丁最著名的作品。这部著作写的是朝圣者但丁在人生的中途迷失了正道,陷身黑暗森林,后在文学先驱维吉尔和女神贝亚特丽斯的灵魂指引下幻游地狱炼狱和天堂,最终得到真理的故事。

文学巨匠博尔赫斯曾说:"《神曲》是我们每个人都应该读的书。"《神曲》全诗共三卷,分别为《地狱》《净界》和《天堂》,每卷32篇,加上序共100篇。《神曲》自问世以来,成为全世界杰出诗人、作家、艺术家的灵感之源,被誉为影响了欧洲文化的经典巨著。

1.《神曲》的文学地位

但丁对后世的影响极为深远,中国的文化进程也深受其影响。比如,他的作品激励了戊戌变法失败后的梁启超,让在日本留学的鲁迅看到了用语言凝聚民族的希望,而发起"白话文运动"的胡适,效仿的正是但丁对意大利语的创造和革新。

但丁是用他惊人的原创力征服世界的。他发明了意大利语。但丁出生于1265年的意大利,当时意大利并不是一个统一的国家,只是一个地理概念。当时欧洲的通用语是拉丁文,各地老百姓说的语言被称为"俗语",英语、法语、意大利语都是俗语。文人著书立说用的都是拉丁文,因为这种语言被认为是神圣的和不朽的。拉丁文和俗语的关系,很像中国新文化运动前文言文和白话文的关系。当时,但丁觉得,意大利俗语是来自民间的自然的语言,是有生命的优美的语言,有很强的音乐性。他为之感到自豪,决定用这种语言写作,让老百姓都能读懂。于是,他将自己家乡所在的托斯卡纳地区的方言和其他地区的方言结合在一起,对词语做了严格的筛选,创造了一种新语言。他的代表作《新生》和《神曲》就是用这种语言写成的,这两部作品向世人证明了俗语也可以写出高贵、庄严、不朽的作品。后来,意大利语正是在这种语言的基础上形成的。因此,但丁被尊为"意大利语之父"。法国人还戏称,意大利语是"但丁的语言"。

但丁写《神曲》,用的是自己发明的新语言,写的是自己发明的一个新宇宙体系。简单地说,《神曲》写的是神游三界的故事。在但丁之前,基督教世界的确有地狱、天堂的想象,但那里究竟什么样是语焉不详的,这些完全是但丁的发明。除此之外,但丁还发明了文学史上一位著名的女性:贝亚特丽斯。贝亚特丽斯其实是一个他暗恋了一辈子的女神,被他想象为至善至美的化身,但丁最著名的作品都是因她而起、为她而写的。在《神曲》中,但丁把贝亚特丽斯的灵魂放入接近上帝的天国,让她引领自己进入天堂,这种大胆的安排远远超越了基督教正统,只能让人感慨爱的力量是无穷的。

几个世纪以来,几乎每个重视教育的西方家庭中都有一本《神曲》。孩子们从小就阅读甚至背诵它,被其中或可怖或怪诞或恢宏的景象征服。但其实,这是一本极为复杂的书。它是一部百科全书式作品,囊括了中世纪所有的人文知识,有着把整个宇宙包罗进去的野心。它写了100多个人物,从地狱一路铺到天堂。这100多个灵魂的故事,贯穿了从古希腊、古罗马到但丁生活的中世纪的历史人物、神话人物、文学人物和与但丁同时代的真实人物。它如此庞大驳杂,却又有着很强的秩序。它按照三界分为三章,每章33歌,加上开篇的一歌,正好100歌。每章的结尾,都是"群星"这个词。它充满了复杂的符号和象征，就连关键人物在哪一章哪一歌出场，在第几行说话，都经过了精心设计。可以说，《神曲》自成一个宇宙，几个世纪以来，早已形成了一门"但丁学"。无数学者皓首穷经地研究着它，仍未把它穷尽。

2. 关于爱的不朽诗篇

九岁那年，但丁遇到了一个同龄的女孩，对她一见钟情。我们不知道这个女孩的真名是什么，反正但丁叫她"贝亚特丽斯"，这个名字是"被福佑"的意思。他们第一次相遇是在5月1日"五朔节"的一个亲戚的家宴上。这个女孩住得离但丁家很近，可以说是街坊，他们会去同一个教堂做礼拜，可但丁不敢跟她说话，只是默默地看着她。又过了九年，两个人第二次正面相逢。一种说法是，但丁只跟她说了一句话，就"快晕厥过去了"；另一种说法是，但丁一句话也没说，就"快晕厥过去了"。当晚，但丁做了一个梦：贝亚特丽斯成了爱的化身，浑身赤裸，裹着红布；但丁把自己的心掏出来献给了她，她吃了下去。这个听上去有点恐怖的梦，在但丁看来却是很美的。但丁本来就博学多才，从这个梦以后，他的文学才能就像开挂了一样。他无师自通地开始写诗，而且写得很好，进了当地的诗会。

贝亚特丽斯到底有什么魔力呢？可以肯定的是，她一定是一个有美德的美人。如今，我们可以知道的是，她出身于佛罗伦萨一个显赫的贵族家庭。她的父亲是一位很有地位的执政官，受人敬仰。贝亚特丽斯的美德来源于父亲，也来源于陪伴她成长的乳母。这位乳母曾劝说贝亚特丽斯的父亲创办了历史上第一家社会福利性质的医院，而乳母就是医院的第一任护理员，也就是世界上最早的护士。贝亚特丽斯从小跟这两位乐善好施的长辈长大，而且是这个家庭中十几个孩子中的长女。她的性情是慈悲、仁爱和带有母性光环的。

在但丁很小的时候，他的母亲就去世了，有人说是在他八岁的时候,有人说是在他五岁的时候,总之,就是在他第一次见到贝亚特丽斯之前。一个普遍的说法是,但丁把对母亲的爱和渴望转移到了这个女孩身上。

但丁虽然爱着贝亚特丽斯,却不敢接近她,更不打算跟她产生世俗上的联系。这是一场精神上的苦恋。但丁一直在为她写诗。但为了保护她,但丁甚至掩人耳目,跟别的女性来往。这样,大家就不会猜到谁才是真的贝亚特丽斯。后来,贝亚特丽斯嫁给了一位银行家。再后来,仅仅25岁的时候,贝亚特丽斯就因病去世了。据说,贝亚特丽斯到死也对但丁的爱慕一无所知。

贝亚特丽斯的早逝让但丁悲痛万分。一年后,但丁也结婚了,他和妻子生了六个孩子,有四个活了下来。他最喜欢的是小女儿,给她取名"贝亚特丽斯"。

但丁从没写过自己的妻子,却为贝亚特丽斯写了一辈子的诗。在贝亚特丽斯去世后,但丁发誓要"用文字为她造一座纪念碑"。他做到了。这就是他的长诗《新生》。《新生》写的是非常诗意的爱的体验。贝亚特丽斯在青春年华死去了,而但丁用创作让她得到了新生。所以,他说,新生命大于青春。但丁用写诗来思考他对贝亚特丽斯的爱到底是什么,在漫长的思辨中,他走向了精神的升华。写作《新生》的过程,也让但丁明白了应该如何成为一个诗人。他明白了,贝亚特丽斯是一个非常私人的神话,对他人没有任何意义。只有将他人的情感纳入他的话语中,创造出属于大众的神话,才能成为一个伟大的诗人。这也是让贝亚特丽斯更为永恒的途径。所以,在《新生》的第42章,但丁说:"这是一部未完成之书,我将来要用更崇高的语言书写贝亚特丽斯,我要写一本任何人从未为一个女人写过的书。"这本书就是《神曲》。

但丁人生中的第二件大事是流亡。他曾经中断了智性生活,走向了一种公共生活,直到1302年被佛罗伦萨放逐,开始流亡。

但丁有很强的政治抱负，这和他的一位老师有关。14岁的时候，但丁的父亲去世了。父亲在去世前把他托付给当地一个名叫布鲁奈托·拉蒂尼的人。拉蒂尼是一位西塞罗式的雄辩家和政治家，他相信政治就是用雄辩的修辞去说服人的。但丁模仿着老师的风格，精于辞令。后来，老师去世了，但丁决定开始自己的政治生涯，这是他一生中最错误的决定。因为在佛罗伦萨从政，就意味着卷入残酷的党派斗争，这是理想主义的但丁所不擅长的。但丁成了佛罗伦萨的执政官和外交使节，开始到处奔波。1302年，他被派到罗马教皇的大使馆，之后就再也没能回到佛罗伦萨。因为那里有一场阴谋在等待他，导致他被自己的故乡放逐了。原本放逐时间只有两年，但返乡的条件是侮辱性的：头上撒灰，颈下挂刀，游街一周，还要支付巨额罚金。这让但丁非常愤怒，他拒绝了这个条件。这一次，他被永久放逐了。

那时候，流亡是对一个人最严厉的惩罚。因为在中世纪的观念中，一个人在城邦里占据的位置是他最重要的东西，不能占有城市中的一个位置，就意味着他什么也不是。这对一个致力于世俗生活的普通人来说是惩罚，但对一个诗人来说是幸福。

开始流亡后，但丁彻底抛弃了忠于党派的观念，开始拥有自己的独特观点。他开始了语言上的研究，试图找到一个统一的、可以综合所有意大利语言的可能，来描述以君主帝国的方式统一世界的必要性。他开始继续写作《神曲》，他的生命也因此重新绽放。这一次，他的创作从早年私人的爱情神话变成了属于公众的神话、史诗和百科全书。

这就是《神曲》的起源。《神曲》起源于爱和理想的失落，但是失落的一切因为《神曲》的写作而获得了新生。

3.《神曲》中的象征和用典

《神曲》开篇有一系列象征和用典。黑暗森林象征人类精神世界的种种罪恶和过失，也指当时的意大利社会的腐败和党派之争。

书中的象征都是具有双重含义的，既在说人生面临的困境，也在说意大利面临的困境；而但丁的写作意图也是双重的，他要讲述自己摆脱人性的诱惑，走出人生困境的旅程，也希望意大利能扫除罪恶，得到拯救。其实，《神曲》讲述的就是但丁在流亡期间，游走在不同城市之间，作为一个旁观者，深刻地发现意大利的真正问题所在的故事。但丁讲述自己对这个四分五裂的世界的认知，告诉人们如何才能齐心协力从分裂走向整合。凡人都有七情六欲，人的意志终究是薄弱的，那么凡人如何才能走向至善呢？但丁给出的答案是：达到爱的完满状态。

4. 结语

但丁不仅是中世纪的伟大诗人，也是文艺复兴的先驱。他用伟大的原创力征服了世界。《神曲》是一部百科全书式作品，是但丁用爱将宇宙纷散的纸张合订为一册不朽的诗篇。这是一场诗歌的旅程，也是一场人生的旅程，还是一场爱欲和知识的旅程。

13 | 《十八岁出门远行》
余华创作生涯原点

杨以赛[①]

余华是中国当代文坛不容忽视的一位作家,他生于20世纪60年代,80年代开始写作,90年代写出了像《活着》《许三观卖血记》这样足够载入文学史的小说。而《十八岁出门远行》这本书收录了10篇余华早期最具代表性的短篇小说,其中包括了余华的成名作,也就是和书名同名的《十八岁出门远行》。

哈佛大学教授王德威曾评价说,"《十八岁出门远行》预告着余华'现象'的到来"。作为余华创作生涯的起点,这篇小说呈现出来的很多特质几乎贯穿了余华后来的所有写作,所以想要进入余华的文学世界,这篇小说可以说是一把不可或缺的钥匙。

1.《十八岁出门远行》是一篇怎样的小说?

小说以第一人称叙述,开头是这样写的:"柏油马路起伏不止,马路像是贴在海浪上。我走在这条山区公路上,我像一条船。这年我十八岁,我下巴上那几根黄色的胡须迎风飘飘,那是第一批来这里定居的胡须,所以我格外珍重它们。我在这条路上走了整整一天。"

实话说,这是一个令人有点捉摸不透的开头。一个不知道从何而来,也不知道要去向何处的少年,出现在我们的视野里,而且说起话来奇奇怪怪。余华用这样一个让人有些不明所以的开头,邀请你进入

[①] 杨以赛,得到听书专职作者。

一个梦,用莫言的话说,"一个随着起伏的海浪漂流的旅途开始了"。

再往下看,少年回述起这天路上的一些经过。中午的时候,他遇到过一辆汽车。他站在路旁朝汽车挥手,但司机根本不停,一闪就过去。少年还在汽车后面拼命追了一阵子,一直追到汽车彻底消失在视野,但没搭上就没搭上,那时还早,可现在已经黄昏了,少年想现在要有车,他会躺到公路中央去拦它,可他再没看见车。

终于,少年看到了一点什么,不是旅店,而是一辆汽车。汽车停在公路低处,司机的脑袋塞在车头里,似乎是在修车。少年走过去说:你好。司机不理。少年又说:老乡抽烟。司机这才把头从车头拔出来,接过了烟。少年心想抽了我的烟,总得让我坐车吧。他还闻到了车厢里的苹果的味道,决定一会儿要吃上几个。但没承想司机突然推了他一把,紧接着司机钻进车,发动车准备走。少年立马跑到另一侧,拉开车门钻了进去,然后朝司机大吼:你嘴里还叼着我的烟呢。司机这时态度缓和下来,问:你要去哪儿。少年说随便。司机发动车,朝少年来时的方向驶去。

路上,少年和司机聊起来。少年问:你到什么地方去?司机只说:开过去看吧。但好景不长,汽车在上坡时抛锚。司机又爬上车头开始修车,过了一会儿,他把头拔出来,望向少年说:完了,修不好了。少年问:那怎么办?司机漫不经心说:等着吧。少年坐在车里等着,越发焦虑起来,想着旅店还没找到。余华是怎么形容少年此刻的焦虑的呢?他说:少年的脑袋没了,脑袋的地方长出了一个旅店。而司机在公路中央做起广播体操,从第一节做到最后一节,做得很认真,做完又绕着汽车小跑起来。

不一会儿,坡上有五个骑着自行车的人来了,少年马上迎上去喊:老乡,你们好,这附近有旅店吗?这五个人没回答,只问车上装了什么。少年说是苹果。接着,两个人立马爬上汽车,翻下来十筐苹果,然后掀开,往自己筐里倒。少年冲上去责问:你们要干什么?谁也没理他，继续倒苹果，少年上去抓住一个人的手，但很快，他被人打出几米远。

很快，坡上有更多人骑着自行车来了，每辆车后面都有两只大筐，还有一些人带着孩子来了。他们迅速把汽车包围，然后发疯般地往自己筐里倒苹果。紧接着，几辆手扶拖拉机来了，也停在了汽车旁，开始有人往拖拉机上装苹果。少年扑上去，大骂强盗，于是又挨了一顿揍。这次他倒在地上再也爬不起来了，只能看着他们乱抢苹果。

后来苹果被抢完了，这些人开始拆车，卸走了轮胎，还将木板也全部撬走了，之后陆续散去，道路上变得越来越干净。几个人走时还不忘检查一遍有没有漏拿什么东西，最后他们拿走了少年的红色书包。天黑下来，只剩少年和汽车在路上。紧接着起风了，少年打开车门钻进车里，听着外面越来越大的风声。他感到一丝庆幸，还好这群人没把座椅撬走。他想："这汽车虽然遍体鳞伤，可它心窝还是健全的，还是暖和的，我知道自己的心窝也是暖和的，我一直在寻找旅店，没想到旅店你竟在这里。"

这时小说就到了尾声。少年躺在汽车的心窝里，想起一个下午，他回家看见父亲正在整理一个红色的背包，他问父亲：爸爸，你要出门？父亲说：不，是让你出门，你已经十八岁了，你应该认识一下外面的世界了。小说就此结束。

2. "暴力"主题贯穿了余华早期的创作

不知道读到这里，你是怎样的感受呢？小说其实就讲了"抢苹果"一件事，但余华没有讲任何的前后经过，这件事突然就发生了，然后也突然就结束了，留下处在惊愕中的少年和处在惊愕中的我们。不过，我们不用为我们的"看不懂"感到不好意思。在这篇小说发布之后，很多的文化名人也表示看不懂，著名作家王蒙当时直言对这篇小说是"理解又不理解"。

这种局面的出现，可能跟这是一篇先锋小说有关。所谓先锋小说，就是要打破传统叙事、建立全新叙事规则的小说。《十八岁出门远行》是中国先锋文学的代表作，余华也一度被称为先锋文学代表作家。余华在创作谈中提到过，他当时一个很大的困惑是，他觉得有些小说很努力地写实，但你觉得它越写越不真实，反倒是在一些明显充斥了想象、不合理、不可能事情的小说，比如在卡夫卡的小说中，你感到了一种真实。这让余华思考，小说里的真实到底是什么，以及要怎么才能更加接近真实。余华的结论是，对任何个体来说，真实存在的只能是他的精神，所以小说应该尽可能描绘精神的真实。

举个例子，当你要描写一把椅子时，你可以老老实实地描写椅子的外观构造，这是一种所谓的真实。但同样一把椅子，在一个疯狂的人眼中，它可能会变形，这个时候你可以去描写一把变形的椅子。这同样是一种真实，是一个疯狂的人的真实，这样的真实其实就是一种精神上的真实。余华尝试了很多手段，试图抵达这种精神的真实，最明显的就是语言了。比如，他不写胡须长在下巴上，他要写胡须"定居"在下巴上。他还会毫无限制地展开联想，写出像"脑袋没了，脑袋的地方长出了一个旅店"这样的句子，这一切都是为了传达少年的精神世界。在余华的创作中，精神世界的真实高于一切常规、常理和常识，这也是他创作的先锋性所在。

我们今天读这篇小说的重点不在于还原和细究这篇小说的情节，正如莫言所说，"梦就是没有确定意义的，你不能跟梦去讨要一个答案，或者跟梦细究它为什么是这样，重要的是这篇小说整体上传递出来的精神和感受"。

那这篇《十八岁出门远行》给人的感受是怎样的呢？"十八岁出门远行"这个题目，其实带有一种探索和希望的感觉，好像我们即将迎来一些新的东西。但往下读，这样的期待全被推翻了。余华笔下的十八岁少年,一上车就被车子载着往回走了,之后他遇到的是大量的暴力,他像进入了一个未经开化的、毫无文明迹象的世界。

那余华为什么要展示这样一个世界呢?余华说,可能是因为他自己的成长经历。他说,我们有时候觉得暴力已经被现代文明驱逐到历史中去了,可事实并不是如此,暴力仍然深入人心,会在一些时候跳出来威胁我们的生存,以及威胁文明。这便是20世纪80年代时20多岁的余华对世界、对文明的理解,他把这些通通放进了自己的写作中。

《十八岁出门远行》这本书,除了收录我们在这里谈到的这篇同名小说,还收录了余华在这一时期写的另外几篇小说。在每一篇里,我们都能找到"暴力"的痕迹。比如,在《西北风呼啸的中午》里,一个满脸络腮胡子的大汉在一个清早一脚踹塌了"我"的房门;在《鲜血梅花》中,主人公阮海阔背着一把杀人无数的梅花剑,找寻自己的杀父仇人;在《往事与刑罚》中,一个刑罚专家讲起绞刑;在《死亡叙述》中,主人公一上来就把一个孩子撞进了水库。

所以,我们其实可以把"暴力"视为余华的核心主题之一,这几乎贯穿了他所有的写作。哈佛大学教授王德威曾概括说:"余华引导我们进入一个荒唐世界,这是一个充满暴力和疯狂的世界,骨肉相残不过是等闲之事,在那个世界的深处,一出出神智迷离、血肉横飞的秘戏正在上演,而余华娓娓告诉我们这也是'现实一种'。"

14 | 《水浒传》
它的主题从来就不是打打杀杀

陈章鱼

大多数人对《水浒传》的印象是打打杀杀,甚至民间有一句话:"老不看三国,少不看水浒"。但真的是这样吗?

《水浒传》里有个著名的故事叫林冲发配。从这个故事里,我们能看出《水浒传》的主题从来就不是打打杀杀,我们可以读到贯穿整个《水浒传》的精神主题:逆境中的坚守。

这么厚的一本《水浒传》,我们应该怎么读?我们可以抓住一个人,看他的故事,体会他背后的心理,再看《水浒传》的内核。

1. 为什么少年史进是《水浒传》里最悲凉的人物?

史进在出场的时候,是这些英雄里最年少、最有活力的一个,但是后来丢失了一个宝贵的东西,即"信念"。

这些梁山好汉在出场的时候,一般是二三十岁,也有岁数更大的。而史进在出场时只有十八九岁,还是一个英气勃勃的少年。史进是史家庄的少庄主,血气方刚,喜欢练武。甚至《水浒传》描写史进的时候,渲染的环境都和其他人不太一样,比如夏天、阳光、麦田、松林和风,这就是一个少年人的样子。

史家庄旁边有一座少华山,有一伙强盗上史家庄打劫,被史进揍服了,拜史进为大哥。但是,史家庄有人到官府告密。县令派兵包围史家庄,史进杀败了官兵。这是《水浒传》第1回的故事,叫"九纹龙大闹史家村"。

史进杀了官兵，成了通缉犯。少华山的三位头领就说："你干脆就上山，直接给我们当大哥。"史进说的话特别值得玩味："我是个清白好汉，如何肯把父母遗体来玷污了！你劝我落草，再也休题！"

为什么《水浒传》让史进先出场？因为史进代表了好汉们的态度。史进这样一个血气方刚的年轻人，杀了官兵后成了通缉犯，别人让他造反，他的态度却是"再也休题"。

金圣叹评点《水浒传》时写了一句话："此岂独史进一人之初心，实惟一百八人之初心也。"不是史进一个人这么想，一百零八位好汉一开始都这么想，谁也不想造反。那么，他们最后怎么都上了梁山？不得已。

史进根本没有上山落草的念头。所以，别人劝史进上山当寨主的时候，他拒绝了。他要去延安府找自己的师父。

史进为什么最后还是落草为寇做了山大王呢？说起来有点悲凉，因为他赶了千里路，还是没有找到自己的师父。人生要有一个方向，但实际上很多时候，我们就像当时的史进一样没有方向。这就是生活的荒谬处，也是生命的悲凉处。史进的师父在哪里是个未知数。史进最终还是无奈放弃了。少年人心中的目标幻灭了，这是让人读起来最感慨的时刻。

史进虽然是第一个出场的好汉，在梁山上的排名也不低，排第23位，但是后来并没有太多存在感。这是一个很让人唏嘘的细节，一个失去人生信念的少年变成了普通人。

2.为什么说鲁智深的结局最好？

史进最后失去了自己的坚持，但是史进在找师父的路上遇上了一个人，他就是鲁智深。鲁智深把自己的坚持贯彻了一辈子，所以很多人觉得他是整部《水浒传》里最可爱的人，也是梁山好汉中结局最好的人。

鲁智深应该是《水浒传》里英雄形象最高大的一个，他也打架，甚至杀人。但是我们发现，他和其他人物不太一样，别人多多少少是因为自己摊上事了，只有他每次出手都不是为自己，而是为别人。

比如，鲁智深和史进在酒楼喝酒，高谈阔论，但隔壁传来的低低的压抑的哭泣，搅了他们的兴致。这时候，鲁智深对店小二说的话是："你与我唤得他来！"

这里有一个细节，鲁智深说的是"唤得他来"，没有说"给我轰出去"。对可怜的人，他放不下，这是他的慈悲，后边也就有了鲁智深拳打镇关西的故事。

鲁智深还有一点非常可贵，他的急公好义不分男女。在整个梁山好汉轻视女性的环境下，他是一个追求男女平等的人。而且，他好几次出手，都是为了营救女性。第一次出手，是救被镇关西欺负的金翠莲；第二次出手，是当和尚之后，去东京大相国寺的路上遇到山大王要抢刘家庄的刘小姐；第三次出手，就是因为高衙内要调戏林冲的妻子。

所以，这是鲁智深一生的坚持，他要帮助别人。

另外，鲁智深故事中的好多地方也特别具有喜剧色彩，这是他对自己的态度。比如，在鲁智深投奔大相国寺时，人家让他看菜园子，他很不高兴。人家没办法，就给他画大饼："假如师兄你管了一年菜园，好，便升你做个塔头；又管了一年，好，升你做个浴主；又一年，好，才做监寺。"

鲁智深一听有上升空间，便愿意干。但是，他真的没有多在意。在林冲发配时，鲁智深二话不说就离开大相国寺，一路保护林冲。这就是鲁智深对自己的态度：平常心。

和鲁智深对应的一个人，是青面兽杨志。

在《水浒传》里，杨志是出了名的倒霉蛋：运花石纲碰见风浪，船翻了；走后门碰见高俅，被赶出去了；卖刀碰见牛二，杀人了；运生辰纲碰见晁盖，被抢了。

杨志倒霉跟别人还不一样，比如林冲和武松之所以倒霉，是因为背后都有坏蛋。可是，杨志倒霉的背后好像没什么坏蛋。那么，他为什么倒霉？就是他对自己总是没有平常心。

杨志太想当官，对自己的期望值太高，太希望别人高看他一眼。他跟别人自我介绍都说："我是三代将门之后，我是杨家将的后人，姓杨，名志。"他跟人一见面，就先亮出身份。如果丢了一个小官职，那么他一定想捞回来。最终不仅梦想成空，他还在郁闷之中杀了泼皮牛二，成了罪犯。

我们反过来看鲁智深。金圣叹曾用四个"遇"字来描述鲁智深：遇酒便吃，遇事便做，遇弱便扶，遇硬便打。有人曾给鲁智深写诗："独撑一杖巡天下，孰是文殊孰普贤。"

《水浒传》给鲁智深安排的结局，也是最壮美的。

梁山好汉被招安，反过来去打其他的农民起义军，很多兄弟死在了战场上。鲁智深心如死灰，在一场大战后，选择留在了杭州的六和寺。一天晚上，他在僧房里睡觉，忽然听到轰隆作响的钱塘江潮。他以为是敌人打来了，拿起禅杖，冲出去就要厮杀，结果看到的是汹涌澎湃的潮水。

这一幕很有象征意义：一个人拿着禅杖要和潮水厮杀。当天晚上，他就圆寂了。临死前，他还念了一首诗："平生不修善果，只爱杀人放火。忽地顿开金枷，这里扯断玉锁。咦！钱塘江上潮信来，今日方知我是我。"

3.为什么武松和孙悟空是一样的？

武松是梁山一百零八位好汉中外表最像我们普通人的。

我们可能觉得奇怪，武松是大英雄，怎么最像普通人呢？《水浒传》中最出名的一部分就叫"武十回"，就是用了整整十回书来讲武松的故事。《水浒传》一共100回，梁山好汉平均下来一人分不到一回，但是作者施耐庵给了武松这么大的篇幅。其他根据《水浒传》改编的作品，比如评书、快板、电影、电视剧，都有单独讲武松的故事。武松可以说是整部《水浒传》里最耀眼的人。

但是，我们细看武松这个人：他出身并不高贵，只是一个平民，比不上关胜、杨志这样的将门虎子；从名声上说，他也不怎么出名，"打虎英雄"只引起了一个县的轰动，比不上宋江、晁盖在江湖上赫赫有名；从本事上说，他的武功虽然不错，但算不上《水浒传》里特别厉害的。

那么，大家为什么喜欢武松呢？最大的原因是武松的性格，他的性格特别像《西游记》里的孙悟空。

孙悟空和武松的性格都是刚强独立、高傲不屈。如果总结成一个关键词，那就是"自尊"。这是武松性格中最可贵的一面，也是人性中最高贵的元素。

武松是一个自小在市井里厮混的人，能够拥有这种高贵的品性，就会显得非常可贵。我们会发现，武松几乎所有的故事都是自尊的驱动。

武松第一次出场，是借着宋江的故事引出来的。宋江在柴进的庄园里做客，一天闲逛，结果遇到了武松。刚出场时，武松的形象很可怜：生了病，身上发冷，找了一盆炭火，在廊下烤火取暖。

宋江是怎么对武松的呢？一连十几天，每天饮酒相陪。武松病好了，要回老家看望哥哥，宋江便亲自相送，一连送出去十多里，"望武松不见了，方才转身回来"。武松非常感动，从此一辈子都对宋江很尊敬。

甚至武松打虎也是店小二激出来的：你不让我喝酒，说"三碗不过冈"，我偏喝；你不让我过山岭，说那里有大老虎，我偏过。

武松的自尊在于，不管面对谁，他都是这样的态度。打虎之后，县令接见他,他不卑不亢,给奖金也不要。但是,县令说佩服武松的本事,想让他做个都头,请他来工作。武松才答应。

你认同我这个人,认同我的本事,那我就愿意为你付出。这是武松的自尊。武松既不是能力最强的人,也不是名声最大的人,但是凭着自尊,成为《水浒传》里最耀眼的人。

4.阅读指南

最后,我们为《水浒传》划一个重点,列出一些精彩段落,感兴趣的读者可以选择阅读。

表14-1 《水浒传》阅读指南

第2回至第3回	史进的故事
第4回至第8回	鲁智深的故事
第8回至第12回	林冲的故事
第13回至第17回	智取生辰纲
第18回至第22回	宋江的故事
第23回至第32回	武松的故事
第33回至第43回	宋江的故事
第44回至第46回	杨雄与石秀的故事
第47回至第50回	三打祝家庄
第51回至第56回	朱仝与雷横的故事
第60回至第70回	卢俊义的故事
第71回	梁山大聚义

15 ｜《我的名字叫红》
细密画中的传统与人性之争

真真[①]

《我的名字叫红》是2006年诺贝尔文学奖得主、土耳其作家奥尔罕·帕慕克的代表作。帕慕克是土耳其当代最著名的小说家，西方文学评论家称他为当代欧洲最核心的三位文学家之一。

这本书讲述的是一个伊斯兰风格的细密画家被谋杀的故事，整个故事发生在16世纪的伊斯坦布尔，只发生在九天之内。刚翻开这本书时，我们很可能会把它当成一本推理小说来读，试图找出凶手，但是读着读着，谁是凶手就一点也不重要了。我们会被书中展现的陌生而生动的伊斯兰世界的生活细节吸引。帕慕克用他的文字复活了16世纪伊斯坦布尔街头巷尾的声音、气味和情绪，那个离我们十分遥远的世界跃然纸上，栩栩如生。

"我的名字叫红"是一个有趣的书名，我们可以从中看出这本书的两个特点。

第一，"我的名字叫红"是一句自白。全书就像自白一样，用第一人称写成，作家的聚光灯轮流打在不同的角色身上，每一章都变换一位讲述者，总共59章。翻开目录，我们会看到每章的题目，比如"我的名字叫黑""我是你们的姨父""我是一条狗"等，甚至第一章就是"我是一个死人"，而这正是受害人的尸体躺在井底的自白。这本书仿佛是一场盛大的合唱，几十个声音汇成华丽的乐章。

[①] 真真，得到听书专职作者。

第二,标题里的"红"也暗示着这本书的主题:"红"既是代表生命和爱的颜色,也是代表流血和死亡的颜色。而与之相对的"绿",既是代表生机的颜色,又是代表那个时代细密画家独特思想的颜色。

1. 东西画派之别

这本书的故事发生在1591年的奥斯曼帝国。

故事要从主人公的姨父讲起。姨父是一位细密画家,也是奥斯曼帝国苏丹的亲信。30年前,他受命出使威尼斯。在那里,他被威尼斯的艺术征服了。

当时,伊斯兰世界主流的艺术风格是细密画。由于伊斯兰传统反对偶像崇拜,因而伊斯兰世界的具象艺术和同时代的西方相比是欠发达的。细密画不使用焦点透视,画面比较扁平,大多是装饰性的,作用是衬托文字,而图画作为艺术的独立地位未获承认。

但在同时代的威尼斯,西洋油画已经呈现出成熟的写实技法。这种艺术风格注重透视,每个人物的形象都各具特色、栩栩如生,代表人物是威尼斯画派的大师缇香。

在威尼斯,姨父意识到,即使是一个平民,在油画家的笔下,也值得被细细描摹,留下他充满个性、独一无二的样貌,说不定千年以后,也会有人知道他的模样。这种展现个性的画法,可以让画家和笔下的人物一起接近不朽。这唤醒了姨父作为画家的自我,让他萌生了改造细密画的念头。姨父把威尼斯人的油画带给苏丹看。苏丹是一个热爱艺术的君主,也被威尼斯画风深深吸引。

2. 罪案发生

为了庆祝即将到来的伊斯兰教历的千禧之年,苏丹命令姨父秘密地制作一本苏丹之书。这本苏丹之书使用威尼斯风格绘制插画,由四位当朝最优秀的艺术家参与制作。这四位艺术家各有一个奇妙的代号：蝴蝶、鹳鸟、橄榄、高雅。前三位都是细密画家，只有高雅是装裱镀金师，他负责最后给画面镶上金箔。

与此同时，主人公黑在姨父的召唤下，回到了伊斯坦布尔。黑是这本书的主要叙述者，他在24岁时爱上了表妹，也就是姨父的女儿谢库瑞。因为姨父反对这桩婚事，黑离乡出走，在中亚流浪12年。这段在外漂泊的阅历使他成为一位智慧冷静的观察者。

后来，黑与谢库瑞重燃旧情，却遭到了情敌哈桑的疯狂反对。哈桑在故事后期有一次关键的出场，我们先记住这个角色。

当黑回到伊斯坦布尔时，镀金师高雅先生被杀害了。姨父和黑试图寻找凶手，可是很快，姨父竟然也惨遭杀害。黑受命调查罪案，而线索或许就藏在苏丹之书未完成的一幅画里，这幅画上的一匹马有着不一样的鼻孔。另一条线索是，在姨父的死亡现场，黑发现那本几乎完成的苏丹之书中缺失了一页，黑认定是凶手偷走了这一页。就这样，故事随着黑的破案过程渐次展开。

3. 三个故事

破案的关键在于两种绘画理念的冲突：到底谁是细密画的狂热捍卫者？是谁想搞砸这本含有变革意图的苏丹之书？两位被害者分别是苏丹之书的镀金师高雅和苏丹之书的编纂者姨父。书中的插画也随着凶案发生而遗失。看来，蝴蝶、鹳鸟和橄榄三位秘密参与插画制作的画家，都和此案脱不了干系。

为了侦破此案，黑逐个拜访了三位画家，试图搞清楚他们的艺术观念。

黑拜访的第一个人是蝴蝶。蝴蝶人如其名，是一个生性浪荡、狡猾的人。黑向他提问：作为一位画家，你是否想要与众不同，拥有自己的风格？你是否企图在画上签上自己的名字？蝴蝶很谨慎，说的是那个时代细密画家的一般观念：画家在自己的画作上签名是狂妄的，不是细密画家应有的谦卑美德。但有趣的是，蝴蝶给黑讲了一个故事：

过去，有一位国王为女儿招婿。他在全国找到了三位年轻优秀的细密画家，谁能画出一张最出色的画，就能迎娶公主。三位画家都尽力而为，但前两位在作画时犯了大错。第一位在隐蔽处留下了签名，第二位在马的鼻孔上做了不寻常的处理。他们都违背了细密画的基本理念，遭到了流放的处罚。第三位顺理成章地赢得了比赛，可是公主看了他的画，却不愿嫁给他。她告诉父亲，当画家深爱一个人，会把情人的形象融入画面。但她在第三位画家的画面上看不到自己的痕迹。于是，国王取消了婚礼，公主终身未嫁。

蝴蝶的故事是什么意思？聪明的蝴蝶不会明说自己违背传统的理念，但他相信，没有风格的创作是反人性的，画家要是投入爱和热情，就必将流露自我。蝴蝶是凶手吗？我们且看下文。

黑拜访的第二个人是鹳鸟。黑向鹳鸟提出关于"时间"的问题：你的画作是有时效的，现在它服务于某位君主，将来若是被用到了别处，你会怎么想？鹳鸟和蝴蝶不同，他的长处在于准确临摹，他是一个务实的人。鹳鸟也给黑讲了一个故事：

很久以前，法希尔国王打败了哈丁汉国王，占有了他的后宫和图书馆。所有细密画都被重新涂改，用新国王的面孔取代了旧国王的面容。法希尔王步入后宫，爱上了前任国王最美的后妃奈丽曼。奈丽曼向他提出唯一的要求：不要抹去她和亡夫的一幅画像，至少让亡夫在画中不朽。法希尔王慷慨地允诺了奈丽曼的请求，并和她成婚。

但法希尔忘不了那一幅画像。他并非嫉妒妻子和前夫的情谊，而是痛苦自己不能和美丽的妻子在画中不朽。终于，五年后的一天，他潜入图书馆，涂改了那幅画，画上了自己的面容。他画得并不好。第二天图书馆员看到改过的画面，非但认不出那是法希尔王，还错把画中人当成了法希尔王的敌人——年轻英俊的阿卜杜拉赫王。谣言迅速传遍了全军。阿卜杜拉赫王乘势而起，一举击败法希尔王并取而代之。

鹳鸟的故事又说明什么呢？鹳鸟表面上的回答是，超越时间的唯一途径就是技巧和绘画。可是，故事里还暗含了一层深意：不尊重画家创作的本意而随意篡改画作，是会遭到惩罚的。这种观念在当时的伊斯兰世界同样是僭越的，但鹳鸟措辞圆滑，没有给黑留下口实。

黑拜访的第三个人是橄榄。

黑的第三个问题是关于"失明"的。对许多年迈的细密画家来说，失明是一种荣耀，因为它代表了画家的勤奋，也意味着画家在失明后会进入一个绘画的新境界。他能像安拉一样，在黑暗中看到更美丽的事物。即使他看不见了，他的手也会记得怎么画画。这恰恰是一生勤奋作画的证明。黑询问橄榄对失明的看法。

橄榄是一个真心热爱绘画的人。他年幼时就饱受兄长和画坊中前辈老师的欺凌，是他对绘画的纯粹热爱让他坚持下来了。橄榄自然也给黑讲了一个故事：

很久以前，细密画大师谢赫阿里要为贾杭王绘制一本书，善妒的贾杭王害怕大师以后为他的敌人哈桑王画出更好的画，于是决定等大师画完，就刺瞎大师的眼睛。大师听说了这件事，并不害怕，也不逃跑，反而更用心地作画。大师完成了一切，就被一支尖细的羽毛针刺穿了眼球，但他坦然接受。随后，盲眼大师立即找到哈桑王，对他说："没错，我的确瞎了，但这意味着我将能以记忆中最纯净的模样，描绘出安拉的一切美丽。"果然，失明了的大师画出了一本更为精美辉煌的书。哈桑王收到这部巨著以后，感念大师的决心，在下次战争中，一举打败并杀死了刺瞎大师的贾杭王。

在橄榄的故事中，他似乎以失明为荣，极端地谨守着细密画的传统。那么，他是不是最痛恨威尼斯画派的人呢？凶手正是橄榄。

4. 凶手的下场

在小说中，橄榄的叙述由两部分构成，分别题为"人们将称我为凶手"和"人们都叫我'橄榄'"。在凶手的章节中，橄榄藏在暗处，心狠手辣地自言自语；而在橄榄自己的章节里，他无辜纯良，一心帮忙破案。这种写法，既制造了悬疑小说的悬念，又暗示着橄榄撕裂的内心和不稳定的精神状态。

橄榄为何会成为杀手呢？因为他在和高雅聊到新的绘画风格时突然担心，新画风是否真的有违安拉的旨意。只要高雅一死，他就可以装作自己没有动摇过。他杀掉黑的姨父，更是因为姨父触到了他的痛点。姨父坚定地痛恨细密画和它代表的一切，崇尚威尼斯画派和它代表的人性的解放。可怜的橄榄既被姨父所说的一切深深吸引，又十分惊恐。他痛心地认识到，在没有自我的世界上，就算画得再好，也只会被苏丹锁进无人的宝库，没有人知道画家的姓名。那些画家就算画到眼睛瞎掉，难道不是自我感动吗？慌张中，他决定杀掉姨父，好像杀掉了心中对异教画派的渴望，然后安慰自己是安拉的好仆人。可问题是，他拼命压抑的自我一旦觉醒，就再也无法沉睡。他偷走了苏丹之书中最重要的一页，在原本应当画上苏丹的地方画上了自己。

事情败露以后，橄榄和黑以及画家们一番缠斗，黑身负重伤，橄榄也被鹳鸟用金针刺穿了眼睛，但得以逃脱。在逃向港口的路上，橄榄遇到了黑的仇敌哈桑。此时，橄榄手中拿着一把从黑手里夺来的剑，这让哈桑误以为橄榄是黑的人。就这样，橄榄被暴怒的哈桑砍掉了头颅。虽然橄榄是凶手，但这种死法着实冤枉。他的头颅在空中飞扬，轰然落地。在生命的最后一刻，橄榄的头颅从地面的高度，仰视着美丽的伊斯坦布尔。他发现自己从未从这个视角观察过世界，他留恋这个世界。

5. 结语

在《我的名字叫红》这本书中，帕慕克像细密画家那样，为自己设计的场景精心上色。伊斯兰文化产生于干旱的中东地区，因此绿色意味着生命力；而在小说里，绿色一直寓意不佳。在黑重现前，郁郁寡欢的谢库瑞总是穿一件旧的绿衬衫。姨父被害后，黑被施以酷刑，行刑人就穿着绿色和紫色的制服。姨父临死前痛苦挣扎，还不忘画家本职，说："如果要画出我的号叫，那它就会是绿绿的铜色。"使姨父死于非命的，也是凶手的颜色：橄榄绿。为什么欣欣向荣的颜色，在小说里如此恐怖？因为橄榄的狂热使得世俗的、幸福的红色演变为藐视生命、否定生命的血色。

这本书的叙事结构也和细密画的布局一样，采用散点透视的讲述方式：很多双眼睛从不同角度看着这幅暗藏杀机的画，很多声音共同讲述着这个故事。不管是颜色还是谋篇布局，都有细密画的特点。可以说，帕慕克是在用小说的笔，绘制一幅精美到无以复加的细密画。

16 | 《雾都孤儿》
现实主义的丑小鸭童话

李迪迪

《雾都孤儿》是英国作家查尔斯·狄更斯广受喜爱的经典名著，小说通过孤儿奥利弗曲折悲惨的经历，串起英国社会百态，留下了诸如班布尔先生、逮不着的机灵鬼、费金等一系列鲜明的人物形象。但这部小说的持久魅力，不仅在于现实批判，而且在现实的基础上又营造了一个丑小鸭式的童话。读者关心奥利弗，不仅想看他如何在艰难的条件下生存，还想看他会不会堕落。奥利弗最终恢复了上流社会的身份，脱离了苦海，这在当时看来是一个皆大欢喜的结局。

狄更斯虽然同情底层老百姓，但并不追求一种报复式的平等。虽然让一个贵族变得一无所有，用暴力就可以直接做到，但要让一个普通人变得精神高贵，则迂回困难得多。也许，这就是文学家的使命。

1. 雾都孤儿与英国社会福利体系

狄更斯的小说是以连载方式出版的。这个故事的开局，绝对能让读者欲罢不能地追下去，因为它勾起了普通人最朴素的同情和愤怒。读者愤怒的对象，不仅是故事中冷酷的曼恩太太、班布尔先生，也是整套腐朽败坏的社会福利体系。

我们先来简单说说福利体系的问题。英国在1601年出台了《伊丽莎白济贫法》，这是世界上最早的社会保障法。而在《雾都孤儿》故事连载的1837年，英国已经开始实行《济贫法修正案》，也叫"新济贫法"。新法案大幅削减了原有福利，规定穷人不得在家领取救济，而必须进济贫院。济贫院的生活水平被故意压得很低,其实就是不希望别人来。可以想见,这个新法案令很多老百姓极为愤怒。

但当下的读者除了愤怒,还可以想想背后的缘由。福利体系是一个动态系统。国家的钱来自税收,社会福利归根到底是社会上有工作的人养没有工作的人,政策必须保证前者过得比后者好,不然谁还乐意工作呢?在现在的一些西方发达国家里,穷人吃福利当懒汉,而政客用福利来收割选票,用选票来加重税,用重税制造更多穷人。这种恶性循环已经成了一种社会痼疾。其实,"新济贫法"只是为了预防这种痼疾而下的一剂副作用极大的猛药。

2. 雾都孤儿与人性善恶

在《雾都孤儿》中,一个很大的悬念是主人公奥利弗会不会变坏,尤其是在反派费金的层层逼迫下。

人性的善恶也是动态的,不仅取决于本性如何,也取决于环境有多么险恶和复杂。狄更斯把环境的复杂集中到费金身上。小说里经常用"老犹太"来称呼费金,这似乎很符合守财奴的刻板印象,但"费金"是爱尔兰的一个姓氏。实际上,"费金"源于狄更斯早年做童工时一个最要好的小伙伴,狄更斯生病时还多亏了他的照顾。

狄更斯非要给大反派起一个恩人的名字,可见费金从设计之初就具有双面性。整部小说最刺眼的对比,就是济贫院的生活竟然远远不如费金的贼窝。读者虽然在理智上厌恶费金,但在情感上和奥利弗一样,对费金颇有几分好感。如果奥利弗最终堕落为贼,这也许反而是一种更为合情合理的发展。而从当时的社会环境来看,孤儿们的认贼作父,几乎具有逼上梁山般的必然性。

但狄更斯硬生生截住了这种必然。他是怎么做的呢?小说的后半部分开始探索奥利弗的身世之谜。一个新的神秘反派登场了。他叫蒙克斯,二十几岁,高高瘦瘦,脸色苍白,一身黑袍,鬼鬼祟祟,为原本就烟雾缭绕的伦敦平添了一份诡异。

蒙克斯做了两件事。

第一件事是找买醉的班布尔先生。班布尔先生此时娶了一个济贫院的女院长做老婆，不料自己也成了受虐待的可怜虫，真是恶人自有恶人磨。而这个女院长手底下有个老护士，当年给奥利弗接生，并且顺手偷走了奥利弗母亲的吊坠，吊坠里有两缕头发和一个戒指。老护士死后，吊坠落入了班布尔夫妇之手，蒙克斯花重金买下吊坠后，就将其扔进了河里。

第二件事是去找费金，许诺丰厚报酬，只要费金能把奥利弗弄回来当贼。因为这样奥利弗就没有资格继承遗产了。遗产是怎么一回事呢？稍后我们再说。总之，蒙克斯和费金想让奥利弗得不到他应得的东西。这一切都被南希偷听到了。南希一直为亲手剥夺了奥利弗的大好人生而愧疚，现在她有了赎罪的机会。南希偷偷约布朗洛先生周日午夜在伦敦桥碰头，不料被费金派人跟踪。此时，"逮不着的机灵鬼"已遭逮捕，流放到澳大利亚去了。费金派去的新手下，是当年在棺材铺里欺负奥利弗的诺厄。机灵鬼、奥利弗和诺厄构成了孤儿命运的三联画。奥利弗要不是运气好，恐怕迟早也会做贼、被捕和流放。

在午夜的伦敦桥上，南希向布朗洛先生透露了蒙克斯的所在，但要求对方不可举报费金和比尔。诺厄把情况汇报给费金，费金哪会相信南希这么好心，认定南希肯定把他们出卖了。费金故意把事情夸张一番，告诉比尔。比尔听完怒气冲冲地回到家，把南希活活打死了。南希的惨死震惊了伦敦市民，全城通缉比尔。比尔一边逃亡，一边却总觉得南希的眼睛在背后看着他。一天晚上，比尔行踪暴露，被愤怒的群众围堵在楼上。比尔往身上绑了根绳子，想从空中突围。忽然，他又看到南希的那双眼睛，吓得脚底一滑，绳结一松，竟活活把自己吊死了。由于比尔的杀人事件太过恶劣，最终费金一伙还是被追查到了，费金也被判了绞刑。

临刑前一晚，奥利弗在布朗洛先生的陪同下，来到监狱见费金最后一面。此时，费金已经疯疯癫癫，眼前尽是过去被绞死的同伴的幻影。但费金认出了奥利弗，招手要他过来，然后告诉他那个装满首饰的宝箱藏在一个烟囱的洞里。奥利弗请求费金和他一起跪下来做一次祷告，费金却把奥利弗推开，叫他"走走走，快走"——不向上帝祈祷，似乎是一个魔鬼最后的倔强。奥利弗哭着离开了。

我们现在可以揭开蒙克斯和奥利弗的身份之谜了。两个人原是同父异母的兄弟，他们的父亲李福德生前是布朗洛先生的好友。李福德是包办婚姻，娶了一个自己不爱的女人，生下蒙克斯——蒙克斯真名叫爱德华·李福德。老李福德后来又认识了奥利弗的母亲艾格尼斯·弗莱明，两个人本要结婚——所以吊坠里才会有两缕头发和一个戒指，可惜，老李福德意外死在了罗马。老李福德的遗嘱是给蒙克斯娘俩各800英镑，其余财产归奥利弗母子，条件是孩子不能变成罪犯。之前蒙克斯跟费金密谋的，又被南希偷听到的就是这件事。布朗洛先生掌握了遗嘱的内容，但问奥利弗能不能分蒙克斯一半财产，让他重新做人。好心的奥利弗自然答应了。布朗洛先生收养了奥利弗，而蒙克斯拿到钱后，去美国挥霍一空，又沦为罪犯，最后死在监狱里。

但今天的读者对这个结局，可能不像当年的读者那么满意。且不说里面有太多巧合，关键是这里似乎出现了价值观上的悖论。一方面，狄更斯很同情底层人民；另一方面，狄更斯又很美化贵族。现代社会讲究平等，读者已经不习惯把贵族和好人挂钩。孟子说："君子之泽，五世而斩。"君子本意就是贵族。我们可以看到，老李福德的家产，到第二代蒙克斯手里，就已经败掉一半，恐怕不用五代就会败光。

但贵族最珍贵的并非基因和钱财，而是传统和德性。在瞬息万变的新环境中，找到不变的文化根基，以及拥有某种可以仰望和倚仗的传统，仍然是广大读者的精神诉求。比如，明确反对血统论的《哈利·波特》，在第七部突然把哈利的血统拔高，直通传说中的佩弗利尔，以此来解释隐形衣的来历。这种安排就是不希望隐形衣这样的宝物被某个路人偶然捡到，而应该具有某种深远的传承关系。文化和德性需要积累，绝非一代人可以一蹴而就。这才是贵族和暴发户的区别。

《雾都孤儿》的结局，其实可以视为丑小鸭式的童话。丑小鸭不是后来变成了白天鹅，而是它本来就是白天鹅，正如奥利弗生来就有好血统。但丑小鸭童话的重点不在于血统，而是发掘自身的高贵，让内心的品质不以环境的改变而改变。奥利弗与生俱来的善良，就不以处境的改变而改变。尽管善良本身并非解决社会问题的万能灵药，但狄更斯还是竭尽小说家所能，让这份善良继续存在下去。作家是一种特殊的传承者，他们不仅会像记者一样记录现实，还会用虚构来展现人类理想中最好的样子。

17 ｜《西游记》
直面人心的神魔经典小说

陈章鱼

虽然《西游记》看起来和现实离得远，里边有很多神仙、妖怪，但我们完全可以把这本书看作是一个个比喻组成的。书里写的每一个角色，神仙也好，妖怪也罢，都是我们内心某种特质的喻体。

举个例子，我们都知道猪八戒是二师兄，但唐僧第二个遇到的其实是白龙马。为什么唐僧在收服孙悟空之后，下一个遇到的不是猪八戒，而是白龙马呢？因为这里隐藏着一个佛学典故——心猿意马。

孙悟空就是我们的"心"的代名词。比如，在第14回《心猿归正 六贼无踪》中，唐僧和孙悟空在路上遇到了六个劫道的山贼，孙悟空掏出金箍棒，一棒一个将他们全给打死了。书里有一个细节，那六个劫道的山贼的名字特别奇怪，分别是：眼看喜、耳听怒、鼻嗅爱、舌尝思、意见欲、身本忧。眼、耳、鼻、舌、意、身是古人认为人们具有的六种感官，喜、怒、爱、思、欲、忧是古人认为人们拥有的六种情绪。

孙悟空看见六个山贼拦路，说："原来是六个毛贼！你却不认得我这出家人是你的主人公，你倒来挡路。"什么意思呢？孙悟空代表的是我们的心，既然这样，我们的感官、情绪就应该为我们的心来服务。现在，这些却在阻拦我们。孙悟空是怎么处理的呢？他的方法简单、粗暴，就是通通打死。

但是，我们的心对我们的感官可以这样吗？唐僧在数落孙悟空的时候说了一句话，很有意味："你纵有手段，只可退他去便了。"我们得想办法抵抗这些诱惑。虽然一棒子打死很痛快，但事情也做不成。所以，孙悟空代表的这颗"心"上还要加一个紧箍咒，也要被管住。

所以，《西游记》说的故事最玄幻，里边写的内容却处处直面人，尤其是直面人心。

1. 孙悟空代表着人的心智

我们可以把孙悟空和人的心智联系起来。比如，孙悟空一身的本事是在哪里学到的呢？他的师父住在"灵台方寸山，斜月三星洞"。"灵台""方寸"都是古人对心的称呼，"斜月三星"正好是一个"心"字。孙悟空的金箍棒，能大能小，也可以看作"心"的形象化。

孙悟空就像人们在学习之后，视野开阔了，见识提升了，之后生出了"毛病"的自己。为什么呢？他希望别人承认他，希望获得别人的尊重甚至崇拜。这是人们的一个通病。孙悟空之所以大闹天宫，其实也没有什么特别的仇恨，就像古代的江湖好汉大闹京城，体现了行走江湖的一个重要准则——闯荡京都好出名。孙悟空并非真的要当"齐天大圣"，而是想名传天下。

但是，孙悟空靠着大闹天宫真的得到了尊重吗？并没有。在取经路上，他们师徒遇到的地上的小妖怪，并不知道"孙悟空大闹天宫"的故事；而那些曾经在天庭生活的妖怪，就更气人了，他们一般说："哦，我知道你，你就是当年的弼马温吧？"所以，早期的孙悟空特别容易恼羞成怒。我们都知道，在这个世界上，暴力是换不来别人的认可的。

那么，孙悟空是在什么时候真正获得了尊重呢？是在路上一次次打妖怪之后。孙悟空发现，打妖怪有很多好处：可以让师父顺利通过，获得师父的尊重；可以让当地老百姓过上太平日子，获得老百姓的尊重；可以让神仙对自己的看法变得不一样，获得神仙的尊重。

在《西游记》里，孙悟空三次进地府：第一次是孙悟空勾销生死簿，阎王看他就像看强盗一样；第二次是孙悟空为了探听六耳猕猴的底细，阎王对他是冷冰冰的；第三次是孙悟空在取经路上为了救一个老员外的命，此时孙悟空打妖精除恶的名声已经传遍天下，地府的反应是："十代阎君拱手接，五方鬼判叩头迎。"这个时候，孙悟空才获得了真正的尊重。

我们磨砺心志虽然可以让自己变得更厉害，但是难免生出另一种需求：希望被别人尊重。那怎么办呢？获得别人发自内心的尊重只有一种方式，那就是对他人悲悯和给予帮助。

2. 猪八戒代表着人的本能

在取经队伍里，猪八戒块头最大，但最先喊累的也是他。孙悟空是人的心智的代称，相当于我们用来思考的"思维脑"。猪八戒相当于我们大脑中的"爬行脑"，代表的是我们的本能。可以说，每个人心中都有一个"孙悟空"，也都有一个"猪八戒"。

猪八戒有一个优点：遇到问题从不屈服。比如，《西游记》里有一回，猪八戒被红孩儿捉了。孙悟空要去救他，变成一只苍蝇，就听猪八戒在里边说："解开皮袋放我出，筑你千钯方趁心！"孙悟空一听，暗笑道："这呆子虽然在这里面受闷气，却还不倒了旗枪。"孙悟空的意思是，猪八戒没有丢人，还这么硬气。这时的猪八戒是连孙悟空都佩服的。

之所以《西游记》写得好，就在于我们总能看出一种包容心。猪八戒身上到处是缺点，但我们还是觉得他很可爱。如果一部小说里的所有人物都没有缺点，这部小说就不像真实发生的故事。而猪八戒就是一个真实的人，他和很多普通人一样懒，也一样憨厚、直率，关键时刻还能起作用。

取经队伍给猪八戒安排的任务也很有意味。孙悟空负责领路，而猪八戒负责挑担。我们的心智告诉我们应该往哪里走，但是要想真正走到，我们还得带着本能一起往前走。之前，孙悟空总是拿金箍棒赶着猪八戒走，其间他们闹过许多矛盾；慢慢地，他们开始互相扶持，互相帮助。

所以，《西游记》写的这个修行的过程，其实不是向外的，而是向内的。怎样让急吼吼向前的心智和希望舒服享乐的本能达成共识，是我们要锻炼的。

3.沙僧代表着人的情绪

沙僧平时不怎么说话，没有存在感。但是，细读《西游记》，我们会发现，取经队伍其实是按照沙僧的方向走的。如果事事依着唐僧，大家没走几步可能就被妖精吃了；如果事事依着孙悟空，大家没走几步就得打起来；如果事事依着猪八戒，大家没走几步就得收拾东西回家。反而，沙僧是这个团队的基石，平时不说话，一旦大家出现矛盾，他就会第一个出来劝解。

在第40回中，孙悟空去追妖精，把唐僧交予猪八戒和沙僧，但由于他俩一时疏忽，唐僧被妖怪抓走了。这是取经队伍最危险的一次，连孙悟空都灰心了，说出了散伙的话。正是沙僧出来劝孙悟空，才让孙悟空、猪八戒都认了错，"收拾了行李、马匹，上山找寻怪物，搭救师父去了"。

那么，沙僧到底代表着人们心里的哪一部分？其实，沙僧的个性在《西游记》里没有像孙悟空、猪八戒表现得那么明显，沙僧应该代表人们的情绪。

一个稳定靠谱的情绪是什么样的呢？就是平时不声不响，但是能在心智变乱时将其拉回来，能在本能变懒时将其拉起来，之后再默默地变回不声不响的状态。

因此，我们要想往前走得远，也需要这样的一个沙僧。尤其是，当自己心里的"孙悟空"（心智）和"猪八戒"（本能）打架时，一个稳定的情绪至关重要。

4.唐僧代表着人的信念

历史上，真实的玄奘法师是一个信念极其坚定的人。在真实的取经路上，没有孙悟空、猪八戒、沙僧保护他，并且那条路比《西游记》里的还危险。

在玄奘口述的回忆录《大唐西域记》里，他遇到的最凶险的地方，是两座城之间有一片大沙漠，荒无人烟，甚至很难辨别方向。他怎么办呢？《大唐西域记》里写道："望大山，寻遗骨，以知所指，以记经途。"走了500多里，他才走到有人的地方。我们不敢想象他当时是怎么走出那片沙漠的。

在《西游记》里，唐僧的形象被弱化了很多。有的时候，他挺笨的。在孙悟空三打白骨精的时候，孙悟空给他看了妖精的真身，他还是不信。有的时候，他也挺胆小的，害怕豺狼虎豹、妖魔鬼怪，不敢往前走。

但是，唐僧有一个优点。虽然他有时候害怕，有时候迷茫，但是他从来不说回去，就是要去西天取经。

所以，唐僧代表我们的信念。

5.阅读指南

面对74万字、100回的《西游记》，我们怎么抓住这本书的脉络呢？其实，我们只需问一个有趣的问题：师徒四人走到西天时，孙悟空有多大年纪？知道了这个答案，我们也就掌握了《西游记》的脉络。

孙悟空从花果山出世，到外出学艺，再到大闹地府，一共活了342岁。勾销生死簿之后不久，孙悟空就被天庭招安，以弼马温的身份在天上待了十几天，然后以齐天大圣的身份在天上待了半年，之后在老君炉里烧了49天，按照天上一日地下一年的算法，这段时间大约有250年。大闹天宫之后，孙悟空被压在五行山下500年，直到被唐僧救出来。师徒西天取经的路走了14年。加在一起，孙悟空在完成取经任务的时候应该是1106岁。

根据孙悟空的人生，我们可以把《西游记》分成五大部分：猴王出世、大闹天宫、师徒相会、取经之路、功德圆满。我们可以根据自己的兴趣选择阅读。

表17-1 《西游记》阅读指南

第1回至第3回	猴王出世
第4回至第7回	大闹天宫
第8回至第23回	师徒相会
第24回至第97回	取经之路
第98回至第100回	功德圆满

18 ｜《喧哗与骚动》
什么是意识流小说？

安公子[①]

《喧哗与骚动》首次出版于1929年，是现代文学史上非常重要的一部作品，出版后获得一致好评，入选各种文学佳作榜单。小说对意识流、多角度叙述、神话叙事等文学手法的运用刷新了文学史，也成为包括诺贝尔文学奖得主萨特在内的众多作家、批评家分析和研究的对象。

毫无疑问，这本书的作者威廉·福克纳是20世纪最重要的作家之一。这本书的故事并不复杂，讲述了康普生家族在美国南方小镇上18年的生活，是典型的家族故事。但是，与很多家族小说不同，《喧哗与骚动》中的家族故事只是它的主题。它之所以能成为现代主义文学的经典之作，是因为在文学形式和表现手法上创造性地刷新了文学史，将意识流的写作手法运用到了极致。这种独特的构思和创新，使它成为文学史上一部非常重要的经典。

1.什么是现代主义文学？

各种文学史都把福克纳作为现代派文学的开拓者之一。福克纳出生于1897年，和卡夫卡、普鲁斯特、乔伊斯等作家一道，共同开启了世界文学史上的现代派作家时代。而现代派文学，是现代主义文艺思潮中的一部分。

[①] 安公子，得到听书特邀解读人。

那么，现代主义又是怎么产生的呢？19世纪末至20世纪初，工业革命和第一次世界大战把人类过去的文明和生活方式打得粉碎。人类用枪支弹药屠杀同类，传统文化和道德被踩在脚下，人与人之间的关系也越来越疏远。大家都感到人情冷漠，自己也很孤独。整个西方世界曾经的文明社会陷入了一场精神危机。

这时候，现代主义思潮诞生了。它的观念是，要与过去决裂，现代的艺术和文化应该是崭新的、前所未有的。这种思潮表现在艺术方面，就产生了野兽派、立体主义等全新的绘画流派；而表现在文学领域，就是以福克纳、普鲁斯特、乔伊斯、卡夫卡等作家为代表的现代派文学。正如北京大学中文系教授吴晓东所说的，20世纪的文学主潮是现代主义，现代主义核心的美学追求是反叛性、先锋性、实验性，是对既往文学规范的颠覆。

在这种反叛性、先锋性和实验性中，意识流的写作手法，是它最主要的一个特点，具体来说，就是大量采用"内心独白""自由联想"的手法，表现人物意识"自然"流动的状态。这种意识流的写作手法属于心理描写，但又比心理描写宽泛。

现代主义文学还有两个特点：象征性和荒诞性。象征性探求人物的内心真实，着重表现内心活动，借助意象，用暗喻、烘托、渲染等手法，把思想还原为知觉，使抽象的思想外化。象征性主要表现在诗歌领域。荒诞性是指通过非理性的夸张形式，将现实与非现实糅合在一起，其代表作品就是卡夫卡的《变形记》。

《喧哗与骚动》这本书最为显著的特征，就是对意识流的运用，这也是我们在阅读的时候最先感受到的。但是，在阅读的时候，因为意识如同水流一般自由无序，不受时空的限制，所以它在表达上的概念化、片面性，容易给读者造成阅读上的障碍。所以，很多人在打开了《追忆似水年华》和《尤利西斯》之后，读了没多少页就昏昏欲睡。其实，让人产生阅读障碍的主要原因，就是书中采用了意识流的写作手法。

但是，也有很多人还是读完了这些晦涩的作品，并对这些伟大作品的魅力赞叹不已。很多人说，他们会每隔两三年就重新读一遍这些作品，而且每读一遍都会有新的感受。其实，这也就是意识流的魅力所在。很多作家和读者把这些作品当成文学领域的雪莲花，它们虽然开在最高处、最险处，却有一种不同寻常的、凛冽的美，非常迷人。

2.福克纳的意识流写作手法

福克纳在写这本书的时候，用了非常特别的方式。他从这个家族跨越18年的时间中截取了四天。他把这四天中发生的事情，巧妙地串联起一个家族三代人的故事。他截取的这四天分别是1910年6月2日、1928年4月6日、1928年4月7日、1928年4月8日。也就是说，四个日子中有三个是连在一起的前后三天。这四个日子是经过福克纳精心选择的，都与《圣经》上基督的纪念日有关。

不仅如此，福克纳在讲述这四天的故事时，并没有按照时间发生的先后顺序来写。他开篇写的就是1928年4月7日发生的事情，然后回到1910年6月2日，接着是1928年4月6日，最后是1928年4月8日。不仅如此，对于这四天的讲述，他采用的叙述视角也各不相同。

在小说出版15年后，福克纳又写了一个附录，对康普生家族的故事做了补充。这个附录以家谱的形式介绍了康普生家族的祖先和成员。这个附录其实也是福克纳写作高明的地方，尽管跟原作相隔15年，但它就像一沓证据一样，让这个虚构的故事变得更加真实。当然，这个"真实"是经过虚构的"真实"。

3.小说与时代的关系

这本书主要从两个维度参与了对时代的书写。

第一个维度是种族问题。小说写了康普生一家三代，也写了黑奴迪尔西一家三代。这是福克纳特意安排的地方。

1861—1865年，美国进行了一场持续四年的南北战争，这场战争推动了美国南方奴隶制的废除。虽然美国颁布了法令，但废奴是一个长期而艰难的过程。在《喧哗与骚动》中，迪尔西一家便是黑奴的代表。通过康普生家的次子杰生等人的言行，我们也可以看到当时的美国南方社会对于黑奴的普遍态度。

这部小说里的人物，大多带着这样或那样的毛病。不过，迪尔西是例外，她几乎是一个完美的人。福克纳自己也说，迪尔西是他最喜欢的人物之一，迪尔西勇敢、大胆、豪爽、温厚、诚实。在一篇文章中，福克纳饱含深情地写道："她代表未来，她将站在家庭倾圮的废墟上，像一座倾斜的烟囱，高傲、坚韧、不屈不挠。"

如果迪尔西代表未来，那谁代表过去呢？的确有这样一个人，他就是康普生家的长子昆丁。这就进入小说参与时代的第二个维度，对当时社会气氛和思潮的回应。小说描写昆丁的那一章，其实就深刻反映了一个没落的旧时代的人，在现代社会遭遇的种种困境。

著名的哲学家萨特写过一篇文章评价说："福克纳运用他出众的艺术来描写一个年老垂死的世界，描写我们这些人在那里的喘气和窒息。"而昆丁正是当时美国"迷茫的一代"的代表。最终，他选择以自杀来逃避现实。

除了参与时代精神的构建之外，福克纳还创造了自己的文学谱系。在20世纪的美国文学领域，最有影响力的两个作家就是福克纳和海明威。巧合的是，海明威的名作《永别了，武器》和福克纳的《喧哗与骚动》都出版于1929年。他们虽是同时代的作家，却有着完全不同的风格。海明威写得相对通俗，而福克纳的作品相对晦涩，文学色彩更强。

福克纳的大部分作品的主题比较沉重，带有悲剧色彩，也正因为如此，《异乡人》的作者、法国作家加缪称赞福克纳是世界上最伟大的作家，而且是这个时代唯一真正的悲剧作家。他还用了一个比喻来形容："像一个盲人在命运和责任之间跌跌撞撞向前走。"

福克纳的写作影响了众多作家。他以自己生活的地方为背景，虚构了一个地方，然后将很多故事装进这个地方。在他不同的小说中，人物和故事会发生重叠。这些故事构建出福克纳的创作轮廓，形成了一个整体。这种写作方式也影响了马尔克斯，马尔克斯虚构了一个叫"马孔多"的小城镇；而我们很熟悉的莫言，他书中的很多故事发生在一个叫"高密县"的地方。

4.结语

《喧哗与骚动》这本书有多个翻译版本。推荐你选用李文俊先生翻译的版本。李文俊先生翻译了福克纳的多部作品，并为《喧哗与骚动》做了大量注解，对我们理解这部晦涩而复杂的作品很有帮助。当然，读者也可以放弃注解，依靠自己的才智去欣赏和感受这本书。对很多读者来说，《喧哗与骚动》是一部每次读都能带来新鲜收获的小说。

19 ｜《樱桃园》
认识作为"戏剧家"的契诃夫

杨以赛

《樱桃园》是俄国作家契诃夫的一部戏剧。契诃夫的本职是一名医生，但他更多是以小说家的身份为人所熟知的。其实，他除了是小说家，还是戏剧家，并且他在戏剧上的成就并不亚于他的小说造诣。契诃夫将文学的手法引入戏剧，开创了一种"人物彼此间几乎不发生争斗"的戏剧，从而一举成为20世纪的现代戏剧奠基人之一。

《樱桃园》是契诃夫的绝笔之作。在《樱桃园》首演后的第二年，契诃夫便因病去世了。他去世时年仅44岁，正值创作盛年。我们虽然不能绝对地说这就是契诃夫最好的一部戏剧，但它毫无疑问是契诃夫戏剧中创作耗时最长、主题最为深刻的一部。这部戏剧讲述了一片绝美的樱桃园被摧毁的故事。故事发生在短短几天之间，并始终发生在樱桃园这片方寸之地，但契诃夫在其中写出了20世纪初俄国剧烈又复杂的社会变动，以及人们超越时代的欲望和困惑。

1.《樱桃园》的创作背景

契诃夫是在1902年开始写这个剧本的，整个写作过程并不顺利。他本计划在这一年的2月20日开始写，于3月20日交稿，但结果到了10月才写完。这几乎是他写得最慢的一部作品。

在契诃夫的创作中，人本主义是一条非常重要的线索。他始终在用作品探讨人的价值，反映人的愿望与追求。在成名之后，契诃夫一度非常怀疑自己的创作，觉得写出来的内容总是很空洞。他那时给友人写信说:"如果我是个医生,我就需要有患者和医院;如果我是个文学家,我就要生活在人民中间。"18世纪80年代后期,契诃夫有意过上了一种"流浪汉"式的生活。他四处游历,一度到了极为偏远、被用作流放之地的萨哈林。他见得越多,经历得越多,就越发认定这条以"人"为核心、反映现实生活的创作之路。他的这种创作思路也体现在了他的戏剧之中。从《伊凡诺夫》到《海鸥》《万尼亚舅舅》,再到《樱桃园》,这种思路越来越清晰,也越来越突出。

《樱桃园》的创作与19世纪俄国的社会现实有非常紧密的关系。19世纪中期,欧洲各国开展产业革命,而俄国因农奴制度牵制了生产力,帝国走向衰弱。1861年,俄国展开对内的大规模农奴制改革,但是由于俄国社会状况复杂,因而改革无法一次性到位。1881年,当时主张解放农奴的皇帝亚历山大二世被反对势力暗杀,其子亚历山大三世继位后,强势推进改革,但仍然步履维艰。

社会进程的停滞和反复,让俄国知识分子群体陷入一种巨大的绝望中,不少人甚至放弃了斗争,逃回到了无所作为的小市民生活中。表面上看,他们平静了下来;但实际上,他们内心充满了挣扎。他们不知道该如何开启新的生活,只能徘徊在原地。契诃夫深知这种挣扎,力求用他的作品去表现这种挣扎。

2.悲喜剧是什么?

直到现在,围绕《樱桃园》的体裁的争论仍在继续,但越是争论,越能凸显出契诃夫对喜剧独特且超前的认识。美国戏剧理论家理查德·皮斯在讲到《樱桃园》时说:"(这出剧)眼泪与笑紧密相连,契诃夫将行动置于笑和眼泪犹如刀刃的交界上,但他不想在两者中求中立,他要使同情和怜悯在戏剧性中增强,或者使喜剧性在哭中增强。"

具体来讲,比如剧中费尔斯和加耶夫两个角色,一个是完全落后于时代的老男仆，一个是完全还没长大的51岁贵族少爷。这两个人可以说是剧本中喜剧性最强的两个角色。契诃夫给他们安排了很多笑料，少爷整天就知道谈论台球；而男仆整天只知道服侍少爷，就算87岁了，还是会跑着叫少爷加衣服。

如果我们脱离了剧本去看这些笑料的话，这些全是丑态；但放到剧本中，我们会对这些丑态有更多的感受。契诃夫固然讽刺了这两位落后人士，但他同时又是非常真诚地在写这两个人之间的主仆关系。剧本中，费尔斯说："解放农奴的时候，我已经升到听差头目了，那种自由，我没有愿意要，我照旧还是侍候着老主人们。"这明显是一句真心话。恰恰就是这种真心，让这些笑料又裹上了一层悲剧甚至荒诞的色彩，让人一时难以简单归纳。

从这个层面来看，一些学者认为，契诃夫的戏剧延续和深化了悲喜剧的特征。悲喜剧是17世纪的时候，由意大利戏剧家瓜里尼首创的剧种。当时，一些戏剧家意识到喜剧作为一种视角和方法，不应该仅仅用来观照生活中轻松的方面，也应该尝试去观照生活中那些可悲、忧伤的方面。于是，悲喜剧应运而生。悲喜剧反映的其实是人类对于越发荒诞的现实的无奈感受，以致人们最后只能嘲弄般地笑起来。

尤其是进入20世纪之后，社会发生一系列巨变，人们对工业化、现代化甚至人类的理性都产生了怀疑，那种荒诞到只能发笑的感受越发强烈。契诃夫的戏剧毫无疑问地顺应了这个趋势，不仅是《樱桃园》，也包括《万尼亚舅舅》《海鸥》《三姐妹》，他都在其中展现出这种用喜剧去呈现荒诞、无奈的技艺。因此，这也成为我们理解契诃夫的戏剧不可忽视的一部分。

3.《樱桃园》的主题

作为一本绝笔之作，《樱桃园》在主题上有更大的野心。这主要体现在契诃夫试图用一片樱桃园去比照当时的俄国社会，用樱桃园的变动去比照当时俄国社会的变动。当中的每一个人物，实际上都代表了一个阶层、一种社会势力。他们各自的命运，隐含着契诃夫对当时社会走势的观察与判断。

焦菊隐先生是研究契诃夫的著名学者，也是契诃夫剧作的翻译者。他在《樱桃园》译后记中盘点了这些剧中人物的象征意义。

柳苞芙是一个"徒有热情，苦苦抓住正在崩溃的封建制度的人物"，而她的哥哥加耶夫更是如此，甚至可以说是封建制度的寄生虫，只图安逸，做不出任何实际行动。他们都察觉到了危机，但无动于衷，最后导致了樱桃园被摧毁的结局。

罗伯兴代表了从农业社会崛起的商业资本主义，他靠种植罂粟积累起财富，然后理直气壮地对旧的土地、旧的阶层发起进攻。他预测说，未来到乡间盖别墅的人会越来越多。剧本结尾正如他所说，修铁路的人来了，挖白胶泥的人也来了。他们代表着一种无孔不入、难以抗衡的资本主义势力。

安妮雅和特罗菲莫夫则是更为年轻和崭新的一代人，他们既有新的思想，也有新的理想，向着一个新的未来出发。樱桃园最终不可避免地被砍伐了，消失在这片土地上，预示着旧时代崩溃的必然性。樱桃园的落幕，实际上也意味着帝制时代、贵族文化，或者说整个沙俄历史的落幕。

不过，我们要注意的是，《樱桃园》直到今天还在世界各地的舞台上演出，难道是因为全世界的观众还对发生在19世纪的社会和阶级变动感兴趣吗？显然不是，这意味着《樱桃园》还包含着更多、更复杂、更动人的东西。

在契诃夫的笔下，樱桃园虽然是落后封建制度的象征，但同时是美丽的、宁静的和让人望着会不禁感动落泪的。柳苞芙虽然代表因循守旧、只会空想的贵族阶级，但同时是天真烂漫的。这种天真烂漫有时让她显得愚笨和矫情，有时让她显得可贵。她的一言一行都透出她对自然和他人的关爱，以及对岁月的珍惜和感怀。

罗伯兴虽然代表来势汹汹的商业资本势力，但同时也有真实的自卑和骄傲。当他高声喊出我买下了樱桃园的时候，契诃夫特地让他停顿了一下。在这个停顿中，我们可以体会到他在面对那些落后但同时美好的事物时的复杂态度。

所有的这些东西都显示出，契诃夫不仅是在写社会转变时期的新旧之争，或者说封建与现代之争，也是在写这个转变下一群活生生的人，写他们朴素又生动的欲望与困惑。焦菊隐先生对此有一句非常精妙的总结："清醒的与蒙昧的，荒谬的与正义的，高贵的与卑贱的，理智的与愚蠢的，都交织在一起，成为一个和声，成为一部交响乐。"

20 ｜《追风筝的人》
一个勾勒人性的阿富汗故事

李迪迪

近十几年来，如果说有一本外国小说在中国做到了家喻户晓，它应该就是美籍阿富汗作家卡勒德·胡赛尼的《追风筝的人》。在中译本发行的十年间，这本书在国内卖掉了超过500万册。小说开始的叙事时间是2001年12月。住在美国旧金山的主人公阿米尔，用第一人称的方式开始了他的回忆。半年前的一天，他接到一个叫拉辛汗的人打来的电话。拉辛汗是阿米尔父亲的老朋友。在阿米尔小时候，拉辛汗非常疼爱他，甚至比他的父亲对他还要好。拉辛汗希望他到巴基斯坦来看望自己。拉辛汗说："来吧，这里有一条再次成为好人的路。"这时，他抬头看到窗外蓝天中有两只比翼齐飞的风筝，于是往事再次浮现在他面前。那是1975年，他12岁，他对另一个孩子犯下了罪，26年来都没有偿还。

1. 小说中的阿富汗历史

主人公阿米尔和父亲住在阿富汗首都喀布尔的一座豪宅。在阿富汗，人们心目中理想的男子气质是孔武有力并有美德，阿米尔的父亲就是这种理想男子气质的代表。这位父亲是一个商人，他不仅富有，还非常慷慨、正直和勇敢。而阿米尔喜欢看故事书、写作，是一个身体有点羸弱且性格内向、敏感的孩子。这种性格在阿富汗并不讨喜，就连他的父亲也不喜欢他。阿米尔经常被别的孩子欺负，却不敢还手，每次都是他的小仆人哈桑为他挺身而出。

阿米尔人格中缺少的美德，偏偏在他的小仆人哈桑身上发出耀眼的光芒。哈桑是不幸的：父亲阿里患有小儿麻痹症，母亲生下他后就跟人跑了，而哈桑生下来就是兔唇，并且走在街上总是被人嘲笑和侮辱。但他非常阳光、纯真、正直、勇敢，是一个忠诚的朋友。他比阿米尔小一岁，却担当起侍奉和保护阿米尔的责任。

哈桑是哈扎拉人，哈扎拉是来自阿富汗山区的一个少数民族。而阿米尔是普什图人，普什图是阿富汗人口最多的民族。他们的语言是阿富汗的官方语言。普什图和哈扎拉两个民族分别隶属伊斯兰教两个不同的教派。两个世纪以来，普什图人一直迫害哈扎拉人，哈扎拉人被迫逃到阿富汗中部山区聚居，进入种族隔离状态。塔利班大多由普什图人组成，他们掌控阿富汗后，对哈扎拉人进行了大屠杀，直到2001年"9·11"事件发生后，美国认为塔利班庇护基地组织，向阿富汗出兵，解放了哈扎拉人。在故事发生的时代，哈扎拉人仍然备受歧视。哈桑父子俩跟阿米尔父子俩住在一起，这在当时的环境中是极为罕见的。

2.小说中的"罪"与"罚"

有一句话叫"大恩如大仇"，意思是人们对恩情的承受力是有限度的。对于过重的恩情，人们往往无法偿还，于是便产生一种愧疚感。这种愧疚感是人们最不想承受的，人们便会逃避甚至怨恨自己的恩人。阿米尔就是这样一个人。他唯一的希望就是把哈桑赶出自己的生活。

有一天，阿米尔趁哈桑父子出门，把父亲送给自己的手表和一沓钱塞在他们的地毯下，并告诉父亲，自己的手表不见了。等哈桑父子回到家，阿米尔的父亲问哈桑是否偷了手表。哈桑看了阿米尔一眼，居然说，"是的"。阿米尔的父亲立刻说，"我原谅你"。

1979年末，苏联占领阿富汗，开始了长达九年的战争。后来，苏联解体，塔利班统治了阿富汗，以纯洁宗教的名义屠杀哈扎拉人。阿富汗战火不断，民不聊生。但阿米尔并没有亲历这一切。苏联入侵后，父亲带他辗转去往美国，开始了新生活。在美国，父子俩相依为命，原本疏离的关系渐渐多了温情。

2001年，阿米尔38岁了。这个夏天，他接到了父亲的老朋友拉辛汗的电话。拉辛汗说，他去了巴基斯坦，听说哈桑为了守护阿米尔家的大宅，被塔利班残忍地杀害了。拉辛汗还交给阿米尔一封信，是哈桑亲笔写的。哈桑自学读写，就是为了给阿米尔写信。在信中，他还是那么阳光，完全没有提及阿米尔对自己的伤害，仍把阿米尔当成自己最好的朋友。哈桑有一个儿子，叫索拉博，这正是阿米尔小时候经常给哈桑讲的故事里的一个英雄的名字。这个孩子如今流落到了孤儿院。拉辛汗说，阿米尔年幼时犯下的罪，他都知道，他希望阿米尔赎罪，去一趟喀布尔，把这个孩子救出来，交给一对可以收养他的美国夫妇。

听到哈桑悲惨的遭遇，阿米尔十分痛苦和自责，但在听到拉辛汗的要求后，断然拒绝，因为他觉得喀布尔太危险了。这时，拉辛汗告诉了他一个秘密：哈桑是阿米尔同父异母的兄弟。原来，哈桑的父亲阿里没有生育能力，阿米尔的父亲与哈桑的母亲偷情，生下了哈桑。阿米尔无论如何也想不到，以美德著称的父亲一直在欺骗所有人。阿米尔这才明白，正是因为父亲选择过怯懦和欺骗，他才会如此厌恶阿米尔表现出的怯懦和欺骗，才会对阿米尔如此冷漠，并把他的负罪感发泄在阿米尔身上。这一刻，他明白自己与父亲竟然如此相像，压在他身上的是父子两代人对哈桑父子两代人的罪。

拉辛汗说，罪行导致善行，这才是真的赎罪。阿米尔的父亲虽然犯了罪，但他一直在行善，一直在赎罪。如今，是阿米尔赎罪的时候了。经过一番挣扎，阿米尔发现，沉重的负罪感已经让他无法继续生活。他决定像父亲一样，走上赎罪之路。

赎罪是一件不管能不能完成都必须去做的事。甚至，赎罪就意味着，即使知道付出巨大的代价也可能于事无补，依然要去做的事。主人公阿米尔就是这样去做的。因此，他即使不能赢得读者的原谅，也至少可以赢得读者的尊重。

3.这本书何以在全世界畅销？

这本书之所以如此受欢迎，最重要的一点是它看上去非常"真实"。其实，在成熟的读者看来，这本书的真实性并不强。比如，小说的后半部分的巧合有些多了。按照戏剧理论家罗伯特·麦基的理论，高级的巧合应该是让困难变得更困难，而不是让困难迎刃而解。而后半部分的大多数巧合，是解决困难的巧合。这让情节显得不那么真实。

实际上，是情感的真实而非情节的真实成就了这本书。所谓情感的真实，就是在情感上让人相信，引人共鸣。这本书的情感真实到了什么程度呢？大多数看完的人相信这就是作者胡赛尼的自传，相信这是真实发生过的事，以至于胡赛尼不断跳出来说，这本书确实在很大程度上源于自己的生活，但故事的确是虚构的。小说中，无论是父与子之间那种既充满否定、打压、疏离，又充满渴望且需要不断用行动去赢得的爱，还是朋友之间的真诚与背叛、内疚与赎罪，在读者看来都非常真实。更别提胡赛尼对哈桑这个角色的塑造深入人心，几乎所有读过这本书的人，一想到哈桑就会忍不住流泪。

自这本书问世十几年来，全球各地有无数人向作者表示，自己想收养一个阿富汗难民小孩，以至于作者成立了一个基金，专门从事这方面的慈善事业。情感是全世界唯一相通的东西，这就是为什么这样一本讲述阿富汗故事的小说会风靡全球。

此外，世界政治局势和媒介传播也对这本书的风靡起了决定性的作用。在这本书跨越30年的历史时空中，主人公阿米尔和哈桑就像两只断了线的风筝，在变幻莫测的历史风云中颠沛流离。伴随着主人公的成长与磨难的，是阿富汗跌宕的历史。阿富汗从一个安宁富足的古老国度，经历了从君主制到共和制，到苏联入侵，再到塔利班掌权，变成一个战火频仍、千疮百孔的悲惨国度，在西方世界的漫长冷战中成为牺牲品，从而走向宗教极端主义和民族的分裂。然而，这一切在西方人眼中都不存在。直到恐怖分子把飞机撞向了美国的双子塔大楼和五角大楼，美国人才开始问：塔利班是怎么回事？他们为什么恨我们？阿富汗是一个什么样的国家？阿富汗人到底经历了什么？

2002年夏天，这位世界上唯一一个用英文写作的阿富汗作家，向美国人讲述了阿富汗人的故事。他不仅讲述了阿富汗深重的苦难，也讲述了阿富汗曾经的美好和安宁；不仅讲述了一个阿富汗独有的故事，还讲述了一个美国人都能读懂的故事。对此，胡塞尼自己也说过，如果说这本书在市场上的成功跟"9·11"事件没有一点关系的话，那也太不坦诚了。

4.结语

"父与子""罪与罚"是这本书最重要的两个主题，这两条线索超越了人物的生死，彼此交织成网，贯穿整本书。这个故事有一层宗教隐喻。哈桑象征着受难的耶稣，阿米尔的背叛让他变成了犹大，而阿米尔的自我救赎也许不能赢得读者的原谅，但至少可以赢得读者的尊重。这本书最成功的一点就是做到了情感上的真实。情感可以超越一切政治、文化、种族、宗教界限，是全人类共通的东西。

{第二模块}
人文社科篇

21 ｜《悲剧的诞生》
古希腊悲剧的意义何在？

刘玮[①]

撰写于1872年的《悲剧的诞生》，是德国哲学家弗里德里希·尼采的处女作，也是19世纪后期最特立独行的思想史作品之一。在这本书中，尼采表面上是在探讨一个文艺学话题：古希腊悲剧何以出现，又何以衰落？但在这个问题背后，他还追溯了古希腊思想传统对近代欧洲的影响，特别是他眼中始于古希腊的理性传统给欧陆哲学埋下的"陷阱"。尼采鼓吹复兴"悲剧精神"，以此影响国民。这个愿望虽然没能完全实现，却在西欧思想界掀起惊涛骇浪，深刻影响了几代人。

尼采是19世纪后期欧洲最富原创性和个性的思想家之一。他对启蒙时代以来的西方哲学、宗教传统进行了深刻的反思和批判，为20世纪欧洲哲学的路径转向创造了可能。

1.古希腊悲剧的诞生与消亡

在尼采看来，古希腊悲剧的精神内核，可以追溯到当时人们崇拜的两个神话形象：一个是日神阿波罗，另一个是酒神狄奥尼索斯。

日神阿波罗是光明之神、预言之神，象征着智慧和理性，代表

[①] 刘玮，中国人民大学哲学院教授，主要研究古希腊哲学、西方哲学史。北京大学哲学学士，清华大学哲学硕士，香港中文大学哲学博士，美国加利福尼亚大学伯克利分校、德国慕尼黑大学访问学者。

绘画、雕塑、建筑这些具象的艺术。具象是指这几种艺术形式都看得见、摸得着，强调恰当的比例、和谐的程度。日神的艺术表现的都是个体的事物，比如一位相貌英俊的神灵、一座庄严肃穆的神庙。在日神的艺术里，个人和艺术品会保持一定的距离。

跟日神相对的，就是酒神狄奥尼索斯，象征狂野的原始力量。与他相应的艺术是音乐，因为音乐是一种没有固定形象的艺术。跟酒神沟通的方式，当然是醉。酒神代表的是一种超越个体、跟自然合一的状态。在酒神艺术里，人和艺术品之间没有距离，人完全融入艺术。

尼采认为，悲剧就是因为这两种精神诞生的。古希腊人认识到，人生注定是悲惨的。这个世界缺少理性，缺少秩序，既有诸神的无情、命运的戏弄、生命的短暂，也有频繁的战争和艰辛的生活。在尼采看来，这种悲惨的现实，或许是人生和世界的底色；但是，古希腊人没有因此沉沦，而是创造出各种艺术来加以对抗。一类艺术就是"日神的艺术"，古希腊人用雕塑、建筑和绘画去描绘美丽的、和谐的形象；或者，把世界惨烈的真相变成充满魅力的诗歌，就像荷马在《伊利亚特》里面歌颂残酷的战争和诸神的强大。另一类艺术是"酒神的艺术"，人们纵情在集体的歌唱和舞蹈中，忘却残酷的现实。

日神精神与酒神精神，既相互对立，又相互补充，揭示了人生的不同侧面。而在悲剧这种艺术形式里，日神精神和酒神精神之间达到了平衡。所以，尼采认为，悲剧是古希腊人发明的最伟大的艺术。

具体来说，悲剧的主角是个体的，代表日神精神。悲剧通过对话展开情节，用诗歌的韵律显示出世界悲惨的真相。悲剧里面的合唱队，代表酒神精神。合唱渲染了情节中的悲剧性，给观众带来更大的情感冲击，让观众融入酒神主导的迷狂状态。在合唱里面，人们的痛苦得到承认和升华。同时，合唱队也是悲剧中的情节和观众之间的一道阻隔，让观众感到剧中的悲惨故事不会直接伤害到他们，从而给他们提供一些安慰。

可是，如此伟大的古希腊悲剧，只维持短短几十年的时间就衰落了。为什么会这样呢？在尼采看来，悲剧衰落的原因是理性和秩序战胜了激情和迷狂。有两个人共同扮演了"悲剧杀手"的角色，一个是哲学家苏格拉底，另一个是古希腊三大悲剧作家之一的欧里庇得斯。

苏格拉底作为哲学家的代表，要求人们处处讲道理，他要用理性驯化激情。欧里庇得斯接受了苏格拉底对理性的推崇，在戏剧里也处处展现理性的精神。在情节上，悲剧主角遭受打击，不再是因为诸神任意的安排和无常的命运，而是因为理性不足，从而做出了错误的决定。这样一来，悲剧失去了神秘和荒谬的要素，也就失去了给人带来恐惧的力量。在艺术形式上，欧里庇得斯不再需要合唱队把人带入迷狂的、灵魂出窍的状态，对白的作用大大超出了音乐。结果就是，酒神精神逐渐被日神精神战胜和取代，无意识的音乐创作被有意识的哲学反思取代，直面痛苦和悲惨的悲观主义被理性的乐观主义取代。悲剧很快走向衰落，被低劣的喜剧取代。

这就是《悲剧的诞生》的核心观点。尼采用日神精神和酒神精神之间既对立又互补的关系解释了古希腊悲剧的产生，又用日神精神压倒酒神精神解释了悲剧的消亡。

2.古希腊悲剧的现实意义

表面来看，《悲剧的诞生》讲的是发生在公元前5世纪的古希腊的故事；但在尼采写这本书的时候，他脑子里想的是他生活的19世纪的德国。他真正关注的问题是什么呢？我们可以分成两个方面来看：一个是批判性的，另一个是建设性的。

我们先说批判性的部分。尼采写《悲剧的诞生》，主要有两个批判的靶子。一个是当时的古典学者对古希腊艺术的误解，以及这种误解带来的后果。当时，大多数学者认为，描绘诸神的雕塑和神庙建筑是古希腊艺术的代表，这种艺术的特点是"高贵的单纯和静穆的宏大"。学者们带着对逝去的美好时光的怀旧之情，认为德国是古希腊人的精神后裔，试图用古希腊传统去改造当时的德国文化。尼采坚决反对这种趋势。他认为，这样理解古希腊艺术太简单，也太片面。那些看起来单纯、宏大、高贵、静穆的东西，仅仅代表了古希腊文化里面的日神精神，都是梦境一样的表象，而且是酒神精神被征服和压制以后的幻象，并没有反映古希腊人深层的悲观主义特质。

从这里，我们就可以看到尼采另一个更大的批评目标，那就是苏格拉底所代表的理性主义。

我们知道，苏格拉底可以说是西方古典哲学的代名词。作为哲学家的尼采，为什么要批评理性主义呢？因为在尼采看来，这个世界在本质上并不是理性的、逻辑的，那些只是表象而已。世界的本质是幽暗的、说不清道不明的"意志"。尼采说的酒神精神，就是对这种世界原初意志的描绘。在《悲剧的诞生》里，尼采甚至不惜故意歪曲事实，带着夸张的语调说：苏格拉底被雅典人判处死刑，不是因为败坏青年和不信神，而是因为他破坏了原本可以继续存在下去的悲剧。

说完了批判性的部分，我们再来说尼采的建设性工作。尼采在古希腊悲剧里看到了对抗悲观主义和虚无主义的药方。古希腊人认清了人生的无意义和世界的虚无，然后用悲剧的形式肯定了这种虚无和无意义，并且在悲剧制造的恐惧以及恐惧得以宣泄之后感受到的畅快之中，庆祝和超越世界的虚无。尼采认为，古希腊人眼中的世界，其实是人类的普遍境遇，但是因为理性主义的恶劣影响，人们忘记了世界虚无和荒谬的真相。即便认清了这个真相，人们也没有能力去正视它，只能用虚假的幻象去加以掩盖。那怎么办呢？尼采把希望寄托在复兴古希腊悲剧中的酒神精神上，用它来对抗过度膨胀的理性主义。

要复兴酒神精神，最重要的就是要有音乐的力量。这个时候，尼采结识了当时德国最杰出的作曲家瓦格纳。尼采听过瓦格纳的作品之后，被深深震撼，感到了酒神精神在心中涌动。巧合的是，瓦格纳和尼采一样,推崇19世纪早期的哲学家叔本华,两个人因此产生了精神上的共鸣。尼采对瓦格纳的音乐极尽赞美,认为瓦格纳改造了传统的歌剧。在瓦格纳开创的新型歌剧里,音乐比歌词更加重要,酒神精神比日神精神更加重要。

尼采认为,这种新的歌剧形式,既代表了古希腊悲剧的复兴,也代表了新的德国精神,可以拯救现代人颓废的精神状态。它有团结德国人民、建立统一德国的感召力。尼采创作《悲剧的诞生》的时候,正好是1870年德国打赢了普法战争的时候。联想到这个背景,我们也就可以理解尼采为什么把瓦格纳与德国民族的振兴联系在一起。

3. 结语

《悲剧的诞生》看似在讨论历史,其实提出了一个颠覆性的主题:世界本身是虚无的和荒谬的,只有通过艺术的方式去加以表现,才会变得合理、有意义。尼采勇敢地揭示世界虚无的本质,直接激发了20世纪的存在主义运动。他的酒神精神和日神精神,在法国小说家纪德、德国小说家托马斯·曼、英国小说家劳伦斯等人的作品里,得到了进一步阐发。而尼采关于梦与醉、有意识与无意识的深刻分析,影响了弗洛伊德提出的心理分析学说。

22 ｜《沉思录》
如何保持内心的宁静？

刘玮

撰写于公元2世纪的《沉思录》，是西方古典哲学史上的一部奇书。它的作者是当时的罗马皇帝马可·奥勒留，内容却不是治国或者打仗，而是面向内心的哲学思考。1800多年来，这本书不仅深刻影响了康德这样的西方思想巨擘，在克林顿等政治家那里也受到很高的评价。对现代人来说，这更是一部启发反思和自省的精神"传道书"。

自公元161年起，奥勒留统治罗马帝国19年，是公认的贤君。他不仅善于征战，还是一位斯多葛派哲学家，是柏拉图设想的"哲人王"的典范。

1. 如何认知世界？

要理解《沉思录》的内容，我们首先必须了解奥勒留所属的斯多葛学派是一个怎样的哲学流派。这个学派是公元前4世纪在雅典诞生的，属于希腊化时代哲学的三大流派之一。斯多葛学派认为，整个宇宙是由一个最高的神用理性掌控的，世间万物没有任何东西是偶然的，一切都是必然的、有目的的，也都是最好的。在人生哲学上，斯多葛学派强调人的社会性和政治性，主张道德就是让人们能够更好地共同生活的规范。该学派认为，幸福和快乐无关，完全在于符合道德的生活，也就是用理性掌控欲望和激情。

不过，和斯多葛学派同期，还存在另一个哲学流派——伊壁鸠鲁学派。这一学派认为，整个宇宙都是由原子的随机运动、碰撞、聚合、分离构成的,一切都是偶然的、没有目的的。宇宙里就算是有神存在,神也不会关心人间的事务。在人生哲学方面,伊壁鸠鲁学派主张,幸福这个人生的最高目标,就在于快乐的感觉。该学派很看重朋友间的亲密关系,但是不重视公共的政治生活,甚至主张要"远离政治"。这就和斯多葛学派发生了论战。

站在现在的角度来看,斯多葛学派和伊壁鸠鲁的核心争论其实是:世界到底是由神意掌控的、有序的,还是由原子的偶然聚散构成的?更简单的问法就是:神意还是原子?这个问题代表着世界观上的根本性选择。

《沉思录》作者奥勒留的选择,当然是坚定地支持神意。在他看来,整个宇宙都是由神的理性掌控的,宇宙中的万物彼此联系,构成一个有机的整体,每个事物都有恰当的位置、恰当的作用。

那怎么证明神的存在呢?奥勒留认为,神首先是真实可见的,因为他把天上的星辰都看作神。但是,证明神存在的更重要的证据,反而是间接的。人们可以通过观察宇宙运行来间接地认识神。人们可以看到,宇宙中的一切东西,大到星辰运行,小到一个动物身上的各种器官,都是和谐运作的,每个东西都有各自的目的。

在全书最美的篇章——第三卷第二节,奥勒留告诉自己,要学会仔细观察一切事物,因为世间万物都是美的。他提到了很多身边不经意就会错过的小事:烤面包时,面包的裂口或许对面包师来说并不完美,但是会激发人们的食欲;油橄榄熟透之后会腐烂,但是这种腐烂有特殊的魅力,让人垂涎;虽然老人没有年轻人的青春朝气,但是他们身上散发着成熟和智慧的美。奥勒留甚至认为,就算狮子皱起的眉头、野猪口边的白沫,只要找对了观察的角度,也同样是美的。宇宙万物的和谐运行,就为神意的存在提供了最重要的支持。

如果宇宙中的一切都是由神意安排的,人们就要从整体去认识宇宙,把宇宙中的一切看作是彼此联系的,思考某个事物为什么出现,以及这个事物对整个宇宙有什么意义。从这个角度来看待世界和周围的事情，人们就能摆脱很多执念，比如抛弃对浮夸和享乐的追求。

对宇宙的整体认识，还能帮助人们更好地接受命运的安排，摆脱对死亡的恐惧。因为神是理性的，会妥善地安排一切，由神主宰的世界就是最好的世界，命运分配给人的东西也都是最好的。对人们来说，需要做的就是认识到世间万物都是必然的，并且热情地欢迎所有必然降临的东西，不管是幸运还是不幸，健康还是疾病，快乐还是痛苦，生存还是死亡。跳出小我一时的得失，把自己融入整个宇宙的宏观图景，这才是真正的智慧。

因为有了这种宏观的视角，一个人生命的长短、名声的好坏就是无关紧要的，一个城邦或国家的兴衰也是无关紧要的。如果一个人想要逃避而不是欣然接受自己的命运，这就是要割裂个人和宇宙的联系。这样不仅伤害了个人，而且伤害了整个宇宙的完整性。奥勒留反复强调："对于整体有利的，就不会对部分有害。"

从这里，我们就能看到奥勒留和斯多葛学派的"世界主义"。他们从来没有把自己局限在一个民族或者一个国家的视野当中，而是要在自然法的指导之下，成为世界城邦的公民。奥勒留说过，作为皇帝，他的祖国是罗马；但作为一个人，他的祖国是整个宇宙。奥勒留虽然贵为罗马帝国的皇帝，但是并没有把治理罗马帝国当成不得了的成就。在全书最后，他还这样写道："人啊，你已经是这个伟大城邦中的公民，对你来说，活五年还是一百年有什么关系呢？它的法律对所有人都一视同仁。"其中，"伟大城邦"指的就是整个宇宙，而"法律"指的就是支配宇宙的自然法。相比这些，罗马不管多么伟大，都只是历史长河中的一个短暂瞬间。

2.如何看待人生

那么，奥勒留是如何看待具体的人生的？在他看来，正确的人生就是要合乎宇宙运行的规律，合乎自然。

奥勒留主张，合乎自然的生活就是理性的生活。神意用理性支配着宇宙万物的运行，而人的理性同时也是宇宙理性的体现。理性告诉人们，宇宙万物都是和谐而必然的。理性也告诉人们，人都具有社会性，要和其他人共同生活、和谐相处。那些有利于人们和谐相处的品质，就是德性，它们是我们作为人应该履行的义务。

这些德性或者道德义务，包括很多内容，比如虔诚、正义、节制、简朴、勇敢、明智、真诚、坦荡、自由、仁慈等，它们构成了幸福生活的全部内容。除了这些德性之外，其他一切对人的幸福来讲都是无关紧要的。不管是富有贫穷、名声好坏、朋友多寡、健康疾病，所有这些东西都被称为"中性物"，也就是一些可有可无的东西。

有了这么多的理性加给人的道德义务，人们要做的就是时刻反思自己，确保自己履行了这些义务。人们要时刻关注自己的灵魂，确保理性总是能够牢牢地控制欲望和情感。奥勒留反复告诫自己，要"回归自己的内心"或者"回归内心的城堡"。"回归内心的城堡"也成了奥勒留最广为人知的名言。

在奥勒留看来，回归内心并不难。他说，包括他自己在内的很多人，想过要通过退隐乡间、山林、海边来实现内心的宁静。但是，这样的想法其实毫无道理，因为内心是人自己的，人并不需要这些外在条件，随时都应该可以退回到自己的内心之中，并在这样的回归中获得重生。

奥勒留把内心中理性的力量比作火焰，只要自己足够强大，就能够让内心的火焰吞噬一切外界的障碍。不管是诽谤、监禁还是虐待，都不能妨碍自己的灵魂坚持道德义务。甚至正因为这些外在的障碍被投入火焰，内心的火苗反而更加旺盛。相反，内心的火焰如果不够强大，就会被外界的障碍熄灭。在另一个地方，奥勒留还把内心的力量比作清泉，人们可以把污泥扔进清泉，但是泉水会把它们冲走，并且自己不会受污染。

回归自己的内心意味着：我们要始终关注自己的所思所行，而不去关心别人对我说了什么、做了什么。除了回归内心、善待他人之外，"符合自然的生活"还体现在，人们应该作为某个共同体，乃至宇宙中的一个有机部分发挥作用，而不是好吃懒做、游手好闲。发现自己的本性适合做什么，热爱自己适合的工作，才是人们的生活。人们应该时刻努力履行自己的道德义务，做好属于自己的工作，确保自己的生活在任何时刻都是完整的，确保自己在任何时候死去都可以毫无遗憾。

在全书的最后一节中，奥勒留把人生比作一场戏剧演出。我们可能本来计划要演五幕，但是只演了三幕就被赶下了台。奥勒留告诉我们，"对于人生而言，三幕也是一出完整的戏剧"，因为戏剧的长度不是由我们决定的，而是由导演决定的，也就是由把我们带到世界上又把我们带离这个世界的神决定的。我们应该平静地离开，就像神平静地让我们离开一样。

3. 结语

对奥勒留所属的斯多葛学派，一直以来都存在两种评价。喜欢它的人会盛赞这种哲学对内心力量的高扬和对道德理想的坚守。不喜欢它的人则会批评它是一种典型的"酸葡萄心态"：由于不能改变世界，就退回到自己的内心之中，接受命运，还把自己放在道德制高点上。这种批评并不是全无道理。但是，我们知道还有一些人坚守着纯洁的道德信仰，这依然是一件令人感动的事情。我们知道，就算自己奋力在世界上拼杀失败，至少还有一个内心的城堡可以坚守，这也依然是一件令人安慰的事情。而这种感动和安慰，正是《沉思录》最能带给我们的东西。

23 ｜《第二性》
如何理解女性？

刘玮

在女性主义这个文化类目里，1949年出版的《第二性》可谓开山之作。这样一部哲学作品，加入了社会学和文化研究视角，最终得出的结论是颠覆性的：在漫长的人类历史上，女性所处的糟糕境况，甚至她们的性别本身，并不是自然发展的结果，而是被社会权力结构人为塑造的。性别问题，本质上是权力问题。

作者西蒙娜·德·波伏瓦是20世纪法国重要的存在主义哲学家和女性主义者。《第二性》作为波伏瓦的代表作，已被翻译成约40种语言，享有"女权圣经"的盛誉。它不仅是一部学术著作，更是女性自我觉醒的思想旗帜之一。

1. "女性气质"批判

作为一位特立独行的知识分子，波伏瓦在她的青年时代，经常遭遇"女性气质"这个话题。当时的多数法国人认为，女性就应该梳妆打扮，穿上裙子，举止得体，温柔贤惠；反过来，研究学术，参与公共话题，特别是表现出强硬、富有攻击性的姿态，则是背离"女性气质"的。波伏瓦想要挑战的，正是这种所谓的"女性气质"。她想要证明，这些女性特征，其实是男性和父权制的意识形态强加给女性的。

从生物学上看，男性和女性最大的差别，就是男性不能生育。所以，从古代开始，一代又一代的男性思想家，从这个角度入手，把女性的位置限定在生育和物种延续上，声称那就是女性的本质。他们还进一步宣扬，女性比男性"更弱小、更愚蠢"，所以女性就应该从属于男性。

波伏瓦对这种观点嗤之以鼻。她指出，人的各种社会组织，并不完全基于本能和自然，而是有意识地发展出来的。比如，在古代的战争条件下，男性的力量是一种巨大的优势。但如果人们生活在和平环境，那么力量型工作可能被机器取代，男女在力量上的差别就失去了意义。

在反驳完生物学的证据后，波伏瓦又转向了心理学，特别是弗洛伊德学派的精神分析学说。精神分析学说强调人的主观体验。这一派认为，女性的特殊感受和特殊情感经历，让她们成了低于男性的"第二性"。但在波伏瓦看来，人的生存方式决定了性别在其中的位置，而弗洛伊德颠倒了因果关系。她认为，父权制确立了男性的至高地位，导致了女性对自己的性别感到羞耻；而不是女性对自己的性别感到羞耻感，导致了父权制。

既然生物学和心理学都不足以解释父权制，那为什么世界上的很多地方存在这种制度呢？波伏瓦求助于马克思的历史唯物主义。她指出，在生产力水平很低的人类社会早期阶段，男性的力量优势对维持一个群体至关重要。他们可以通过打猎获得食物，可以通过战争抢夺资源，还可以保护自己的群体免受伤害。而女性在力量上的弱势，让她们更多被留在家里生养孩子，从事编织、做饭这样的轻体力劳动。女性被从生产活动的中心边缘化了，她们只能从事重复的、单调的、更接近动物性的工作。而男性在家庭以外的广阔空间，可以自由活动，能进行创造，能征服未知的土地。这一切让男性体验到了自己的价值、尊严和荣耀，体会到了超越现状的乐趣，也给了他们发展思想的机会。所以，男性很自然地发展出了父权制的意识形态，更加名正言顺地成为主导。为了进一步坐实男性的主导权，女性被塑造成了与正面价值对立的"他者",成为低劣的象征。

这种父权制的意识形态一旦建立,就很难消除。即便到了工业革命时代,机器代替了人力,并且女性在力量上的劣势不再那么重要,男性依然用各种手段把持着自己的特权。他们不给女性受教育的机会,不让她们参加工作,更不给她们政治权利。男人还会用各种服饰、习俗、礼节限制女性的自由,禁止一切能发展她们个性的事情。作为补偿,男性给予女性虚假的尊重,彬彬有礼地对待和供养她们。男性希望女性被这种轻松惬意的感觉迷惑,自愿生活在家里,只承担主妇和母亲的角色。

通过一系列变化和制度安排,父权制的意识形态创造了"女性气质"的神话,让她们成为"物种的奴隶"。在波伏瓦看来,不是女性天生低劣决定了她们在历史上的卑微地位,而是她们在历史上始终处于卑微的地位,才导致她们少有成就,也就更少有机会被历史记住。但这种压迫导致的结果,反过来成了男性用来证明女性无能的证据。

2.婚姻与生育

在《第二性》下卷开篇处,波伏瓦写下了一个金句:"女人不是天生的,而是后天形成的。"在她看来,父权制除了在意识形态上贬低女性,还扭曲了女性的人生经历。其中,最具代表性的就是婚姻和生育。

长期以来,结婚是传统社会中女性唯一的谋生手段,也是她们获得社会认可的方式。问题是,父权制从来没有赋予女性和男性平等的地位。在家庭里,女性就像奴隶或者财产一样,需要等待男性成员决定把她们许配给什么人。婚后的女性要并入丈夫的家族,使用丈夫的姓氏,接受丈夫的信仰,适应丈夫的社会关系,跟随丈夫的工作迁移,要和自己之前的历史彻底告别。波伏瓦认为,在传统的婚姻关系中,女性没有被真正当作一个活生生的、有七情六欲的个体,而是仅仅被当作"女性群体"的一员，被分配了婚姻的义务。

进入现代社会，男性的绝对支配地位有所松动。但波伏瓦考察了欧洲的历史、文学，加上自己的亲身观察，还是看到了很多对女性的欺骗。男性花言巧语地说服她们不要工作，让她们接受男性的供养，让她们相信婚姻家庭就是女性的最高理想。作为家庭主妇，看管好一片土地和管理好一个家宅，就是资产阶级给女性灌输的全部价值。家成了女性世界的中心，女性只能在家里的器物中寻找自我，按照自己的审美摆放物品，把一切收拾得井井有条，安排好一日三餐。这就是女性的全部价值和自我表达——多么可悲！

这样的婚姻，不仅对女性来讲是沉重的枷锁，对男性而言同样是巨大的负担，因为那意味着，一个完全由男性供养的家庭，一个没有自己生活、单调乏味的女人，一个对家庭琐事极度厌烦的妻子，以及一个备受摧残的孤独母亲。

在波伏瓦看来，良好的婚姻关系不是一种逃避，不是一个藏身之处，也不是一种简单的合并，而是两个自主的人的联合。夫妇不该成为一个封闭的共同体，而是要承认各自的自由，让双方都融入更大的社会，实现充分发展。男性只有解放了女性，才能真正解放自身。

说完了女性在婚姻中的处境，我们再来看看波伏瓦对生育，或者说母亲角色的讨论。我们都听过这样的传统观点："做母亲是女性最大的幸福"，可以让她们的人生变得完整，从而获得生命的意义和巨大的满足。但波伏瓦坚决反对这种虚假赞美。在她看来，这也是父权制编造出来的神话。从心理学、文学以及身边的女性上，波伏瓦认识到，在怀孕、分娩、哺乳、养育孩子的各个阶段，不同的女性会有非常不同的感受。她们是否感到幸福和满足，在很大程度上取决于她们的生活境遇，特别是她们与母亲、丈夫、自身的关系。

女性对腹中的胎儿也会表现出矛盾的情感。这个新的生命，既是对自己生命的丰富，又是对自己身体的伤害。胎儿既是自己身体的一部分，又是一个利用自己的寄生物。胎儿既可以对抗死亡，让母亲达到不朽，又可以夺去母亲的生命，甚至会成为母亲死亡的预兆。在孩子出生之后，有的母亲感到如释重负，有的母亲却感到若有所失。有的孩子成为母亲的挚爱，有的孩子成为母亲的负担。有的母亲把孩子看作可以操纵的玩偶，有的母亲成为孩子的奴隶。

总之，在波伏瓦看来，并不存在一种叫"母性"的本能。母亲的感受是和女性整体的生存处境密切相关的，也是多种多样的。母性可能是一种非常复杂的情感，掺杂了自恋、利他、梦想、真诚、自欺、奉献等不同要素。只有当女性自由地、真诚地承担起作为母亲的责任，同时她本身也是一个完整的人且拥有丰富的生活时，孩子才更有可能给她带来满足，她才更有可能给孩子带来幸福。

3.女性如何解放自己？

讨论完婚姻和生育问题后，波伏瓦还给出了女性解放的建议。在她看来，男性与女性在政治和法律上的平等权利当然是最基本的，但更重要的不是这些抽象的权利，而是女性能拥有的具体的自由。

要拥有具体的自由，女性首先要有自己的工作，从而摆脱依赖男性的"寄生者"身份。女性需要与世界直接接触，承担起自己在世界上的责任。之后，女性需要在心理、社会习俗和道德规范上打破男性特权，认识到自己不是客体，不是"他者"，不是满足男性欲望的工具，也不是人类繁衍的手段，而是和男性一样的主体。女性可以，也应当超越当下的处境，去追求属于自己的目标。

《第二性》出版之后，波伏瓦收到了许多女读者的来信。她们告诉她：这本书让她们不再自惭形秽，给了她们勇气去争取自己的权利和幸福。从20世纪60年代开始，《第二性》获得了世界性声誉。人们逐渐认识到，这是一本具有开拓性价值的理论著作，也是女权运动历史上最深刻、最有哲学高度的著作之一。

24 ｜《洞穴奇案》
人吃人的案件应该怎么判？

少文[①]工作室

在《洞穴奇案》这本书里，作者借由一个假想的案件，对"人吃人"的伦理困境展开了法哲学思考。这本书是由两个生活在不同时代的美国学者接力完成的。第一位作者是美国哈佛大学法学院的富勒教授。1949年，他发表了一篇重要文章，设计了"洞穴奇案"这个思想实验，来展现他那个时代各种主流的法哲学思想。1998年，另一位美国著名学者萨伯延续了富勒的思想实验。就这样，这本由14个不同观点组成的法哲学普及读物，成了我们现在看到的这部经典著作。

我们先简单了解一下这个虚构的案情。作者假设，四名洞穴探险协会成员与另一位名叫威格莫尔的协会会员（也就是后来的被害人），一起到一个岩洞进行探险。当他们深入洞中的时候，意外突然发生，山崩导致的岩石滑落，挡住了他们所知的唯一洞口。事发后，由于营救难度极大，营救工作历时32天才获得成功。最终走出洞穴的只有四名探险者，而那位名叫威格莫尔的探险者成了一堆尸骨。原来，由于探险者只带了勉强够吃的食物，他们决定杀死威格莫尔并将其身体作为食物来源，这四名幸存者因此面临故意杀人的刑事指控。每名大法官对于是否应该给被告定罪，给出了截然不同的观点和理由。而这

[①] 陈少文，少文工作室创办人，法律学者，法学博士后，著有《心能转境》《不激不随》等。

个争论的过程，也具体而丰富地展现了西方法哲学的多元性和思辨的魅力。

一开始，在富勒的文本里，因为最高法院五位大法官的意见不一，所以初审法院维持了有罪判决和量刑，四名被告最终被执行了死刑。但是，萨伯假设50年之后，当地警方意外拘捕了一个独居老人，这个老人竟是之前参与洞穴杀人的幸存者，检察官就对他提起了谋杀罪的指控。于是，先后又有九名大法官发表了不同的观点。这一次和50年前的情况一样，由于正反观点相当，初审法院仍然维持有罪判决和量刑，最后一名洞穴杀人案件的幸存者也被执行了死刑。

这个案件的两次审判，一共形成了14份完全不同的判决意见。接下来，我们就从中挑选三个最具代表性的争议点做深入介绍。

1.国家法律是否适用？

在用故意杀人罪来评判被告的行为之前，管辖权是一个必须解决的前提。福斯特法官认为，国家法律不适用于这个案件。他的理由是，法律的存在是为了更好地保护人类，一旦法律不再能实现这一目的，服从法律的意义也就不存在了。

按理说，人们之所以遵守法律，是因为遵守法律可以更好地保全自己。但是，在这个案子里，确实只有剥夺别人的生命才有可能生存下去。也就是说，人们服从法律的大前提是不存在的。不仅如此，人类制定的法律只适用于文明状态下的社会，而洞穴有些类似于原始人的生存状态。综上，福斯特法官指出，既然有关杀人罪的法律不适用于这个案件，被告就应该是无罪的。

这个观点遭到了唐丁法官的反对。他认为，福斯特法官关于自然状态的推理非常荒谬。文明状态和自然状态之间是不可能找到合理的边界的。如果我们不能找到划分文明状态和自然状态的界限，以自然状态为名判决被告无罪在逻辑上就不成立。

作者萨伯又通过邦德法官的口吻提出另一种思路，这个思路与社会契约论有关。他认为，公民之所以要遵守一国的法律，是因为他们自主自愿地制定了一份社会契约。既然他们有权缔结一份契约，那么他们也就有权退出这份契约并组建一个新的国家。

邦德法官提醒其他法官注意一个细节：探险者们在得知必须杀死一人以解决食物来源问题时，曾经试图通过无线电去征求看法。但是，无线电突然中断，三天之后，他们杀死了威格莫尔。探险者们在没有得到政府帮助的情况下，被迫重新制定了一份新的社会契约，因此，他们也就不再受到原先社会契约的约束。

但是，邦德法官的这种论证存在一个不容忽视的漏洞：探险者们重新制定了一份新的社会契约，完全是邦德法官自己的推断。这件事情还有第二种可能，那就是无线电通信是因为电池没电才突然中断的，而不是探险者们主动中断的。这样的话，邦德法官的所有推论就都不能成立了。

2.杀人行为是否迫不得已？

要想判断被告的行为是否可以免责，法官们首先要回答的问题就是，他们是不是除了杀人之外别无选择？这里补充一个细节：在大家一致同意通过掷骰子决定谁将被杀死之前，被害人威特莫尔曾经宣布撤回约定，因为他认为应该再等一个星期，但是其他人坚持继续掷骰子，并最终选中了威特莫尔。

首席大法官伯纳姆从这个细节中推断，他们当时并没有面临十万火急的情况，因此被告的行为就不应免责。针对这一观点，法官斯普林汉姆反驳说，这个细节并不能说明任何问题，威格莫尔认为可以再等一个星期只是他自己的主观判断，并不能代表当时的客观情况。

那么，当时的客观情况应该是什么样的呢？首先，他们当时已经被困长达20天；其次，他们在营救过程中得知，至少要再等十天才有可能获救；再次，医生告诉他们，在没有食物的情况下多活十天基本不可能，而吃掉一个同伴可以再活十天以上；最后，他们试图咨询政府方面的法律和道德意见，但没有得到回答。处于绝望中的人自然会做出杀人吃肉的决定。正如斯普林汉姆法官所说的那样，用事后的观点来质疑当时即将饿死的人的思想和行为，无异于放马后炮。

以上论辩就是富勒的基本逻辑，而萨伯通过虚拟的海伦法官的视角提出了另一种思路。作为一名女性，海伦法官认为，即便事实情况并非到了迫不得已的最后一刻，被告的行为仍然可能是合理的。为此，她特意援引了"受虐待妇女的防卫"理论。这个理论认为，如果能够证明侵害人有滥用暴力的历史，那么，即便对方还没有对自己实施真正威胁到生命的侵害行为，对其进行先发制人的防卫也有可能被免除责任。

在实际生活中，我们根本不可能完全理性地判断，究竟哪一秒才是威胁到生命的最后一刻。既然在受虐妇女的防卫中可以免去紧迫性的要求，海伦法官就主张，被告可以为自己的杀人行为申请免责。

3.饥饿能否作为抗辩理由？

唐丁法官引用了一个偷面包的案件有罪判决。他提出，既然一个人不能为了防止饥饿去实施相对无害的偷面包行为，那为了避免饥饿而有意杀人并食用人肉的行为，自然就更加不能容忍。

对此，斯普林汉姆法官反唇相讥。他认为，这两个案件完全不可同日而语。首先，我们并不知道偷面包者的饥饿程度如何；其次，即便他的确在挨饿，他也没有得到相关专家的意见——如果不偷面包就会饿死；最后，除了偷面包以外，他还有很多选择，比如再找一份工作、沿街乞讨。所以，该案无法从根本上否定饥饿作为紧急避险抗辩成立的可能。

萨伯笔下的首席法官伯纳姆也认为，饥饿不能成为杀人的理由，因为除了杀人,被告其实还有一些更温和的方法可供选择,比如吃掉自己身上不太重要的身体器官等。但是,对于这一观点,塔利法官反驳说,如果身体素质差不多,那么当第一个人死掉的时候,剩下的人也基本快死了。而如果体力差距大,这就变成了一种变相的歧视。这与平摊风险的抽签相比,更不公平。

大法官斯普林汉姆则认为,要坚持十天,只靠吃自己身上的一些不太重要的器官显然是撑不下去的。试想一下,在立即没有痛苦地死去,和在不打麻醉药的情况下吃掉自己的身体器官然后再忍受一周或者更长时间的肉体痛苦之间,我们会做出何种选择?我们不能用一种冷酷的且可以慢条斯理地思考的人的状态和标准,去衡量处于极度饥饿的绝望境地下的人。因此,他们应当无罪。

4.结语

《洞穴奇案》的结论是开放的,这也正是这本书能够吸引无数学者不断研究和探讨的原因所在。看到这里,我们可能会有疑惑:这不就是编出来的故事吗?我们讨论它有什么用呢?其实,在"洞穴奇案"被设计出来之前,现实世界还真发生过两个类似的案件,这两个真实的案例都成了富勒设计"洞穴奇案"的素材。

"洞穴奇案"借用了很多真实案例中的元素,比如陷入绝境、抽签、人吃人、紧急避险等。同时,富勒和萨伯联手打造的"洞穴奇案"也优化了一些细节,让案件冲突更为丰富,让案件更加难以判决,也让更多的法哲学思想能找到有利于自己的事实细节展开推论,这些事实细节都给整个案件的讨论增加了更大的张力。

25 | 《规训与惩罚》
权力如何造就控制？

刘玮

出版于1975年的《规训与惩罚》，是欧洲哲学和社会学领域的一本奇书。这本书以18世纪以来西方监狱的演化史为主线，揭示了一个深层问题：在西方现代社会的形成中，政治权力是怎样借助隐藏的暴力对个体进行规训和控制的？书中采用的知识考古学和谱系学方法，在20世纪70年代的欧洲完全是颠覆性的，开创了思想史上的先河。

这本书的作者是米歇尔·福柯，曾任法兰西公学院思想体系史教授，被《法国高等教育指南》盛赞为"20世纪人文学者里被引述最多的一位"。他的学术著述横跨哲学、政治学、社会学、艺术等多个领域，对后现代主义、结构主义、解构主义等20世纪下半叶欧洲的流行思想，都产生过重大影响。《规训与惩罚》是福柯影响最大的代表作，也是他心目中的"第一部著作"，如今已被翻译成20多种语言，具有极高的学术地位。

1.《规训与惩罚》的写作意图

福柯为什么要写作《规训与惩罚》呢？这其实是源自他长期的学术兴趣。有一天，福柯在法国国家图书馆阅读一份18世纪的拘捕记录。这些记录用简短的文字，描述了一些犯人和精神病人的行为，以及国家权力对他们的拘捕。当时，福柯突然意识到，在冰冷的、整齐划一的历史和政治秩序之外，还存在着一些粗糙的、顽强的、鲜活的生命。他们以一种不被主流社会认可的方式存在过。只有在他们被拘捕、被惩罚，以及与公共权力产生摩擦并被剿灭的时刻，我们才能隐约看到他们转瞬即逝的微光。由此，福柯断言：我们通过"正统"历史认知的现代社会，是不够完整的、不够真实的。他希望追溯政治和社会权力在西方过去几百年的历史上是如何威胁、操纵、改造甚至消灭那些背离"常规"的个体，并把这种行为正当化的，由此披露西方现代性背后的阴暗面。而监狱，就是绝佳的切入点。

2. 现代权力的载体：监狱

在全书一开篇，福柯首先回顾了1757年法国弑君者达米安被当众车裂处死的残酷画面。在王权时代，这种公开处决是惩罚犯罪的常态。它以残忍性、戏剧性和仪式感为特征，惩罚的主体和对象都是显而易见的。王权通过残忍对待犯罪者的肉体，对公众形成威慑效应，并宣示自己的存在感。但从18世纪末开始，情况发生了变化。欧洲政治经历了由王权到现代国家的转型，惩罚的主要载体也从刑场转移到了监狱。监狱里的规章总是格外具体。一天当中，犯人何时起床、何时劳动、何时就寝，都需要按照严格的时间表来执行。犯人失去了对身体的自主控制权。

在福柯看来，这种惩罚手段和措施的演变，昭示了一个重要的历史时刻。监狱里的惩罚和规训制度，更像一种影子的表演，没有切实的面孔。首先，残忍和严酷在新的惩罚方式中被削弱了。惩罚通过不直接接触身体的方式来进行，比如监禁、幽闭、强制劳作。就连死刑，从断头台到电椅，再到注射，都尽力避免不必要的肉体痛苦。其次，惩罚不再是一种恐怖的公共戏剧表演。犯人被关押在监狱中，远离社会和他人，承担罪行带来的后果。最后，惩罚的主体和对象不再像之前那么清晰。无论是在审判环节还是关押当中，法官和看守都只是依法行事，各尽其责，算不上惩罚的主体。惩罚的主体变成了抽象的法律规章,从而变得非常模糊。同时,惩罚的对象也不再是直接可见的肉体,而是旨在纠正和改进犯人的心灵。所有对身体的控制和规训,往往只是为了更好地重塑灵魂。

从针对实实在在的身体到转向对付灵魂,是规训制度的现代发明。对躯体的惩罚,无论多么严酷,总还是有限的。而对灵魂的规训,却带来了无限的可能性。要规训灵魂,意味着要去理解罪行为何出现,以及它背后的动机是什么,这让犯罪本身成了知识研究的对象。同时,这个转向还让人意识到,除了使用痛苦来惩罚犯罪之外,犯罪还可以被监视、被观察、被研究。医生、心理学家、精神分析师等多种职业可以参与这个过程,共同为罪行和过错进行解释和判断,并执行恰当有效的刑罚。这样,政治权力就和理性、知识更加紧密地结合在一起。

在福柯看来,现代规训方式有五个特点:第一,在一个受到严格监视和控制的空间内进行;第二,有一个严格的训练时间表;第三,人要被精确地训练成整体的某个部分;第四,有各种考核来确定是否取得进步;第五,有各种科学的手段来协助规训过程。

3.转变何以发生?

在福柯看来,从酷刑到监狱变化的背后是一整套政治权力运行逻辑和机制的嬗变。在欧洲传统社会中,公开处决是君主权力的一种展示。其中的残忍和严酷,不仅是为了让犯人偿还他的罪行所造成的伤害和痛苦,更是为了展示王权的强大和任意。换句话说,惩罚行为真正的目标人群,其实不是罪犯,而是围观的民众。但民众也是最不可预测的,有时他们会为罪犯叫好喝彩,有时他们会从刽子手手里抢夺犯人。对权力主体而言,通过公开处决来彰显自己的实力,其实是一件相当冒险的事情,搞不好会暴露王权本身的专横与暴虐。

随着现代工业革命的深化,资产阶级取代君主成了西方政治权力的真正主导。实施惩罚的权力，必须找到一种更稳定、更有效、更持久的策略，制定更精确的惩罚原则。这种改进遵循的不再是以牙还牙、以眼还眼的报复原则，而是一整套权力的计算原则，目的是让惩罚变得经济合理、恰到好处，同时让犯罪失去吸引力。

为了做到这一点，新的惩罚制度必须消除之前的任意性，在罪行和惩罚之间建立起必然和直接的联系，更有效地培植对惩罚的恐惧，以此来减弱人们对犯罪的渴望。在新的策略中，惩罚被看作公共道德的展现，是社会在失去了一个守法公民之后的无奈之举。犯人很难再得到民众的同情和赞颂。在监狱中，犯人按时起居、工作锻炼，政治权力得以重新规划和驯服犯人的身体和灵魂，使犯人学会服从规则和秩序，得以回归到政治社会的正常生活当中。这种规训要排除面对大众时的不确定性，要让规训的成果实实在在地落到每一个接受规训的个体身上。

在更广阔的意义上，福柯还发现，现代西方国家的规训不仅仅发生在监狱里。它已经灌注进了人们日常的学习、工作甚至生活秩序中，实实在在地落在每个个体身上，最终让人们顺从地接受某种确定的规范。此时，权力不再是国王头上的王冠，而是无时无刻不缠绕在每个人的肉体和心灵之上的无形力量。这种新的权力，在沉默和无形之中进行着精心的计算，维系着自己的运转。福柯称之为"渗透到毛细血管中的权力"。

福柯从规训与惩罚的角度切入，对西方现代性进行了无情的批判。在他看来，虽然资产阶级在掌握政治权力之后，确实不再像以前那样折磨犯人的肉体，但这并不是因为他们变得更文明、更道德、更仁慈或者更加尊重个人权利。同时，启蒙运动宣称的那种知识的独立性、客观性，以及给人带来自由和解放的力量，也是痴人说梦。相反，政治无处不在，权力无处不在。而且，现代政治还用更加隐秘的方式，让理性和知识为政治服务。表面上，这是惩罚和规训方式的转变,背后折射出的其实是政治权力结构的变化。

4. 规训社会的终极形态

在《规训与惩罚》的后半部分,福柯还讨论了一个非常著名的概念,那就是"全景敞视主义"。这个术语出自18世纪英国哲学家边沁设计的环形监狱。在环形监狱里,囚犯毫无隐私,被瞭望塔里的看守24小时监视着。但囚犯只能看到瞭望塔的轮廓,无法确切得知监视者是不是正在注视自己。环形监狱制造出了一种"不对等注视"的效果,权力在这种"时时可见,但又不可知"的情况下得到了最有效的施展。

福柯认为,环形监狱是现代西方社会的终极走向。在这个结构里,行使监视和惩罚权力的人数大大减少,而受到权力支配和监视的人数大大增加。许多时候,权力甚至不需要实际在场,只需要对被管理和被监视的对象产生一种"精神对精神的权力",用一种沉默的、自动的、更有效和更经济的方式就能达到规训的效果。在这样的政治社会中,权力具备了一种持久的、洞察一切的、无所不在的监视手段,让一切曾经隐秘的生活角落一览无余。最终,政治体中所有的部分都会受到监视,没有任何一项犯罪或者过失能够逃脱惩罚,甚至连一点隐私都不给人留下。

5. 结语

读完这本《规训与惩罚》,我们会意识到:真正恐怖的,也许并不是行刑者最后射出的子弹,而是一生中时时刻刻都在被人瞄准。那种恐怖感缠绕于心,经久不散。福柯的许多作品提醒我们:在现代西方社会中,政治权力无处不在,我们需要对它的存在保持清醒的感知。

26 ｜霍布斯鲍姆"年代四部曲"
关于现代世界史的史诗巨著

裴鹏程[①]

英国史学家艾瑞克·霍布斯鲍姆被誉为"近代史大师",让他获此殊荣的代表作便是"年代四部曲",即《革命的年代:1789—1848》《资本的年代:1848—1875》《帝国的年代:1875—1914》和《极端的年代:1914—1991》。这是一套有关资本主义产生、发展、矛盾和危机的史诗巨著。

如果把"年代四部曲"看作一部四幕大戏,那么大戏的主角便是信奉自由主义的欧洲。下面,我们拉开帷幕。

1.《革命的年代:1789—1848》

第一幕是"革命的年代",从1789年到1848年,共60年历史。主要情节可以概括为四个字,即"双元革命",也就是18世纪后期,英国爆发的"工业革命",以及美国和法国先后发生的"政治革命"。

回到18世纪80年代,世界各地的发展进度其实差别不大,在整个欧洲地区,英国的表现并不突出。不过,由于英国历史上议会和国王长期竞争,因而国王的权力被逐步限制,政府可以动用国家力量保护国内的棉纺织企业,英国棉纺织业异军突起。欧洲、非洲、美洲的"大三角"奴隶贸易体系进一步放大了棉纺织业带来的利润。大量财富流入英国,带来了"铁路狂热"。铁路业是一个系统性行业:修建

---

① 裴鹏程,得到听书专职作者。

铁路需要大量的钢铁，冶炼钢铁需要煤炭，铺设铁轨需要足够多的劳动力，制造火车需要用到重型机械，日常维护铁路运输也需要大量劳动力。现代交通业快速发展起来，英国经济腾飞。

英国工业革命是现代化系统的第一台引擎，这台引擎主导经济贸易。人类社会要想进入现代，还要配套现代化社会体制，这就要说到第二台引擎——法国政治革命。法国政治革命的特点是"大"。在法国大革命中，革命爆发地的民众基础庞大，革命激进烈度强，同时波及范围极其广泛。霍布斯鲍姆就曾说：法国大革命不是特殊的，它带来普遍性影响，没有哪个国家能幸免于它的影响。

如果把人类历史比作一把剪刀，1789年到1848年或许就是两半剪刀的交集点。一边是古老的，一边是现代的；一边是缓慢的，一边是快速的。在现代和快速的一边，人类历史被两种力量推动向前。工业革命创造了潜力无限的生产制度，即自由资本主义经济制度；政治革命建立了社会公共制度的模型，也就是自由资本主义政治模式。在"双元革命"的推动下，现代社会诞生了。

2.《资本的年代：1848—1875》

第二幕是"资本的年代"，从1848年到1875年，共28年历史。

其实，很少有人会把这28年看作一个特征鲜明的历史时期。之前有英国工业革命和法国大革命，其中"革命"是关键词。在此之后，欧洲各国竞争加剧，最终触发了第一次世界大战，其中"帝国"是关键词。而夹在中间的这28年，能说得上来的好像只有德国、意大利的统一，而美国打了一场内战对人类文明进程的影响似乎没有那么大。但霍布斯鲍姆告诉我们，这20多年至关重要。在1789年到1848年的"双元革命"下，世界形成了一种对称的美；不过，从1848年开始，这种对称不复存在了。政治革命偃旗息鼓，但工业革命昂首挺进，世界历史步入"资本的年代"。

霍布斯鲍姆认为，关键原因是温和的自由主义者不再支持革命。欧洲各国工业革命孕育了大资本家和一批中产阶级，以及对现状不满的底层劳动者。而底层劳动者并没有在工业革命中获得多少好处，成为"1848年革命"最坚定的推动者。中产阶级自由主义者看到机会，也想扩大自己的利益，便参与进来。但革命者只有一腔热血和怒气，所以闹来闹去就失控了，演变成在城市里四处打砸抢烧。与贫苦劳工站在一起的中产阶级被吓坏了，他们都是有财产的人，原本支持革命只是想争取更多好处，但现在自己兜里的东西也得搭进去，于是他们的态度立刻发生转变，倒向旧制度的维护者，也就是统治当局和大资本家们。

统治者看到，革命群体中最有实力的人投奔过来了，便想办法拉拢，提供更宽松的经营环境，给予更充分的政治权利、更优惠的政策等。中产阶级自由主义者也收获了两条经验：第一，革命是危险的，风险高；第二，一些要求，尤其是经济诉求，不用革命手段也可以实现。

欧洲各国统治者不敢延续过去粗暴的家长式统治方式，不得不考虑人民的诉求，改善底层人民的生活，因此社会矛盾弱化，冲突减少。另外，资产阶级掌握了国家政权，出台了一系列有利于经济发展的政策。在这个背景下，大量农业人口获得自由就业的机会，这为市场补充了劳动资源；现代科学进步，尤其是电学和化学发展，不断改进生产技术；陆地上的铁路广泛铺设，海洋上的远洋交通工具大量使用，世界的联结变得紧密起来。许多欧洲商人和冒险者走向世界各地寻找商机，资本、技术和劳动力等要素快速流通，欧洲走向了前所未有的"大繁荣"。

3.《帝国的年代：1875—1914》

第三幕是"帝国的年代"，从1875年到1914年，共40年历史。

在"双元革命"的推动下,资本主义在全球扩张,世界各地逐渐连成一个整体。但是,各地并没有真正交融。19世纪70年代末至80年代初,人们面对的并不是单一世界,而是由两部分组合而成的世界:一部分是已开发的、具有主宰性的、富有的"已开发国家"阵营;另一部分是落后的、处于依附地位的、贫穷的"未开发国家"阵营。

"已开发国家"看起来前途一片光明,却在19世纪70年代遭遇了危机。简单来说,资本主义经济过度自由发展,引发了恶性竞争,各国企业不顾市场需求盲目扩大生产,导致生产过剩、产品价格下降,因此引发了连锁反应。

面对经济危机,"已开发国家"首先拿出的办法是筑起一道墙,也就是实施贸易保护。但贸易保护主义毕竟不是长久之计,全球化扩张和利润最大化是资本主义与生俱来的基因。于是,"已开发国家"紧接着实施了第二个办法,即优化本国产业。为了避免自相残杀,国家推动小企业彼此合并、集中生产,希望能降低成本。于是,一批垄断集团诞生了。资本主义经济要想继续发展下去,只靠关起门来发展本国产业还不够。这时,几乎所有的"已开发国家"都做了同样的事情:将本国经济战车的挡位从"自由主义"模式切换为"帝国主义"模式。

"帝国主义"模式最大的特点是政治与经济结合。对欧洲国家来说,由于国土面积有限,因而扩张领土不仅可以带来广阔的市场,还能获得更多的生产原料和劳动力。这样既缓解了"已开发国家"的国内危机,还能进一步扩大生产,让经济持续发展下去。而这一切,都离不开政府的支持。

当世界的规则变成"先进地区"支配"落后地区",世界便进入了"帝国的年代"。19世纪70年代以后,英国、法国、美国、德国等欧美强国瓜分了非洲、大洋洲的所有领土,并在拉丁美洲和亚洲划定了各自的势力范围,这些国家迅速膨胀为一个个幅员辽阔的大帝国。

欧洲国家凭借帝国主义手段在全球殖民扩张,维持了和平繁荣,掩盖了日益恶化的危机。从这个角度来看,所谓的"无与伦比的和平时期",也在酝酿一个"无与伦比的世界战争时代"。随着矛盾越来越多,看起来四平八稳的帝国格局渐渐超出各国政府的控制能力,成长为帝国的资本主义巨人,在到达最高点时走向了火并,第一次世界大战爆发。

4.《极端的年代:1914—1991》

随着第一次世界大战爆发,"世界近代史"结束了。从此以后,"双元革命"不再是历史的主导推动力,国际规则将被重新制定,世界格局将再次洗牌,距离当今更近的"世界现代史"开始了。由此,历史走入第四幕"极端的年代"。

《极端的年代》是霍布斯鲍姆"年代四部曲"的收官之作,也是最厚的一本,从1914年到1991年,长达77年。霍布斯鲍姆打了一个比方:从1914年第一次世界大战爆发到1991年苏联解体、冷战结束,这77年就像一个"历史三明治"。第一次世界大战到第二次世界大战的30年是"灾难时期",西方"自由主义"遭到重创。从第二次世界大战结束到20世纪70年代初的20多年是短暂的"黄金时期",西方"自由主义"复苏。然而,从20世纪70年代到90年代,欧美"自由主义"世界陷入了前途未卜、彷徨未定的"迷茫时期"。但总体而言,"极端"是这77年的关键词。

第一次世界大战拉开了"大灾难时期"的帷幕。19世纪以前,欧洲规模最大的国际战争是1870—1871年的普法战争,大约死了15万人。而两次世界大战的死亡人数,则是以百万量级来计算的。如果从波及范围来说,除了西班牙、荷兰、瑞士以及北欧三国外,全欧洲都加入了这场战争。第二次世界大战的规模,更是扩展到五大洲、三大洋。

除了战争的灾难,这一时期的世界还遭遇了经济的灾难,即1929年经济危机。经济危机的结果是,西方民众对原来的自由民主政治心生怀疑。1920年,全世界大约有35个民选的立宪政体;但是到1938年,在第二次世界大战爆发前,民选的立宪政体只剩17个;到1944年,在第二次世界大战进入尾声时期,全球64个国家中,只剩12个民主宪政国家。世界全方位地走向了"极端"。

经历了"大灾难时期",自由主义触底反弹,在第二次世界大战结束后迎来了一段"黄金时期"。原因如下:首先,科技革命推动了经济复苏和腾飞,我们熟悉的电视机、雷达、计算机等战时高科技也开始转向平民用途;其次,资本主义本身发生了改变,原本自由资本主义强调"小政府,大社会",但在经济危机后,一种"混合式经济制度"出现了,国家更多地参与社会经济事务的计划与管理;最后,经济危机和两次世界大战把身居要职的精英们吓坏了,而在第二次世界大战结束后,这些人变得更加谨慎,想办法借助国家力量来牵制"自由主义经济"这只"猛虎"。

但第二次世界大战后短暂的经济景气并没有持续太久,在1973年之后的20年,不只有经济低迷,还有迷茫、彷徨和危机。不过,人们对这一切后知后觉。直到20世纪80年代,人们才明白"黄金时期"一去不返;直到20世纪90年代苏联解体、东欧剧变,人们才认识到危机再一次来临。为什么还会出现这样的状况呢?霍布斯鲍姆提到一个关键因素,就是在自由主义理念推动下,资本家对效率的过分追求。在现代社会,提高生产效率需要用到机器技术,但机器技术的大量使用,意味着人工技术将被加速替代。西方民众日益严重的失落和仇恨,再次冲击了西方的自由主义价值观,欧美国家的政治地层出现巨大裂痕。

5. 结语

当"极端的年代"过去,"年代四部曲"的大幕拉上,舞台上定格的图景是什么呢?

霍布斯鲍姆给我们留下了三张照片。20世纪90年代,世界舞台定格的第一张照片是,欧洲失去了世界的中心位置,新兴力量崛起。第二张照片是"全球一体化",过去以领土国家为界定的"国家经济",如今成了全球经济的组成部分。第三张照片是"绝对个人主义"的盛行。人们在迷茫和恐慌中无所依靠,试着通过政治团体来表达自己的想法。结果是,社会逐渐变得原子化,每个人都被迫成为独立的个体,缺少安全感和依靠感。

无论是霍布斯鲍姆还是其他历史学家,他们对未来的思考,都在试图帮我们推演未来的某种可能性。尽管如此,我们仍然确信,只要有人类,历史就会继续下去。

27 | 《旧制度与大革命》
法国大革命爆发的直接动力是什么？

少文工作室

19世纪欧洲诞生的知名历史学家与政治哲学家，可谓灿若群星，而托克维尔是其中尤为突出、不可忽略的一位。这位贵族出身的历史学与政治思想学研究者，是古典自由主义的代表人物，生平经历了法国七月王朝与法兰西第二共和国更迭的惊涛骇浪，这也让他终其一生都在致力探讨平等与自由、个人与社会的关系。这本《旧制度与大革命》，可以被看作托克维尔通过法国大革命，眺望即将到来的大众政治时代的预言之作。

1.法国的旧制度

在很多经历过法国大革命的同时代人或者研究者心里，法国旧制度简单等同于封建制度，但托克维尔并不同意这个看法。在他看来，所谓的旧制度至少是由两个主要元素组成的混合社会，而正是这个旧制度，蕴含着爆发大革命的直接动力。

法国旧制度的第一个要素，是已经严重松动的封建土地制度。在大革命前夜，法国已经有超过一半的土地被农民拥有。法国农民不仅可以决定土地的各种使用方式，也能买卖作物、处置财产。而这在其他国家是难以想象的。法国农民摆脱束缚、获得自由，也代表着他们可以不再受到土地和领主的约束。这就让人口的自由流动成为可能，给大革命的到来埋下了伏笔。

法国旧制度的第二个要素，是已经高度中央集权化的政治。从

11世纪开始，历代法国国王就开始借助官僚体系慢慢将地方权力收归中央，越来越多的旧日贵族领地变成了国王的直属土地。到12世纪，法国逐渐形成了一个独立于旧日贵族的行政官僚体系。凭借这个体系，国王将地方权力进一步集中到自己手中。路易十六时期，法国被分为36个财政区，每个财政区都派驻一位总督，国家行政大权集中在以国王为核心的御前会议手中。各级官僚机构因为只向上负责，所以变得越来越臃肿。为了维持运转，国家要花掉财政的相当一部分。

另外，自路易十四以来，作为欧洲大陆第一强国，法国野心勃勃，到处开战，争夺霸权，因而军事开销巨大，再加上历次战争中所拖欠的巨债，法国的财政状况岌岌可危。这个烂摊子"击鼓传花"到了路易十六手里，已经维持不下去了。

膨胀的中央集权也带来了另一个副作用，那就是地方虚弱和困苦。贵族和高级教士纷纷前往繁荣的巴黎去享福，而地方公共行政事务无人问津。这就导致任何社会矛盾如果激化，就再也没有昔日的贵族和教会在地方居中调和，从而引发巨大的总体性动荡。

在巴黎的凡尔赛宫里，国王和贵族们的生活已经极端仪式化、沙龙化，如同一出永不落幕的奢侈表演秀，原本应该负责的王国治理反而成了微不足道的陪衬，长此以往，怎能不出大乱？

2.旧制度下的法国人民

在贵族和教会特权阶级的骄奢淫逸之外，大革命前夕的法国人民可以说过得水深火热。

为了对外争夺霸权和对内维持一个巨大的中央政府，法国的国家开支持续增长，但特权阶级可以免税，所以沉重的财政负担都落在了农民身上。法国的国家税收在两个世纪中暴增，光军役税就增长了十倍，而且税收在摊派上特别随意，农民每年要求缴纳的税额都不一样，他们根本无法预计下一年要缴纳多少税。

政府大部分的强制性摊派最终会落在底层人民身上，比如沉重的徭役。在饥荒时期，政府官员预先对农民供应市场的食品确定价格。由于农民怕受约束，不到市场中交易，政府官员便下达命令，强迫他们交易，否则就处以罚金。农民的生活困窘不堪，到了冬天，行乞成了农民生存的唯一手段。而政府为了扫除行乞现象，想到的办法居然是下令逮捕他们，身强力壮的就被送去服苦役。

同样，资产阶级也不开心，虽然他们靠经营贸易和实业赚了钱，但是他们也不能免除各类苛捐杂税和勒索。他们的解决方案是花巨资购买官职或者贵族头衔，但王室的贪欲有增无减，甚至会"赖账"。王室会收回已经卖给资产阶级的官职和贵族头衔。

这种水深火热的情况，再加上18世纪下半叶启蒙思想在欧洲大陆的诞生和发展，使得社会上出现了一种激进的论调：必须有一场翻天覆地的大变革，才能改变法国的所有弊端，从而实现某种理想中的平等和幸福。所以，在这种局势下，大革命的来临，可以说是"万事俱备，只欠东风"。

3.大革命爆发的直接动力

大家都认为，大革命的爆发，可能直接源自腐朽反动的法国政府进一步堕落。但睿智的托克维尔说：错，大革命爆发的直接动力，反而是法国王室政府在某些方面意识到了自己的问题，准备搞改革，所谓"对于一个坏政府来说，最危险的时刻通常就是它开始改革的时刻"。

大革命爆发前三四十年，正是法国发展最迅速的一段时间。大革命爆发前20年，法国的海上贸易超过了英国，20年间贸易额增长了一倍。而且，与过去相比，所有的不平等在执法时都减轻了，个人徭役已经消失，征税更加平等。但令人不可思议的是，哪里越不压迫，哪里就越反抗，痛苦减轻和社会繁荣反而让人对痛苦的感觉更加敏感。

大革命爆发前13年，路易十六积极改革社会现状，试图废除劳役制，同时又着手废除工业行会制度，甚至还着手确定征税平等。这对于法国人民来说本是一件大好事，但问题在于，这些改革的尝试总是反反复复，没有办法完全落到实处。一方面，路易十六的改革牵扯到了既得利益群体；另一方面，他的办事方法存在问题。比如，国王发布改革命令时，总是在诏书中用趾高气扬的口吻点明底层人民的苦难，这些话让底层人民听了会如何？他们会感激涕零、高呼万岁吗？当然不会。相反，这会让他们意识到社会制度原来这么黑暗，原来那些有钱人一直都把自己的幸福建立在他们的痛苦之上。

这种煽动革命的话，不仅国王在说，大臣在说，后来被大革命干掉的特权者也在说。为了让有钱人救助穷人，有个总督就曾公然说："有钱人不公正，为富不仁，占有了穷人的劳动。他们一边享受穷人创造出来的财富，一边任由穷人死去。"我们想一想，政府不断跟穷人说，"你们真可怜，你们之所以这么穷，都是被特权阶级害的，那些特权阶级很弱小、不团结，还特别看不起穷人，穷人只要团结一致，随随便便就可以打败他们"。听到这里，哪个穷人不想揭竿而起呢？

4. 结语

法国大革命是在特定历史结构下，旧制度长期演化的结果，甚至这场革命本身只是旧制度演化的一个过程。革命所建立起来的新体制的雏形和底层，其实都在大革命前的长时段内逐渐成形了。

托克维尔虽然对革命的宏大意义保持审慎的怀疑，却并非简单地主张"告别革命"。相反，对民情的考察，使托克维尔敏锐地看到平等化的观念逐渐成为现代社会不可避免的浪潮，并在法国大革命中被广泛地传播开来；但同时，托克维尔富有远见地提出，在大众政治时代，个人自由更加宝贵，值得捍卫。全民时代的政治参与和社会运动，稍有不慎，就会把原本"所有人的平等"的美好愿景变成"所有人的奴役"。

28 ｜《菊与刀》
日本文化的两面性

张笑宇[①]

《菊与刀》是文化人类学上的经典研究著作之一。作者鲁思·本尼迪克特是美国知名文化人类学研究专家，也是文化与人格理论（心理人类学）的开山鼻祖之一。这本书的写作，源于本尼迪克特在第二次世界大战即将结束时接受的美国政府委托研究项目，用以辅助美国对日战略决策。本尼迪克特的报告准确、精要，在1946年正式出版，名为《菊与刀》。

正如本尼迪克特自己所说的，这并不是一本专门论述日本宗教、经济生活、政治或家庭的书，而是探讨日本人有关生活方式的各种观点的著作；之所以取名"菊与刀"，乃是因为"菊花"是日本皇室家徽，而"刀"是日本武家文化的象征。书名象征了日本民族性格中的矛盾特征以及日本文化的双重性。

1.各安其分的群体社会

起初，美国政府情报部门之所以向本尼迪克特求助，是因为美国军政高层在探讨未来战后对日本进行处置时是否要保留日本天皇。这是一个两难选择。鉴于第二次世界大战中日本朝野上下亿万军民对天皇的无限服从与崇拜，废除天皇可能会引发日本在绝望中进行决死抵

[①] 张笑宇，青年历史学者，毕业于北京大学，后赴德国柏林自由大学攻读博士学位。著有《技术与文明》《商贸与文明》《产业与文明》等。

抗，从而给盟军造成惨重损失；但是，保留天皇又怕军国主义思想在天皇制的庇护下无法根除，并且有朝一日卷土重来。于是，本尼迪克特就在报告中说，天皇并不是一个西方观念中的绝对统治者，而是日本文化中等级制度的具象化身，也是日本人道德观念中的主轴之一。如果贸然把它抽掉，那么引起的麻烦其实更大。

日本人对等级制度的信仰，是日本人处理社会关系的根本原则，并构成日本社会架构的基础。在日本社会，人们由不同辈分、性别与年龄等形成以上下关系为核心的人际关系，大家尊卑分明，各安其位，努力扮演好自己在这个层级结构中被赋予的角色。这种各安其分的等级观念甚至是日本主导对外侵略战争的底层逻辑：整个亚洲在被欧洲殖民国家欺压，而亚洲国家就应该欣然接受日本带来的所谓"解放"，然后在日本建构的所谓"大东亚共荣圈"里各安其分；在日本偷袭珍珠港以后，日本特使递交给美国政府的声明里说，"使万邦各得其所"是日本坚定不移的国策。对此，本尼迪克特甚至充满讽刺地写道，很多日本军人在太平洋战争中对亚洲国家的抵抗大为惊诧："不是已经在大东亚秩序里为你们安排了一个位置吗？为什么拒绝呢？"

2.无处不在的义理与人情

本尼迪克特说，在日本社会中，这种无所不在、等级分明的上下关系并不是简单的掌权者与从属者的关系，而是通过"忠""孝""义理""人情""恩"等观念与行为连接起来的。整个社会变成了一种家庭血缘式的纽带连接，每个人都是这个大家庭的一员，同时也在接受他人的"恩情"，从父母、师长、公司领导、军队上级一直绵延到天皇本人，所以他们必须想方设法加以报答。

"受了别人的恩就要回报"的观念在人类各个文明中都有类似的道德约束，但在日本文化中，这个回报不仅是利益物质上的偿还，还是精神上的愧疚。本尼迪克特举例说，在日本军队中，由上级分发的一支额外的香烟甚至一杯清酒，都是来自天皇的"恩典"，需要士兵在战场上杀身成仁才能报偿。从某种意义上说，当日本人受了别人的恩时，其内心会生出巨大的强制约束力。在所有的恩情里，有两种最为重要：一是父母的养育之恩，二是天皇的统帅之恩。这两种"恩"是不管怎么做都无法完全报答的，但也还是得尽力去做。

我们可以把这些恩情理解成一生下来就欠下的、永远都还不完的巨大债务。正因为在日本文化中，人一生下来就背着无法偿还的、巨大的恩情债务，所以在他们看来，为了报恩，付出生命是一件很自然的事情。如果谁不报恩，谁就不配做人。本尼迪克特就在书中以日本近代文学巨匠夏目漱石的小说《哥儿》中的一个情节为例。男主人公"我"在学校中教书，其中一个绰号"豪猪"的老师在外出玩耍时请"我"喝过一杯冰饮，价格不过一钱五厘。随后，"我"得知"豪猪"是一个心口不一的人，并在背后诋毁"我"，于是"我"的第一反应就是绝交；但在绝交之前，"我"把冰饮的钱放在了"豪猪"的桌子上，因为即使双方割袍绝交，也必须以"报恩"为前提，表示两不相欠。

3.耻感文化

在观察研究中，本尼迪克特发现，日本人总是处于一种对人生极为小心谨慎、循规蹈矩的行为世界之中，他们必须密切注意别人行动所做出的暗示，并强烈地意识到他人对自己行为的评价。这就意味着，在日本文化中，正确的行为很少由一个人的内在约束来决定；而判断什么是正确的行为，则主要靠他在社会中的地位、他人的观察以及他的期待要求。

从这个现象来看，本尼迪克特推论说，人类社会一般有两种文化：一种叫罪感文化，另一种叫耻感文化。罪感文化的特点是，道德归根结底是个人内心的事。犯错的人如果感到内疚，就可以通过认错和坦白来减轻内心的道德负担。耻感文化则是依靠外在社会强制力来引导人们向善。耻感文化的特点是，道德是靠羞耻心来强制的。要是个人的错误被公之于众，这就意味着极大的耻辱。在耻感文化中，如果一个人犯了错，那么他最主要的情感是懊恼。他懊恼别人怎么发现了他，而不是内疚自己怎么犯了错。当然，这种懊恼很强烈，可以强烈到让他自杀，但懊恼跟内疚完全不一样。在耻感文化中，犯了错的人即使当众认错或者坦白，也不会感到内心得到解脱。美国文化毫无疑问属于罪感文化，而日本文化毫无疑问属于耻感文化。当然，在本尼迪克特的眼里，这两种文化没有高低之分，只是塑造了不同的民族性格而已。

4. 结语

《菊与刀》自问世后成了文化人类学研究的经典之作。在将近80年后，书中许多经典论断依旧成立，对理解日本民族性格与文化特征具有极强的参考价值。曾有学者表示，"自《菊与刀》出版后，其他后续日本研究著作只是在给本书添砖加瓦"。这不仅是因为本尼迪克特是现代文化人类学研究的一代宗师，更是因为当时即使美、日两国在战场上互为对手，本尼迪克特依旧坚持文化相对主义立场，用客观冷静的态度看待日本文化。这种坚韧不拔、宽宏大量的精神，保证了研究结果的客观性和科学性。

当然，从今天的角度来看，本尼迪克特的研究也有不完美之处。比如，她始终将日本人看作一个精神价值取向别无二致、浑然如一、静态不变的"理想共同体"，忽略了日本民众精神中丰富的多样性。另外，由于无法前往日本实地考察，本尼迪克特的访谈调查对象也只能限于日本在美侨民，因而她在许多问题上有"一叶障目"的倾向。这些都是我们应该客观承认并加以警醒的。

29 ｜康德"三大批判"
西方哲学绕不过去的巅峰

刘玮

哲学史上有几座非常重要的高峰，康德绝对是其中之一，能和他比肩的只有柏拉图和亚里士多德。但是，在这三个人里面，康德肯定是最难理解的。康德的代表作是"三大批判"，即《纯粹理性批判》《实践理性批判》《判断力批判》。

这三本书讨论的问题是我们每个人都要面对的人生根本问题：什么是知识？怎么做算是道德的？什么是美？康德对这些根本问题，给出了自己的答案，对现代社会产生了深远的影响。如今，各个学科的人在讨论这些问题的时候都绕不开康德的思想。所以，这三本书不仅是哲学史上的里程碑，也是人类文化史上的里程碑。

1.《纯粹理性批判》

《纯粹理性批判》这本书在西方哲学史上掀起过一场巨大的革命，其强度不亚于哥白尼提出"日心说"。这本书也让康德成为哲学史上划时代的人物。现代西方哲学可以分为"前康德时期"和"后康德时期"。因为康德之后的所有哲学家，都受到他的影响，不得不继承和回应他提出的一系列理论问题。

《纯粹理性批判》的核心内容可以总结为三个关键词：感性、知性和理性。

第一个关键词是"感性"，也可以叫"感觉能力"，就是视觉、听觉、嗅觉、味觉、触觉。康德说，这些感性经验是一切知识的来源。

在康德之前，人们对时间和空间有两种不同的看法：一种是把它们看成事物客观存在的性质，另一种是把它们看作事物之间的关系。康德提出了一种新的时空观。他认为，时间和空间是人先天具有的认识世界的方式。这就是为什么数学不会受到语言、文化的影响，而成为全世界通用的学科。

之后，我们还需要对这些直接进入我们头脑的信息进行更多的加工处理。这就要说到第二个关键词，即"知性"。康德认为，这个过程的关键是形成判断，这是科学的起点。形成判断也有一些规律可循。康德认为，判断有四种类型共12种具体方式，也叫"知性的十二个范畴"。人就是靠着知性这种加工能力获得知识的。打个食品加工厂的比方，感性收集的信息是原材料，知性是加工方式，知识是食品加工厂生产出来的产品。

第三个关键词是"理性"。比如，食品加工厂生产出来无数产品，需要统计、整理，而理性就是这种整合能力。经过整合，我们的认知就会更加系统。但是，严格来说，知识只限于知性和感性的范围，理性并不能直接产生知识，它只提供对知识的整合。感性知识和知性认识的对象都是一些"表象"，也就是这个世界呈现在我们感觉里的样子。这些表象构成了知识的边界。

但人绝不满足于此，想要跨越表象划定的边界，这就是理性。这种"跨界"的冲动是人与生俱来的。它有好的一面，能够帮助我们在更大的范围内整合知识；但是同时，它也带来了很多麻烦。康德把这些因为理性想要"跨界"造成的麻烦概括成三种"理性的幻象"：一是对灵魂本质的幻象，二是对宇宙本质的幻象，三是对上帝的幻象。我们可以想一想：灵魂存在吗？宇宙的本质是什么？上帝存在吗？这些都是人类从有文明以来一直在思考但始终得不出答案的问题。

那么，什么叫"纯粹理性批判"？其中，"纯粹"指的是不掺杂经验的、先天的认识能力；"批判"的意思并不是我们通常所说的批评、指责,而是"彻底考察"。"纯粹""理性"和"批判"加在一起的意思就是,康德想要彻底地考察人的理性到底能干什么、不能干什么,为这些能力划定界限。

2.《实践理性批判》

在《纯粹理性批判》中,康德颠覆了人们对知识的理解;而在《实践理性批判》中,康德颠覆了人们对道德的理解。

道德问题,主要就是解决人类的道德规范是从哪里来的。在康德之前,有人觉得道德来自人的情感,有人觉得道德来自社会习俗,还有人觉得道德来自政治或者宗教权威。康德想要把这些理论都推翻。他认为,道德的基础是理性。他写这本书,就是要从这个新的基础出发,为全人类重新确立道德法则。

既然人都有理性,那为什么还会做出违反道德的事情呢?因为在现实中,我们都会有七情六欲,也会碰到各种现实困难,不可能不考虑环境、情感和现实的需要。举个例子,我们都知道人应该诚信,但是现实中总有一些情况让我们不得不说谎,哪怕是善意的谎言。如果我们承认人不可避免要被情感或者环境影响,那么用康德的话说,我们就没办法遵循理性确立的道德法则。

那么,人是被决定的还是自由的呢?在康德看来,我们之所以会这么想,是因为我们只从同一个维度去看待人。但是,人并不只有一个维度。如果从现象维度来看,那么人是被决定的,因为我们不得不考虑各种现实的因素;但是,如果从本体维度来看,那么人其实是自由的。人跟其他生物的差别,就在于人有理性。理性让我们可以超越现象,并从更高的视角给自己和全人类确定道德法则,同时遵守这些法则。从本体维度来看,我们甚至不会问:"我为什么要做道德的事情?"因为颁布道德法则是理性的本能,或者用康德话说,是"理性的事实"。

《实践理性批判》这本书想要解决的最核心的问题,用哲学术语来表述,就是"必然与自由之间的矛盾"。换句话说,人一方面受到各种现实考量的限制,另一方面又给自己颁布无条件的道德法则。康德解决这个矛盾的方法,是从现象和本体两个不同的维度去看待人的。从现象的维度来看,我们是必然的;而从本体的维度来看,我们是自由的。所以,理性能够给人颁布道德法则。这个"理性",就是《实践理性批判》里说的"实践理性";而"批判"两个字,还是与《纯粹理性批判》中的"批判"一样,是"彻底考察"的意思。而且,康德特别强调,"第一批判"里说的"纯粹理性"和"第二批判"里说的"实践理性",是同一个理性的两种不同的应用。

3.《判断力批判》

在《判断力批判》一书中,康德把思辨的矛头对准了"美"这个主题。在康德之前,讨论美学的人主要有三种看法。有的人认为,美是事物的客观属性。比如,玫瑰花之所以很美,是因为玫瑰花有美的属性。有的人认为,美是一种理性的认识。我们认为玫瑰花美,就像我们认为"1+1=2"。还有人认为,美是完全主观的,人和人之间没办法达成共识。这几种观点看起来好像穷尽了有关美的讨论,但相互矛盾,不够协调。于是,康德提出了一个复杂又自洽的新说法,他论证了美既是主观的又具有普遍性,还解释清楚了审美和道德之间的关系。

康德的美学理论,在18世纪末至19世纪初的时候掀起了一场不小的革命,对后来的美学也产生了深远的影响。所以,我们一般认为,《判断力批判》是一部西方美学经典。在讲哲学史的时候,授课老师一般也会把重点放在"审美判断力批判"这个部分。

《判断力批判》还有第二部分,叫"目的论判断力批判"。"目的论"是哲学里的一个专有名词,就是把世界上的事物看作一个有目的的整体。比如，一个生物的各个组织，它们的目的就是让生物生存下去；再如，不同类的生物，它们的目的是让整个生态系统有序运转。

康德为什么要把"目的论"和"审美"两部分内容放在一起呢？这就要说到这本书中的"判断力"三个字了。"判断力"是人的一种认识能力。人必须把一个特殊的对象放到普遍的概念之下，才能认识它。这句话听着很抽象，其实不难理解。比如，我们眼前有一个红色的、大体上是球形的、散发香味东西，我们必须把它归到"苹果"这个概念下，才能认识它。康德认为，我们之所以能够感受到美，意识到世间万物各有目的，就是因为我们利用自己的判断力把对象放到了"美"和"目的"两个概念之下。

4. 结语

"三大批判"是康德的巅峰之作，《纯粹理性批判》讲的是人类追求的"真"，康德颠覆了人们对知识的理解；《实践理性批判》讨论的是"善"，康德颠覆了人们对道德的理解；《判断力批判》讨论的是"美"，康德再次颠覆了人们的理解。

30 ｜《理解媒介》
媒介如何影响生活？

刘晶晶[①]

毫无疑问，如今我们生活在一个各种媒介融合的时代，广播、电视以及移动互联网通过各种方式向我们提供各种信息。但《理解媒介》这本书的作者马歇尔·麦克卢汉，在20世纪60年代就预言到"地球村"（网络时代）的到来，同时也畅想了人工智能的大致雏形。可以说，麦克卢汉是真正的预言家。

他认为，每一种媒介都是人体一种生理功能的延伸，比如印刷媒体是视觉的延伸，这也是这本书的副书名"论人的延伸"的来历。他认为，在信息传播过程中，真正重要的不是那些转瞬即逝的信息，而是不断发展和变化的媒介本身。这些媒介改变了我们接受信息的方式，决定了我们对空间和时间的感受，进而对我们的思考方式和行为方式产生了影响。

麦克卢汉是加拿大传播理论家和多伦多大学英语教授，著有《古登堡群英》《媒介即信息》等。翻开西方传播学的发展史，我们可以看到，它以媒介传递的各种信息对受众产生的影响为研究传统。而麦克卢汉的媒介理论一反这种传统，将研究的焦点放在了传播媒介本身。直到20世纪90年代，全球化、信息化、网络化、数字化的时代的到来，才使人们认识到麦克卢汉的理论的前瞻性。

---

① 刘晶晶，得到听书特邀解读人。

1.媒介就是信息

要理解麦克卢汉所说的"媒介就是信息"的观点,我们首先要搞清楚媒介的内涵。

媒介是信息在某种载体上呈现出的特殊格式。同样的信息在不同的媒介中会呈现出不同的格式,就像水在不同的容器中会呈现出不同的形状。麦克卢汉所说的"媒介就是信息"中的"媒介",指的就是这种特殊的信息呈现的格式。

在麦克卢汉的眼中,对整个人类历史而言,真正重要的不是那些转瞬即逝的信息,而是不断发展和变化的媒介本身。当我们的关注点集中在传播内容的时候,我们的关注点集中在微观层面,关注的是某个媒介消费行为给我们带来的信息的增量;而当我们的关注点转移到媒介本身时,我们会跳出以往的微观层面,转而关注媒介带给我们对时间和空间的感知变化,以及媒介对我们的思考方式和行为方式产生的影响。

比如,虽然传统广播和网络广播都可以伴随收听,但是网络广播给了我们自主选择的权利,我们可以在任何时间、任何地点消费媒介信息,实现人与互联网的实时互动。

麦克卢汉认为,以往人们之所以将关注的眼光集中于传播的内容,也就是信息层面,是因为人们在工业时代习惯于将一切事物分裂和切割来看待。而麦克卢汉所说的"媒介就是信息",归根到底想向我们说明的是,任何媒介本身都会对个人和社会产生深刻的影响。比如铁路的作用,铁路并不是把运动、运输、轮子或者道路这些概念引入人类社会,而是创造出新型城市、新型工作方式和新型闲暇方式。

2.媒介是人体功能的延伸

如果上一部分讲的是工具如何塑造我们,这一部分讲的就是我们如何塑造工具,这也是麦克卢汉所说的"媒介就是人体功能的延伸"。

麦克卢汉把媒介大致分为三类。第一类是人体器官的延伸，比如衣服对应皮肤，轮子对应腿脚；第二类是人体感觉的延伸，比如口语词对应听觉，印刷物对应视觉；第三类是中枢神经系统的延伸，也就是大脑的延伸。我们都知道，人体的思维活动主要是由中枢神经系统控制的，它能接收全身各个地方传递的信息，然后进行储存和加工，进而支配人们的行为。而电子时代的媒介，比如广播、电报、电话、电视，在强调视觉的文字和印刷媒介的基础上，增加了视觉的作用，使人们从多种感官收集到的信息能够得到有效整合，也就实现了中枢神经系统的功能。所以，麦克卢汉说，这些媒介是中枢神经系统的延伸。

而任何一种感觉的延伸，都改变着我们感知世界的方式。比如，我们现在生活在移动互联网时代，常常感到通过阅读来学习的效果一般，这是因为我们已经习惯了不再仅仅通过单一的形式来获取知识，而是通过音频、文字、网络直播来交叉获取信息。这些新技术在渐渐塑造我们的行为习惯，而我们却没有察觉。

麦克卢汉还预料到他那个时代并不存在的事物。依据麦克卢汉的观点，电子传播时代是对视觉和听觉的双重延伸。相比以前，此时的电报、电视、广播等电子媒介的传播速度和广度大大增加，在时间和空间上都具有颠覆性的突破，世界将重新成为一个部落大家庭，"你中有我，我中有你"，这就是我们现在常常说的"地球村"。

除了"地球村"，麦克卢汉甚至还预测到我们公认的下一代技术革命和人工智能时代的到来。在麦克卢汉的眼中，媒介对人体的延伸主要分为三个阶段。第一个阶段，口语传播时代延伸了我们的听觉，印刷传播时代延伸了我们的视觉。第二个阶段，电视机等电子传播媒介同时实现了人体视觉和听觉的延伸，使中枢神经系统得到了延伸。第一个阶段和第二个阶段主要是人体本身的延伸。第三个阶段，媒介可以直接模拟人类的意识，也就是人工智能时代。机器模拟人脑加工后的知识，将被延伸至整个社会，给信息传播活动带来极大变革。

同时，麦克卢汉还前瞻性地预测到了知识经济的到来。在知识经济时代，信息技术革命将使知识、信息成为生产力发展的主要因素，成为社会发展的基础性设施。在这个时代，一切生产以知识为基础，所有财富的核心是知识，而不是土地、工厂等传统生产要素。第三产业将与第一、第二产业深度融合，人们的所有活动将与知识和信息联系在一起。

3.冷热媒介的分类

麦克卢汉根据媒介在使用过程中的不同特点，将媒介分为冷媒介和热媒介。其目的是告诉我们，媒介作为人体功能的延伸是如何发挥作用的。他认为，热媒介传递的信息比较清晰明确，接收者不需要动用更多的感官和思维活动就能理解。比如，电影、广播、照片、书籍、报刊等就是热媒介。而冷媒介传递的信息少且模糊，在理解的时候，就需要更多的感官和思维活动进行配合。在他的概念里，冷媒介包括电视、电话、漫画、谈话等。

用通俗的概念来表达，热媒介就像我们平常在生活中接触的那些非常热情的人，我们很容易与他们打成一片；而冷媒介就像那些非常高冷的人，我们需要费一番周折才能完成破冰之旅。

这种分类方式并没有好与坏的区别，只是为了更清楚地阐明媒介的作用和影响。冷热媒介分类理论是麦克卢汉所有理论中最具有争议性的一个。很多人认为，将广播看作热媒介和将电视看作冷媒介是不合理的。因为同电视相比，广播没有视觉刺激，人们从中感应到的信息不如从电视中接收到的信息那么清楚、明白，所以广播应该属于冷媒介，而电视应该属于热媒介。不过，一些支持麦克卢汉的人，从当时的技术条件层面进行了解释。这些人认为，在麦克卢汉写作的时代，大多数电视机的图像并不逼真，需要受众去补充信息。

当然，分类不是我们的终极目的。这种分类方式的重要意义在于，引导我们更加清楚、明白地认识到，不同属性的媒介会给个人、文化和社会带来不同影响。比如，在听课的时候，我们可能会调动各种感官去消化和吸收知识，但我们如果想巩固学习成果，那么也可以通过整理笔记、与人谈论、教授他人等方式提高自身参与程度，还可以通过视频、思维导图等方式增加知识的清晰度，进而更好地吸收知识。

4. 结语

作为一名终身学习者，我们应该辩证地看待麦克卢汉的观点。比如，电子媒介是麦克卢汉非常推崇的媒介形式。他认为，电子媒介能使人类的感官得到最大程度的平衡；而尼尔·波兹曼的《娱乐至死》，却呼吁人们警惕电视媒体将一切信息变成娱乐的附庸。其实，尼尔·波兹曼的"媒介就是隐喻"，是麦克卢汉"媒介就是信息"的修正。他俩都在说媒介能有意或无意地定义我们认知世界的方式，只不过尼尔·波兹曼的批判意味更强。如今，身处媒介融合的时代，既然我们不能逃避媒介带来的影响，那么思考如何更好地应用媒介是我们必须面对的话题。

31 |《理想国》
正义何以重要？

刘玮

成书于公元前4世纪初的《理想国》，是西方世界最杰出、最流行的政治哲学著作，堪称整个西方政治哲学的开端。这本书以戏剧形式记录了古希腊哲人苏格拉底对美好城邦问题的思考。书中的内容，涉及形而上学、知识论、伦理学、政治哲学、美学甚至社会学、历史学、神学等领域，可谓包罗万象。直到21世纪的今天，对《理想国》以及苏格拉底哲学的探究，依然是古典政治学领域最耀眼的明珠。

本书作者柏拉图，活跃于公元前5世纪中期到公元前4世纪的古希腊城邦雅典。他和老师苏格拉底、学生亚里士多德一同被视为西方哲学的奠基人。柏拉图的著作以对话和戏剧的形式写成，主角是抽象化的苏格拉底，富有文学色彩。

1.什么是正义？

在全书开篇，苏格拉底首先和朋友们探讨了一个终极问题："什么是正义？"这种对终极问题的追问，是古希腊哲学的特征之一。这里有三种代表性观点。

第一种观点认为，正义是欠债还钱，"归还欠下的东西"。它代表习俗的意见。苏格拉底反驳说，如果你从朋友手里借了一把刀，归还时却发现朋友疯了，要拿刀砍人，这个时候，"归还欠下的东西"就不是正义之举。因为正义是一种具有普遍价值的存在，是不能有例外的。这时，对话者修正了自己的说法，宣称正义是"助友害敌"。但苏格拉底随即指出，正义不应该伤害任何人，况且"敌"与"友"并没有固定的标准。"助友害敌"的说法会动摇人们日常的道德观，从而使人们走向相对主义和虚无主义。

第二种观点认为，正义是"强者的利益"。这是一种赤裸裸的现实主义观点。苏格拉底反驳说，正义并不是强者的利益；相反，它是为了弱者好，也就是为了被统治者好。统治本身则是一件费力不讨好的事情。另外，正义并不是弱者必须得遵守的规则；相反，正义是对自己有好处的。正义的人比不正义的人生活得更幸福。

第三种观点认为，正义是"强者与弱者之间的妥协"。我们可以说，这是现代契约论最早的萌芽。按照这种观点，人们之所以会选择按照正义行事，是出于一种功利性的计算。人们希望免受惩罚，所以主动设置了外部约束。而在这种功利性的正义里，正义的形式比正义的实质更重要。对苏格拉底来说，如果你想反驳第三种观点，你就必须证明：即便没有任何外在的奖赏和惩罚，正义依然比不正义要好。

2.城邦的正义与灵魂的正义

面对第三种观点的挑战，苏格拉底选择了"曲线救国"的策略。他没有直接回答灵魂中的正义是什么，而是引入了灵魂与城邦之间的类比关系。

苏格拉底讨论城邦正义的方式，是从城邦的起源讲起的。在他看来，早期的人类个体因为孤独和匮乏，没有办法实现自给自足，所以首先需要合作。正是这种合作的需要，让人类产生了最早的政治共同体，也就是城邦的雏形。人们因不同方面的需求，很自然地就产生了分工，这样每个人的工作效率都会提高。他们通过分工和交换能更好地满足每个人的需求。农民、鞋匠、医生这些古老的职业就是这样产生的。苏格拉底说，这是一个"健康的城邦"，因为这个城邦以人们最基本的自然需求为最高目的，没有任何过多的奢求。

但是，对话者提出了不同的意见。他认为，这个"健康的城邦"只注重生存，没有文化、艺术和奢侈品，我们应该把这些要素也加上。苏格拉底回应说，这样只会发展出一个"发烧的城邦"，它超出了人们的自然需求，就像发烧的病人体温超出了正常的体温。但是，"发烧的城邦"的产生，又是人类欲求和需求扩大的必然结果，也反映当时的现实。为了保卫这个越来越复杂的城邦免遭吞并，人们需要建立一支职业军队，也就是所谓的"护卫者"。

问题是，护卫者手握武力，怎样才能保证不会欺凌其他职业的人，甚至颠覆城邦本身的稳定呢？苏格拉底提出了一个著名的观点，即"高贵的谎言"。他说，不同的人的灵魂里含有不同的金属。有些人的灵魂里有金子，是最高贵的，他们应该成为城邦的统治者；有些人的灵魂里有银子，他们应该成为保护城邦的战士；还有一些人的灵魂里只有青铜和黑铁，他们就是城邦里的农民和手工业者。这三个等级的界限应该泾渭分明，如果出现了混乱，让不该统治的人当上了统治者，整个城邦就会面临分崩离析的危险。

苏格拉底明确承认，这个关于灵魂里混上不同金属的故事是一个谎言。它的目的是让城邦的公民接受各自在城邦中的位置。他还说，就算人们不可能立即相信这个故事，但也可以通过一代一代的教育，将这个故事逐渐渗透到每个人的心里，让他们慢慢接受。从另一个角度来看，这个谎言也有某种事实基础，那就是：每个人的禀赋确实是不一样的，每个人适合做的事情也不一样。一个理想的城邦，就是要让每个人做最适合他的工作，保证"一人一事"的专业化原则。

到这里，苏格拉底构建起了一个他心目中的理想城邦。可以说，他把"发烧的城邦"改造成了一个"理性的城邦"。在这个言辞中的"美丽城"建成之后，苏格拉底又在其中找到了智慧、勇敢、节制和正义四种主要的德性。城邦里的智慧是统治者的知识和技巧，这是统治者专属的德性。城邦里的勇敢属于护卫者。城邦里的节制则属于整个城邦的公民,它体现出一种和谐与秩序。生产者和护卫者需要心悦诚服地接受统治者下达的命令,并杜绝任何过分和僭越的欲望。

那么,城邦里的正义是什么呢?苏格拉底认为,正义就是城邦里的各个等级。在统治者的主导下,大家各司其职。每个人都做他最适合做的事情。

在找到了城邦中的四种主要德性以后,苏格拉底和对话者开始转向灵魂,试图定义终极层面的正义。他们首先要确定的是,灵魂和城邦是不是具有相同的结构,能不能用类比法从城邦的正义过渡到灵魂的正义。在这里,柏拉图借苏格拉底之口提出了"灵魂三分学说",也就是理性、意气和欲望。这三个部分正好对应着城邦里的三个等级。理性对应着统治者,意气对应着护卫者,欲望对应着生产者。在建立了对应关系之后,我们就可以理解灵魂中的四种主要德性。灵魂中的智慧就是理性的力量,可以审时度势地进行分析,给出正确的指令;灵魂中的勇敢主要是意气部分的德性,服从理性的指令,让拥有勇敢德性的人可以坚守阵地、奋勇杀敌;灵魂中的节制是和谐与秩序,主要体现在意气和欲望服从理性的统领;而灵魂中的正义就是理性、意气和欲望三个部分在理性的统领之下各司其职。

经过这样一番讨论,对话者同意,城邦只有用正义的方式来管理才是有序的、强大的。这就像是人的身体。而灵魂和身体一样,也必须依据正义的德性实现和谐、有序,只有这样才能说灵魂是健康的。每个人都需要正义的德性来保证灵魂的有序和健康。因此,就算没有任何外在奖赏,正义本身也是人们应该追求的对象。

3.理想城邦的蓝图

在结束关于正义的讨论之后,对话者又开始进一步向苏格拉底发问,要他说明理想城邦的具体安排。苏格拉底的回应是"三个浪潮",这三个浪潮分别是:第一,在"美丽城"或者说"理想国"里,要实行男女平等；第二，在护卫者阶层取消私有制，实现"共产、共妻、共子"；第三，让哲学家成为城邦中的统治者，也就是著名的"哲人王"。这种主张具有革命性和颠覆性，使他被口诛笔伐淹没，给他带来巨大的危险。

男女平等的观念，我们不再展开。我们重点讨论后两个浪潮。苏格拉底认为，护卫者是城邦的中坚力量，他们不能拥有私人财产。因为一旦区分出"我的""你的"，城邦就会出现裂痕。他甚至进一步认为，护卫者不能有独占的妻子和孩子。因为根据"高贵的谎言"，城邦中拥有金银灵魂的人的数量应该得到保障。金银等级应当只在内部繁衍，这样才能保证他们的品质不被败坏。孩子也不能拥有狭隘的家庭观念，需要把整个城邦当作大家庭。

这种"共产、共妻、共子"的想法，在古希腊绝对算得上离经叛道。但在苏格拉底看来，第三个浪潮才是最大、最凶的浪潮。这个很有可能把他淹死在嘲笑和恶名之中。关于这个观点，有人肯定会问：哲学家凭什么可以拥有政治权力？哲学家怎么可能行使好权力？苏格拉底用"太阳比喻"和"洞穴比喻"来回答。他说，在所有的理念之上，还有一个最高的理念，那就是"好的理念"或者"善的理念"。"好的理念"的地位，就像太阳在现实世界中的地位。哲学家的终极目标是认识"好的理念"。如果哲学家真的实现了这个目标，同时他就认识了一切理念、一切具体事物，也就知道了什么东西对一个城邦和每个人来说是最好的。很自然地，哲学家也就有了充分的理由成为统治者。反过来，普通人就像是困在洞穴里的囚徒，他们在面前的墙上看到身后的人用火把照出的影子，以为那就是真相。而哲学家走出了洞穴，看到了真正的光源——太阳。洞穴里的人未必会相信他的说法，反而会嘲笑他，甚至威胁要杀死他。但哲学家是被城邦培养起来的，城邦教育了他。他认识了真理之后，就应该报答城邦对他的生养和教育，所以他依然要回到城邦，"被迫"成为统治者。

32 ┃《论法的精神》
人类思想史上里程碑式的作品

少文工作室

《论法的精神》这本书提出的"三权分立""地理决定论"等观念,极大地影响了人类社会的发展进程。作者孟德斯鸠一生写有三本非常重要的著作,分别是《波斯人信札》《罗马盛衰原因论》《论法的精神》。如果算上构思时间,孟德斯鸠足足用了20年时间才完成《论法的精神》。

在正式介绍这本书之前,我们有必要先理解什么是"法的精神"。我们都知道,"法"的英文是"law",这个词还有"规律"的意思。而所谓"法的精神",指的是一个国家的法律制度要与这些规律相吻合,要与政体、气候、土壤、宗教、风俗、人口等因素相适应。

我们不要小瞧这种观念,如果法律符合这些事物的规律,那么,不论是教权还是王权,都不能随意制定和修改法律。所以,教会和国王才会如此痛恨这本书的思想。我们将分三个部分介绍这本书的核心内容:一是法与政体和自由的关系,二是法与气候和土壤的关系,三是法与商业和宗教的关系。

1.法与政体和自由的关系

政体是指由多少人来掌握国家最高统治权。如果一个人统治国家,那国家就是君主政体;如果少数人统治国家,那国家就是贵族政体;如果多数人统治国家,那国家就是共和政体。不同政体下,人民的生活状态和幸福程度是不一样的。但是,孟德斯鸠对这一划分很不满意。他觉得,"权力归谁享有"其实并不重要,"统治者怎样运用手中的权力"才最为关键。比如一人执政的君主制,有的君主依据法律进行统治,而有的君主则依靠反复无常的性情进行统治。于是,孟德斯鸠把政体划分为"专制政体""君主政体""共和政体"三类。

接着,孟德斯鸠又论述了每种政体赖以存续的精神动力。他认为,专制政体依靠恐惧,君主政体依靠荣誉,共和政体则依靠美德。一旦失去这种特定的精神,政体也就不复存在了。

专制政体一般存在于幅员辽阔的国家,比较适合依靠臣民的恐惧来实现统治。君主政体比较适合幅员适中的国家,因为一旦国土过大,来自君主的惩罚就会又慢又远,不足以对贵族造成威慑。所以,君主政体要想维系自身的存在,就必须特别重视"荣誉"的作用,需要建立一种等级制度并与之相伴的资源分配原则。那么,共和政体最重要的是什么呢?孟德斯鸠认为,是公民的美德。因为共和政体所要求的美德是爱国家甚于爱自己,但这些美德与人的本性是冲突的。所以,共和政体必须通过教育和立法来培养和塑造这些公共美德。

在论述完政体的分类和各自的精神原则之后,孟德斯鸠特别强调了"法的精神"的第一个层面:法律的制度应当同它的政体形式相适应,以保证它赖以存续的精神原则不至于变质。

首先,他论述了民法和政体的关系。君主政体最重要的精神就是荣誉以及与之相伴的等级制度。因此,法律为了维护等级制度的存在,就必然要针对不同性质的财产制定不同的法律,法律当然就得复杂。但是,在专制君主的眼里,"普天之下,莫非王土",相关的民法应该非常简单。

其次,他论述了刑法和政体的关系。在君主政体中,因为人们太重视荣誉,所以只要剥夺他们的荣誉,就能起到和刑罚一样的效果,无须动用太多刑罚手段。但专制国家不一样,人们每天生活在对生活的恐惧之中,因此刑罚必须比这种恐惧更为严厉,才能起到威慑效果。但是，如果专制国家一味追求严刑峻法，那么这样做的结果只会是"刑罚的边际效应递减"，反而治安会越来越糟，然后国家会继续增加惩罚力度，从此陷入恶性循环。

2. 法与气候和土壤的关系

我们可能会有疑问：为什么孟德斯鸠会在一本谈论法律的著作中谈论地理环境的影响？这和他全书的思想有什么内在的关联？要知道，在孟德斯鸠写作的年代，大部分学者还在用宗教神学的方法来解释社会历史的发展，孟德斯鸠却能从气候和土壤的客观角度来观察历史，这本身就是一种进步。他试图告诉人们，决定社会发展的是事物本身的性质，而不是上帝的意志和计划。

那么，孟德斯鸠又是如何论证法与气候的关系的呢？首先，他论述了气候对个体性格的影响。他认为，生活在炎热天气下的南方人的心神比较萎靡，所以他们比较能够忍受被奴役的生活。其次，他论述了气候对风俗的影响。正是因为印度所处的热带气候让人们精神萎靡，所以人们自然会相信静止和虚无是万物的本质，因而容易产生佛教教义。最后，他论述了气候对制度的影响。几乎所有自由的小民族都接近北极或南极，而专制国家往往比较靠近赤道。原因在于，热带民族因为个体生理的怯懦，常常使自己安于被奴役的现状；而寒冷气候民族的勇敢，使他们能够维护个人的自由。

孟德斯鸠在论述完法与气候的关系之后开始讨论"法的精神"的第二个层面：一个民族的立法者应该如何根据地理环境的不同制定本国的法律。首先，既然所有的习俗、戒律和法律都是基于当地的条件而因地制宜地制定出来的，那么立法者都要尊重这种事物本身的性质，而不是强行改变它。但是，立法者也应努力减少气候的负面影响。比如，气候越是让人们逃避劳动，宗教和法律就越应该激励人们从事劳动。例如，在中国，炎热的气候同样使人懒惰，但是中国古代皇帝鼓励臣民勤劳。所以，在孟德斯鸠看来，中国的立法者是明智的。

其实，孟德斯鸠从来没有说过气候是影响人类的唯一因素；相反，孟德斯鸠认为，一个民族的命运实际上取决于气候、宗教、法律、先例、风俗和习惯七种因素的相互关系。气候只是其中唯一一种物质因素而已，而其他六种因素都是通过人为的努力就可以改变的非物质因素。

3. 法与商业和宗教的关系

孟德斯鸠认为，商业贸易是最适合自由政体的因素。人们在贸易当中会频繁接触和自己不同的人群，能够更多地体验世界的多样性和各自存在的理由，从而培养更为宽容的心态。当年依靠远洋贸易迅速崛起成为"海上马车夫"的荷兰，就特别重视信仰自由。

另外，重视商业的社会会更加追求自由。商人是非常现实的，他们肯定不会每天想着如何献身国家、如何服侍权贵，而是想着怎么才能赚到更多的钱。这样一来，尽管商业氛围的确会带来很多弊端，但至少有助于形成自由政体所需要的思想土壤。难怪孟德斯鸠认为，商业是专制国家实现自由的唯一途径。

在谈论了法与商业的关系之后，孟德斯鸠在全书的最后论述了法与宗教的关系。我们都知道，在启蒙时代，有两种关于宗教的极端立场：一种是盲目信仰上帝的神学家，另一种是激进的无神论者。而孟德斯鸠是介于两者之间的自然神论者。所谓自然神论，就是一方面承认上帝的存在，另一方面又认为上帝存在的意义仅仅在于创造世界。这种观点认为，上帝如同一个完美的钟表匠，一旦创造完了世界，就不再对世界进行任何干预。了解这一点对于理解孟德斯鸠的宗教观念非常重要。

比如，孟德斯鸠不会盲目相信天主教的教义。在他看来，宗教本身好坏并不重要，关键看它处在什么样的政体之中。在专制政体中，宗教非常重要，因为专制政体本身会带来更大的祸害，所以能遏制专制主义的东西就是好的。但是，在自由政体下，宗教就没有存在的必要了。而且，宗教的好坏要以能否给生活在尘世中的人带来现实的好处加以评价。按照这个观点，天主教以天堂为诱饵攫取信众财富的做法就失去了根基。

孟德斯鸠这样评价宗教的作用相当于动了教会的奶酪。而且，既然宗教本身不是目的，那就没有理由只信奉一种宗教，只要能够实现最终的目标，信奉哪种宗教就变得无关紧要，哪怕是"虚伪的宗教"也值得肯定。孟德斯鸠并没有把天主教看成神圣的唯一真理，这当然会激怒主张统一思想的天主教会。

由此，我们可以总结出"法的精神"的第三个层面：宗教应当如何与政体相适应。在孟德斯鸠看来，天主教比较适合君主政体，新教比较适合共和政体，而伊斯兰教则比较适合专制政体。欧洲南北地区形成不同宗教形式的根本原因，还在于两个地区的气候和精神状况不同。既然宗教形式是由政体和气候决定的，那么每个地区都有适合自己的宗教形式。因此，宗教天然就具有多样性，任何一种宗教都不是唯一正确的真理。既然如此，不同宗教流派之间就应当彼此宽容，而不是彼此迫害。

33 ｜《论犯罪与刑罚》
为什么有人主张废除死刑？

罗翔[①]

现在，世界上已经有 100 多个国家明确废除了一切死刑，那么这些国家到底是基于什么思想废除了死刑呢？要回答这个问题，我们就不得不追溯到意大利著名法理学家贝卡利亚这里，他是人类历史上第一个提出废除死刑的学者。

在 18 世纪，也就是贝卡利亚所处的时代，刑罚非常残酷，死刑也非常随意，很多轻微的犯罪都有可能被处以极刑。因此，贝卡利亚对当时的刑法制度进行了彻底的批判，竭力倡导人道主义。他在 1764 年撰写的这本《论犯罪与刑罚》，拉开了废除死刑运动的序幕。直到今天，主张废除死刑的人所使用的论点依然没有超越贝卡利亚在 200 多年前提出的思想。

当然，贝卡利亚的思想也不是从石头缝里蹦出来的，他的想法留下了当时启蒙运动的烙印。那么，什么是启蒙运动呢？用学术巨擘康德的话来说，启蒙运动就是人类从自己加给自己的监护状态中解放出来。启蒙运动的口号是："要有勇气使用你自己的理性。"因此，"理性主义"和"人道主义"是启蒙运动的标签，也是贝卡利亚这部著作中最重要的关键词。

---

① 罗翔，中国政法大学教授、刑法学研究所所长。

1. 废除死刑的观念

贝卡利亚为什么要呼吁废除死刑呢？他提出了四点原因。

第一，贝卡利亚认为，国家根本没有权力使用死刑，死刑就是一种权力的滥用。

在他看来，国家不是从天上掉下来的，它来源于民众所放弃的权利。但关键是人们所放弃的权利是有限的，而生命是一种特殊的权利。在当时的人们看来，既然自己都无权进行自我了断，国家就更不可能有这种剥夺生命的大权。因此，贝卡利亚首先认为，死刑的存在违反了社会契约论，这是一种典型的权力滥用。

第二，贝卡利亚认为，死刑没有达到预期的效果，根本毫无意义。

按理说，死刑是为了威吓民众，起到预防犯罪的作用，也就是杀鸡给猴看，杀一儆百。但是，贝卡利亚认为，相比之下，终身苦役对预防犯罪的效果要比死刑好得多，因为人们往往能够承受极端而短暂的痛苦，但很难忍受长期持续的煎熬。

第三，贝卡利亚沿着这个思路进一步阐述，死刑不仅起不到积极作用，反而会产生反作用。

由于人的天性都是同情弱者的，刑场上展现出来的国家和受刑人的力量对比很悬殊，一些人就会产生一种愤愤不平的怜悯感，使得死刑的威吓作用大打折扣。

第四，更为可怕的是，死刑还会让人们变得越来越残忍，以暴易暴容易导致暴行的恶性循环。

讲述完这四点废除死刑的理由之后，贝卡利亚其实还留了一个"小尾巴"，也就是他认为在极为特殊的情况下可以保留死刑。比如，某人的存在会影响一个国家的安全，有引起动乱的危险的时候，或者当一个国家陷入无政府状态，也就是混乱取代法律的时候，死刑就变得必要了。

2. 罪刑法定和罪刑均衡原则

除了提出"废除死刑"的观念，贝卡利亚还确立了现代刑法基本原则的框架。罪刑法定和罪刑均衡几乎是所有现代国家刑法中通行的原则。早在200多年前，贝卡利亚就已经为这两个原则确立了框架。

第一，法无明文规定不为罪，法无明文规定不处罚，罪刑法定是法治国家最重要的刑法原则。

贝卡利亚深受社会契约论的影响。他认为，根据社会契约，只有社会的立法者才能制定这样的法律。其他任何人，无论是司法官员还是自以为道德高尚或自命公正的人，都不能以任何理由来超越法律的限度对人们施加刑罚。贝卡利亚还说，法律条文应当尽量明确且公开，了解法典的人越多，犯罪的人就越少。条文如果含糊不清，就是一个非常大的弊端。

第二，罪刑均衡，也就是重罪重刑、轻罪轻刑。

贝卡利亚深受理性主义的影响，认为最好像几何学那样来设计犯罪和刑罚之间的关系，搞一个精妙的罪刑阶梯。从最严重的犯罪到最轻微的犯罪，刑罚也应由重到轻做相应阶梯排序。无论是过轻还是过重的刑罚，都无法实现刑罚的目的。重罪轻刑肯定不行，这明显在鼓励犯罪；但轻罪重刑，也可能会导致更多的犯罪。

3. 刑罚目的在于预防犯罪

我们可以看出来，贝卡利亚提出的"废除死刑"和"刑法基本原则"的观念都指出了他关于刑罚的目的，也就是这本书的第三个重要观念：刑罚目的在于预防犯罪。

在人类历史上，关于为什么要有刑罚一直存在两种观点：一种观点认为，因为有了犯罪，所以需要刑罚；另一种观点认为，为了没有犯罪，所以需要刑罚。这两种观点的区别在于，前者关注过去，可以被称为"报应主义"，也就是对犯罪进行报复，像人们常说的"杀人偿命，欠债还钱"，这就是报应主义的体现；而后者关注将来，通过刑罚的适用减少预防将来可能出现的犯罪，可以被称为"预防主义"。

贝卡利亚对"报应主义"非常反感，他说刑罚的目的不是摧残折磨，也不是消除一个已经犯下的罪行，而仅仅在于阻止罪犯重新犯罪，并规劝其他人不要重蹈覆辙。

贝卡利亚还认为，刑罚的惩罚只是预防犯罪的一个很小的方面。除了惩罚，还有很多方法可以综合起来共同预防犯罪。比如，应该把法律制定得更加明确和通俗，树立法律的权威，让法律值得人们尊重，让人们出于健康的而不是奴役的心去尊重。同时，法律的执行机构更要注重遵守法律，不能走向腐败，这样才能使法律获得民众的尊重。另外，要预防犯罪，最可靠、最艰难的措施是完善教育。教育能起到正本清源的作用，可以把年轻的心灵引向道德，避免人们误入歧途。

4.如何评价这本书？

这本书的确是一部伟大的作品。无论用多么强烈的词语来夸赞这本书都不为过。贝卡利亚的三个观念极大地影响了后世的刑事立法，也深刻地塑造着人类的思想。

不过，《论犯罪与刑罚》这本书也有局限性。比如，贝卡利亚试图用几何学的精准来设计罪刑的关系，并认为一切立法的目的在于最大多数的"最大幸福"。然而，这种思想无法避免多数对少数的欺凌，使多数的暴政具有了天然的合理性。更可怕的是，理性无法给出"最大幸福"的精准定义，这种无比抽象的概念在现实中也成为少数人谋取私利的托词，最大多数往往是被少数人代表的。

至于贝卡利亚所提出的"废除死刑"的观念，当然闪烁着人道主义的伟大光辉，但是它也很可能走向反面。老话说，"杀人偿命，天经地义"，但理性主义认为没有什么是天经地义的，一切都应该接受理性的评估。这种狂妄的理性主义认为人的理性是无所不能的，这就为后来的灾难埋下了伏笔。

比如，贝卡利亚倡导用刑罚来改造犯罪人。沿着这种思路，后来的人们认为罪犯只是一种病态，需要的是治疗。所以，惩罚变成了治疗，于是服刑变成了看病。但是，一个人有没有生病，只能由专家说了算。于是，人道主义将审判从法官之手转移至专家之手。那么，最后出现的情况是什么呢？如果出现了一种主流社会无法接受的行为，那么，即便这种行为和道德罪性无关，本不应该被剥夺自由，但国家依然可以对其进行"治疗"，而其他人无法辩解。因为专家没有说这些人犯罪，只是说这些人病了；他们不是被抓去监狱，而是被带去医院，接受治疗。

此外，对于用刑罚威慑普罗大众这个观点，我们也需要有所警惕。如果刑罚的正当根据不是一个人曾经犯下的罪，而是有效的预防，惩罚罪犯也就没有必要看他是不是真的实施了犯罪。为了威慑民众，随便抓一个"替罪羊"也是符合一般预防逻辑的。

5. 结语

在《论犯罪与刑罚》这本书的最后，贝卡利亚写下了以下一段话，为他的三个重要观念做了一个总结："为了不使刑罚成为某人或某些人对其他公民施加的暴行，从本质上来说，刑罚应该是公开的、及时的、必需的，在既定条件下尽量轻微的、同犯罪相对称的，并由法律规定的。"

34 |《罗马帝国衰亡史》
通史研究奠基之作

東西堂主①

人类历史上有过许多烜赫一时的大帝国，但巅峰期势力最大、延续时间最长的，当属存在了几乎1500年的罗马帝国。同样，它的最终衰落与灭亡，也前所未有地改变了当时的世界政治与经济格局，人类自此告别了古典时代，进入了漫长的中世纪。曾经独步世界的罗马帝国为何会衰落，一直是历史研究学者争论不休的议题。而在关于罗马帝国衰亡的无数著作中，著名启蒙时代英国史学家爱德华·吉本的《罗马帝国衰亡史》，则是其中的翘楚与经典。

正如意大利历史哲学家克罗齐所说的："一切历史都是当代史。"吉本撰写这部巨著的目的，就在于既然希腊、罗马是现代欧洲的文化与精神发源地，那么复盘罗马帝国的衰落，就非常有助于18世纪同时代的欧洲人吸取经验教训，避免重蹈覆辙。即使在今天，吉本所创立的这种从国家民族的政治制度、社会精神等宏观层面审视其命运变化的研究方法，也依旧有效。

1.五贤帝，危机初显的年代

所谓五贤帝时期，就是罗马帝国在成立之初接连被五位贤明君主统治的时代。在将近100年的时间里，罗马帝国的实力达到顶点。罗马帝国之所以能够解锁这个成就，靠的是公元96年上台的皇帝涅尔

---

① 東西堂主，得到听书特邀解读人。

瓦发明的一项英明制度——养子继承制。上一任皇帝可以在全帝国有才干的贵族官员将领里选出一个合适的人，收他为养子，并让他在百年之后继承皇位。这背后依旧有罗马往日共和制的影响，认为单纯依靠血统继承制不能保证皇位上的皇帝始终有治理国家所必需的才能。

涅尔瓦给自己挑的继承人养子，就是五贤帝中的第一位——图拉真。图拉真当时是罗马帝国的名将，战功卓著。在掌权的19年里，图拉真减轻税收，鼓励农业，又出兵两河流域，让罗马帝国掌握了丝绸之路的最西段，让繁荣的东西方贸易为帝国带来了源源不断的财富。

然而，这种看似理想的养子继承制，过于依靠皇帝个人的抉择，缺乏足够的制度保障，因而十分脆弱。结果当帝位传到了五贤帝中的最后一位，也就是大名鼎鼎的《沉思录》的作者奥勒留手里时，出于溺爱，奥勒留把皇位传给了儿子康茂德，从而导致康茂德继位时既没有声望，也缺乏根基。再加上康茂德个人严重的性格缺陷，他在继位后不久就遭遇暗杀，罗马帝国重新陷入战乱，开启了漫长的衰退时代。

2.塞维鲁王朝与三世纪危机

暂时终结乱局的，是来自北非行省的塞维鲁，他击败了所有的对手，登上了罗马皇位。为了巩固自己的统治，塞维鲁和儿子卡拉卡拉推行了两项重要的改革措施，虽然在短期内巩固了自身的地位，但侵蚀了罗马帝国统治的基石。

第一项改革是军事改革。塞维鲁为了自身安全，大力扩充皇帝近卫军，给他们丰厚的军饷，把近卫军的"准入资格"从原本血统纯正的罗马人扩展为各行省的军队，并且为了笼络近卫军高级指挥官，授予各种行政财政大权。这样一来的后果是，近卫军成了一支独立的政治力量走上了罗马帝国政治舞台，可以按照自己的意愿挟持甚至暗杀皇帝，再拥立新君。

第二项改革就是放开"罗马公民权"。为了巩固自己的统治，他笼络帝国境内的臣民，并下了一道法令，给予罗马帝国境内所有自由人以完全的"罗马公民权"。听起来这是一项非常平等的政策，但严重动摇了罗马帝国已有的社会根基。

这是因为完全的"罗马公民权"，意味着罗马帝国内的所有臣民，都可以享受原本只有拉丁族罗马人才能享有的一切权利，从参政议政、土地分配到经商借贷乃至婚姻等。当然，罗马帝国在扩张过程中，为了逐步团结笼络那些被征服民族，又发明了一种针对这些"外人"的"拉丁公民权"，除了不能参政议政，他们的其他待遇都和拉丁族罗马公民一样。

所以，被征服民族如果想要在罗马帝国内部提升身份，就得通过当兵、纳税来努力证明自己，先拿到"拉丁公民权"，再进一步争取完全的"罗马公民权"。卡拉卡拉这么做，相当于直接把罗马帝国昔日的统治民族拉丁罗马人，和其他所有被征服民族拉到了一条起跑线上。在短暂的欣喜后，接踵而来的就是混乱与分裂。

于是，一场被称为"三世纪危机"的动荡开始了。卡拉卡拉的改革，打破了维持罗马帝国稳定的身份等级制度，直接导致各地军阀起兵；同时，公民身份的普惠，让罗马军队中充斥着越来越多的外族军人。这些军人对罗马帝国的忠诚非常有限，他们时常发动叛乱。为了平叛，罗马帝国需要支付包括军费在内的各种高昂开支，因此不得不将货币贬值，造成了恶性通货膨胀，导致罗马帝国的经济持续恶化。

3.大分裂

到了这个地步，任何明眼人都能看出，罗马帝国内部在经历了长达50年的不稳定时期后，已濒临崩溃，无法支撑下去。于是，公元284年继位的皇帝戴克里先，开展一系列改革，以防止罗马帝国再度陷入混乱状态。其中，最关键的措施就是，把罗马帝国版图按照东西方向一分为二，再设置两位主皇帝和两位副皇帝，以便管理。

另外，在整个罗马帝国境内，基督教逐渐成了主要宗教，取代了原来拉丁罗马人信奉的多神教。这种宗教信仰变化的好处是，对于罗马这样疆域辽阔、民族众多的帝国来说，基督教这样的一神教比较具备普适性。但从另一方面来说，宗教信仰的更换带来了新的纷争，基督教提倡的"轻视今世、重视来生"的观念，让许多人不再重视现实中的经济生产等活动，对社会经济的发展产生了负面影响。

公元306年，君士坦丁大帝继位后，为了远离来自欧洲一波又一波的蛮族入侵，开始在拜占庭地区兴建全新的首都君士坦丁堡。君士坦丁堡扼守着黑海和地中海的咽喉要道，控制着丝绸之路东西方的商道，不仅易守难攻，而且贸易发达。之前西部的大量贵族和精英阶层，开始向东移民。这次迁都，意味着帝国原有的首都——罗马，失去了原有的地位。公元395年，皇帝狄奥多西一世在临终前，将罗马帝国划为东西两部分，将其分给自己的两个儿子。这两部分分别以罗马、君士坦丁堡为首都，从此罗马帝国的疆域再也没有被统一过。

当帝国的政治经济中心东移后，西罗马帝国再也守不住支离破碎的边境，西哥特人、汪达尔人等来自欧洲的蛮族部落接连入侵。公元476年，最后一位西罗马皇帝被麾下的蛮族将领废黜。而东罗马帝国在继续苦撑了将近1000年后，被奥斯曼土耳其帝国灭亡了。

4.结语

吉本给罗马帝国总结了几个衰亡的原因。

第一，始终不稳定的权力传承体系。罗马帝国内部始终处于血腥内斗的高危局面中，权力的纷争消耗了大量的资源。

第二，治理结构上的瑕疵。随着帝国的急剧扩张，推行的行省制逐渐催生了地方割据，虽然中间暂时变为总督制稍加缓解，但由于外患严重，东罗马帝国又恢复了军政合一的军区制，最终削弱了中央政府的行政管理。

第三，军事战斗力的衰微。在罗马帝国崛起和全盛时期，罗马军队的核心战斗力在于，能够从小自耕农和农庄主阶层中征召到足够的拉丁罗马人士兵，他们把早期罗马人吃苦耐劳、纪律严明的特质和长期集中的军事训练结合在一起，形成了压倒性的战斗力优势。但随着罗马帝国的扩张，这一优良传统逐渐消失，罗马人不再愿意从军，军队中的被征服民族比例越来越大，军队变成了将领的私人军队。这一切都腐蚀了罗马帝国保卫自己的能力。

第四，经济因素。通货膨胀和奴隶制的瓦解，破坏了罗马帝国的小农经济基础，而罗马帝国末期严重的土地兼并，也让罗马帝国难以获得足够的税收。

第五，文化认同与宗教信仰。随着疆域的扩张、民族的多元，罗马帝国需要对多民族与信仰进行包容与平等对待，但包容也意味着归属感与共同体的衰退，最终让"罗马公民"的标签失去了存在的价值感与意义。

35 ｜《美的历程》
中国古代艺术到底美在何处？

建宁[①]

李泽厚是我国著名的哲学家。1979年，49岁的李泽厚出版了《美的历程》。这本书最大的特点就是，既没有深奥空洞的理论，也没有对艺术品的细节描述，而是用散文一样的笔调，从宏观的角度将中华五千年文明的发展历程进行了梳理和归纳。结合历史背景，这本书分析了不同时期审美趣味形成的原因，把审美、艺术和历史的发展联系在了一起。

1. 美是什么？

在了解具体不同的审美趣味之前，我们来弄清楚美是什么。

人类对美的感知，其实很早就出现了。山顶洞人在规则的石块上钻出小小的孔洞，在墓穴里撒上红色的赤铁粉。这种做法被专业人士称作巫术礼仪或者远古图腾活动，但是这里面其实已经有了人类对美的最初感知。随着巫术礼仪不断发展，人们又逐渐形成了对龙和凤的图腾崇拜。

图腾是一种神的灵魂的载体。龙和凤在世界上是不存在的，是人们想象出来的，但是因为融入了一种对自然力量的崇拜和畏惧，融入了一种对部落的认同，这就可以叫作审美意识。李泽厚认为，美是"有意味的形式"。也就是说，美是外形与内涵的结合。这里的内涵是

---

① 建宁，得到听书特邀解读人。

指一种思想观念或者人的想象。

接下来，我们选择中国历史上五个非常关键的社会时期，逐一解读不同时期的审美趣味，并分析这些美感形成的原因。

2.可怕的饕餮形象美在何处？

在历史博物馆里，我们可以见到商周的青铜器。青铜器是一种祭祀的礼器，用来供奉祖先或铭记战功。如果仔细观察上面的纹饰，我们就会看到很多凶猛、可怕的兽面纹，我们一般称之为"饕餮"。饕餮究竟是一种什么动物？说不清楚。李泽厚认为，饕餮是牛，但不是用来耕地的普通的牛，而是当时宗教仪典中的"圣牛"。

人们幻想饕餮具有巨大的神力，认为饕餮恐怖、残酷、凶狠。人们感受到了一种神秘的威力和带有狰狞味道的美。为什么当时人们面对这么恐怖的东西还会感到美呢？这就不得不提到远古的历史。在那个时代，人们是崇尚暴力的，人们歌颂野蛮血腥的吞并战争，宣扬暴力的征服。在这样的历史环境中，吃人的饕餮形象正好符合人们的需要，成了时代的标志。

饕餮可怕的形象里融入了一种复杂的宗教观念和情感，之所以说它复杂，是因为它不仅是一种对其他部落的威慑，还体现了对本部落的一种保护。看来十分恐怖的神秘气息，实际上却反映了人类社会必须通过血与火的恐怖，才能开辟前进的道路。所以，我们说青铜艺术的美，就在于它融合了历史力量和原始宗教的神秘观念，让人们感受到一种生命的气息。

3.先秦的理性精神体现在哪？

所谓先秦，是指秦以前，也就是春秋战国时期。这个时期是中国古代社会出现巨大变革的时期。在这样的动荡时期，社会上出现了两股对立的思想：一股是以孔子为代表的儒家思想，另一股是以庄子为代表的道家思想。在儒家思想和道家思想的影响下，这一时期的审美趣味转向一种追求内在的、精神的、理性的美。

我们也可以在建筑领域感受到这种理性精神。从用途来看，其他民族的主要建筑大多是用来供养神灵的，而中国古代宫殿建筑，是君主居住、办公的场所，是与人的现实生活联系着的。从布局来看，在中国，即使是祭拜神灵的地方，也和生活区紧密相连。

从建筑的风格来看，大多西方建筑高耸入云，带有神秘感；而中国建筑却是平面铺开的，注重生活情调，在亭台楼阁中感受人与环境的和谐。从建筑材料来看，西方是冷峻的石头，中国是暖和的木质。中国建筑的审美特点，同样体现了实用的、入世的、理智的理性精神，而不是反理性的宗教狂热。

4.魏晋为什么会出现"人的觉醒"？

这种理性精神，在春秋战国时期产生，在秦汉时期得以延续与发展；伴随着魏晋时期的到来，社会出现了巨大的改变，审美趣味也随之一变。按理说，在这样的社会，人心惶惶，艺术也应该没有发展；但有意思的是，黑暗、混乱的魏晋时期恰恰是一个思想非常活跃、艺术飞速发展的时期。如果用一个词来概括这一时期的审美特点，那就是"人的觉醒"。

从两汉时期开始，士大夫阶层的生活条件非常优越，这样一群既有闲又有钱的人，慢慢失去了对政治的兴趣。他们关注的东西，从外部环境转向了人的内心世界，从社会转向了自然。这种觉醒展示自己独特的一面，强调一种独立的精神，其外在的表现就是，形成了潇洒风流、特立独行的魏晋风度。

为什么魏晋时期会出现"人的觉醒"，会出现特立独行的魏晋风度呢？我们还得回到当时的社会背景。魏晋南北朝时期，王朝更迭频繁，政治斗争异常残酷。门阀士族的头面人物往往身不由己地卷进上层政治旋涡，很多名人因此被杀。所以，从表面上看，他们轻视世上一切，洒脱不凡，但是内心充满巨大的苦恼和恐惧，对人生有着更强烈的反思和认识，而魏晋风度中积极的意义和美的力量也在于此。

我们可能会有疑问：哪个朝代没有政治斗争呢？怎么偏偏就在魏晋时期出现了"人的觉醒"呢？是的，频繁的朝代更迭只是一个原因，另一个原因还与这一时期怀疑论思潮有关系。怀疑论就是用怀疑的态度对待一切。正是由于这种对外在权威的怀疑和否定，人们发现，只有人必然要死才是真的。人生苦短，人们为什么还要折磨自己呢？在这样的思考中，人存在的价值和意义就显现出来了，也就有了"人的觉醒"。

5.唐诗宋词究竟美在哪里？

对于中国人来讲，唐诗宋词是读书时代的记忆，每个人都能背上几首。但唐诗宋词究竟美在哪里呢？这个问题不好用一句话来回答，因为唐诗和宋词代表了两种不同的审美趣味。

唐诗盛行的年代正是中国封建社会最鼎盛的时期，加上唐代实行科举制，知识分子渴望建功立业。所以，盛唐的诗歌中充满了青春、自由和欢乐的气息。又因为国家走向了统一，所以唐诗中既有南方的精致，也有北方的雄浑。唐诗虽然风格多样，却都体现了一种积极进取的精神风貌。李泽厚认为，这就是盛唐之音。不仅唐诗是这样的，书法、舞蹈也是如此，它们都反映了世俗知识分子上升阶段的时代精神。

说完唐诗，我们再来看宋词。其实，最早的词是文人写给歌伎传唱的曲子，后来就形成了长短不齐的固定句式，可以对景物进行细致的描述，从而表达复杂的心境。王国维在《人间词话》中说："词以境界为最上。"境界就是一种真景物、真感情，体现了一种胸怀和心境。北宋时期，社会经济持续发展，时代精神不在于建功立业，而在于关注生活；不强调世间万物，而关注个人心境。这正体现了"美是有意味的形式"。

6.怎样理解明清审美趣味的"俗气"？

进入明清，审美趣味变得俗气了，高雅的趣味完全被世俗的真实取代了。不论是《水浒传》《金瓶梅》《聊斋志异》，还是"三言二拍"，都以描述世俗的生活为主，充满了小市民的种种庸俗、低级和浅薄无聊。那么，我们应该怎样理解这种审美趣味的"俗气"呢？

如果说高雅的文艺是属于文人士大夫阶层的，那么带点庸俗的市民文学便是属于城市中的小市民的。对纯真爱情的歌颂和对封建婚姻的讽刺，表达了当时人们想要冲破传统礼教束缚的愿望。虽然这还谈不上个性解放，但是我们在这些世俗小说中可以看到人们对个人命运的关注。

为什么明清时期会出现市民文学呢？这同样与社会的发展有直接关系。到了明代，商品经济进一步发展，随着商业市镇不断发展壮大，市民阶层人数也在不断增加。而在文艺领域，市民就需要一种描述真实生活的东西用于消遣。于是，唐代出现了"传奇"，宋代出现了"话本"，明清出现了"小说"。市民文学就这样逐渐兴盛起来。

到了清代中期，朝廷内部已经开始腐败。在这种情况下，一批揭露社会现实的小说出现了，比如《儒林外史》《红楼梦》等。李泽厚认为，这是批判现实主义成熟的表现。《儒林外史》把理想寄托在儒生、隐士的身上；《红楼梦》最后只能让贾宝玉去做和尚，从而得以解脱。这些作品表达了一种"无路可走"的苦痛和求索，它们的美感既不是轻快的，也不是哀伤的，而是对社会生活具体的描述和批判。

36 ｜《美术、神话与祭祀》
揭示中华文明的底层密码

贾行家

《美术、神话与祭祀》虽然是一本很薄的书,却令人信服地解答了事关中华文明的重要问题:中华文明是怎样开始的,它有什么属性和特征?

只守在单一学科领域里,我们很难得出完整答案,这需要整合历史、考古、艺术、古文字学、古地理学、古代政治思想研究等各个学科的成果,还要对中西方文明进行横向比较。另外,能给出这个答案的学者,不仅要有广博的视野、深厚的学养、高超的洞察力,还得有权威的学术地位。

本书作者张光直可以说是不二人选,他是国际知名的华裔考古学家、人类学家,先后担任过耶鲁大学、哈佛大学的人类学系教授、系主任,倡导以世界性眼光来研究中国古代文明。尤其是他在"商文明""中国史前文明"两个方面的研究成就,几十年来仍然没有被超越,享有很高的国际学术声誉。

在他的所有著作中,他本人最偏爱的就是这本只有十余万字的《美术、神话与祭祀》。

1. 中华文明是怎样形成的?

按照社会进化理论,古代中国文明的形成过程可以划分成三个阶段:村落社会、村群社会和国家社会。

单个的村落社会,是古代政治和经济生活的基本社会单位。到了村群社会阶段，村落间建立了政治、经济和军事上的联络。在这个时期，社会开始出现贫富分化，村群内部出现了统治者，开始出现对内或对外的暴力冲突，也开始出现制陶等手工业、专业巫师等社会角色。到了国家社会，复杂、固定的人群聚居网络系统已经形成了。在古代中国，统治者的地位由个别宗族占据，通过一个固定的行政机构来管理社会，内部产生了多重统治关系。

进入国家社会，文明基本成熟，具体表现为三对"对立关系"。第一对是阶级对立的关系，也就是掌握财富的统治阶层和被统治阶层。由于经济分层，因而社会财富才能集中。第二对是城市和非城市的对立关系。由于国家操纵的城市化，因而地区财富才能集中。第三对是国家之间的对立关系。由于国际的贸易和战争，因而更高一级财富和信息才能大规模流通。

2.中华文明和西方文明的主要区别是什么？

对于中华文明的属性和中西文明差异，张光直提出了一个非常重大的原创观点：中国古代保持了一种连续性的文明形态，这是全世界向文明转进的主要形态；而西方文明形态，实际上是世界文明进程中的例外。

这里说的"西方文明"以两河流域的苏美尔文明为代表，它的特点是：通过改变人与自然的关系，以及技术突破，实现生产工具和生产手段的变化，引起社会文化的质变。比如，金属工具出现，生产力发展，贸易扩张，文字促进经济，以及神权与国家分立，都是促进西方文明演进的关键节点。

西方文明的兴起采用的也是一种突破自然生态系统和突破旧时代的方式，这被称为"破裂性文明"。而中华文明的基础是，认为宇宙是一个连续性的、有机的整体。与文明相关的一切都在这个框架里相互连接、相互作用。在古人的世界观里，人类与动物连续，地与天连续，文化与自然连续。这就是我们常说的"天人合一"。中华文明的方方面面，都体现着这种"连续性"特点。

经过对世界各类古代文明的考察，张光直提出，以中华文明、玛雅文明为代表的连续性文明才是人类古代历史的发展主流，连续性是全世界大部分早期文化的发展变化法则。比如，在亚洲、美洲的早期文明里，人们普遍信奉萨满教。他们认为，祖先和神居住在人类社会上层，活人可以经过萨满巫师（将动物或法器作为仪式的媒介）与他们取得沟通。在古代中国，天地、人神和祖先是知识和权力的源泉，只有特定的人物才能充当中介。从主要特征上看，中华文明确实是一致的。

这个观点对以西方为中心的文化观念发起了强烈挑战。它证明，仅仅依据西方经验建立的社会科学法则，并不具备普遍应用性。

3.中国古代文明的主要推动力是什么？

上文提到的这些内容来自张光直的研究，不完全是这本书的内容。引入它们的原因是，我们先建立中国古代文明的连续性概念，可以更好地理解中华文明的主要推动力是什么。

在中国古代文明的形成过程中，政治起到了首要的推动作用。各种资源分配都是由政治决定的，而不是由生产力决定的——如果用一句话来概括这本书，就是这句了。

文明的最直观标志是城市。从本质上说，中国古代文明城市不是市场中心，而是政治心脏。夏、商、周三代王朝是在氏族内部传递的。王族内部是按照血缘建立政治结构的。城市的出现，就是这种政治结构的衍生现象。王朝都城的统治权，当然要在最高统治者和他的嫡系继承人中间传递。

建立新城市的标准模式是，在某个阶段，出于兼并扩张等需要，王都会让族中一个男子——一般是最高统治者的兄弟、叔伯或堂兄弟——离开，到外地去建立一个新城市。这位贵族在离开王都时会携带着一些东西：首先是他的身份和徽号，这是他对新领地的管辖权；其次是新政治单位的名称；最后是一批宗族成员。大批民众会跟随他一起离开王都，这或许是为了减轻人口压力，抑或为了开垦新的土地、保卫边境。

另外，还有非常重要的一点：这位贵族要有一套自己的地位符号和道具，既要标明自己的新独立地位，也要建立和王族的联系。这样他就可以在这块新领地上建立次一级的宗族和庙宇，以便死后把自己的牌位放进去。

从城市设计来说，政治功能是城市的核心功能。能够体现这些核心功能的，是宗庙之类的建筑，而不是作为防卫的城墙。所以，城邑要比城墙重要。商朝前期的古代城市，在不需要防卫的地方，可能完全不修城墙，或者只建栅栏。

于是，一个新的支系从此就在新城市繁衍。这座新城市的政治地位和仪式地位比王都要低一等。按照这个过程，未来还会再分化出第三级、第四级支系和城市。

中国古代城市从出现起就和西方城市不同。它不是人口、资本或生产资源自然集中的结果，而是行政网络上的一个结，是领主及其下属官僚的据点。

政治推动力的另一个表现是：宗教、法律、社会文化的发展都是在政治权威的建立过程中完成的。帝王想要维持政治统治，不仅要有血统，还得建立符合天命认可的权威身份，具体方案就是垄断文化、道德、宗教等社会稀缺资源。

最重要的一环是，统治者独占了天地人神的沟通手段。这被称为"绝地天通"，是中国政治史上的大事件。我们在前文提到，在连续性文明的宇宙观里，人的知识来自上天。谁能控制和上天沟通的手段，谁就拥有了统治的能力，也就是权力。所以，这种手段必须由帝王亲自掌管。

4. 结语

张光直对中华文明的研究，已经问世了30多年。除了部分考古发现被刷新，大的架构还没有动摇。晚年时，他一直怀抱开放的学术态度，认为人类能认识的真理只是相对真理，这个理论仍然只是假说。科学家所做的，只能是向着绝对真理的目标而去，目前还不可能达到那个目标。给历史搭架子，不能用钢筋水泥，而应该用塑胶。如果得出一个硬邦邦的钢筋水泥般的结论，那就会成为进步的绊脚石。

37 |《枪炮、病菌与钢铁》
为什么富国基本在北半球？

曲飞[①]工作室

《枪炮、病菌与钢铁》在1997年出版以后就风靡全球，获奖无数。作者贾雷德·戴蒙德是美国著名历史学家。他是生理学和生物学出身，后来转行从事历史研究。这本书的核心内容，就是试图解答如下问题：世界上这么多不同的国家、民族和文明，为什么有的强，有的弱？为什么有的富，有的穷？为什么有的不断进步创造出现代文明，有的至今还停留在原始社会？

既然生物学家早已证明，所有人类都来自共同的祖先，并且先天的智力、体质各方面都差不多，那么差距为什么这么大？为什么这些先进文明和先进国家基本出现在欧亚大陆？为什么欧洲人在向外殖民的时候，很轻易就征服了其他大陆的人？

戴蒙德对这些问题的回答，就是这本书的书名提到的"枪炮、病菌与钢铁"。这三种因素让欧亚大陆在与其他大陆的对决中占尽优势。而之所以这些优势都会出现在欧亚大陆，是因为只有欧亚大陆具备全面发展文明社会的自然资源库，而其他大陆要么这里缺一点，要么那里缺一块，总之"先天不足"。原住民再聪明，也没法独自发展到能与欧亚大陆抗衡的科技和文化。

那么，戴蒙德的说法到底靠不靠谱呢？我们先不做回答和评价，而是循着他的思路看看这个惊世骇俗的结论是怎么得出的。

[①] 曲飞，资深媒体人，历史作者。著有《逐陆记》《暗杀局》等。

1. 枪炮、病菌与钢铁在西班牙征服中发挥了什么作用？

在古代，受交通条件的限制，各个大洲的文明很难大规模接触，当时这种差距还不太看得出来。但是到15世纪，欧洲的大航海时代开始，不同大陆之间开始了直接的正面碰撞，这就真是不比不知道，一比吓一跳。戴蒙德选取了西班牙人征服印加帝国的故事来作为样本。

印加帝国在今天的南美洲安第斯山脉一带，包括秘鲁、厄瓜多尔、智利北部。14—15世纪，印加帝国是南美洲最强大的帝国，巅峰时期至少有300万人。1532年11月16日，西班牙的探险家皮萨罗率领168名士兵抵达秘鲁小镇卡哈马卡。在双方会面的时候，西班牙人忽然翻脸，很快就俘虏了印加王，并且杀死了他手下大约7000人。

戴蒙德提出一个问题：为什么不是人数更多的印加人到西班牙去俘虏西班牙国王查理五世？当事人皮萨罗也觉得不可思议，把这归结为"上帝保佑"。而戴蒙德的答案是：枪炮、病菌与钢铁。

在卡哈马卡的冲突中，西班牙人装备钢铁制造的盔甲、钢剑，后来还使用火器，优势很大。印加人以及其他的美洲原住民更害怕的是西班牙战马。在空旷的战场上，面对西班牙重骑兵冲锋，他们总是不知所措。而且，西班牙人所到之处天花横行。在哥伦布登陆美洲后的100多年内，95%的印第安人死于天花、伤寒、流感等欧洲流行病。

在这里，我们先做一个阶段性总结：世界上这么多不同的国家、民族和文明，为什么有的强，有的弱？戴蒙德解释说：以枪炮、钢铁武器和马匹为基础的军事技术，欧亚大陆的传染性流行病，欧洲的航海技术，欧洲国家集中统一的行政组织以及文字，使得西班牙人在新大陆的征服中无往不利。

2. 欧亚大陆为什么能够累积巨大优势？

我们来探讨第二个问题：为什么这些优势都出现在欧亚大陆？

要想说清这个问题，我们需要从人类创造文明最先决的条件说起。人类只有在有足够的粮食并吃饱肚子的前提上，才能实现种群数量的持续增加，才能形成复杂社会，才可能出现技术、文化、行政管理方面的创新。

真正解决了食物稳定供应问题的是"驯化植物"。人类开始掌握野生作物的生长周期，并且培育它们，让它们尽可能按照人类的需求生长，这个过程就被称为"驯化植物"。通过驯化植物，人类发展出了农业，文明才得以发展。

当然，并不是每种植物都能通过驯化变成我们的粮食来源。最适宜作为粮食的单粒小麦、二粒小麦、大麦，都产于西亚的新月地带。因为这里冬季多雨，夏季漫长而干燥，所以这些禾本植物把大部分养分用在了种子上，既适于食用，又方便储存。这种适宜禾本植物生长的气候被称为"地中海式气候"。但为什么其他拥有这种气候的区域都没能独立发展出农业？这是因为新月地带面积更大，季节更分明，地形更多变，有更丰富的作物种类。所以，新月地带成了农业的发祥地。

其实，美洲原住民在驯化植物方面做得并不差。他们驯化了玉米、土豆、红薯、辣椒、向日葵等，这些几乎都是我们今天离不开的东西。但问题是，美洲可以驯化的植物品种少。

说完了农作物，我们再来说另一个至关重要的因素：动物。

牛马能耕种，可以提高农业的产能；有了马，人们又可以发展出骑兵，既可以增强战斗力，也可以提高交通能力。还有，所有的家畜都能食用，可以提供人体必需的蛋白质。

另外，养殖牲畜还有一个重要的好处，就是提高人的免疫力。一个民族养殖牲畜和家禽的种类越多、规模越大，人们就越可能感染流行病。但是，反过来看，时间长了，人们也能产生相应的抗体。

狗、羊、猪、牛、马、骆驼、鸡、鸭等畜禽全都是在欧亚大陆被首先饲养的。结果是，欧亚大陆的居民体内抗体最多，免疫力最强；而美洲人体内抗体最少，免疫力最差。

印第安人缺乏牲畜，导致他们在运输和军事方面缺乏竞争力。古代印第安各国既没有战车，也没有骑兵，而欧亚大陆所有的民族都有战车和骑兵。

戴蒙德说：可驯化的动物都是可以驯化的，不可驯化的动物各有各的不可驯化之处。有经济价值的大型驯化动物都要满足一些苛刻的条件：一是食草，养殖成本低；二是体型大，有力量，产肉多；三是习惯在有等级制度的群体内生活，便于饲养员管理；四是脾气温顺，不易伤人，不易受惊；五是能够在圈养状态下交配繁殖；六是生长速度快，饲养起来有利可图。

总之，只有欧亚大陆才具备这样一个适宜全面发展农牧业文明的条件，其他大陆不具备这个条件，因此注定了其社会发展速度缓慢甚至停滞。

3.为什么技术创新也往往首先出现在欧亚大陆？

如果说粮食和牲畜这些物产的优势取决于先天的条件，那么另外两个要素——枪炮和钢铁——更多的是取决于后天的研究。为什么这些技术创新也往往首先出现在欧亚大陆？这就是我们要讨论的第三个问题。

现存的文字与科技中心有两个主要的发源地：一是地中海东部，二是东亚。打开地图，我们可以发现，地中海东部和东亚正好处于欧亚大陆的东西两端，纬度相近，都属于温带和亚热带气候。这里的气候和自然条件都便于人类繁衍生息，人口基数一直比较大，交通也比较便利，因此居民的各种创意点子层出不穷，而且便于在不同的社会群体中交流。

人口越多，社会流动性就越强，各个社会之间的交往就越频繁，取得技术进步的可能性就越大。欧亚大陆的形状东西长、南北窄，各地气候相似，便于物产和技术上的互通有无；而非洲和美洲大陆的地形都是南北长、东西窄，各地气候差异大，人类交流少。

在戴蒙德看来，欧亚大陆的技术优势是不断交流的结果，而我们之所以能不断交流，在很大程度上是因为欧亚大陆的地形和气候适合不同文明之间的交流。这样，无论是物产还是共享文明成果的便捷程度，欧亚大陆都得天独厚、占尽优势，最终欧亚大陆的居民征服了地球上其他大陆的人类社会。

4.结语

戴蒙德在这本书以及演讲中多次明确表明他的观点，造成不同民族发展的路径和程度不同的是环境原因，而不是生物学上的差异。

然而，戴蒙德本人是否定"地理决定论"的。他强调，地理因素使世界上各个民族产生了差异，但这并不能说明地理因素决定了历史发展的进程。历史的发展，并不能简单归因于某一种因素。而"地理决定论"是从已然的事实出发来倒推的，起不到历史研究的前瞻性作用。

后来，戴蒙德在访谈中谈到，有些国家突破了地理环境的限制。比如印加帝国，地处安第斯山脉，虽然没有平整的土地，却利用梯田解决了耕种问题，养活了庞大的人口。可见，地理因素虽然重要，但不能说是起决定性作用的因素。

最后，这本书带给我们的启示是在历史学研究方法上。戴蒙德指出，传统的历史学通常不被当作一门科学，更接近文学和哲学，很少提供可靠的统计数据。未来跟自然科学相结合，是历史学必须走的道路。

38 ｜《人类简史》
人类和动物最本质的区别是什么？

张笑宇

人类自远古时代到今天创造出光辉灿烂的文明，其背后最深层、最根本的动力在于以想象力为驱动的认知革命。

《人类简史》这本书的写法是围绕人类这个物种来写文明史的。我们可能会觉得，人类无非就是灵长类动物，就像《裸猿》一书所说的"没毛猴子"。但这本书认为，人类这个物种最突出和最神奇的特征，就是在生物学意义上进化出了一整套能够保障一种伟大力量实现的机制。这种伟大力量，就是"想象力"。

这本书的作者叫尤瓦尔·赫拉利，是一位以色列历史学家，出生于1976年。他在牛津大学获得了历史学博士学位，在耶路撒冷希伯来大学历史系担任教授。在《人类简史》中，赫拉利认为，其他动物都只生活在客观现实中，但是人类可以同时生活在客观现实和虚拟现实"双重现实"中，这是人类可以统治地球的真正原因。

我们顺着书中的内容来理解赫拉利要传达的根本观点：人类不断进行自我革新以及推动历史不断前进的根本原因，是人类具有特殊的想象力。

1.认知革命

赫拉利首先要告诉我们的是，人类这个物种没什么特别。其实，像黑猩猩、大猩猩、猩猩这些高等动物，从生物学的意义上看，离人类非常近。

而且，就算讨论人科内部的物种，今天人类所属的这个物种也和历史上其他的古代人种没有太多生物学上的差别。考古和基因研究证明，智人以外的人种有一小部分和我们的祖先杂交融合，他们的一点点基因留存在了今天的一些民族身上，但是绝大部分古代人类在7万年至3万年前被我们的祖先消灭了，或者至少是他们的生存空间被我们的祖先挤压没了。可是，我们的祖先在体型、行动力和敏捷程度上还不如其他人种。

赫拉利说，我们的祖先拥有一种更加发达的能力，这种能力就是语言能力。

智人的大脑和语言可以表达关于智人自己的观念，也就是可以八卦自己人。如果部落里的人能够八卦自己部落的成员，每天八卦几个小时，他们就可以很明确地得知自己部落里谁比较可信、可靠。长此以往，大家就可以更加紧密无间地合作，部落规模就会迅速发展壮大。如果一个物种能够谈论虚拟对象，那么该物种才有分工合作、组成复杂社会的可能性。

赫拉利进一步引用了"邓巴数字"定律。根据这个定律，如果一个团体只靠个体和个体之间的八卦来维持，这个团体的最大规模就是150人。但一个组织要是想超过150人的门槛，就得有一个前提，那就是大家都能想象并且相信一个虚构的故事。

这就是赫拉利讲的第一个至关重要的革命，即认知革命。赫拉利指出，智人出现到现在也就7万年，人类的生活方式却发生了翻天覆地的变化。归根结底，就是因为这个物种不再依赖漫长的基因突变，而是依赖分工合作。

2.农业革命

赫拉利说，分工合作促进演化的证据就是他要讲的第二次革命，即农业革命。考古学家已经证明，生活在采集时代的普通人的营养状况比后来刚进入农业社会的普通人要好得多，甚至他们的脑容量比后来进入农业社会的普通人要大。

他们的身体健康状况好，原因是采集时代的人吃的东西种类很多，营养很均衡。相反，进入农业社会的古代人的饮食结构在大部分时间是比较单一的。科学家已经证实，采集时代的人的脑容量比农业社会的人要大，这是因为采集者要面对的自然环境很复杂，大脑需要处理的信息很多。相反，农业社会的生活简单枯燥，活动范围狭窄。农业社会的人的大脑处理的信息其实是越来越少的。

既然是在经历退化，为什么人类还要向农业社会演变呢？答案就是，农业社会让智人繁衍后代的可能性大大增加了。一旦进入农业社会，人类变成了定居动物，就可以每年都生孩子，人口增长速度就会飙升。从生物学的意义上讲，评价演化的标准并不是看个体有多强多快，而是看这个物种的基因传播了多少。

所以赫拉利说，农业革命虽然看起来是一次进步，但对人类个体来说，其实是个巨大的陷阱。人类整体的确通过分工合作得到了飞速进步，但是每个个体的苦难增加了。农业革命就是以大部分人的凄惨处境换来了小部分人成为至高无上的统治阶级，并且奴役大部分人去创造文明。

这就涉及农业革命带来的人类想象力的第二次飞跃。它指的是，人类可以通过想象力建构一种虚拟的政治秩序。赫拉利说，我们生活的社会秩序，归根结底都源自想象。这个理论有三个重要体现。

第一，想象构建的秩序和现实世界是紧密结合的。所以，我们很难发现它。这种价值观信念和人对自己居住环境的安排是紧密捆绑在一起的，我们很难说是谁导致了谁。

第二，想象构建的秩序塑造了人的欲望。比如，今天很多人想出国旅游或者买大别墅，我们以为做这些事是自由个性的体现，实际上都是消费主义灌输给我们的。

第三，想象构建的秩序把人和人连接在一起。比如，美元为什么值钱？归根结底，原因是想象。正是这种想象的存在，才使得我们能够构建起跨国经济，建立起国际贸易规则。

赫拉利总结道，身为人类，我们不可能脱离想象所建立的秩序。每一次我们以为自己打破了监狱高墙、迈向自由，其实只是到了另一间更大的监狱，把活动范围稍稍加以扩大而已。

如今，我们面临的全球化时代又该怎么解释呢？是因为全人类恰好想象到一起了吗？

3. 人类的融合统一

赫拉利认为，从公元前1000年开始，出现了三种有可能真的让"全人类恰好想象到一起"的秩序，让人们相信全球同胞有可能在一起由同一套规则管辖。这三种秩序分别是金钱秩序、帝国秩序和信仰秩序。

第一种秩序是金钱秩序。赫拉利说，金钱制度有两大特点：一是万物可换，二是万众相信。前者依赖于后者。金钱的本质在于，它是有史以来最普遍、最有效的互信系统。

第二种秩序是帝国秩序，说白了就是暴力秩序。但是，帝国不仅仅依靠暴力统治，还传播统一的法律、文字、语言和货币，乃至共同的文化。到了21世纪，赫拉利认为，一个新的"全球帝国"理念正在浮现，它也许会进一步打破过去民族国家的界限，解决一些共同问题，比如环保问题和发展问题等。

第三种秩序是信仰秩序，或者说宗教秩序。智人有能力想象虚拟事物，自然会运用这种能力去想象一些真实世界中不存在的东西，由此也就有了不同类型的宗教。但是，赫拉利想指出的是，很多现代社会的理念和价值观本质上也是信仰。比如，人文主义就是这样的，相信平等是最重要的价值，并且反对富人有特权，因为这代表对人性的重视超过了对金钱的重视。

按照赫拉利的解释，难道人类文明的一切成就除了想象，就没有真实的基础吗？赫拉利的答案是：不能说完全没有。这就进入本文最后一个部分：科学革命。

4. 科学革命

所谓科学，本质上是一种知识体系。不过，科学知识体系跟此前的一切知识体系有三大不同。

一是愿意承认自己的无知。赫拉利说了一句很经典的话：科学革命并不是"知识的革命"，而是"无知的革命"。古代人们假设自己的经典著作里没写的问题都是不重要的。但现代科学与此恰恰相反，首先承认自己对重要问题是一无所知的，鼓励观点的交锋和碰撞。

二是以观察和数学为中心。所谓"观察"，其实就是验证。比如电脑坏了，原因是主板烧了，换个主板就好了，这是一个可以被验证的知识。当然，现代科学可以继续运用数学工具来计算电流在多大程度上会烧掉主板，从而建立起关于电脑损坏的一般规律和理论。

三是运用已有理论取得新能力。古代社会的创新基本上是随机的创新，但是现代科学可以从已有理论出发，总结规律，向我们指明创新的方向，而不是靠手工艺人的灵光一现。

但是，科学革命也带来了新的想象方式，那就是科学技术可以不断进步，人类社会也就能够不断向前发展。实际上，这个信念已经成为人类社会运行的基石，也是所有现代国家和现代金融的本质。

不过，赫拉利同时指出，科学革命对人类的单个个体而言，不一定是好事。首先，欧洲国家利用科技优势进行迅速扩张，给全世界带来了深重的灾难。其次，科技飞速发展造成了全球范围内贫富差距的迅速增大，而且落后国家追赶先进国家的难度越来越大。根据测算，如今非洲各国和印度尼西亚的劳工赚到的食物还没有500年前多。所以，全球经济增长也许是一个巨大的陷阱，它实际上让更多的人活在饥饿和贫困中。

5. 结语

2016年，赫拉利在清华大学的演讲中延伸了他在这本书里的结论：如果人类中的少数群体真的能够用技术改造自己的身体和心智，成为永生不死或者记忆力如同电脑一般的超人，那么阶级不平等将会扩大为物种间的不平等，届时大部分人的苦难也许比历史上数次变革时期的苦难更为深重。

正如《人类简史》结尾所言，现在我们唯一能做的，就是影响他们走的方向。既然我们可能很快改造我们的欲望，或许真正该问的问题不是"我们究竟想要变成什么"，而是"我们究竟希望自己想要什么"，如果对这个问题置若罔闻，我们可能就是真的还没想通。

39 |《社会契约论》
现代国家何以可能?

刘玮

1762年出版的《社会契约论》,是欧洲启蒙运动后期影响力最大的政治学和法学著作之一。作者让-雅克·卢梭在书中写下的"人生而自由,却无处不在枷锁之中",至今广为流传。他为现代政治共同体规划的"公意"思想,更是成为西方民主政治的基石。美国的《独立宣言》和法国的《人权宣言》,以及两国后来的宪法,都参考了这本书的观点。

卢梭是18世纪法国的哲学家、政治理论家和文学家,也是欧洲启蒙运动后期的代表人物。他的代表作《社会契约论》《人类不平等的起源和基础》等,不仅深刻影响了当时西欧的知识分子,成为法国大革命的思想导火索,也是近代政治学、社会学和公法学领域的奠基式作品。在欧洲历史由封建王权向近代国家转型的过程中,卢梭是一个绕不开的名字。

1.人类的"原初自由"

《社会契约论》的开篇写道:"人生而自由,却无处不在枷锁之中。他自以为是其他一切人的主人,但比他们更是奴隶。这个变化是怎样发生的?我不清楚。如何让它成为合法的?我相信自己能够解答。"这个三段式论点,可以说概括了全书的主旨。而它立论的出发点,就是人的"原初自由"属性。

卢梭认为,政治社会其实是人类的发明。在政治社会产生以前,人类生活在所谓的"自然状态"中,过着离群索居的生活。他们风餐露宿,但是身体健康。他们没有社交活动,没有成文的道德和法律,更没有现代人的烦恼。

那时,人们只有两种基本的动机:一个是自利,就是追求自己的利益;另一个是怜悯,就是不愿看到别人遭受痛苦,并且会关心那些遭受痛苦的人甚至动物。在这两大动机的主宰下,人们在自然状态下的生活是很美好的。虽然人们要追求自己的利益,但那时地广人稀,人们有足够的自然资源去满足需要,不会因为争夺资源产生争斗。同时,因为有怜悯的平衡作用,即便偶尔有一些摩擦,人们也不会出现"你死我活"的争斗。卢梭把这些生活在自然状态中的人叫作"高贵的野蛮人"。

这种自然状态变化发展的速度极其缓慢,既没有政治社会里的尔虞我诈、钩心斗角,也没有统治与被统治的关系,更没有战争和杀戮。所有的人都生活在自由之中,他们按照自己的方式追求完善。这种追求完善的倾向让人不同于动物,也让人的理性能力有所发展。不过,理性能力的提高,一方面让人的生活变得更好,另一方面给人从自由平等的自然状态过渡到套上枷锁的状态埋下了伏笔。

2. 人类为何落入枷锁?

人类既然本来好好地生活在自然状态里,那为什么会被套上枷锁,而进入政治社会呢?

卢梭按照他的逻辑给我们讲述了一段人类发展简史。在自然状态之后,人类经历的第一个阶段出现了需要聚集在一起完成的活动,比如狩猎。人类聚集在一起,形成了一些临时性的群体,从而发展出了基本的语言。语言和交流让人的理性能力得到了进一步的发展。但是,随着理性的发展,人的"堕落"也就开始了,而且一旦开始就不可逆转。这种由理性发展主导的"堕落",一方面让人远离了自然状态,另一方面让人的能力日趋完善,从而实现了更高的科学、技术、文学和艺术成就。

在第二个阶段,人类彻底摆脱了单独的生活,开始建造房屋,从而形成了家庭这种稳定的社会群体。更舒适的家庭生活给人类套上了第一道枷锁,让欲望不断增加,从而产生了最初的私有财产。人类开始区分"我的"和"你的",人与人之间产生了攀比和竞争意识,于是自尊产生了。自尊关注的不只是物质上的满足,还有情感诉求。人类开始产生虚荣、羞耻、羡慕、嫉妒、报复等一系列的情感和行为。相比物质需求,自尊的情感诉求更难满足,让人类迈向了不平等的深渊,从而走上了奴役之路。

在第三个阶段,人类发明了农业和金属冶炼技术,生活水平大幅度提高,出现了社会分工和阶层分化。财富变得更多,私有财产变得普遍,于是虚伪、欺骗、战争、奴役等随之出现,谁也不得安宁。在这种缺乏安全感的状态中,更富裕的人肯定想把自己的优势变成稳定的制度。于是,他们把人们组织起来,打着"保护所有人"的旗号,形成了看似公平的社会契约。但这种社会契约的本质,是把现有的不平等固定下来,同时制定对富人更有利的政策,保证他们依然能够获得利益。而穷人没有认清这种社会契约的前提是压迫,就乖乖就范了。

在卢梭看来,这种通过强者的组织形成的社会契约非常虚伪,但足以骗过大多数人。用他的话说:"人们奔向枷锁,却以为它们可以确保自由。"人类牺牲了自己真正的幸福,换取虚假的安宁。这就是人类用法律给自己套上的第二道枷锁,让人类更严重地丧失了自由和平等。这种枷锁无处不在,因为当人类社会发展到这个阶段,所有人都被卷入了社会分工和协作中。人类因为需要彼此依赖,也就需要彼此承认。人类想要成为别人的主人,得到别人的认可和赞美,却被这种获得认可的欲望奴役。人类再也不可能回到"高贵的野蛮人"那种纯洁而美好的生活了。

3.枷锁如何合法化？

既然枷锁有那么多缺点，为什么卢梭还想让它变得合法呢？

在卢梭看来，摆脱枷锁其实是不可能的。因为人类一旦离开了自然状态，就必然处在枷锁之中。卢梭想要做的是，创造一种新的社会契约，让它不再是强者诱骗弱者套上的枷锁，并确保所有人都能够拥有平等和自由的枷锁。

那么，卢梭的"自由的枷锁"是什么样的呢？首先，他反对强者和弱者订立契约，因为双方谈判的筹码不同，谈判的结果就不可能是自由的和平等的。其次，卢梭要求所有人把自己天然拥有的所有权利交给政治共同体，也就是国家，这样就人为地创造了平等的个体。只有从这个平等的起点出发，人类才可能到达平等的终点。

但卢梭所说的国家并不是18世纪欧洲的封建君主国。他追求的是一种建立在"公意"基础上的新型国家。"公意"既是国家整体的意志，又是每个个体的意志。服从"公意"就是服从自己的意志，在这种情况下，人就是完全自由的。

我们都知道，在政治社会里面，每个人的想法各不相同，那么，所谓的"公意"要如何形成呢？是不是每个议题都以一人一票的方式投票，票数多的就代表"公意"呢？卢梭并不这么认为。首先，个人要认同自己的公民身份；其次，个人要切换自己的视角，从一己私利切换到整个国家的公共利益；最后，每个人都要从公民的视角去思考什么样的法律可以适用于所有公民，让所有公民在国家和谐共存。如果每个人都从国家公共利益的角度去认可法律，这个法律就既适用于他自己，也适用于国家的每个公民。这样的法律就是"公意"的结果。按照这样的方式制定法律，就相当于每个人在为自己立法。每个人在服从法律的同时，也就服从了全体公民的意志和自己的意志。

但是，卢梭也知道，这个目标的实现往往要打很大的折扣。首先，人毕竟有自利的动机。很多时候，人为了自己的利益，可能违反法律。其次，在现实中，"公意"很难按照理想化的方式得到，所以"公意"也有可能犯错误。

那么，如何解决"公意"可能犯错的问题呢？卢梭设想了几个可能的途径：一是保证一定程度的财产平等；二是保证国家运转简单和透明，防止过于复杂的官僚机构和秘密交易；三是通过教育提高公民的爱国热情、道德水准和政治能力；四是通过公民宗教让公民有敬畏之心。

在卢梭看来，一个国家的主权是不可分割的、不可转让的，必须掌握在全体公民手中，他甚至反对选举代表来行使主权。因此，在主权层面，卢梭主张直接民主制。但卢梭同时也认为，日常的政治决策不能全都交给全体公民来共同决定。如果一切政策都交给全体公民来商议和投票，那么这个政治共同体的效率就必然低下。而且，我们也没法保证人们每一次都能按照"公意"来进行投票，他们难免会被一些政客煽动利用，出现"多数的暴政"。另一个极端是君主制，卢梭也不喜欢，他认为这样很容易导致个人专制的暴政。因此，在政治的执行层面，卢梭主张选举产生的贤人制，由全体公民选出既有德性又有政治才能的少数人来作为主权的执行者。同时，主权者要密切监督这些执行者不会滥用手中的权力。

《社会契约论》首创的"公意"思想，在18世纪末的法国大革命中，敲响了西欧专制王权的丧钟。但卢梭认为，公共利益是单一的、不可分割的，这种观点也有一定的时代局限性。卢梭思想的复杂性，对今天的我们依然具有重要的思辨价值。

40 |《梳毛、八卦及语言的进化》
我们为什么爱聊八卦？

砚尘[①]

《梳毛、八卦及语言的进化》这本书提出了一个洞察：语言的进化就是为了聊八卦。这么说可不是夸大其词。我们可以回想一下：上一次跟朋友一起吃饭时，大家都聊了些什么？如果那个时候旁边刚好有一位心理学家，那么他八成会说，你们有三分之二的时间在聊八卦。别觉得不好意思，聊八卦不代表我们是肤浅的人，聊八卦这件小事用得好也能创造价值。

虽然这个书名听起来"不太靠谱"，但作者罗宾·邓巴是一位正经的进化心理学家。20多年前，邓巴提出了"邓巴数字"——又叫"150人定律"，意思是人类的智力限定了社交网络的规模，人类能拥有的稳定的社交网络人数大约是150人。

在这本书里，"邓巴数字"还有一个变形："语言"能维持的社交关系也是150人左右。这个理论是经得起时间考验的。如今，虽然技术改变了，但"邓巴数字"没变。

1.梳毛、八卦和语言的内在联系

"梳毛""八卦"和"语言的进化"三件看似不相干的事情有什么内在联系呢？邓巴认为，动物的梳毛行为跟人类聊八卦一样，都是一种社交方式。而早期人类聊八卦，可不像我们以为的那样张口就来。

[①] 砚尘，得到听书特邀解读人。

语言的进化过程是漫长的，目的就是顺畅聊八卦。

这么说有什么依据呢？我们先从人类的祖先说起。科学家普遍认为，人类和灵长类动物有共同的祖先。可能在七八百万年前，人类才跟黑猩猩分道扬镳，变成了不同的物种。所以，科学家推测，灵长类动物的行为模式跟人类的祖先很接近。我们要了解人类的祖先如何社交，不妨先参考一下灵长类动物的社交方式。

那么，动物也有社交吗？这就要说到动物的群居生活了。群居生活的最大好处是，能够一致对外，共同对抗捕食者。不过，既然生活在一起，彼此之间就不仅有合作，也有摩擦。那该怎么办呢？聪明的社会动物进化出一种策略，即拉帮结派。而它们结盟的方式就是梳毛，这种结盟方式非常有效。

邓巴举了一个例子，他在非洲观察过一种狒狒。这种狒狒里的雄性有点大男子主义。当配偶离得太远，他就担心妻子出轨。于是，雄狒狒就大声喘气，甚至想要去教训雌狒狒。这个时候，雌狒狒的梳毛搭档们就登场了，她们可谓"模范闺蜜"，关键时刻就会跳出来替她撑腰。

为什么梳毛搭档会这么给力？因为梳毛搭档可不是随便选的，搭档之间必须特别信任。为什么这么说呢？只怪梳毛太享受了。梳毛的时候，被梳毛的动物体内会产生一种天然物质，叫内啡肽，它可以带来愉悦感和轻微的麻醉效果，就像人类做按摩一样，梳毛也能舒服到让狒狒睡着。然而，万一在昏昏欲睡的时候来了一只老虎，狒狒就得靠梳毛搭档提醒。梳毛的时候，狒狒几乎是把性命交到了搭档手上。

更重要的是，梳毛是需要很大付出的。动物的梳毛活动要持续好几个小时：我给你梳了毛，就没工夫给别人梳毛了。所以，每只狒狒都得想清楚到底要加入哪个帮派，不能脚踏两条船。当然，只要好好经营跟梳毛搭档的关系，回报也是很可观的，因为梳毛搭档是可以两肋插刀的。作为社交方法，既然梳毛这么好用，人类为什么还要发展出语言呢？毕竟，口说无凭，听上去语言反而没有梳毛可靠。

关于语言的起源，人类学家有许多推论，目前尚未达成一致。而邓巴的看法是，语言的进化跟社交的需求紧密相关，他甚至把语言称为"声音形式的梳毛"。语言的发展其实是一种对策。由于环境的变化，群体的规模扩大了，群体成员就难免会被欺负。怎么办呢？最容易想到的办法就是多找几个同伙，让别人不敢随便欺负自己。但是，就像我们在前面说的，梳毛费时、费力，一个成员给更多成员梳毛根本不现实，要生存就得另想办法。

邓巴发现，灵长类动物偶尔也会用声音交流，但它们只能发出一些简单的叫声，远远达不到语言的程度。我们的祖先刚开始也是一样的，经过长年累月的进化，他们有了更大的大脑，有了更适合说话的发声器官。

那么，"语言"这个先进的梳毛工具要怎么用呢？最重要的用途是聊八卦。通过聊八卦，我们可以迅速地分辨敌我，更好地生存。如果在比较大的圈子里，我们要想分别跟每个人交流，这实在是有点吃力。这时候，亲朋好友就能帮助我们。邓巴觉得，我们之所以这么做，是因为我们跟灵长类动物一样，想知道谁可以信赖以及谁不值得交往。

既然语言的进化就是为了聊八卦，那么我们花这么多时间聊八卦而不是聊工作、谈读书，就毫不奇怪了。这可不是"大材小用"。我们以为自己在乎的是工作和学习，大脑却记得社交才能让我们生活得更好。作为一种高效的社交工具，聊八卦才是语言进化的目的。

2.大脑新皮层占比决定邓巴数字

既然人类聊了几十万年的八卦，那么现代人的社交关系跟我们的祖先比起来，有什么改变了，又有什么没变呢？

要说改变的东西，我们很容易想到，有了语言之后，人类的群体规模扩大了。这是因为聊八卦这种社交方式的效率远远高于梳毛。原先，我们一次只能给一个伙伴梳毛，但现在我们可以扎堆群聊了。我们就可以拉拢更多自己人，维持更大规模的群体。而且，还有一个现象能证明邓巴的这个观点，这就要说到我们的社交关系有什么没变了。那就是，自人类发明了语言以来，群体规模基本没变过。

以我们的生活经验来看，我们不难理解这一点。一个人的时间和精力都是有限的，我们就算想要维持更多的人际关系，恐怕也会心有余而力不足。实际也是这样的，群体规模本来就不是越大越好，超出一定范围甚至会有麻烦。这个"一定范围"就是"邓巴数字"，即150人。这可不是邓巴一拍脑袋随口说的。"邓巴数字"是怎么得出的呢？这得从哺乳动物的大脑说起。

看到虎头虎脑的孩子，有人会说，这个孩子脑袋大，肯定聪明。那么，聪明和脑袋大两件事情之间是不是存在某种必然联系呢？科学家认为，两者的确有联系，但这里的脑袋大小指的是相对大小。因为像大象这种体型巨大的动物，按照身体的比例，其脑袋本来就应该大一点。我们要看的是，在扣除了这部分生理需求之后，大脑还剩下多少运算能力，这是跟智力挂钩的。

但是邓巴觉得，光看脑袋大小也不对，大脑又不是每个部分都能思考，所以他在研究时只选择了其中的新皮层，也就是脑部外层的神经组织。它负责接收神经元发出的信号，并传递到大脑的各个区域。新皮层就是大脑中负责思考的区域。邓巴观察到，灵长类动物的新皮层面积特别大。灵长类动物的这个比例要占到50%—80%，几乎比其他哺乳动物翻了一倍。

那么，灵长类动物的新皮层面积为什么会这么大呢？科学家猜想，可能是食物种类、领地大小、觅食范围等不同。直到邓巴发现，物种的群体规模是跟新皮层面积大小有关系的。邓巴解释道，群体规模越大，代表社会的复杂程度也就越高。比如，在一个20人的群体，成员两两一组，共有190组关系，这里面的信息量太考验智力了。新皮层面积要是不够大，可应付不来。

知道了这一点，邓巴开始精确计算。灵长类动物的种群规模数据可以在野外采集得到，邓巴把它们跟新皮层面积对应起来、制成图表。最后，邓巴发现，人类能维持的种群规模在150人左右。也就是说，150人的群体最能体现人多的优势，我们刚好应付得来群体里的人际关系。

所以，尽管我们的梳毛工具比动物甚至祖先要发达，但是社交圈的规模不能无限扩大，也不应该无限扩大。"邓巴数字"是由人类的大脑决定的。维持150人的社交关系，既不会让我们感觉太费劲，又可以最大限度地发挥"人多力量大"的优势。

3.结语

不管是"邓巴数字"还是"聊八卦"，这本书的内容都跟我们的生活，尤其是人际关系密切相关。"邓巴数字"可以帮助我们估计群体规模，判断何时应该做出调整。而聊八卦更是我们日常生活的重要组成部分，既能帮助我们维持人际关系，也能帮助我们创造价值。语言的进化不是功利的。人天生喜爱社交，也爱聊八卦，而聊八卦反过来可以推动社会的发展。这样建立起来的社会是很有人情味的。

41 ｜《天朝的崩溃》
中国近代史的开端

段文强[①]

爆发于1840年的第一次鸦片战争，被公认为中国近代史的开端，自此中国一步步在西方列强的胁迫下步入全球资本主义经济体系与殖民秩序，同时也开始了现代化富强之路的艰辛探索。《天朝的崩溃》这本书首次出版于1995年，是中国近代史研究专家茅海建潜心研究鸦片战争主题十余年的心血之作。由于犀利的洞见与视角，以及对丰富史料档案的掌握与引用，这本书多次再版，也成了读者系统了解中国近代史发展走向，以及传统中国政治社会体制底层逻辑的锁钥之作。

1. 鸦片战争的爆发，源自两种政治体系与外交理念的碰撞

众所周知，鸦片战争的导火索，是英国东印度公司向中国持续出口鸦片。巨量鸦片输入中国，不仅导致了持续的白银外流，还造成了严重的社会问题，于是道光皇帝开始了一场轰轰烈烈的禁烟运动。由于广东是鸦片输入的主要口岸，因而道光下旨，让在禁烟运动中表现突出的林则徐前往广东查禁鸦片，以求"治本"。然而，这其实是一个"不可能完成的任务"，因为道光既要求林则徐在广东清查外来鸦片，又要求他不能"开启边衅"，也就是不能因为鸦片查禁措施而引发和别国的军事冲突。然而，他们不知道的是，当时的英国，正处

---

① 段文强，得到听书专职作者。

于通过殖民贸易进行全球扩张的巅峰期，动用武力保卫自己的贸易利益是司空见惯的手段。所以，林则徐只有两种选择：要么有效查禁鸦片，选择战争；要么遵守以往的潜规则，配合广州本地的行商和欧洲商人联合演一出戏给道光看。再加上林则徐并没有近代国际外交常识与理念，这更让中英双方在接触时缺乏变通的可能性。

所以，林则徐和清政府开展的合情合理、正当的鸦片查禁行动，在全球积极殖民扩张、强调贸易自由的英国看来，就是一场不折不扣的外交与经济纠纷。当林则徐宣布，由于英国商人上缴鸦片迟缓，所以他将断绝通商，把在广州的英国商人集体软禁在商馆里的时候，这种不满和愤怒迅速升级。由于在传统的"天下体系"里，只有处于绝对主宰地位的华夏大一统王朝和四周臣服落后的小国，所以在清王朝眼里，通商是大清赐给所有蛮夷小国的恩惠，如果任何蛮夷敢于违逆，中断通商、驱逐外来商人就是"天朝"的一种正当反应和惩罚。

于是，英国政府采取了行动。从1839年3月底开始，林则徐打交道的对象，从英国商人变成了英国驻华商务总监督义律，这代表着英国政府开始亲自下场参与交涉。从此，禁烟所牵涉的就是大清与英国政府之间的分歧与矛盾。然而，无论是道光、林则徐，还是当时朝野上下的其他官员，都对此浑然不知。

茅海建特意指出，后来义律之所以要求所有英国商人把鸦片交予林则徐，并非对清政府在广东的禁烟表示支持，而是这一转手就相当于把英国商人私有的鸦片变成了英国政府的财产，义律再以此为借口，要求英国政府向清政府开战。实际上，从1839年3月开始，义律就写信给英国外交大臣帕麦斯顿，详细阐述自己关于武装入侵中国，再通过战场上的胜利逼迫清政府赔款的构想。当然，伦敦国会针对这一提案的辩论与争吵十分激烈。最终，对华战争军费提案以271票对262票的微弱多数通过。

而此时，林则徐主要担心的依旧是通商中断后，广州海关收到的税款会有影响。他还根据自己的经验判断说，即使有军事冲突，也不过是若干不法英国商人组织的海上武装走私船而已，不足为虑；凭借清军现有的水师加陆地炮台等海防体系，足以应付。

2. 鸦片战争的失败，源于清王朝本身的前现代性质

后人在谈到第一次鸦片战争中清王朝的失败时，总是将其首先归结于几个看似明显的浅层原因，比如具体技术器物层面的劣势，主要是清军的武器落后；又或者强调传统史学里的褒贬，把失败主因归为主和派反面人物一味地妥协退让；诸如此类。然而，茅海建毅然提出，清王朝的失败，归根结底在于它依旧是一个前现代性的传统农业国家，面对来自全球第一近代工业强国英国，虽然是主场作战，打的又是反侵略战争，但依旧不能取胜。

茅海建为了证明自己的观点，别出心裁地为这本书准备了一篇严谨扎实的"绪论"，名为"由琦善卖国而想到的"。他运用丰富的档案资料，逐渐还原了鸦片战争中这位"第一大反派"在与英方交涉中的具体决策，以及种种罪名究竟是如何被扣到他头上的，包括大家耳熟能详的"反对禁烟""私下割让香港岛""拒绝增兵虎门""构陷林则徐"等。

于是，通过茅海建抽丝剥茧的分析，读者最终看到，这些罪名要么是以讹传讹、子虚乌有，要么是作为"天朝大员"的琦善的认知结构局限所致。但实际上，琦善的所作所为不过是大清朝廷中官员的"平均水平"，反映的是朝野上下对于全球政治与经济变局的普遍无知和冷漠。有了这个精彩的切入点和理论，茅海建的叙述就顺着这种先分析"表面问题"再追问本质的模式不断展开。

清军的训练水平差，装备落后，这个不算新知，不过到底有多差，普通人却没有具体的概念。茅海建利用自己曾担任军事科学院助理研究员的优势，详细为我们统计了双方使用的主要武器种类、型号

以及每一代之间的落差。比如，清军依旧处于冷热兵器混用状态，使用的火炮依旧以明清战争中引进的欧洲前膛火炮为主；而火枪，则主要是晚明传入中国的欧洲前装滑膛火绳枪，俗称"鸟枪"。然而，来华英军装备的武器已经是线膛燧发或者击发步枪，领先了"鸟枪"不止一代。在火炮方面，虽然双方的装备没有明显的代际差，但英军的火炮由于采用了机械制造工艺，再加上更多的炮弹种类，优质的火药和近代炮兵瞄准测距技术依旧具备压倒性的优势。

当然，具体技术背后，是更深层次的制度与社会环境原因。比如，林则徐说英军的优势可以总结为八个字："器良、技熟、胆壮、心齐。"然而，背后支撑这八个字的，是近代化的工业经济与生产体系，良好的基础研究支撑的技术研发，贸易体系带来的强大财力，乃至近代化的政府决策管理与公民教育体系。反过来，清军之所以战斗力差，即使在战场上身处主场，也无法对英军实现数量碾压，归根结底是因为清军本身就是一支"前现代化军队"。清军身兼国防军、内卫部队、警察三种职能，主要"作战对象"是疆域内的民众叛乱起义和罪犯。在兵器工艺方面，清王朝制定了严格的技工标准——不许创新、死板仿造，缺乏对外技术引进交流机制。这样的军队自然谈不上有战斗力。另外，由于主要任务是治安作战，所以清军在整个大清疆域内的部署也是星罗棋布，处处设防。战事一起，整个大清就必须四处筹措兵力，效率低下：在总数超过80万的清军中，能够参加鸦片战争的不过10万人，还散落在沿岸多个省份的不同战场上，反而把数量优势给了远道而来的英军。

在这种情况下，交战双方谁具有道义上的优势或者民心士气的优劣，其实已经不太重要了。比如，1841年8月，英军围攻厦门，虽然闽浙总督颜伯焘在此前半年多时间里，修堡垒，买大炮，增加兵力，做了各种自以为详细的布置；但开战后，英军只用了一天就让清军的抵抗灰飞烟灭，导致厦门沦陷。

3. 结语

在这本书中，茅海建反复强调：历史学最基本的价值在于提供错误，即失败的教训；一个民族从失败中学到的东西，远远超过其胜利时的收获；而一个民族对自己历史的自我批判，正是它避免重蹈历史覆辙的坚实保证。爆发于1840年的第一次鸦片战争，可以说是中国开始长期现代化革命，从而摆脱自身落后贫穷地位的开端。实际上，几乎所有发展中国家的现代化，都基于类似的肇因，也就是近代西方列强的军事入侵与经济控制，产生了强烈的改革自强动机与需求，因而被统称为"外源性现代化"。当然，由于传统中国历史之悠久、幅员之辽阔、人口之众多，甚至积弊之沉重，改革本身的"启动"从世界范围内看也是相对缓慢的。

42 |《万历十五年》
史上最牛的罢工皇帝

大象[1]

《万历十五年》是美国华裔历史学家黄仁宇的代表作。

万历十五年是明朝万历皇帝在位的第15个年头,表面上看并没有值得叙述的大事。所以,这本书的英文版的书名直译过来就是:"1587年:一个无关紧要的年份。"但黄仁宇说,当年,中国的朝廷发生了若干为历史学家所易于忽视的事。这些事表面看来虽似末端小节,但实质上是以前发生大事的症结,也是以后掀起波澜的机缘。

这本书很好地体现了黄仁宇的"大历史观":历史并不是一人一时或者一朝一世的孤立事件,而是有内在规律和联系。要发现这种规律和联系,我们就不能拘泥于单独的大小事件,必须将其放在大视野下。

1.万历皇帝:摆烂而清醒的独裁者

万历皇帝作为一个国家的最高统治者,居然30多年不上朝,算是创了历史之最。那么,他为什么这么做呢?

在黄仁宇看来,万历是在用不上朝的方式表达自己不满。面对那么大的国家,皇帝根本管不过来,整个国家实际上掌握在文官集团手里。早在祖父嘉靖时期,就有所谓的"大礼议"之争,皇帝和文官集团为究竟应该叫自己的父亲为"父亲"还是"叔父"这件事几乎

---

[1] 大象,得到听书特邀解读人。

决裂。

万历虽身为皇帝，一生却连皇宫都没出过几次。具体在立太子这件事上，文官集团更是横加阻挠。虽然万历可以处罚一些具体的官员，但是他不可能和整个文官集团为敌。所以，无论万历怎么抗争，在立太子这件事上，他只能妥协。

由于这件事，万历和文官集团彻底决裂，他开始长期罢工。这让文官集团很难受，虽然他们只把皇帝当作国家的象征，但是万历的消失，让他们失去了展示道德的最大舞台，连大骂昏君的机会都没有了。明朝政府从此变成了一潭死水，文官集团只能希望万历早早驾崩，但是万历一直活到了1620年。这个时候，帝国的暮气之重已经回天乏术。24年后，也就是1644年，明朝灭亡了。

2. 张居正：注定失败的改革家

我们来看著名的改革家张居正。

他的改革简单来说是两条：一是整顿官吏，考核官员绩效，将不合格的官员淘汰；二是管理和监控土地，打击偷税漏税。一开始，改革很有成果，让国家有了十年的粮食储备。但是，大好局面随着张居正的去世而人亡政息。不光是这样，连张居正全家也遭到清算：家产被查抄，儿子被迫自杀。而主要推翻张居正的，正是张居正的学生万历本人。

为什么会这样呢？有人认为，张居正触动了既得利益集团，所以遭到了报复。在黄仁宇看来，根本原因是张居正的改革内容和传统中国的固有国家逻辑相冲突。中国幅员辽阔，对古人来说，如何治理这么大的国家是一件头痛的事。想要维持国家的基本统一和治理，只能依靠官员的个人素质。比如对官员的绩效考核，表面上看，就是给各个官员设定任务，让他们去完成，但是怎么对任务进行合理化的制定，既没有统一的标准，也没有有效的调控，很容易死板、僵化。

所以，可想而知，在这样的情况下，很多任务实际上是通过"非正常"手段完成的。比如，为了凑数，把没有犯罪的人抓起来，强制收税，等等。张居正既然要"改天换日"，就免不了要专断独权，培植自己的党羽，甚至勾结宦官。对于这一系列行为，传统的道德体系是不能接纳的。在这种情况下，张居正日后的悲剧实际上是一种历史的清算。

3. 申时行：最典型的古代官僚

张居正去世后，一位继任者没干两年也去世了，他就是申时行。如果说张居正是一位很厉害的政治家、改革家，申时行就是一位很厉害的官僚。

申时行知道整个文官集团都是科举出身的，并且都接受儒家这一套。如果想调动他们，申时行就需要在他们共同的思想上不断强化。全国有100万个读书人、2万个官员，鱼龙混杂，他很清楚整个官僚系统就是建立在这种模糊、暧昧、不清晰的基础之上的。这就是申时行的为官哲学。他认为，张居正恰恰忽略了这一点，过于严苛的管理让文官集团缺乏安全感。所以，他下定决心只当和事佬。

申时行在位几年，主张稳定、调和、宽容待人，既稳定了文官集团的情绪，也稳定了自己的位置。文官集团对他的评价画风都变了。刚上任的时候，人们都批评他无原则，后来都称赞他老成持重。但很遗憾，申时行在那么重要的岗位上一事无成。

4. 戚继光：被迫自污的名将

戚继光是一代名将，生前立下赫赫战功，但去世时贫病交加，朝廷不闻不问。

从宋朝开始，朝廷就重文轻武，甚至有"不怕文官贪污，就怕武将造反"的说法。这样可以有效杜绝武将叛乱，但代价是军队战斗力低下。1555年，不到70人的一小撮倭寇竟然直插陪都南京，杀了4000多人。而当时驻守在南京附近的明朝军队有12万人。

戚继光奉命去讨伐倭寇，开始军事改革。戚继光是一位军事天才，发明了战斗力非常强的"鸳鸯阵"。但很快问题就出现了，戚继光的军队有1万多人，却没有统一的后勤保障体系，武器、粮食全部靠分散支援。更麻烦的是，核心武器鸟铳要统一化生产。这就必须对人员、材料和经费进行集中管理和调配，成立单独的生产系统。

这一切，不光是技术条件达不到，还得获得文官集团的支持。为此，戚继光不得不贿赂朝中官员，尤其是当时掌权的张居正。甚至在张居正回乡葬父期间，戚继光不得不自污，专门安排一支鸟铳队护送。后来，当张居正被皇帝和文官集团清算时，戚继光自然被牵连，最终被罢官免职。就这样，一代名将最终只能默默死去。

5.海瑞与李贽：不被接纳的清官与思想家

海瑞是明朝乃至中国历史上赫赫有名的清官，但他在明朝一直不被重用。这是因为海瑞的思想极端，并且贯穿一生。他认为，世界太混乱了，上到内阁首府，下到州县衙役，全都是贪官污吏。一切不合理的东西都应该被取消，官吏必须得跟他一样过穷日子。结果就是，很多人苦不堪言。在海瑞的同事们看来，这位爷就是一个不折不扣的"疯子"，既难相处，也无法交流。

书中有一个例子，为了保护穷人，海瑞在应天巡抚任上清查高利贷。只要是穷人借的钱，不仅高额利息取消，本金也不用还了。虽然保护借贷人是对的，但无条件伤害庄家就说不通了。结果，海瑞本来进入官场的时间就很晚，又长期在基层徘徊，等到他真正成为地方大员都已经55岁了，而且朝廷几乎不敢让他掌握实权。

李贽是一位思想家，他的著作都是被官方禁止的。他跟海瑞不一样。海瑞比较单纯，认为所有的额外收入都不应该拿；而李贽也当过官,他会接受那些"常义",就是额外搞来的税粮。李贽跟别人不一样的地方在于,他敢于承认自己的私欲。但问题是,有些事实没法拿到台面上讨论。在官员们看来,李贽就是异端,有伤风化。

6.一个要紧的"无关紧要的年份"

在黄仁宇眼里,虽然万历十五年发生的都是小事,但如果把这些小事放到更大的时间和空间里,我们就会发现这个时期的中国,实际上已经陷入一种社会困境里。这种困境,既不是明朝所特有的,也没有随着明朝的灭亡而结束。

具体来说,这种困境是精细的工商业社会和小农社会之间的冲突。黄仁宇将冲突反映在六个具有代表性的人物身上。这六个人虽然属于不同的领域,但有一个共同的特点,就是悲剧性。

张居正作为国家行政总负责人,拥有最大的权力,但是他生前推行的改革不仅在去世后被彻底推翻,甚至连他的家族也被政治清算。万历被文官集团绑架,最后只能以不上朝的方式来消极对抗。另一个行政首脑申时行,夹在皇帝和文官集团之间,左右为难。一代名将戚继光,虽然在军事方面有突出的能力和天赋,但无法让新式武器发挥应有的作用。而道德勇士海瑞,不光是一生不得志,而且被整个文官集团排斥。思想家李贽,不但陷入了言行不一的矛盾里,还被大多数人排斥,最终落得个自杀的下场。

在黄仁宇看来,这些悲剧不是个人或者偶然的原因造成的,而是反映这个时代的侧影。

43 |《乡土中国》
中国传统社会的底色

李想[①]

《乡土中国》这本书是中国社会学和人类学的奠基人之一费孝通的代表作品。20世纪40年代，费孝通在西南联大任职，但是他不愿意"照本宣科"地为学生授课，而是希望能够和学生一起探索，做一些有意义的事情。他进行了大量的实践性研究和社会调查，这些内容经过整理，就成了我们看到的由14篇论文集结而成的《乡土中国》。

费孝通说："这本书并不是一个具体的社会描写，而是从现实生活的社会中提炼出来的一些概念。"他认为，中国社会是乡土性的。换句话说，中国的许多阶层是从农村分离出去的。那么，在漫长的历史发展中，农民逐步形成的一些行为习惯和人际关系，以及农村社会具有的一些特色，就构成了许多阶层乃至中国社会的根基。

1.乡土是什么意思？

在费孝通看来，乡下人的"土气"，恰恰是他们依靠土地生存的最好证明。土地使他们得以养家糊口，他们从一小块土地开始，不断开垦。虽然土地面积在扩大，但他们的劳作模式没有发生丝毫的改变。我们甚至可以大胆假设：只要不发生天灾人祸，一代又一代的人都会老死在自己耕种的土地上。

为什么会出现这样的情况呢？其实，这并不难理解，土地是没有

---

① 李想，得到听书特邀解读人。

办法流动的，长在地里的庄稼自然也流动不了。那么，对这些完全依靠土地吃饭的农民来说，没有什么比"当下的稳定"更重要。因此，"重复"就变成了中国真正的乡土本色。费孝通给这种生活模式下构成的社会环境取了一个名字，叫"熟人社会"。

由于过于熟悉的相处，每个人之间都知根知底，很多约定俗成、带有浓厚乡土气息的行为也就随之而来了。比如，做事不讲法律，只讲老祖宗留下来的规矩和传统礼仪；路上碰见了，不会先叫一下对方的名字再问好，而是打个招呼就各忙各的；合同也不走签字画押的流程，单凭本心和互相之间的信任。慢慢地，这些约定俗成的行为逐渐变成了"熟人社会"的代名词。

2. 乡土中的社会关系是什么样的？

在一种乡土气息的基层社会里，除了"所有人都熟悉"，还会衍生出来怎样的社会关系呢？答案就是"差序格局"。

费孝通没有明确地给"差序格局"下一个定义，而是把这种社会关系分解成了四层问题。

第一层问题：一个人的社会关系网是如何形成的？

无论是哪种身份，所有人之间的联系都是以自我为中心的，再不断向外辐射。比如，结婚以后，双方关系向两个方向进行辐射，一是传宗接代，二是结识伴侣家里的亲戚朋友。以自我为中心就像往湖里丢一块石头，然后一圈圈波纹散开，一张庞大的社会关系网也就编织成了。

第二层问题：以个人为中心的关系网产生的特性是什么？

答案是伸缩性极强。它可以代表一个小家庭的概念，比如三口之家；也可以代表一个大家庭的概念，比如四世同堂。而决定这个关系网大小的因素在于关系网中核心人物地位的高低。

这一点也很好理解，如果家族里有一个人位高权重或者非富即贵，那么其他人绞尽脑汁也得跟他扯上点关系，不管远近亲疏，哪怕连辈分都分不清，也要勇敢地扑上去。这种情况不单单在一个家族如此，在一个村子里也是如此。越是富有的人家，越有群众号召力；越是贫困的人家，越人力单薄。这种以个人为中心的关系网所产生的特性，不仅存在于传统的乡土社会，即便是在当下的社会也很常见。

第三层问题：生活在这种关系网中的人具有怎样的特性？

在大的方面，中国乡土社会的道德观念不像西方宗教影响下的讲求"人人平等"，中国乡土社会讲求有差别。这个差别就在于，每个人都是"以自我为中心"来对人和事进行评判的。在小的方面，传统乡土社会中有一个十分普遍的现象，那就是夫妇之间的感情十分淡漠。因为在乡土社会中，男女感情不是放在第一位的，生育繁衍、壮大门楣才是首选，这也就是我们直到今天还那么喜欢说"门当户对"的原因。

第四层问题：如何保持这种关系网正常运转？

最有用的办法，是依靠老祖宗留下来的传统和一些约定俗成的规矩。费孝通为这些传统和规矩起了一个总结性的名称，即"礼治秩序"。简单来说，礼治秩序是指用礼数来管理日常的生活秩序，约束人们的行为。我们常说的一个词叫"合情合理"，这个"理"是道理的理；但在乡土社会中，它指的是符合传统道德约束的"礼"。维持礼治的手段，不在于至高无上的法律，而在于自己的良心。

3. 乡土社会中的权力如何运转？

任何一种社会关系的运行都需要权力来保障和维系，即便是在传统乡土社会中也不例外。费孝通提出，在乡土社会的不断发展中，四种权力长期存在：横暴权力、同意权力、长老权力和时势权力。

第一种权力是"横暴权力"。掌握这种权力的一般是两种人，要么是国家的最高统治者，要么是战争中的胜利方。在一个做事情只讲求传统礼制和规矩的乡土社会中，这种权力是最容易产生的。越是在动荡的时期，横暴权力的作用就越明显；谁的实力最强，谁就能掌握主动权。

第二种权力是"同意权力"。这种权力是人们根据自己在日常生活中的社会分工，达成的一种共识。简单来说，为了合作完成一件事情，双方可以协商。其中，最值得注意的一点是利益之争。既然一件事情需要双方协商，那么它在大多数情况下有两种可能：要么是一方觉得自己吃亏了，要么是双方都觉得利益分配不均。

前两种权力涉及面比较宽泛，第三种权力是专门为乡土社会量身定制的，即"长老权力"。"长老"两个字明确地表达出这项权力的持有者和使用者，也就是德高望重的长者。这个人不仅社会地位要高，生活阅历也要丰富，凭自身的世故圆滑就能给出处理意见。当然，"长老"给予的建议也不完全是他的个人经验。他会综合比对流传下来的乡间习俗和传统，在这个基础上加上个人的主观想法。

第四种权力是"时势权力"。这是一种不常见的权力，和迁徙有关。一般来说，乡土社会中是极少会出现"迁徙"的，一旦出现，必然是社会发生了极大的变动，例如战乱、洪涝灾害等。在这个时候，谁能稳定民心，谁就是真正的英雄。但是，对乡土中国来说，不需要也不喜欢出现太多的"乱世英雄"，毕竟自给自足、壮大门楣才是人们愿意延续的生活。

44 ｜《想象的共同体》
民族是如何形成的？

苗博特[①]

过去我们觉得，民族不能选，因为和原生家庭一样，它在我们出生的那一刻就决定了，一辈子不会变。但《想象的共同体》这本书认为，民族其实是我们想象出来的一个共同体，跟我们在哪里出生、爸妈是谁都没关系。

这本书横空出世，从社会想象和集体心理的角度，提出了一个特别新颖的说法：民族最早起源于欧属美洲殖民地，因为人们想象有个民族，聚集成一股民族主义情绪，才产生了民族。

不少人认为，作者本尼迪克特·安德森看待这个问题的不同视角，跟他的早年经历有关。1936年，安德森出生在中国昆明。他虽然是西方人，又是殖民官员的后代，但在情感上，他和东方的殖民地、被殖民者之间有着微妙的联结。这启发他后来摆脱了以欧洲为中心的殖民者视角，并从殖民地民众的角度分析民族问题。

1.民族是如何被想象出来的？

我们先来看这本书的第一个重点：在安德森眼中，什么是民族，民族又是如何形成的？他认为，民族本质上是一个想象的共同体。这里的想象不是捏造，而是群体形成共同认知的一个必要过程。具体到"民族"这个概念的形成时间，安德森认为是18世纪。18世纪发生的

---

① 苗博特，得到听书特邀解读人。

大事主要有两件：一是旧共同体的衰落，二是印刷语言的兴起。

对于旧共同体的衰落，首先是神圣的宗教共同体的衰落。在民族形成之前，世界是靠宗教这种非常重要的胶水"黏"起来的。根据宗教，世界分成了不同的信仰圈。信仰圈里的信徒都觉得自己信仰的宗教具有独特的神圣性。但是，经过15—17世纪的航海大发现，人们发现，自己的圈子之外还有不止一个圈子，每个圈子都有各自的神和重要典籍。这就使得宗教在人们生活中的地位逐渐下降，宗教起到的维持共同体的作用也在衰落。

另外一种旧共同体是政治性的，也就是王朝制的国家。在民族国家出现之前，由一个独裁君主统治的王朝是一种主要的政治体制。18世纪，西方受到启蒙运动和各种革命运动的影响，独裁君主原来那种靠着"君权神授"的理念统治的正当性，受到了越来越多的挑战。

印刷语言的兴起，给当时的人们提供了一个有力的新视角：我属于某一个特定语言群体，我和一个想象中的庞大的读者群在一起。

到18世纪晚期，市面上流通的方言出版物越来越多，特别是各种地方性报纸开始出现。但是，出版商不可能针对每种方言都发行一份报纸，那样市场就太小众了，成本也太高了。于是，慢慢地，一些特定的方言崛起，登上了印刷语言的大雅之堂。

这些从各种方言土语中晋级的少数印刷语言，很快取代了拉丁文作为神圣的通用语言的地位，还划分了势力范围，创造了新的版图，刷新了人们对共同体的认知。由于印刷品和地方报纸等媒介，原来交流不便的人可以想象自己和无数陌生读者联系在一起。这个群体很庞大，但同时又是有限的，因为出了这个势力范围，就是别的群体，他们会读不一样的东西。这种以印刷语言为媒介想象出的有边界的共同体，就是现代民族的雏形。

2.民族的想象是如何传播的?

人们先在认知层面有了对民族的想象和民族主义的情绪,才把民族这种共同体的形态从虚空中召唤出来,从此作为一种社会事实,登上了历史舞台。在接下来的几个世纪里,民族的形态扩散到了全世界,成为塑造现代国际体系的重要因素。

安德森对民族主义的传播路线也提出了不一样的看法。首先,他明确反对之前认为民族主义运动起源于19世纪的欧洲的传统观点,认为最早爆发民族主义运动的地方不是欧洲,而是18世纪晚期的美洲殖民地。特别是西班牙帝国下属的南美洲殖民地,那里的欧洲裔移民最早发展出了自己的民族概念,把自己和母国西班牙明确区分开来。不仅如此,美洲的民族独立运动还成了欧洲民族主义运动的蓝图。

我们先看第一波浪潮。美洲殖民地的欧洲移民,在18世纪下半叶逐渐发展出了民族这个新的想象共同体。那么,为什么欧洲移民会割弃和母国的联系,而发展出新的认同呢?这背后既有政治经济利益的考量,也有人们在心态上潜移默化的转变。

在上层精英那里,殖民地官员长期处在一个尴尬的地位。他们无法进入母国的权力中心,也发展不出真诚的归属感。与其在鄙视链的下游忍气吞声,他们不如占山为王。在普通民众那里,从18世纪下半叶开始,资本主义印刷业在美洲发展起来,最早的美洲报纸开始出现。这些报纸联结的是生活在这一特定区域的读者群体,造成了不同的想象的共同体。

民族这种模式从美洲传回欧洲,迅速掀起了民族主义的第二波浪潮。欧洲民族建设运动的先锋是语言学家、民俗学家等知识分子。他们编撰词典,积极推广标准化方言,制造各种神话、诗歌、报纸和意识形态,使民族这种想象更深入人心,从而引发了风起云涌的群众性民族运动,比如意大利统一运动、德国统一运动等。

这给统治阶级造成了强大的压力,迫使旧的王朝制帝国主动套上民族的皮肤,伪装成民族国家。对于这股"官方民族主义"的第三波浪潮,安德森的语气是很讽刺的。他说,民族那既短又紧的皮肤,竟然被撑大到覆盖帝国庞大的身躯,简直像一个得了橡皮病的人。

而离我们比较近的第二次世界大战之后的民族解放运动,已经是民族主义运动的最后一波了。到了20世纪,推广民族这种想象的媒介,已经不仅仅局限在报纸上了。亚洲、非洲的后起国家,有意识地通过种种手段来"建造民族"。在安德森毒辣的眼光下,甚至连绘制地图、进行人口普查、建立博物馆这种表面上看起来跟意识形态无关的事,也是国家用来强化民族认同的手段。

3.为什么想象的共同体的号召力这么强?

如今,民族国家已经是国际体系的标准玩家。民族主义常常能激起人们强烈的情感反应。人们之所以愿意为民族这种想象自我牺牲,是因为民族是人们生来就有的天然属性,为民族牺牲被认为是一种崇高的行为,也因为民族被假想为永恒的,满足了人们对意义和不朽的追求。

我们先比较一下民族和家庭。不知道为什么,人类对一切自然形成的连带关系,比如家庭、民族,常常怀着一种乌托邦式的想象。换句话说,为民族牺牲就和为家庭牺牲一样,赋予了人们一种道德崇高感。在安德森看来,这种情感上的回馈是我们愿意为本民族牺牲的原因之一。

当把宗教和民族主义放到一起比较的时候,安德森认为,民族主义在一定程度上具有宗教的性质。我们常常没有勇气直面真相。为了化解痛苦,我们去寻找各种解释,想要把无意义转变为有意义。这时,宗教就起作用了。它会告诉我们,这是因果轮回,是上天对我们的考验,诸如此类。它还会告诉我们,人生的意义就是努力工作,我们在俗世获得的成功将成为通往永生的天国的阶梯。

但随着现代化的进程，宗教信仰逐渐退潮，新兴起的自由主义等各种思潮都是面向现世的思想体系，既不关注宿命、来世，也不回应人生命中无意义的各种苦难。倒是民族主义，跟宗教一样，非常关心意义和不朽，还把这种想象嫁接到了民族这样世俗的共同体上。

虽然个体的生命逝去了，但其所属的民族将永恒存在，人们也因此实现了不朽。在这个意义上，民族主义是一种新时代的、对人们追求意义和永生的回应，能够激起人们最勇敢、最无私的奉献情感。

4.结语

我们回过头来看，对于民族和民族主义，安德森抛出了一个可以启发思路的新的理论视角，但是这个视角是不是完美得无懈可击呢？也不是。

安德森的整个理论，都在强调民族是被集体认同建构出来的。这个视角边缘化了经济、地理、政治等许多在现实世界中影响重大的因素，不免有一点以偏概全。

此外，安德森关于印刷资本主义的核心论点，主要来自欧洲和欧属殖民地民族国家形成的历史，在能不能真的成为一种民族形成的普遍模型这一点上，受到了不少批评和质疑。比如，在中国，虽然"中华民族"这个词是梁启超在晚清时期提出的，但是早在西方民族主义进入中国之前，中国就已经有了类似"民族"的想象了，这是印刷资本主义导致民族起源说不能解释的。

45 ｜《战争史》
为什么文化才是影响战争的第一要素？

裴鹏程

提到战争，理论界有句名言："战争是政治的延续。"这是普鲁士军事理论家克劳塞维茨说的，他被称为西方"兵圣"。不过，克劳塞维茨是大约200年前的人，西方学者对战争的认识早就超越了他，比如，《战争史》这本书就提出了新的观点。

《战争史》这本书的作者是约翰·基根，他是当代非常知名的军事史学家。他在英国皇家军事学院、普林斯顿大学任职，被誉为第二次世界大战后"英语世界头号军事史权威"。他的书被翻译成多种语言，被多次重译、重印。《战争史》是约翰·基根最重要的一部代表作。

1.克劳塞维茨的观点有何局限？

《战争史》一开篇就指出，克劳塞维茨的观点有明显的局限性。战争真的只是政治的延续吗？在近现代历史上，很多西方军事家笃信这一点，结果加剧了19—20世纪欧洲列强穷兵黩武的现象。

基根既没有按照时间线平铺直叙人类的战争演进历史，也没有按照地域依次介绍，而是按照作战的特点把人类战争划分为石、肉、铁、火四个模块。依照这个线索，与战争关系最密切的因素并不是政治，而是文化。战争其实是文化的体现，甚至在某些社会中，战争就是文化本身。

这种观点给我们提供了一种"如何应对战争问题"的解决思路。

在相对和平的今天，坦诚地说，人类并没有完全摆脱战争的困扰。甚至原子弹、氢弹等毁灭性武器的出现，也完全颠覆了"战争是政治的延续"的想法。面对这种恐惧性力量的颠覆和威胁，我们又该如何遏制战争呢？基根认为，我们可以从原始社会的先民那里找到解决方案。

2.人类战争模式第一阶：石

提到原始社会，我们会想到文明的荒漠。那么，落后野蛮的原始部落战争和文化有什么关系呢？

基根提出的人类战争模式第一阶的关键词是"石"。这个时期，人们在打仗时使用的都是石头、木棒等，其杀伤力有限。而文化是引发战争的关键因素，文化能在部落争取生存资源而发动战争的时候提供某种理由。

毛利人的战争文化就是一个很典型的例子。他们生活在南太平洋的新西兰岛上，有大大小小40多个部落。随着人口增加，毛利人需要发动战争，以便获得更多生活物资。在正式交战前，部落酋长需要召开大会，控诉敌人的罪行。也就是说，部落之间最合理的战争理由是复仇。

仇恨从何而来？来自部落的文化。毛利人对生存资源的争夺一直没有停止，这就导致"复仇"这种战争借口逐渐沉淀为一种部落文化。男孩子从小受到教育，绝不能原谅别人对自己的侮辱，面对抢劫、谋杀这样的行为更是要以牙还牙。毛利人记起仇来有时可以记好几代，直到复仇成功。

但复仇活动不会在一个回合就结束。复仇和被复仇的角色会不停地纠缠轮换，进入一种恶性循环。不过，这种糟糕的事情，没有出现在毛利人身上。原因还是文化。复仇文化既是毛利人的战争启动装置，也是约束战争的刹车装置。

在毛利人的文化中，复仇不是一命偿一命，而是只完成复仇的规定动作。也就是说，只要把敌人的头颅割下，复仇活动就算完成了。即使在复仇过程中杀死的敌人不如过去被害的人多，他们也不再追究。

3.人类战争模式第二阶：肉

当新的作战资源被引入，战争会有什么改变呢？文化对战争影响又会发生什么变化呢？

基根所说的人类战争模式第二阶的关键词是"肉"。人们可以把动物的皮加工成皮革，可以用猪或牛的骨头和皮制成皮胶，还可以将动物的筋用在弓箭、护甲或者其他弹射武器装置中。当然，最关键的"肉"是马。马不仅可以驮运货物，还能提高人的运动速度，使更大规模的交锋成为可能。

马进入战争系统发挥的第一个重要功能是拉战车。古埃及、古代两河流域发生的大战，都是战车主导的。世界上第一个多民族帝国——西亚地区的亚述帝国，就是战车开拓出来的。基根特别提到，亚述战车的行军速度，在内燃机车出现之前无人能及。这意味着，战车的作战效率也是空前的。

随着文明进程的推进、战争技术的发展以及人口的膨胀，战争的规模一直在不断扩大。文化对战争的约束本是原始部落的自保机制。但当新的战争资源出现，人们对生存危机的顾虑便减轻了。人类文明发展的主旋律变成主动出击、大胆扩张。而文化对战争的约束功能，会逐渐隐藏起来。所以，如果采用更大的时间尺度来观察人类文明，我们就会发现，文化对战争的约束力其实一直在下降。

4.人类战争模式第三阶：铁

基根认为，人类战争模式第三阶的关键词是"铁"。铁不仅是更具杀伤力的武器,还是效率更高的农业生产工具。人类的战争此时会发生什么变化呢?

以古希腊为例,古希腊缺少平坦的土地,没办法广泛使用骑兵,再加上最初的冶铁水平有限,单件武器的攻击力不强。所以,古希腊人在打仗的时候会组成步兵方阵集体作战。这就是那个时代的"坦克",杀伤力自然没的说。不过,问题是士兵的压力特别大。当两军接触时,方阵后排会挤压前排,对前排士兵的身体形成强大的压力;同时,因为后排士兵的视线被前排遮挡,他们只能跟着前排行进,他们的心理压力很大。所以,无论什么情况,士兵都必须挺住。如果他们慌了,方阵就会崩溃。

在这种作战方式的需求下,"勇猛精神"就在古希腊的道德体系里占据了很高的位置,甚至有一种"勇敢即正义"的感觉。英雄会受人尊敬,懦夫不仅无法被人接受,甚至会被处死。

崇尚勇敢的精神,首先传给了古罗马。由于古罗马的规模要比古希腊城邦大很多,因而军队要想有序作战,除了要有"勇气",还需要添加另一种"武器",那就是"纪律意识"。罗马历史学家波利比乌斯记载,在第二次布匿战争中,罗马统帅大西庇阿攻下一座城池。他下令:"士兵见人就杀,鸡犬不留,但没有命令不准抢劫。"这意味着,即使是抢劫这样的事情,古罗马人的行动也是有组织的。

5.人类战争模式第四阶:火

基根认为,人类战争模式第四阶的关键词是"火"。这时,战争将怎么进行呢?文化又会发挥什么作用呢?

从18世纪开始,随着西方人在技术上的进步,人类战争逐渐演化为"绝对的战争",就是不受任何约束的战争。人类在世界各地发动战争。为了取胜,欧洲各国纷纷使用潜艇、毒气、坦克、战斗机等新式武器,造成了前所未有的伤亡。当然,最可怕的还是核武器。

核武器的威力是之前的武器根本没法比的，它足以毁灭人类、毁灭地球。这时，曾经存在于原始社会中的恐惧感反而复苏了。如果核战争打起来，别说争夺生存资源，连人类这个物种是不是能够存在下去都是一个问题。对人类生存的担忧，迫使人们冷静下来。于是，从19世纪到21世纪，各类国际组织和国际公约不断出现。

但我们也要看到，第二次世界大战以后，不同规模的局部战争仍然时有发生。基根也提到，国际合作能永远维持和平这件事，恐怕要等很长时间才能实现。但这可不是在说，全球形成的约束战争的文化共识是无效的。这个局面反而证明了，人类在扩张欲望和自我约束中又一次主动回归理性，主动避免自我毁灭。而且，这是一条无论如何都必须走的路。

6. 结语

战争几乎和人类一样古老，人类有文字记载的历史基本上是一部战争史。文明都有扩张欲望。在原始社会中，生存是第一位的。出于对死亡的恐惧，文化一直限制着战争的规模。后来，随着新的战争资源的引入，人类的扩张欲望超越了对生存的担忧。文化对战争的抑制作用逐渐消隐，文化更多地扮演起催化剂的角色。结果，战争的暴力程度被推到极限，再次威胁人类生存。

在这种情况下，基根提出，我们只有一个办法，那就是重拾以前的习惯，重启文化的约束力量，把战争关进笼子里；否则，我们将难逃自我毁灭的命运。当然，这条路是曲折而漫长的。

46 ｜《长和平》
大国竞争为什么未必导向战争？

刘怡[①]

在一般人的印象里，冷战时期的世界是危机四伏的，人类每天都处在核大战的阴影下。《长和平》一书的作者约翰·刘易斯·加迪斯却说：对西方国家而言，冷战是16世纪以来爆发直接冲突最少、造成经济损失最小的一段时间。美苏之间的竞争以及核武器的存在，不仅催生出一套灵活机变的国际规则，而且让大大小小的国家更不愿随便使用武力。这种状态，就是书名所说的"长和平"。它并不完美，也不是提前计划好的，但对人类大有好处。里根和小布什两位美国前总统，都在公开场合推荐过这本书。"长和平"甚至变成了国际政治研究中的一个术语，一直沿用到今天。

加迪斯是美国耶鲁大学军事和海军史教授，研究冷战史超过半个世纪。《纽约时报》把他称为"英语世界头号冷战史权威"。这本撰成于1987年的《长和平》，作为加迪斯学术生涯的代表作之一，不仅把美国的冷战史研究推向了新高度，还帮助他当选为美国外交关系史学会主席。这本书自初次问世以来，已经多次再版，是当代国际政治研究和战略学领域的经典。

1. 为什么说冷战带来了稳定？

提到"国际政治"这门学科，人们的反应多半是：它是研究主权

[①] 刘怡，得到听书专职作者。

国家尤其是大国之间的互动的。可加迪斯说：光是关注国家还不够，还要用到一个概念，即"国际体系"。简单来说，国际体系就是主权国家通过互动形成的整体。就像一条公路，上面有大大小小、或快或慢、驶向不同目的地的车辆。这些车辆就是主权国家，路况则是国际体系。世界上爆发了战争，相当于出现了交通事故。但再大的车，也很难完全取消他人的"路权"。同理，国际体系虽然会受到大国关系的影响，但很难被一下子颠覆。

那么，在加迪斯眼里，冷战时期的国际体系有什么特点呢？答案是我们很熟悉的一个词——"两极"，也就是美苏双强并存。在欧美国家的历史上，还是头一回出现由两个国家主导整个世界秩序的情况。许多国际政治学者认为，这种格局很难保持稳定。可加迪斯认为，两极格局包含了内在的稳定性。因为早在第二次世界大战结束之际，美苏两国就是全世界军事实力最强的国家。它们都拥有庞大的军工产业、充足的人力储备和一系列海外基地，比所有其他国家强出一大截。而在冷战时期，国际政治的焦点恰好集中在军事和安全事务上，跟美苏两国的优势完美契合。这样一来，美苏领导人根本不用操心其他问题，紧盯着对手就可以了。

加迪斯还开玩笑说，美苏两极格局"不挑人"。不管美国总统是杜鲁门还是尼克松，也不管苏联领导人是斯大林还是勃列日涅夫，他们政策的差异都只会影响美苏自身的硬实力，颠覆不了两极体系这个大前提。冷战时期的美苏两国，就像两辆超长、超重的大卡车，加起来刚好占住整个路面。它们的速度有快有慢，司机的技术有高有低，但国际体系这个"路况"还是被它们控制着。不到万不得已，哪个司机也不希望卡车相撞，都会稍微谨慎一点。两极体系下，相对和平的局面就这样出现了。

那么，为什么美苏两国的盟友乃至一些中立国，会甘心服从它们的安排呢？这又和第二次世界大战的遗产有关。第二次世界大战是反法西斯同盟联手打赢的，但在战后建立世界秩序时，唱主角的还是美苏。美苏两国在欧洲按照最后的进军范围，划分了势力边界，形成"铁幕"。两国及其盟友的军队，隔着这道"铁幕"长期对峙。加迪斯认为，这种态势造成了一个奇特的后果，即"威胁集中"。两国及其盟友都意识到，自己面临的最大生存威胁是"铁幕"另一端对手的武力。它们需要汇集所有资源，应对这个近在咫尺的威胁。因此，在冷战时期的欧洲，除了南斯拉夫和阿尔巴尼亚选择与苏联决裂，以及法国一度退出北约外，同盟体系基本没有动摇过，这就给两极格局加上了"双保险"。

美苏集结了几百万大军和恐怖的军事科技，对峙了40多年，却没有真正大打出手，这又是为什么呢？难道仅仅是因为两国领导人比较谨慎吗？当然不是。加迪斯告诉我们，这两个战略对手的关系其实很微妙。两国隔着太平洋，在历史上也没有多少纠葛。可以说，美苏对立完全是权力结构和意识形态导致的，不涉及复杂的民族感情。它们在处理彼此的矛盾时，很少有"你死我活、寸步不让"的心态。

不仅如此，加迪斯还注意到：美苏在经济上完全没有依赖关系。美国需要的能源、原材料和粮食，都可以从自己的势力范围内取得，苏联也是一样的。这跟历史上的许多大国关系不一样。加迪斯据此指出：经济相互独立，一方面意味着美苏影响彼此的"杠杆"很有限，另一方面意味着美苏不会因为贸易纠葛或者争夺自然资源而随便开战。这对和平又是利好消息。

2.冷战催生的共处规则

说完了国际体系，我们还得看看美苏各自的心理状态，尤其是两国领导人的决策理性。加迪斯告诉我们：从历史来看，诱发战争的往往是一些偶然事件或者危机。但促使领导人下决心开战的，其实是对战争得失比的提前计算。当一位领导人认定，战争带来的收益会超过损失时，他就会倾向于开战。第一次世界大战前夕的欧洲各国领袖，就是因为误判了得失比，才会轻率地发动战争。但在美苏领导人身上，这种情况不太多见。两国虽然在对内宣传时经常提到战争，但连一次大规模动员都没有搞过。

为什么会出现这样的情况呢？是因为美苏之间不存在危机吗？当然不是。加迪斯统计了一下：从1946年伊朗危机到1983年苏联击落韩国客机事件，美苏两国在冷战的前37年里总共经历了16次重大风险事件，平均每两年就有一次。可以说，诱发战争的导火索，从来都不缺。但危机终究没有升格成战争，这又是什么原因呢？

加迪斯给出了第一个答案：核威慑。核武器作为一种大规模杀伤工具，是在第二次世界大战战场上真实使用过的。它的残酷后果，给所有国家都留下了深刻印象。美国国家安全委员会在1956年做过一项研究，结论是：如果爆发核大战，美国本土至少要死5000万人，政府会被民众直接推翻。这还是冷战早期的情况。到了20世纪80年代初，美苏两国拥有的核弹头数量都超过了1万枚，形成了所谓的"恐怖平衡"。这个时候，两国反而开始进行谈判，商量要主动限制彼此核武库的规模。

在加迪斯看来，正是因为核武器同时具有毁灭性和不可预测性，美苏两个核大国在处理彼此间的矛盾时，逐步形成了一套固定规则。首先，美苏两国会有效管控冲突。在1962年的古巴导弹危机中，苏联一度把战术核导弹瞄准了美国在关塔那摩的基地。这是冷战期间人类最接近核战争的时刻。但危机解除之后，美苏两国领导人马上意识到误判对方意图的可怕。他们一致同意在莫斯科和华盛顿之间建立一条直通电报线，称之为"热线"。热线的功能是，当两国遭遇意外事件时，最高领导人可以直接向对方陈述自己的立场，避免发生误判。这样的危机管控，不仅限于核武器，还包括各种类型的常规武力。其次，美苏两国对彼此的核心势力范围持心照不宣的态度。双方敢于发动代理人战争的地区，比如越南、中东和非洲，一般离核心势力范围比较远。

除了核威慑以外，加迪斯还提到了一项独特的技术因素，即侦察卫星。按照他的看法，间谍飞机和侦察卫星的发展，反而成了美苏关系的"稳定器"。加迪斯解释道：领导人在计算战争的得失比时，需要掌握精确的情报。在美苏两国都发射侦察卫星之后，大部分粗略的军事情报变得一览无余。这种情报上的透明是双向的。美苏两国甚至形成了一种无言的默契：不到万不得已不会主动击落对方的卫星，会容忍一定程度的窥探。加迪斯专门写道："宁要可预测的疯狂，也不要不可预测的理性。"

除了核威慑和侦察卫星催生的规则外，加迪斯还提到了另一条双方都尊重的行事规则，那就是绝不谋求破坏彼此的政治领导力。美苏之间的竞争属于合作博弈，双方有一些隐藏的共识。两国都希望避免核大战，也都希望维持自己在国际体系中的特权。而承认对方领导人的合法性，同样是共识的一部分。否认这一点相当于宣告对方不是合格的博弈主体，整个博弈就无法稳定地进行下去。承认对方的政治领导，其实也是在降低自己面对的风险。

3.结语

国际政治不是简单的钩心斗角，所有主体都受到特定规则的约束，也会被国际体系的固有特征影响。美苏两国在博弈中建立的共识，就是一个例子。这些共识虽然不能阻止安全危机和局部冲突继续出现，却避免了核大战爆发，使整个人类都成为受益者。可以说，《长和平》是一部借冷战史来展现国际政治复杂性的绝佳教科书。

47 ┃《政治秩序的起源》
政治秩序的过去与未来

刘擎[①]

很多人知道福山这个名字,是因为他在1989年提出了"历史终结论",轰动一时。所谓"历史终结论",简单来说就是福山认为自由民主制是人类历史发展的终点。你可能还听说过,福山本人已经抛弃了"历史终结论",他的这本《政治秩序的起源》就表达了他转变立场之后新的思想。

但这个说法是错误的。我认为,30年来,福山基本的学术立场没有发生根本的改变。更重要的是,福山有一种当代学者少有的雄心,敢去触碰政治学中一个古老的大问题:人类的政治将何去何从?这可能是世界政治中最大、最难的问题之一。

当今的世界局势,到处充满纷争与冲突,大多数人对"人同此心,心同此理"越来越没有信心,认为世界走向融合是一种乌托邦式幻想。当代绝大多数思想家,要么回避普遍与特殊之间的争议,要么怀疑普遍主义的政治理念。在这样的环境下,福山真的是当代少有的支持普遍主义的学者。他最根本的观点,如果用一句话来概括就是:人类政治的发展,殊途同归。

---

① 刘擎,著名学者。华东师范大学教授,世界政治研究中心主任。著有《纷争的年代》《悬而未决的时刻》《刘擎西方现代思想讲义》等。

1. 福山为什么要写这本书？

福山为什么要费尽心力研究政治秩序的起源和发展呢？有两个很直接的原因。

第一个原因来自福山自己。他看到 21 世纪的世界政治发生了一个重要的变化，那就是民主化潮流出现了逆转。这种变化对福山之前提出的"历史终结论"形成了挑战。

从 20 世纪 70 年代初到 90 年代后期，世界上的自由民主国家从 40 多个增加到 120 多个，这被称为"第三波民主化浪潮"。但是，在 21 世纪第一个十年，世界上又出现了"民主衰退"。在第三波民主化的国家中，大概有五分之一的国家要么回到了威权主义制度，要么被认为民主制度遭受了严重的侵蚀。

第二个原因是受他的老师亨廷顿的启发。亨廷顿是福山在哈佛大学读博士期间的老师。他们师生两人分别提出了两个观点："文明冲突论"和"历史终结论"。这两个观点针锋相对，主导了冷战后十年的西方思想进程。

直到去世前的三年，亨廷顿才跟福山和解，并嘱托福山为 2006 年再版的《变化社会中的政治秩序》撰写导言。为此，福山重读了亨廷顿这部 1968 年问世的名著。书里有一个重要观点：对处在现代转向过程中的国家来说，"政体能力"，也就是维护政治秩序和治理的能力，比民主还是非民主这样的"政体类型"问题更为重要。

这件事成为一个契机，激起了福山系统研究政治秩序的愿望。

2. 这本书写了什么？

这本书有两个关键词："三个支柱"和"两种力量"。

"三个支柱"就是现代政治秩序的三个构成要素，或者说三种现代制度。

要探讨政治秩序的起源，我们先要明确"政治秩序"本身是什么。在当代世界,福山把丹麦当作一个案例来分析,从中发现了构成良好政治秩序的三个要素:国家、法治和问责制。

国家的英文是"state",就是通过集中权力和行使权力来发挥统治的功能。这些功能包括征税,维持社会治安和国家安全,以及提供基本的社会公共品,等等。

法治的英文是"rule of law"。它不是统治者自己制定的法律,而是一套至高无上的普遍承认的规则,高于所有人,包括统治者,也要求所有人都服从。法治对权力施加了规则的限制,区分了权力的正当使用和不正当的滥用。

问责制的英文是"accountable",而不是"responsible"。中文译本将其翻译为"责任制"不够准确,而问责制是比较准确的。问责制的意思是,政府有回应质询的义务,从而担负了对公共福祉的责任,约束以权谋私。

在明确了"三个支柱"之后,福山从远古时代的人类开始探寻政治秩序的起源和发展。

福山认为,政治秩序的发展其实和生物演化差不多。政治秩序演化的逻辑也是"物竞天择,适者生存",最适应环境的特征就最有竞争选择的优势。但政治演化和生物演化不同,生物演化只能靠基因变异,而制度可以人为设计和选择。而且,制度不能靠基因来延续,要靠文化代代相传,虽然也稳定,但跟生物相比,更容易变化。

那么,推动政治制度演化的动力是什么?这个答案比较复杂,我化繁就简把它归纳为"两种力量"之间的斗争。

一种是家族主义力量。这是袒护亲友的自然倾向,主要来自亲缘选择的生物本能,也就是偏袒与自己基因相近、血缘相亲的人群。家族主义有利于小规模群体的紧密合作,但不适用于超出部落层级的复杂社会秩序。

另一种是扩展合作力量。这是人类能够突破亲缘关系、展开复杂而有效的社会合作的能力，包括非血缘的互惠利他本能，以及抽象思维、遵循规则和追求承认的本能，等等。但是，这种力量已经超越了简单的生物本能，是专属人类的文化能力。

定义了这两种力量，我们就可以用一个简单句子概括福山的整体思路：政治秩序起源于家族主义；而政治秩序的演化历史，就是家族主义力量和扩展合作力量不断斗争的历史；现代政治秩序的发展，包括国家、法治和问责制政府的诞生，就是扩展合作力量克服家族主义力量的成就。

我们把握了福山的基本思路，也就更容易理解前面提到的三种现代政治制度是如何出现的。

我们先来看国家。福山认为，中国在秦朝建立了人类历史上第一个现代意义上的国家。请注意，福山说的"现代"不是指时间，而是说国家的类型。现代国家就是靠一个非人格化的官僚体制来执政，也就是中国人说的任人唯贤。

为什么中国能首先建立一个现代国家制度呢？福山认为，原因是战争。比如，在战国时代生死存亡的压力下，国家的征兵、税收、供给以及协调组织的水平越高，就越具有军事优势。

我们再来看法治。在西方，首先出现的现代制度不是国家，而是法治。福山认为，法治的兴起源于宗教。中世纪的欧洲世俗政权四分五裂，天主教会发展出独立于世俗政权的、等级化的、官僚化的教会制度。一方面，基督教的教义要求个人献身于教会组织，这本身就具有抗拒家族血缘的倾向。另一方面，教会赋予女性与男性平等的财产继承权，在客观效果上瓦解了家族关系的纽带，在教会组织中催生了非人格化管理的法治思想。

另外，罗马法的复兴也促进了成熟的法律编撰和教育系统的出现。最终，天主教会在欧洲建立了统一的法律秩序和司法体系。等到中世纪之后，当欧洲的君主制转变为现代国家的时候，一个法治制度蓝本就已经有了，现代国家制度的发展也需要法治的约束。

我们最后来看问责制。问责制政府首先出现在英国，源自英国国王和议会长期的权力斗争。最终，在光荣革命的时候，问责制政府和代议制政府的原则走向制度化。进入20世纪之后，问责制才发展为所有公民享有投票权的民主制度。

3. 如何评价这本书？

在这本书中，福山展示了政治秩序在世界各地发展的丰富多样性，不仅路径是多样的，而且目前的结果似乎也是多样的。这很容易解释。因为影响政治秩序演化的主要因素有两个：一个是人类的生物性，另一个是各地人群所处的环境。具有共同生物性的人类在不同的环境中，会做出不同的制度选择。

其实，福山在书中留了一条暗线，论证了"三个支柱"会形成合力，各种制度会殊途同归。最终，同时具备三种现代制度的国家具有更强的演化竞争优势。丹麦式的理想政治秩序，正如其他美好的事物一样，会被学习和仿效。

福山在另一本书中总结说："虽然高质量的民主政府时而供不应求，但对它的要求与日俱增……这意味着政治发展过程具有一种清晰的方向性，意味着承认公民之平等尊严的可问责的政府具有普遍的感召力。"

福山从没有像许多人误传的那样，放弃或改变了他的基本立场。在西方的民主体制陷入严重困境的时期，他反复重申，"历史终结论"的根本理念"仍然基本正确"。他坚持主张，作为政治理念的自由民主制"没有真正的对手"。

那么，我们跳出这本书来看，福山殊途同归的观点错了吗？

当下的现实世界形势对福山的观点是很不利的，然而，时代的季风不是历史判断的可靠指南。

当下的潮流会比20世纪末至21世纪初的潮流更为持久吗？换句话说，如果当时福山预言的"历史终结"未曾落实，此刻断言"自由秩序的终结"就更加可信吗？人类的政治未来会如何？在我看来，这个大问题本身会长期存在，而福山的回应也会时而兴盛、时而衰落，长久地经受现实的考验。

4. 结语

福山有一个很深的信念，理想的现代政治秩序要把他提出的政治三个支柱（国家、法治、问责制）结合起来，从而达到某种平衡结构。他的理由很简单，没有权力的国家是软弱无能的，但无所不能的权力是危险的。所以，"三个支柱"的要点，是要在"软弱无能"与"无所不能"之间找到恰当的平衡点。这就是政治秩序的理想目标，也是福山看到的"丹麦"的象征意义。

可是，对于很多国家来说，变成丹麦谈何容易？伊拉克、阿富汗或者索马里怎么才能变成丹麦呢？福山在丹麦的一所大学担任访问教授，发现连丹麦人自己也不知道今天的丹麦是如何造就的。福山断定，当代西方人有一种历史失忆症，忘记了自由民主制度的来龙去脉，所以他决心写这本书，重建人们对历史的记忆。

48 ｜《中国历代政治得失》
看懂中国传统政治

张晓琳[①]

1840年鸦片战争以后，西方的各种政治思想开始进入中国。为了探索中国的发展道路，许多革命家和学者开始实践这些思想，随之而来的是对传统的中国政治制度和文化的巨大质疑。辛亥革命前后，由于反帝宣传，人们把秦代以后的政治传统都用"黑暗专制"四个字一下子概括了。陈独秀曾经说，中国传统文化与西方的新文化就像水和火一样，绝对不能相容，如果要革新，那一切都应该走西方的路子。

《中国历代政治得失》这本书的作者是史学大师钱穆。处在那样的时代，他是怎么看待这个问题的呢？

1.名家与名作

钱穆是近代中国知名的历史学家和教育家，出生于1895年。那一年，中日签订了《马关条约》。钱穆的父亲是清朝的秀才，但钱穆只有高中文凭。16岁的时候，钱穆开始在小学、中学教书，一直到35岁才声名鹊起，被邀请到燕京大学任教，之后成为包括北京大学、清华大学在内多所大学的教授，讲授国文和历史。钱穆在1950年到香港开办了新亚书院，这是香港中文大学的前身，意在弘扬中国文化。

---

① 张晓琳，得到听书特邀解读人。

钱穆不是老学究，他开放，承认史学的多元性，同时又坚持自己的方向，毕生将中国历史和文化的主要精神及其现代意义作为治学的宗旨。比起钱穆，钱伟长这个名字在国内民众中的知名度可能更高。这位著名的物理学家是钱穆的亲侄子，由钱穆教养成人。1931年高考时，钱伟长的国文和历史都是满分，最终他被清华大学中文系录取。这是钱穆的教育打下的烙印。

《中国历代政治得失》这本书讨论的第一个问题是：在汉、唐、宋、明、清五个朝代中，哪个朝代的政治制度更好？这本书从政府组织、选举和考试制度、赋税制度、兵役制度四个方面来讨论五个朝代的政治制度和利弊。

2.政府组织比较

在皇室与政府的关系上，钱穆认为，唐代做得最好。一个原因是，三省六部制形成了一个有效牵制皇室并需要彼此合作的系统；另一个重要的原因是，唐代的政治意识有了巨大的进步。这就要提到汉代的不足。汉代的官名有很多脱胎于贵族的管家名，比如九卿中的太仆一职名义上是管车马的，光禄勋一职名义上是皇帝的门房。而唐代的六部则把官名和职责搭配得当，比如，吏部是管官吏的，兵部是管军事的。这才是管理国家政务的机构，而不是皇帝的管家仆人。这是政治意识的进步。唐代以后的宋、明、清，无论有没有宰相一职，其实都是在唐代三省六部制的框架下进行改动的。

在中央与地方关系上，钱穆认为，汉代要比其他朝代做得好。汉代实行郡县制，郡长官和中央的九卿享受同等待遇。整个国家的行政机构和我们现在提倡的"扁平化管理"很相似。地方长官有比较大的自主权，中央和地方力量的对比处于较理想的状态。而唐代实行中央集权，地方长官权力被分散。到了宋代，为了防止第二次"陈桥兵变"，中央官员直接替代地方官来管理地方事务，地方收入全部收到中央，导致地方毫无力量，首都一旦被攻破就是亡国。明清时期，派到地方的巡视官更多，既然官都去管官了，那么还有什么官去管理民生呢？在中央与地方关系上，钱穆更推崇汉代的制度。

3.选举和考试制度比较

汉代实行察举制，也就是地方或其他政府官员向中央政府推选人才。唐代相对于汉代有很大进步，科举制广开大门，除了商人、工人外，百姓可以自由报考，走上仕途。宋代科举与唐代相比又有很大进步，解除了商人、工人不得参加科举考试的限制，全社会都可以自由报考。宋代重视文人士子，使得文化氛围能够在唐末乱世后得以快速复兴、延续。

到了明代，科举制最为人所诟病的就是八股文。钱穆认为，八股文的本意是好的，这种限定严格的录取标准能更客观地选拔人才，只是没想到后来僵化到太坏的地步。考生只钻研怎么写好八股文，思想被束缚，视野被局限。而清代的科举考试，钱穆将其称为对汉族的愚民政策。在清代，政府开放给汉人的官职只有满人的三分之一，汉人即使考中了进士，也很难被委以重任，科举制只是一个用来维护稳定的花架子。就是因为明清科举制"太坏"，唐宋科举制的优越就更突出了。

4.赋税制度比较

在赋税制度上，钱穆认为，唐代稍胜一筹。因为唐代的政策理想更高一些，既不让百姓太穷，也让百姓有追求更多财富的自由。唐代初期，对于每一个穷人，政府都分给耕地给他们，在保证他们温饱后，再进行收税。他们有点类似现在的低保户。另外，由于商业不收税，有钱的百姓可以自由发展事业，赚更多钱。在钱穆看来，赋税制度上汉代不如唐代。首先，汉代的赋税制度没有注意到下层的百姓，没有类似的低保措施来防止百姓过于贫困。另外，汉代会限制百姓赚钱，不让百姓太过富裕，那些容易获得暴利的行业，比如每家每户要用的盐和铁，都不能私营。也就是说，汉代既不允许百姓过于富裕，也不能保证穷人的生活水平。不过，唐代安史之乱以后，国家的土地和人口一片混乱，为了简化收税的程序，政府不再给穷人分配耕地，并且开始征收茶税和盐税。宋、明、清在税制上也没有新的突破。总的来说，唐代在安史之乱以前的赋税制度更高明一些。

5.兵役制度比较

最后，我们再来说兵役制度。

唐代的兵役制度之所以更好，是因为唐代开创了一种新的兵制，即"全兵皆农"，也就是军人都要下地种田，不能无所事事吃粮饷。与汉代的"全农皆兵"比起来，这样不仅省钱、省劳动力，还能创造财富。

明代在武力方面的成就不亚于唐代，明代实行的也是类似的兵制。而宋代的兵制在钱穆看来，算是中国历史上最坏的兵制。宋代并不是统一的王朝，开国后打了几场败仗，国防精神一直是防御性的，养兵太多还不敢裁军，重用文臣却不敢重用武将，结果花钱不少，军队战力却不够。宋代成了一个因为养兵而亡国的朝代。

6.结语

总的来说，五个朝代的政治制度有得有失，但钱穆更加推崇唐代。唐代是一个转折中枢，在四个方面的制度都有所开创和建立。汉代有自己的制度，宋代的制度更多是沿袭唐代，明代的制度很多为中央集权服务，而清代没有制度可言。这里要提到钱穆的一个看法，他认为，政治的建树有"制度"和"法术"之分。"法术"是出于私心的各种手段，而"制度"是出于公心的。清代的军机处、科举制都是出于私心来维护满洲部族统治的"法术",而不是"制度"。

　　需要承认的是,这本书有一定的局限和遗憾。钱穆在少年时代见证了列强对中国的侵略和西方文化的冲击,他对历史充满"温情与敬意"的同时,也带有很强的"民族主义"意识。因此,这本书有一定的价值偏向,比如对唐代的推崇以及对清代的论述和批判都过于主观。另外,这本书脱胎于讲课稿,有课堂时间和篇幅的限制,不能进行延伸和深入解释。尽管有这些局限,但这本书既总括了中国历史与政治的精要大义,又点明了近现代国人对传统文化和精神的种种误解,仍然是了解中国历史首选的"中国政治制度史"名作。

49 ┃《中国文化的精神》
中国传统文化的内核与底层逻辑

朱步冲[①]

中国传统文化博大精深、源远流长,是中国人千百年来安身立命的精神资源,但很少有人能够简洁精要地总结出它独特的底层逻辑与核心价值。作为中国古代历史研究大家,许倬云在《中国文化的精神》这本书里给出了自己的答案。

为了详细展示中国文化独特的内核,以及中国人千百年来安身立命的精神资源,许倬云旁征博引,从民俗、戏曲小说、文物考古、哲学、历史典故等多个层面,努力为我们展示一个以人为本、拥有许多侧面、源远流长又生气勃勃的中国文化全貌。

1. 第一特征:以人为本,以人为主体

人与宇宙不是二元对立的关系,而是相互交融、统摄的。人是宇宙的有机组成部分,而人的身体与精神也可以被看作整个宇宙的微缩版本。与西方文明不同,中国文化中的宇宙,既没有第一推动力,也没有造物主,它本身就是自身的创造物。人始终是理解、阐释宇宙的本体。

对于宇宙的起源和运行模式,中国传统文化有一套独到的解释。许倬云在书中说,中国创始神话里的盘古和女娲,都不是所谓的"宇宙创造之神",更不是宇宙的统治者。他们只负责完成某种"阶段性

[①] 朱步冲,得到听书专职作者。

任务"。在中国传统社会里，以农业为本的生活状态，决定了人和时空，以及自然万物之间，有一种持续的强度联系。

中国人的宇宙结构观念非常独特：宇宙是一个大圆球，日月和金木水火土五行星，构成了一个以大地为中心共有七层的同心圆，各天体在各自的轨道上运行，周而复始，没有终结。而宇宙时空的运转之所以永恒，恰恰是因为人类这个观察者的存在。

人的造型是圆颅方足，和传统的宇宙构架，即所谓的"天圆地方"，是交相呼应的。人本身这个生物系统，也是一个微缩的小宇宙，和外在的自然世界持续发生互动感应。人不是屈服于宏大自然秩序的某种生物，而是与天地共存的宇宙成分。

中国文化对于人的主体性的看重，还体现在中国传统宗教中，比如大家很熟悉的一个词——"修炼"。既然人和宇宙的地位是平等的，两者交互感应，那么人依靠一些精神和身体层次上的练习，注重日常品行，同时服用丹药，就可以与宇宙运行同步和谐，从而达到精神不灭的境地。

到了西汉，人和宇宙之间相互沟通影响的机制，被当时的儒学大师董仲舒构建成了著名的"天人感应"理论。按照董仲舒的观点，人的变化，尤其是集体行为的变化，会影响宇宙本身的运行，而宇宙则会给人类行为加以定性，用祥瑞或者灾变作为反馈。

对于宇宙运行规律的解读和预判，是人类自进入文明时代后的共同诉求，古老的中华文明也不例外。然而，许倬云指出，东西方文明在底层逻辑上大有不同。在中国传统文明中，宇宙运行的规律不取决于某个神祇的意志，而取决于宇宙这个大系统内各个部分的互动与平衡。人如果能够了解这种动态平衡的规律，顺势而为，就能趋吉避凶。从我国古老的经典《周易》，到衍生出来的各种巫术方技，都是这种思想的体现。

2.第二特征：重视人与人之间的关系

中国文化的"以人为本"，体现在对人与人之间关系的重视上。许倬云认为，中国传统社会就是依靠人与人之间三重不同维度的关系编织、维系起来的。这三重关系分别是血缘、地缘和信缘。

血缘和地缘让中国人依据宗族亲戚和乡土关系，构成一个内外差序有别、层次清晰的社会共同体。血缘，就是亲属关系；地缘，就是所谓的乡土性。两者彼此缠绕，密不可分，所以许倬云在这本书中往往将两者一起谈。在传统中国的社会结构中，我们的祖先长期以农耕为本，精耕细作的农业注重彼此合作和老年人生产经验的传承。所以，居住形态基本是一个大家族固定聚集在一起，安土重迁。他们的基本生活空间长期固定，村落是社会的基本单元，而村落之间又根据血缘关系和乡土近邻关系联系在一起，最终聚集为一个庞大的共同体。

人类社会最初的基本形态，就是血缘关系构成的族群，注重亲情、孝敬老人与长辈。这不仅源自人性的本能，也是中国传统农业社会的现实需要。在传统农耕社会，老年人的经验传承极为重要。老年人熟悉天时候和农业耕作生产的种种诀窍，所以老年人备受尊敬。他们虽然退居二线，不再从事繁重的体力劳动，但还要照顾家中隔代孩童，顺便在闲暇时向下一代传授农业相关的知识与经验。这种知识与经验是否能够顺利传承，关系到社会族群的存亡，所以必须用社会伦理的力量来加以维护与保证。

以亲缘为基础的社会共同体的规模要想再进一步，就必须结合地缘，也就是乡土的力量。中文里有一个非常有温度的称谓，叫"乡亲"，这个称谓就体现了这种关系。也就是说，生活在同一个地区的人，彼此应该有一种紧密的类似血缘关系的情感连接。

许倬云说，这种依靠血缘、地缘和信缘形成的差序格局的好处是，明确了人际关系中个体的权利义务，不必通过刻意立法就形成了一套可以搬用、遵循的关系法则，让每个人都处在一个社会网络中，从而不再无依无靠。

信缘是指中国人独特的宗教信仰观。中国人的信仰，不依赖建制性的宗教机构和仪式，而是融合于日常生活，对各路神祇的崇拜和对祖先的崇拜双轨并行，形成了一个人和各路神仙频繁交流感应、强调在生活中积德行善的世界。

在中国神话宗教中，生前品行卓越的人，死后也可以被擢升为神。这既是中国人惯用的感恩情绪在推动，也是盼望这些人对苍生的贡献可以持续长存。中国传统宗教的一个特征是世俗化。也就是说，中国人很大一部分内心的宗教信仰和仪式，是放在日常生活中的。西方基督教强调的是"因信称义"，而中国宗教强调的是"神人互惠"。

3.结语

许倬云利用其深厚的学养和功力，只用了不到15万字，就为源远流长的中国传统文化，勾勒出一幅生动直观的素描。

在这本书的结尾，许倬云特地指出了他写这本书的另一个目的。他不仅仅是在为读者总结中国文化的特征与底层逻辑，而且在尝试反思，中国文化特有的精神心态能否调和医治现代工业文明所显露出的种种偏颇和缺陷。中国文化的强调群体、圆融中正、注重平衡等特点，能否和西方文明的优势特长互相结合，在未来引导人类走入一个前所未有的大同境界。

50 |《中国艺术与文化》
全球视野里的中国艺术

曹星原[①]

从普遍意义上讲，不同人类文明之间最显著的差异，恐怕就是它们在艺术审美上的差异。所以，有一种说法：艺术，尤其是视觉艺术，是文明之间互相增进了解、彼此学习的捷径。反过来说，我们如果能够跳出自己的文化习俗和身份，借用他人的眼光去打量自己，就能对自身文化的特征与属性产生更深且不一样的理解。

这本由两位美国艺术研究权威学者杜朴和文以诚写成的《中国艺术与文化》，既是一本干货满满的中国艺术简明史，能够作为我们自我审美教育的教材；又提供了一条难得的通道，让我们从一个崭新的角度鉴赏中国几千年来悠久恢宏的艺术瑰宝与作品，从而了解这些作品形成和流传背后的社会与文化因素。

1. 艺术是社会与精神的折射

这本书的叙述虽然严格按照时间顺序来展开，但没有单纯地以中国古代王朝的更替兴衰来进行断代，它的章节是按照艺术品表现风格的变化来划分的。比如，第四章叫"最初的帝国：秦汉"；第五章把整个魏晋南北朝时期都归结为"佛教时代：分裂阶段"；对于经济社会文化发展最为繁荣的两宋，由于创造了辉煌灿烂的艺术成就，两位作者特地辟出一个单独的章节来对其进行系统的讲述与分析。

---

① 曹星原，著名美术史学者，鉴定家。著有《同舟共济》《悟象化境》等。

19世纪，法国著名艺术理论家丹纳说，作为作品的艺术，本身并不是孤立存在的，如果把它比作枝头累累的果实，那么它的创作者，就是孕育它的树木，而在其下，起着更重要滋养决定作用的，是如同泥土的社会。所以，要想更深层次地理解一件艺术作品，更好地沉浸于它营造的世界之中，我们就必须对孕育它的树木和土壤有足够的了解。

首先，艺术和政治密切相关。这是中原文化发展的内在规律。这本书的第二章和第三章讲的是商周时期。第二章讲的是青铜时代早期，对应的朝代是商和西周；第三章讲的是青铜器的晚期，对应东周。为什么商和西周放在一起？中国的美术通史写作通常不会这样分，这就显现出作者之一的杜朴教授的功力了，他是根据当时青铜器功能的变化来划分的。

在商和西周，国家和社会把青铜器作为礼器。尽管商周之间朝代更迭了，但是青铜器的功能还延续着。而在西周后期，青铜器的礼仪功能弱化了，这就是孔子所说的"礼崩乐坏"。这是中国历史的大转变，社会在此时出现了一个断层。青铜器作为礼器的祭祀功能弱化就是这种断层的体现。

到了东周，青铜器五花八门，什么都有。东周青铜器的功能从礼仪转变到实用。东周出现了一系列的实用作品，这些作品也流传到了现在。如果按照传统的朝代划分，青铜器功能的解释工作就会变得很复杂。但杜朴教授用青铜器的功能进行划分，我们就非常清楚了。

其次，外来文明确实改变了我们的文化，但中国的文脉始终没有断。为什么两位作者把魏晋南北朝艺术归于"佛教时代"的标签下？因为佛教的传入给当时中国的艺术表现形态与题材带来了全新的血液和灵感，其影响力延绵不绝。比如，敦煌莫高窟与云冈石窟中现存的那些线条优美的绘画和佛像，其表现与装饰云集了古希腊、古罗马乃至印度、波斯与中亚草原地区各类风格，标记了欧亚大陆当时文化交流的轨迹与路线。这些外来因素，从魏晋时期开始，也被中国本土的绘画、雕塑等艺术形式的创作者逐渐吸收、应用。

最后，我们再来看看为什么宋代会出现文人画这样一个传统绘画艺术中的大门派？宋代是一个君主和中央王朝权力大大加强的朝代，同时，由科举考试选拔的士大夫知识分子逐渐构成了各级官僚的主体。经济的持续繁荣和物质财富的持续积累，又让当时文人官僚的日常生活与社交呈现出审美化和艺术化的倾向。创作和品鉴绘画，成为他们社交聚会消遣的主要乐趣之一。文人画的目的是，借助山水风景来表达自己心目中的理想社会秩序，以及人与自然的关系。

2. 中国近现代艺术的挑战和机遇

从19世纪中期开始，传统中国被打开了国门，正式成为全球经济与政治格局的一部分，当然其中包含着西方殖民主义带来的掠夺和屈辱，但这也激发了中国开启长期变革、自强发展的决心。艺术既然是社会精神与现实的反映，那么如何看待强势的西方艺术对自己的影响并且做出回应，也是100多年来中国近现代艺术家关心的主题。

比如，最早尝试把西方写实绘画风格与中国传统绘画结合的，是以广州为中心的岭南画派，因为广州是中国南方最重要的涉外通商口岸与贸易港口，另外南方沿海地区的知识分子也相对激进。鸦片战争之后，一些革新激进的艺术家指出，艺术也是民族精神的反映。所以，要想中国摆脱落后守旧，艺术创作也不能例外。

从北洋政府到国民政府，乃至中华人民共和国，都对外来的西方现实主义绘画采取了支持鼓励的态度，因为它形象、生动、直观，并且非常适合作为有效的宣传手段，能够促使大众觉醒，从而投身民族解放救亡运动。比如，著名画家徐悲鸿的大型人像油画《愚公移山》，就被赋予了彰显中国军民坚韧不拔、抗战到底的精神内涵。

当然，在这个狂飙突进的过程中，一个难以回避的问题出现了：

对外来艺术创作技巧和思想的接纳，会不会损害中国传统艺术的内在核心，从而降低它作为民族文化符号的功能？关于这一点的争论，始终存在。

不过，危机往往带来机遇，一些富于创造力的当代艺术家，巧妙地把文化之间的冲突与差异，当作引发创造灵感的触媒。比如，著名装置艺术家蔡国强的作品《万里长城延长一万米》，在嘉峪关附近，沿着古长城曾经延伸的轨迹，点燃了一条长长的火药导火索。刹那间，古老的长城在焰火绽放中再现，又迅速消散。古老中国文化的两大经典符号——长城与火药，与源自西方的装置艺术表现形式圆满地合二为一。

3. 结语

艺术是反映社会生活与制度变迁的一面镜子，是时代精神的反映与缩影。中国传统艺术是中国历史文化宝库中的瑰宝，详细了解其诞生的时代和技术背景，一方面有助于我们了解这些经典作品背后的时代意义与审美价值，另一方面让我们对中华民族绵延千年的文化血脉有更加准确的了解与把握。

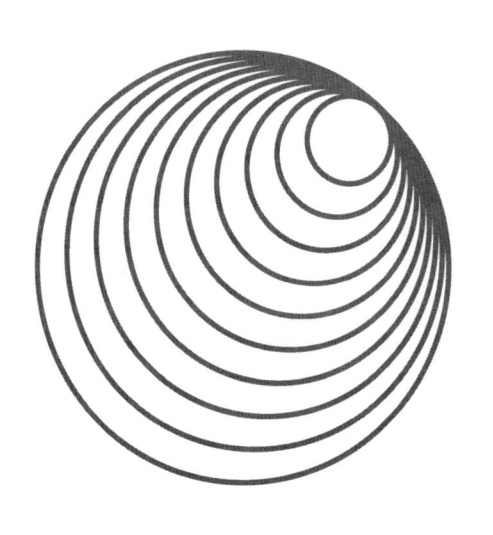

{第三模块}
商业视野篇

51 |《21世纪资本论》
贫富分化加剧的根本动因是什么？

徐玲[①]

《21世纪资本论》的作者是法国著名经济学家托马斯·皮凯蒂。这本书主要探讨了19世纪以来西方国家财富与收入不平等的历史以及未来的发展趋势。

贫富差距与经济不平等，一直是人类社会关注的主要问题。20世纪，贫富差距矛盾主要体现在发达国家与发展中国家之间；而进入21世纪，发达国家内部的贫富差距问题也日益突出。

这就带出了一个关于资本主义的核心争论：资本主义生产方式到底会缩小贫富差距还是会扩大贫富差距？一方面，由于技术和知识的扩散以及所谓的"涓滴效应"，贫富差距会逐渐缩小；但另一方面，似乎存在一股强大力量，把一个已经实现了共同富裕的社会重新变得不平等。这就是当下欧美国家正在发生的现象。

这股神秘的力量是什么呢？皮凯蒂用一个不等式来表达：$r>g$。其中，r指的是资本收益率，包括利润、股息、租金等资本收入；g指的是经济增长率，也就是年收入或产出的增长。如果资本收益率大大超过经济增长率，这就意味着原始资本积累的速度明显比社会总产出的增长快，那么过去的财富不平等将自动导致更大的不平等。

皮凯蒂在书中通过对大量历史数据的系统梳理来表明$r>g$是资本主义的常态。如果没有外力（比如战争、社会运动、政府干预等）阻

---

① 徐玲，得到听书专职作者。

断,贫富分化就会不断加剧。

1. 20世纪西方国家的贫富分化趋势,为什么会呈现U形曲线?

从整个西方国家的历史数据来看,无论是传统农业社会还是进入工业革命之后,社会贫富分化的程度一直很高。只是在1913—1950年,贫富分化程度突然明显下降了。这种情况一直保持到20世纪70年代,之后又重新回归到高位。这就是皮凯蒂观察到的U形曲线。

我们都知道,1913—1950年发生了两次世界大战和大萧条,这些事件极大降低了西方社会的财富水平。皮凯蒂用了一个指标来代表社会财富的积累水平。这个指标就是资本/收入比,也就是社会总资本与国民总收入之比。数据显示,欧洲国家的资本/收入比在十八九世纪长期稳定在6—7倍的水平,也就是社会总资本是国民总收入的6—7倍。然而,1913—1950年,这个指标锐减到2—3倍的水平,缩水了一半以上。

这对西方社会来说是巨大灾难。不过,它也带来了一个意想不到的后果——大大减少了社会不平等的程度,因为当时西方社会的财富高度集中在富人手里。1910年,西方国家最富裕的10%的人群占有财富总量的80%—90%;而最穷的一半人口仅仅占有财富总量的5%。可以说,他们一无所有,也就没什么可损失的。很显然,社会总财富缩水,富人遭受的损失比穷人要大得多。

此外,还有一个原因导致了这一时期贫富差距的缩小,那就是税收政策的变化。1910年之前,西方主要国家的税率非常低,一般不超过5%。然而,在两次世界大战和大萧条期间,为了应对经济冲击,西方主要国家的政府大幅提高了所得税和遗产税的最高税率。

不过,战争、大萧条与超高税率毕竟是特殊时期的特殊现象,这些事件冲击带来的贫富差距缩小,并不是资本主义发展的一般规律。事实上,当这些极端事件的影响力消退了,西方社会开始重新积累财富。欧洲国家的资本/收入比就从1950年的2—3倍回升到了2010年的4—6倍,未来还很可能回归到6—7倍的历史高位。

这样看来,资本主义内部似乎有一股神秘力量,能够不断扩大贫富差距。这股力量在20世纪上半叶遭到了一系列极端事件的阻断,之后又卷土重来。这股神秘力量到底是什么呢?

2. 为什么说 $r>g$ 是财富分化的核心力量?

我们已经知道,资本/收入比就是社会总资本与国民总收入之比。这里要强调一下,由于西方国家的公共资本数量很少,基本等于公共债务的数量,因而正负相抵后,公共净资本约等于零。所以,这里的社会总资本就基本等同于私人资本,收益都归私人所有。资本/收入比的高低,直接决定了国民总收入中资本收入与劳动收入的比重。为什么这么说呢?

皮凯蒂提出了他的"资本主义第一定律"。这个定律的意思是,用资本/收入比去乘资本收益率,就等于资本收入占国民总收入的比重。假如资本/收入比是6倍,资本的平均收益率是5%,那么资本收入占国民总收入的比重等于6×5%,也就是30%,剩下的70%是劳动收入。如果把资本/收入比提高到7倍,而资本的平均收益率仍然是5%,那么资本收入占国民总收入的比重等于7×5%,也就是35%,剩下的65%是劳动收入。

那么,这个定律说明了什么呢?我们会发现,在资本收益率不变的情况下,资本/收入比越高,资本收入在国民总收入中分得的份额就越大,而留给劳动收入的份额就越小。这对穷人来说当然不是什么好消息。无论是1910年还是2010年,西方最穷的一半人口的资本都只占有社会总资本的5%,根本没有什么资本收入,完全依赖劳动收入过活。所以皮凯蒂说,一个社会的资本/收入比越高,贫富差距往往就越大。

说到这里，我们可能会好奇，一个社会的资本/收入比是由什么决定的呢？皮凯蒂给出了第二个公式：资本/收入比=储蓄率/经济增长率。他把这个公式称为"资本主义第二定律"。比如，在1970—2010年的40年间，日本年均储蓄率是15%，而其经济增长率只有2%，所以日本的长期资本/收入比应该是15%除以2%，即7.5倍。这与日本的实际情况是吻合的。

那么，"资本主义第二定律"说明了什么呢？如果一个社会的储蓄率保持稳定，那么经济增长率越低，资本/收入比就越高，也就是说，资本收入在国民总收入中占的份额就越大。这正是20世纪70年代以后西方国家发生的情况。20世纪70年代以后，西方国家的经济在战后的高增长阶段普遍结束，进入了一个低增长阶段。

1970—2010年，全球最富裕的八个国家的人均经济增长率都在1.6%至2.0%之间，没有统计意义上的明显区别。只不过，美国、加拿大和澳大利亚三个移民国家的人口增长率比较高，是欧洲国家和日本的两倍以上，所以这些移民国家的总体经济增长率要高于欧洲国家和日本。

但是，主要西方国家的人口增长率在未来很可能会呈现进一步下降的趋势。就算人均经济增长率能保持不变，总体经济增长率还是会进一步走低。这样一来，资本/收入比的进一步攀升就是不可避免的了。这就意味着，过去的财富积累获得的资本收益，将在未来国民收入分配中得到越来越大的份额。

皮凯蒂认为，一旦资本/收入比上升到6—7倍，财富高度集中，国家就会出现一种严重的社会倒退：十八九世纪西方社会普遍存在的"世袭资本主义"，将在21世纪卷土重来。"世袭资本主义"的一个最典型的特征是，继承了大量财富的人成为食利者阶层。这个阶层的人不用工作，光是靠资本收益获得的收入，就比普通人辛苦劳动获得的收入要高得多。更关键的是，这些财富还在不知疲倦地不断自我增值，并且增值的速度要远远高于国民总收入的增长。

为什么会出现这种情况呢？皮凯蒂提出了全书最重要的一个概念，即 $r>g$，也就是资本收益率大于经济增长率。这意味着，继承财富的增长速度要快于国民收入的增长速度，过去的财富不平等将自动导致更大的不平等。皮凯蒂认为，这是财富分化的核心力量。

值得注意的是，$r>g$ 并不是一个理论公式，而是皮凯蒂对历史经济数据的统计结果。在全球范围内，农业社会时期的资本收益率高于经济增长率，导致极端不平等。工业革命时期，全球经济增长率虽然提升了，但仍低于资本收益率。20 世纪，由于战争和萧条的影响，资本收益率下降，全球增长率提升并超过资本收益率，但这可能是历史上唯一一次。皮凯蒂预测 21 世纪资本收益率将重新高于全球经济增长率。

总之，皮凯蒂提出的两个定律表明：资本/收入比越高，社会往往就越不平等，最终导致"世袭资本主义"的重演。其中，造成财富分化的核心力量，就是 $r>g$ 这个不等式。

52 |《巴菲特传》
股神的成长之路

Hi-Finance[①]

沃伦·巴菲特身上的标签有很多,他是伯克希尔-哈撒韦的董事长、CEO(首席执行官)和最大股东,在美国被誉为"除了父亲之外最值得尊敬的男人",是唯一一个通过投资成为世界首富的人。

关于巴菲特的故事,市面上充斥着各种各样的畅销书。但罗杰·洛温斯坦的这本《巴菲特传》和市面上其他的畅销书不同。这本书不仅写得好看,而且将巴菲特的个人成长与成功故事写得很细致,对巴菲特的投资理念概括得也比其他书更加精准。洛温斯坦是美国《华尔街日报》的资深财经记者。

1. 少年巴菲特:野心很大,赚钱有道

巴菲特在12岁的时候就发誓要在30岁之前成为百万富翁:"如果成不了百万富翁,我就从奥马哈最高的楼上跳下去。"他在6岁的时候就开始挨家挨户卖可乐;13岁时,他开始送报纸,一直到高中毕业,总共送了60万份报纸,赚了5000多美元;14岁时,他靠自己赚的钱买了一个小农场,当上了农场主;高中时,他与朋友成立了一家小公司,做游戏机业务;高中毕业时,不满19岁的巴菲特已经有了13年能赚到钱的经商经验。

那么,小时候的巴菲特有什么过人之处,有哪些成功经验呢?我

---

① Hi-Finance,得到听书特邀解读人。

们以"送报纸"这件事为例。有人可能会想:不就送报纸吗,能有什么花样?但是,13岁的巴菲特还真把送报纸做成了小规模的"生意"。

首先,巴菲特是讲究策略的,他懂得对冲。他既送《华盛顿邮报》,也送《华盛顿时代先驱报》,因为这两份报纸是竞争对手,覆盖区域也基本相同,不管用户取消了哪一份报纸的订阅,他都不受影响。其次,巴菲特有一套自己的作业流程。他专门设计了送报路线,明显提升了效率。他送一幢楼的报纸所花费的时间,比普通的送报人用时要少得多。最后,巴菲特还懂得规避风险。巴菲特和公寓主管电梯的女服务员达成交易:一旦有人搬走,女服务员就立马向巴菲特提供情报,而作为交换条件,女服务员可以得到免费的报纸。

2. 从万元户变成了千万富翁

大学毕业时,巴菲特完成了从0美元到9800美元的财富积累。中年的巴菲特更是完成了从9800美元到2500万美元的财富积累。在入主伯克希尔-哈撒韦之前,巴菲特就已经成功跨进了"千万富翁"的行列。那么,巴菲特到底是如何赚到2500万美元的呢?这和他的投资理念有很大关系。

当时的巴菲特分析了自己的财富状况:他只有3万美元的初始本金,与其分散投资,不如将资金集中投资在一两只潜力巨大的股票上,来一个"本垒打"。"本垒打"是棒球运动中的术语,形容一棒得分的振奋人心的击球,也就是一打一个准。所以,巴菲特把整个合伙人公司的大部分资金投给了他认为的股票"本垒打"公司,比如美国运通、伯克希尔-哈撒韦和其他两三只股票。

巴菲特之所以投资美国运通,是因为当年美国运通在内部管理和运营上出现失误,使得公司遭遇巨幅亏损,而巴菲特从身边看到的现实是,很多顾客和商家依旧在使用美国运通的旅行支票服务。在经过大量的实地调研和访谈后,巴菲特得出了两个结论:第一,美国运通并没有衰败；第二，美国运通依然是世界上畅行无阻的品牌之一。1964—1966年，巴菲特共买入了美国运通将近1300万美元的股票；而到了1967年，这笔投资的价值上涨到2800万美元。

这个案例给了巴菲特很大的信心，巴菲特相信自己费大力气找到的股票，是能够带来相应的收益的。基于此，巴菲特选中的公司所构成的投资组合收益，从1962年到1966年帮助巴菲特显著打败了道琼斯指数的上涨幅度。

3.巴菲特的价值投资理念

如果仔细观察，我们就可以发现巴菲特在20世纪60年代的投资无不体现着"有原则的激进与有原因的集中投资"。比如，对10倍市盈率的迪士尼，巴菲特直接斥资400万美元买下其5%的股份。市盈率是公司股价与公司净利润的比率。这个比率高，说明公司的股价高。为什么要买迪士尼的股票呢？巴菲特认为，光迪士尼本身拥有的卡通形象和电影本身就已经和股票当前的账面价值相等了，其他的新业务，像迪士尼乐园等，都是潜在的增长点。无论怎样，该公司当前的股价是远远低于其内在价值的。

什么是内在价值？巴菲特又是怎么形成自己的价值投资理念的？这就要从巴菲特从沃顿商学院辍学说起。他本科考进了美国商科最著名的院校——沃顿商学院。结果到了那里以后，他发现沃顿商学院徒有其名。读了两年书后，他特别失望，于是主动辍学回老家读书。

偶然间，巴菲特在美国研究生院的教师名录上看到了两个人的名字：本杰明·格雷厄姆和戴维·多德。巴菲特本身就读到过这两个人的业界经典之作——《证券分析》。巴菲特突然发现，这本书的作者居然都还活着。于是，他给教授们写了一封信，大意是：我想申请入读哥伦比亚大学商学院，我惊奇地发现，你们居然还活着……格雷厄姆一看说：这个小伙子挺有意思，作为一个申请者居然写了这么一段话,此人必定天资聪颖。于是,格雷厄姆把他录取进了哥伦比亚大学。

有人可能要问:格雷厄姆到底是谁?巴菲特这么傲娇的人,怎么偏偏就服他?格雷厄姆作为价值投资的鼻祖,是那个时代当之无愧的投资界精神领袖之一。他有一个很著名的"雪茄尾"投资理论:很多人觉得雪茄的最后一段不是很好抽,但是不要忘了,雪茄尾也是雪茄,并且是具有雪茄的内在价值的。而被遗弃了以后,雪茄尾的价格很低,也就意味着成本很低。买卖公司也是一样的,寻找那些股价远远地低于内在价值的股票才是赚钱的核心。

巴菲特很崇拜自己的老师,凡是格雷厄姆投资的公司,巴菲特都会跟着买进。后来,巴菲特还争取到了为格雷厄姆工作的机会。在格雷厄姆的培养下,巴菲特在寻找低价公司这件事上变得越来越顺手。

1962年12月,巴菲特开始入股伯克希尔-哈撒韦。经过测算,该公司的股价被严重低估了。伯克希尔-哈撒韦的主业是纺织业,而纺织业并不赚钱。在巴菲特购买该公司的股票时,股价很便宜,两年后,股价还是没有大的起色。到了1964年,伯克希尔-哈撒韦的董事长向巴菲特提出,将巴菲特目前持有的部分股份卖给这位董事长。在双方谈妥后,这位董事长给出的收购价格却故意压低了0.125美元。提前谈好的事,怎么能随意修改呢?一怒之下,巴菲特开始大量收购伯克希尔-哈撒韦的股票。但伯克希尔-哈撒韦毕竟是做纺织的,属于夕阳产业,冲动投资的巴菲特在这次投资上亏损了不少。

这次失败的投资让巴菲特开始反思自己的投资策略。恩师格雷厄姆的"买价要低"的策略到底是对还是错?巴菲特逐渐发现,格雷厄姆的时代是经历过大萧条的时代,所以格雷厄姆虽为一代宗师,但是在新的环境下总有些束手束脚。失败使得巴菲特有了新的思考:以合适价格买入一家优秀的公司远胜于以优惠价格买入一家普通的公司,价值投资首先追求优秀公司,其次才是寻找合适的买点。

4. 投资本金从哪里来？

投资策略虽然日趋精湛，但也得有用武之地。巴菲特迎来了一个所有投资人都会面临的问题：投资本金究竟从哪里来？他后来的确找到了资金。有一家公司叫政府雇员保险公司（GEICO），巴菲特的恩师格雷厄姆曾是这家公司的董事长。

巴菲特为什么会盯上保险公司呢？因为保险公司"期限错配"的特点刚好满足了巴菲特获取廉价资金的需要。什么叫期限错配？譬如，今天我买了一份保险，那么我在付了保费后什么时候能得到收益呢？可能得在十几年或者几十年以后，甚至将来受益人都不一定是自己。所以，对于保险公司而言，一旦保险产品销售出去，就有一笔现金进账，而负债已经是几十年以后的事情了。因此，期限错配机制给保险公司带来了巨大的、廉价的现金流，也给巴菲特带来了机会。

这种资金在短期内可以被视作没有负债风险的资金，几乎不需要像银行贷款一样支付定期利息，更不需要像股权融资那样出让股权，同时满足了巴菲特对巨大的廉价资金的需要。巴菲特将保险称为"未来几十年最重要的收入来源"，它提供的源源不断的低成本资金，让巴菲特能够大规模收购企业或投资股票。在取得不错的投资回报后，巴菲特保险业务的资本实力大大增强，从而带来了更多的保险，雪球一步一步越滚越大，形成了一个良性的循环。

伯克希尔-哈撒韦越做越大，巴菲特通过进行持续努力且稳定的投资，打下了现在的伯克希尔-哈撒韦帝国。保险家、企业家和投资家三位一体，这才是巴菲特成为世界首富的关键。这是巴菲特成长的第三阶段。有了前面两个阶段的积累，第三阶段的巴菲特就顺利多了：如愿找到廉价资金，加上持续稳健投资，成为世界首富只是迟早的事情。

53 | 《财富的起源》
以进化视角重新理解增长之谜

徐玲

《财富的起源》这本书对"财富到底是怎么产生的"给出了一种很独特的解释。我们知道,人类的财富在过去200年经历了爆发式增长。如果把人类长达250万年的进化史当作一个整体,这200年就是这段历史的最后万分之一时刻。也就是说,在历史的一瞬间,现存的绝大部分财富突然涌现了。

更重要的是,财富增长不仅仅表现在数量上。在南美的某个原始部落,人们的生活水平停留在1.5万年前人类祖先的阶段。《财富的起源》的作者埃里克·拜因霍克估算,美国纽约人的平均收入水平是这个部族的400倍,算是在我们的意料之中。真正让人吃惊的是这两个经济体中商品数量的差距:原始部落中仅有几百种可供交换的商品,而纽约市则有几百亿种不同商品,差距达到了八个数量级!

那么,财富为什么会出现数量和种类上的"寒武纪大爆发"呢?所谓"寒武纪大爆发",是指在5亿多年前的寒武纪,地球上忽然涌现出了大量生命物种。这种生命大爆发是生物系统自然演化的结果。那么,财富的大爆发有没有可能也和生命大爆发类似,是一种系统演化的结果呢?这是《财富的起源》要回答的问题。

当然,拜因霍克的"野心"还不止于此。他的最终目的是,拆掉百年的主流经济学理论大厦,另起一套新的理论框架。拜因霍克把这套框架叫作"复杂经济学"。毫不夸张地说,复杂经济学是经济学一次重大的范式转移,这就像量子力学给经典物理学带来的冲击,将从根本上改变我们理解经济的方式。

1. 主流经济学跑偏了吗？

拜因霍克为什么认为主流经济学在100年前就跑偏了，并走上了一条错误的道路？

1872年，瓦尔拉斯出版了一部巨著，叫《纯粹经济学要义》，标志着主流经济学的一个重要转向，也就是"边际革命"的开始。瓦尔拉斯把经济体看成一个封闭系统，其中财富的数量和种类是一定的，它们被随机地分配给了具有不同偏好的人，这些人可以通过交易来达到经济的"均衡状态"。

拜因霍克认为，主流经济学正是从这里开始跑偏的。问题就出在"均衡"的概念上。他认为，主流经济学的"均衡模型"根本不是经济的真实运行方式，主流经济学关于"经济人"的假设理解错了人类的决策方式。这些重大缺陷让主流经济学既不能很好地解释重大经济现象，比如财富的起源和经济周期，也不能有效地预测经济。

为了解释经济模型和现实世界的巨大差异，后来的经济学家不得不对边际理论修修补补，提出了创新理论、信息不对称、有限理性等，但挽救不了这个理论框架的根本性缺陷。是时候给经济学另起一栋理论大厦了，这就是复杂经济学。

2. 复杂经济学登场

和主流经济学不同，复杂经济学把经济看成一个复杂适应系统。"复杂"是指这个系统中的行为主体很多；"适应"是指这些行为主体具有"适应性"，也就是它们能够彼此交互、学习，调整自己的行为。整个系统也在不断演进。

比如，一个蚂蚁群就是一个复杂适应系统。单个蚂蚁的智商很低，肯定不是"经济人"假设的高度理性的个体。但是，这并不妨碍它们通过一些简单的信号进行互动，从而完成非常复杂的任务，像建造蚁穴，以及进行有组织的进攻和防守，等等。此外，像我们身体的免疫系统、大脑神经系统、生物生态系统等，都是复杂适应系统。

如果把经济看成复杂适应系统，那么我们会发现，之前很多主流经济学解释不了的经济现象，一下子变得可以解释了。比如经济周期，根据主流经济学的均衡理论，当经济繁荣时，价格上涨，人们会自然而然地少消费，经济就不至于过热；而当经济萧条时，价格下跌，人们会自然而然地多消费，经济就不至于崩溃。通过价格机制，市场这只"看不见的手"就像一个"恒温器"，可以把经济控制在适宜的区间，根本就不可能发生大的经济波动。这当然和事实不符。

而复杂适应系统的特点之一就是，它是一个动态系统，可以形成正反馈。比如，麦克风如果离音箱太近，就会发出刺耳的噪声。这是因为声音在麦克风与音箱之间循环放大，形成了正反馈。正反馈是一个加速、放大和自我强化的循环，它导致系统呈现指数级增长或者指数级崩溃。

经济周期就是由经济体中的正反馈形成的。人们如果对未来预期悲观，就会减少消费；而消费减少了，生产也会相应减少，进而导致就业减少。于是，人们对未来更加悲观，就进一步减少消费，最后就会导致严重的经济萧条。在这个过程中，市场机制是失灵的，不可能靠市场本身的力量把经济拉回均衡状态。

要注意，正反馈可不是只起负面作用。实际上，正反馈有一个非常大的好处，它可以突破增长边界。我们都知道，主流经济学有一个著名的"递减"规律：生产者会出现投入的边际收益递减，而消费者会出现消费的边际效用递减。正是这个"递减"规律，让生产者不可能无节制投入，也让消费者不可能无节制消费，所以供需才可能维持在均衡状态。

但是，在某些情况下，正反馈机制可以打破收益递减的诅咒。比如，技术发明得越多，人类的知识储备越大，每个新发明带来的收益也就越大。对技术的投入就是一种典型的边际收益递增。边际收益递增可以打破主流经济学所谓的"均衡"状态，从而实现爆发式增长。

既然主流经济学解释不了经济周期，同样地，主流经济学也解释不了股市崩盘。均衡理论认为，股市会维持在出清状态，直到出现打破均衡的重大新闻事件。但1987年的美国大股灾当天并无重大新闻事件，这说明股市本身的运行也会导致波动。我们可以把股市看成一个复杂适应系统，其中的交易者会相互影响、学习、调整策略，且股市会出现时而平静、时而剧烈波动的状态，泡沫和崩盘也会时不时出现。因此，随机游走理论是错的，而股票价格的分布应服从幂律，这也解释了股市实际波动比传统理论预测的要大得多。

总之，如果把经济看成一个复杂适应系统，那么之前很多主流经济学解释不了的现象，比如经济周期、股市崩盘，一下子说得通了。但是，还有一个问题没解决，即我们在开篇提出的"财富到底是怎么产生的"。

3.从复杂经济学的角度来看，财富到底是怎么产生的？

从复杂经济学的角度来看，财富不是被"创造"出来的，而是"进化"出来的。复杂经济学认为，经济系统属于复杂适应系统里一个更小的子集，也就是进化系统。这里要注意，说经济是一个进化系统并不是在打比方，而是指经济系统和生物系统一样，共享了一套进化算法。

理论上，这套算法可以在任何媒介中运行，可以是碳基，也可以是硅基，还可以是语言文字，等等。进化算法的本质，就是在一个巨大的可能性空间中进行筛选。想象一下我们在黑暗中爬山的场景，进化算法就是通过随机探索和跳跃的方式找到区域内最高的山峰。

我们可能会有疑问：生物系统的进化是盲目的、随机的过程；而在经济系统中，无论是商业模式还是技术进步，都出自人类有目的的设计，两者是一样的吗？其实，设计是否有目的性并不重要，重要的是系统能出现足够多的变异，并且能够对变异进行选择和放大，从而创造出更具适应性的新事物、新知识和新增长，这才是进化的本质。进化算法促成了寒武纪时代的物种大爆发，也促成了现代社会商品数量和种类的大爆发。正是在这个意义上，拜因霍克说，财富不是"创造"出来的，而是"进化"出来的。

更进一步说，经济系统不止是一种进化过程，而是三种进化过程相互作用的结果。第一种是物理技术的进化，比如蒸汽机、计算机的发明；第二种是社会技术的进化，比如货币、股份制公司、破产制度的发明；第三种是商业设计的进化，比如商业战略、管理方法等。拜因霍克认为，这三种进化过程的共同演进促成了如今的财富大爆发。

54 ｜《大转型》
为什么不受干预的自由市场是乌托邦？

徐玲

《大转型》这本书的副标题是"我们时代的政治与经济起源"。这是一部西方思想史上的重要著作，首次出版于1944年。

所谓"大转型"，指的是人类社会在19世纪发生的重大变化，即自由市场的兴起。作者卡尔·波兰尼认为，自由市场的兴起对人类历史产生了重大影响，20世纪上半叶的剧烈动荡，包括两次世界大战和大萧条，都可以直接追溯到这一变化。

波兰尼在世时并没有什么名气，在美国哥伦比亚大学也仅是兼职讲师。然而，当他在1964年去世后，他的影响力不断增加，他如今被认为是20世纪最重要的经济史学家之一。之所以出现这种反转，是因为《大转型》受到了越来越多的大牌学者的重视，并引发了广泛争议。有学者甚至认为："除了《资本论》和《新教伦理与资本主义精神》，没有什么经济史著作比《大转型》更具影响。"

接下来，我们一起来看看波兰尼在书中提出的几个重要且具有颠覆性的命题。

1.原始社会中根本没有物物交换

我们先来复习一下传统经济学的一个基本命题：人是"经济人"，天生倾向于通过交换来获取利益。这个假设是传统经济学一切理论的起点。

亚当·斯密在《国富论》中说，"互通有无，物物交换，相互交易"是人类独有的天性。亚当·斯密举例说，一个狩猎部落中的猎人发现自己擅长制造弓箭，便专门制造弓箭，并与其他猎人交换猎物，从而获得更多收益。为了方便交易，人们开始将贝壳等物品作为交易媒介，于是货币诞生了。

这个故事在现代人看来非常自然。但波兰尼指出，现代人类学研究发现，原始社会中根本没有物物交换。

那么，原始社会的经济是如何运转的呢？以美拉尼西亚群岛的原住民为例，波兰尼认为，他们的生活没有等价交换的概念，而是受到其他经济原则的支配。

首先是互惠原则。在母系社会中，男人供养自己的母亲、姊妹和孩子，将最好的收成奉献给家庭。村庄之间也有互惠行为，比如渔村和内陆村互赠鱼和面包果。岛上的原住民定期远航，与邻居互赠贵重礼物，比如手镯和项链。这些互赠行为并非等价交换。

其次是再分配原则。在美拉尼西亚群岛，物产的一部分由部落首领储存，遇到重要节日或有客来访时用于宴会招待或回赠礼物。在一些原始狩猎部落，猎物也由首领统一分配。再分配原则不仅在原始社会很重要，也是各大文明古国建立的基础。

最后是家计原则，即自给自足的小农经济。耕作、纺织等活动主要为了自家生活所需而生产产品。虽然偶尔将多余产品拿到市场出售，但本质上不是为了利润。亚里士多德甚至认为，为利润而生产违背人类本性。

波兰尼通过这些例子表明，直到19世纪之前，经济的主导运行模式不是等价交换，而是互惠、再分配和家计。个体交易和地方性集市虽然存在，但只是经济生活的补充，人们不依赖市场获取生活所需，也不是为了交换和利润而生产。

波兰尼认为，没有证据表明人天生就是"经济人"，传统经济学的假设并不成立。相反，人的经济目的从属于社会目的，行为动机首先是维护社会地位和关系,而不是占有更多物质财富。在传统社会中,社会地位和网络比物质资源更重要。

波兰尼提出的一个重要概念是"嵌入"。他认为,19世纪之前,经济嵌入社会中,服从于政治、宗教和社会目的。市场在社会中只是次要角色。19世纪,市场才从社会中"脱嵌",成为支配人类生活的主导力量。这就是"大转型"。

2. 自由市场从未自然出现过

传统经济学认为,自由市场是好的,因为它是"自生自发"的自然秩序,国家和社会的干预是"人为的设计和强制",所以注定失败。波兰尼认为这是错误的。真实的历史表明,自发调节的自由市场从未自然出现过,而是19世纪西欧各国政府强制推行的结果;相反,对自由市场的干预和限制才是社会自发出现的。波兰尼指出的这个事实非常重要。

我们以英国的圈地运动为例。圈地运动指的是,15世纪后,英国毛纺织业发展迅速,羊毛需求增加,羊毛价格上涨,贵族地主圈占公有土地进行私有化养羊。从经济角度来看,圈地运动是历史进步,提高了生产效率,推动了毛纺织业和工业革命的发展。

然而,圈地运动对当时社会造成了巨大破坏。大量农民失去土地、流离失所,社会组织被破坏,乡村人口减少,房屋破败。社会自发出现了一系列保护运动,比如1549年的"凯特叛乱"。进步人士认为,这些运动是历史的反动,阻碍了经济进步。

圈地运动是英国土地私有化、市场化的过程,并非自然演化,而是依靠强权暴力和议会的强制执法。在这个过程中,反向的社会保护运动出现了。代表先进力量的议会支持圈地,代表腐朽力量的王权和教会通过反圈地法来保护失地农民。最终,议会胜利,反圈地法被废除,英国圈地运动达到高潮。

建立自由市场体系不仅需要土地商品化，还需要劳动力商品化。当时的《济贫法》规定，各教区要救济赤贫者，但这会限制劳动力自由流动，形成不了全国性的劳动力市场。《安居法》则限制人员流动。进步人士认为，这两部法是恶法，限制了自由市场的建立。在丹尼尔·笛福等知识分子的推动下，《济贫法》和《安居法》被取消，大批劳动力被抛入自由市场。这个过程同样不是自然演化的结果。

随着土地和劳动力商品化，自由市场体系基本建立，工业革命进入高潮。然而，历史并不支持进步人士的假设。工业革命期间，尽管贸易增长，就业机会增加，工资水平上涨，但社会底层赤贫者反而增多。这是因为自由市场的剧烈波动造成了工人的周期性失业。

波兰尼认为，自发调节的自由市场制造了穷人。早期贸易波动导致工人失业，他们没有社会保障，无法回乡务农，最终陷入困境。这些劳动者从乡村社会网络中被连根拔起，进入了"文化真空"。

这种情况不仅在英国发生，也在殖民扩张中重演。在非洲，殖民者强加自由市场，导致原住民社会崩溃。英国在印度引入自由市场体系后，导致严重饥荒，造成上百万人死亡。

19世纪出现了声势浩大的社会保护运动，比如宪章运动、卢德主义、空想社会主义等。虽然这些运动的名目、理念、领导人不同，但其目的都是阻挠自由市场运作，保护劳动力免受冲击。波兰尼认为，自由市场是强制推行的结果，而干预和限制是社会自发出现的。

3.自由市场的经济波动导致殖民和战争

在成功商品化土地和劳动力后，人们还需要处理货币。19世纪，一个最大的自由市场乌托邦出现了，即全球金本位体系，以打造全球自由市场。

金本位是指以黄金为本位发行货币。一国有多少黄金，就发行多少货币。各国政府失去货币发行权，货币供应由国际贸易决定。理论上，对贸易逆差国家来说，黄金流出，国内通货紧缩，物价和工资下跌，失业率增加，低效企业破产，最终进口需求下降，出口变得有竞争力，贸易平衡自动恢复。

然而，没有社会能承受周期性经济震荡。大量企业和失业工人无法承受经济波动，因此，社会自发保护机制启动。各国建立保护性关税，阻止黄金大量流出；列强争夺殖民地，垄断市场和原材料，为国际自由市场增加保护屏障。最终，殖民主义演变为帝国主义，引发第一次世界大战。

第一次世界大战结束后，各国继续回归金本位，试图重建全球自由市场，结果引发更大经济动荡，即1929—1933年大萧条。大萧条导致各国出现不同的社会应激反应：美国启动罗斯福新政，苏联施行五年计划，德国出现纳粹主义。这些力量虽然不同，但都指向干预和限制自由市场，为第二次世界大战和冷战埋下伏笔。

4.结语

这本书最重要的两个概念是"嵌入"和"双重运动"。

"嵌入"指的是，19世纪之前，经济嵌入社会，服从于社会目的。19世纪，市场从社会中"脱嵌"，成为支配人类生活的主导力量，这就是"大转型"。

"双重运动"指的是，自发调节的自由市场要求土地、劳动力、货币等要素按市场供求关系调节，但这些要素并非为市场交换设计的，强制适应市场波动会给社会带来巨大冲击，并引起自发的社会保护运动。这种"双重运动"反复出现，构成了近代以来的真实历史轨迹。

波兰尼认为，市场自由主义的最深刻缺陷在于，将人类目标从属于非人的市场机制，是人类社会不可承受之重。他最终得出结论："自发调节的市场观念，乃是彻头彻尾的乌托邦。"

55 │《定位》
在竞争中胜出的营销之道

成甲[①]

《定位》这本书的作者是美国营销大师艾·里斯和杰克·特劳特。2001年,美国营销学会评选《定位》为有史以来对美国营销影响最大的观念之一。2009年,美国《广告时代》杂志评选《定位》为史上最佳营销经典。有人说,如果只看一本营销书,那就首选《定位》吧。

如今,"定位"已经成为全球营销人都熟知的一个概念,广告公司会说企业打广告前要有广告定位,咨询公司会说企业制定战略前要有战略定位。说起定位,人人都会讲上几句,但是真正懂定位的人少之又少。究竟定位是什么,以及如何做出一个有效的定位呢?

1.什么是定位?

传统广告营销在思考决策的时候,首先都会分析产品有什么独特的卖点,对用户有什么价值,以及可以满足用户什么样的需求,然后把产品价值点列出来提供给消费者。可是《定位》说我们找错方向了。作者认为,竞争的终极战场不在产品,也不在服务,而是在潜在消费者的心智里。也就是说,对营销方案而言,我们生产什么样的产品不是最重要的,如何让消费者记住我们的产品才是最重要的。

哈佛大学的心理学博士米勒曾经在他的研究中提出,在每一个产

---

① 成甲,知名知识管理研究者,著有《好好学习》《好好思考》。

品类别里，消费者最多只能记住七个品牌。而《定位》进一步指出，其实用户根本记不住七个品牌，最多只能记住两个品牌。所以，企业该怎么办呢？这个时候，企业要做的不是传播更多的信息，而是要尽量简化信息，让传播的内容越简洁越好，因为用户根本没有时间和耐心听长篇大论。如果我们不能在简洁的信息中迅速激起用户的兴趣，这次广告投放可能就打了水漂。

那么，究竟有什么样的方法能在激烈的注意力竞争中撬开用户的心智呢？作者发现，想让用户记住一个新事物，有一个诀窍：不要总想着创造新东西来标新立异，恰恰要反过来做。我们要把想宣传的产品和用户已经熟悉或者感兴趣的东西建立联系，这样用户才记得住。

比如，对于一个地点的精确坐标，我们是记不住的。但是，如果说位置在家门口街道往东20米的地方，我们就能记住。因为前者是一个陌生的东西，而后者是和熟悉的内容建立联系。这个道理听起来很简单，可以撬开用户心智。可实际操作起来该怎么办呢？从哪里撬开用户的心智呢？《定位》这本书提出了三种方法：领导者定位、跟随者定位和重新定位对手。

2.领导者定位

领导者定位是指，我们要把自己定位为某个领域当中的第一名。因为研究发现，人们往往对排名第一的事物印象深刻，对排名第二或第三的事物则记不住。比如，我们都知道第一个登上月球的人是阿姆斯特朗，但第二个登上月球的人是谁呢？我们也知道世界第一高峰是珠穆朗玛峰，那第二高峰是哪座呢？知道的人很少。这就说明，我们的产品如果在一个品类里面成了第二名，就很可能已经和第八名或第九名没有什么区别了，大家根本记不住我们的产品是什么。

如果我们能够成为某个领域的第一名，那么我们还能获得很多额外的收益和红利。历史表明，进入用户心智的第一品牌所占据的长期市场份额通常是第二品牌的两倍、第三品牌的四倍，而且这个比例轻易不容易改变。比如，排名第一的可口可乐每卖出六瓶，排名第二的百事可乐只能卖出三到四瓶。所以，成为某个领域的领导者，不仅能够让用户更容易记住我们，还能让我们获得实实在在的销量上的利益。

不过，有人可能会担心："我不是这个领域中第一个发明了这个东西或者提供这个服务的人，这可怎么办？"没关系，你只需要成为第一个进入用户心智的人就可以了。这就好比第一个发明电脑的并不是IBM（国际商业机器公司），而是兰德公司。但IBM是第一个在潜在用户心智中建立了电脑定位的公司，它就享受到了极大的红利。

怎样才能在潜在用户心中建立领导者的地位呢？最主要的策略就是：不断重复我们的定位，抢先进入用户的心智。一定要不断地重复、强化这个认知，这样才能让大家记住我们。我们要不断地告诉消费者自己在某一个领域当中的领导位置，消费者也会这么认定我们。

3.跟随者定位

不过，更常见的情况是，我们进入这个领域的时候发现已经有领导者了，也就是已经有代表性的品牌了，那该怎么做呢？通常很多企业家的做法是，把产品做得更好，夺得第一。但是，定位理论指出，当一个品牌已经形成了领导者地位的时候，它具有非常大的优势。对于同一款产品，我们要花很大的成本来营销，但对方只要在现有的营销渠道当中做一次推广，就能获得很好的营销效果。所以，这时候最好的策略不是发起正面的攻击，而是要用逆向思维，做一个跟随者，想办法找新的空当，在一个新的领域中和人们已有的认知进行关联，从而让人们记住我们的产品。这就是跟随者定位策略。

比如，当年美国底特律是汽车生产的集中生产地，底特律的汽车制造商热衷于把汽车做得更长，把车身降得更低。而当时大众的甲壳虫汽车在进入市场的时候反其道而行，它的车身又短又宽，跟当时的主流车型不一样。甲壳虫汽车推出的"think small"（想想还是小的好）的主张，巧妙地避免了和当时的汽车领导品牌进行正面的斗争，从而抢先占据了潜在用户心中微型车的领导者形象。

这种寻找新空当的方法在饮料行业同样适用。因为可口可乐一直是可乐行业的巨头，所以在面对可口可乐竞争的时候，百事可乐用了找空当的方法。百事可乐发现，可口可乐一直在强调自己是最正宗的可乐，这就意味着可口可乐是年纪比较大的人喜欢喝的可乐，所以百事可乐就找了一个空当，把自己定位成了一个更年轻的可乐。百事可乐请的广告代言人以及做的品牌形象，都是面向年轻人的。这就形成了百事可乐品牌和可口可乐品牌不同的鲜明形象定位。

既然可口可乐和百事可乐已经把用户心智空间的第一名和第二名都占据了，那么其他产品是不是就没机会了呢？未必。七喜在这种情况下运用了一种特殊的关联定位方法，把自己定位为"七喜非可乐"。"非可乐"的定位不仅避免了与两巨头的正面竞争，还巧妙地与两品牌挂钩，使自身处于和它们并列的地位，成功地在消费者心智空间占据了一个位置。所以，当做不了领导者的时候，我们就可以采取跟随者定位策略，寻找新的空当。

4.重新定位对手

不过，社会竞争的激烈程度越来越白热化，有时候我们可能会发现自己进入的领域不仅有了领导者，连各种犄角旮旯的空当都已经被人占住了，实在想不出还有什么空当，那这个时候怎么办呢？这本书又教了我们一招，叫"重新定位对手"。意思是，改变人们对竞争品牌的已有认识，让这个占据人们心智品牌的良好形象受到负面影响，甚至摧毁它的形象根基，从而给自己的品牌挪出空当。说得通俗一点，就是把对手拉下马，让自己挤上位。

举一个典型的例子，我们在有炎症或者头疼脑热的时候经常吃阿司匹林，阿司匹林早些年是排名第一的止疼、消炎的药。当时有一款新药，叫作泰诺，它想进入这个市场，该怎么进入用户心智呢？它用的方法是重新定位阿司匹林。具体的办法就是，它写了一个广告词：如果你的胃容易不舒服，那么在服用阿司匹林之前应该请教医生，因为阿司匹林会刺激胃黏膜引起哮喘、过敏反应，造成肠胃隐性微量出血，等等，幸好我们还有泰诺可以选择。这就是重新定位了阿司匹林，告诉别人阿司匹林可能有很多副作用，而泰诺是没问题的，从而把自己挤上位。

这本书指出，站在领导者的位置其实有很大风险，因为人们很喜欢看这种神话的破灭，这就给后来想要进入这个领域的品牌留下了重新定位的机会。所以，当我们在所处的行业一时半会儿既做不了领导者，又找不到空当的时候，那就重新定位对手，把对手拉下马，为自己找到一个位置。

56 ｜《反脆弱》
为什么说压力和混乱可能会成就你？

毛昆仑[①]

在现代社会，焦虑已成为常见现象。尽管我们不断努力工作、锻炼身体，以应对未来可能出现的危机，但真正影响我们生活的往往是无法预估的事件。那么，我们是否有可能完全规避风险呢？如果不能，我们能否承受风险带来的负面影响，甚至从中获得收益呢？《反脆弱》一书尝试给出答案：风险是无法提前规避的，只有理解风险、提高反脆弱性，我们才能利用风险获益。

作者尼古拉斯·塔勒布被誉为当代最伟大的思想家之一。2007年，他出版了现象级畅销书《黑天鹅》，书中预警了次贷危机，但华尔街对此置若罔闻。2008年金融危机爆发，塔勒布因早早做空美国股市而大赚一笔。"黑天鹅"由此成为难以预测的重大罕见事件的代名词。而《反脆弱》一书，则是在《黑天鹅》的基础上更进了一步，不仅把不确定性的特征阐述得更加透彻，还提供了应对这些事件的方法。

1. "黑天鹅"事件有什么特征？

"黑天鹅"这个词最初用来指代不可能存在的事物，因为欧洲人只见过白天鹅，所以他们认为所有天鹅都是白色的，直到澳大利亚出现黑天鹅，打破了这一观念。"黑天鹅"因此成为小概率重大事件的代名词。"黑天鹅"事件有三个特点：不可预测、影响重大和事后具

---

① 毛昆仑，得到听书特邀解读人。

有可解释性。

"黑天鹅"事件的第一个特点是不可预测。这意味着我们无法预测"黑天鹅"事件的发生。例如，塔勒布在少年时经历了黎巴嫩内战，许多人认为战争会很快结束，但事实并非如此。他的爷爷是黎巴嫩当时的国防部部长，他发现爷爷关于战争的预测并不比街头的出租车司机准多少。后来，塔勒布去了美国的沃顿商学院，他原以为世界500强企业的CEO应该知道世界正在发生什么，但是那些CEO也没比他的爷爷强多少。由此，塔勒布得出一个结论：没有人知道世界正在发生什么、将要发生什么。

"黑天鹅"事件的第二个特点是影响重大。这类事件不仅会影响一家公司或一个国家，还会改变整个世界的格局。例如，"9·11"事件、第二次世界大战等，都对全球产生了深远影响。塔勒布认为，人类历史并非缓慢爬行，而是少量"黑天鹅"事件推动而出现的飞跃决定了社会的发展方向和每个人的生活轨迹。想想我们人生中的重大事件，比如我们上的学校、我们的伴侣以及我们毕业后遇到的老板，这些事件都不可预测且影响深远，基本决定了我们当下的生活状态。

"黑天鹅"事件的第三个特点是事后具有可解释性。塔勒布指出，事前和事后的视角完全不同。事前看，"黑天鹅"事件的发生没有明显原因，难以预测；但事后看，人们往往能找到各种解释，似乎事件的发生是必然的。例如，第二次世界大战初期，法国、苏联、英国和美国都未能预见希特勒的野心，导致战场被动。但在第二次世界大战结束后，人们能从各种细节中找到希特勒扩张的证据，认为战争的爆发是不可避免的。

既然"黑天鹅"事件难以预测，那么为什么塔勒布能屡次预测成功呢？这源于他的世界观。他将事物分为三类：脆弱类、强韧类和反脆弱类。

脆弱类事物喜欢稳定环境，容易因为环境的变化而受损，比如希腊神话中的达摩克利斯头上悬剑，时刻面临危险。强韧类事物不依赖环境变化，比如凤凰每500年自焚一次，浴火重生。反脆弱类事物则最为神奇，环境越波动、越混乱，它们反而越能从中受益成长，比如九头蛇怪被砍掉一个头，会长出两个头来。

这种三分法在生活中很常见。面对意外时，大多数人选择对抗脆弱性的解决方案，比如迅速加强预防，研究原因并推测最糟糕的情况。但在不确定性世界中，不可能有唯一的最优解。以美国为例，尽管历史上经历过多次金融危机，但每次都会有新的问题和漏洞出现。美联储前主席格林斯潘在2008年金融危机后的致歉声明中提道："2008年的金融危机，是前所未有的。"这说明每次危机后补上的漏洞，并不能预防新的危机。

这是因为在脆弱系统中，因果关系是非线性的。给出一个因，我们没有办法推测必然会有的结果，而且一个小小的因很可能会带来我们无法承受的严重后果。现代人希望通过预知未来建立坚不可摧的系统。这种想法说到底，就是强行把因和果之间的非线性关系当成可以预测的线性关系。塔勒布认为，要想在不断变化的世界里立于不败之地，每个人、每个组织都要拥抱变化，把自己变成一个反脆弱的系统，像生命而不是像机器那样去生存。

2.反脆弱系统如何建立？

塔勒布提出了三个步骤：降低脆弱性、采用杠铃策略和主动理性试错。

首先，降低脆弱性。这可以减少暴露在致命风险中的概率。对个人而言，尽量避免高危行业；对企业而言，确保生存是决策的前提，不冒险做可能导致企业灭亡的决定。企业家在做决定的时候并不会特别冒进，不会专门选那种一不小心就让公司关门的事去干。但在脆弱的系统里，因和果之间是非线性的，很可能只是为了一点蝇头小利决定做某件事,但这件事带来的损失是我们无法承受的。这说明,我们应避免低收益、高风险的行为,时常审视自己的决策。

其次,采用杠铃策略。杠铃策略是解决不确定性问题的有效方法,即重视极好和极坏的两端,避免中庸。例如,将大部分资源放在低风险、高确定性的事上,同时将少量资源放在高风险、高收益的事上。这样,即使高风险部分失败,损失也有限,而成功则可能带来超预期的回报。杠铃策略还适用于知识结构。专一技能往往脆弱,我们需要多元化技能支持。例如,会写代码的人可以学会游泳,能够在意外中生存;莎士比亚因炒房赚钱,无须写讨好观众的剧本,从而成为文豪。所以,在巨大的未知性面前,只有专一的知识或者技能往往是脆弱的,人要学会增强自己的反脆弱性。

最后,主动理性试错。这是在杠铃策略基础上增加正面"黑天鹅"事件的概率。尽管我们无法确定"黑天鹅"事件是否发生,但可通过理性试错提高概率。《反脆弱》这本书提到一位船长,他为了找到高价值的沉船,先对所有可能出现沉船的海域进行分析,然后把海域划成一个个方格,并在每个方格中标注出沉船出现的概率,最后制订搜索计划,确保每个最高概率的方格没有沉船之后,才转移到下一个较低概率的海域。他从最高概率的方格开始找,排除了一个又一个方格,排除的方格越多,剩下的地方找出沉船的概率就越来越高。这就是塔勒布所说的,找到一个可能会发生正面"黑天鹅"事件的领域,然后想办法用最低的成本来尝试最高的概率,以促使这样的事情发生,从而让我们在应对不确定性的时候有了更多的主动权。这个方法特别适合创业者。创业灵感常来自灵光一闪,但全力投入高风险项目往往容易失败。创业者应先验证核心假设,逐步投入,控制损失。例如,在地铁站卖果汁,我们可以先用家用榨汁机测试市场需求,再决定是否研发自动榨汁机。这样,即使这个模式不成功,损失也很小,而验证成功则可能带来巨大回报。

57 ｜《富爸爸穷爸爸》
金钱观如何改变人的行为模式？

得到听书团队

《富爸爸穷爸爸》是一本非常经典的财商教育书。这本书的作者是一个美国人，叫罗伯特·清崎，被人们称为"百万富翁的教父""金钱教练"。他出生在夏威夷，从小有两个爸爸：一个是"穷爸爸"，另一个是"富爸爸"。

穷爸爸是他的亲生父亲，是一位高学历的教育官员，拥有博士头衔。虽然亲生父亲的起点很高，但他的一生都在为钱发愁，甚至还破产过。所以，书里叫他"穷爸爸"。而那位富爸爸，是罗伯特·清崎的一位好朋友的父亲。好朋友的父亲虽然高中都没毕业，但是做生意和理财都很厉害，还有大把时间陪家人，后来成为夏威夷最富有的人之一。所以，书里叫他"富爸爸"。

在成长的过程中，罗伯特·清崎跟两个爸爸都有很多接触。他发现，两个爸爸有着完全不一样的财富观念。穷爸爸说："涉及钱的时候要小心，别去冒险。"而富爸爸则说："要学会管理风险。"穷爸爸总是习惯说"我可付不起"。富爸爸则不让孩子说这样的话，而是让孩子去开动大脑："我怎么才能付得起？"

在罗伯特·清崎的青少年阶段，他不断思考两个爸爸的财富观念，观察他们不同的人生走向。他发现，两个爸爸不同的财富水平，在很大程度上是由他们的观念导致的。而他在开拓事业的过程中选择按照富爸爸的财富观念行事。后来，他在商界大获成功，早早实现了财务自由。再后来，他整理了自己这些年对财富观念的思考和实践，写成了这本书。

如果要把书里讲的所有道理总结为一句话，那就是："不要为钱工作，要让钱为你工作。"富爸爸教给罗伯特·清崎的所有财富之道，都是围绕着这句话展开的。

1.为什么不要为钱工作？

"不要为钱工作"的观点，乍一听有点令人费解：大多数人工作，不就是为了填饱肚子、养家糊口吗？为什么说"不要为钱工作"呢？

富爸爸的意思，当然不是说我们工作不需要工资，而是说我们不能过于看重工资这个维度，以至于成了钱的奴隶。那么，为什么有很多人成了钱的奴隶呢？富爸爸说，这是因为他们让感情替代了思考。这里说的感情主要是两种：恐惧和贪婪。

有些人是被恐惧驱使着去工作的。没钱的时候，他们害怕付不起账单，害怕断了生活来源，所以拼命工作赚钱。那么，等到有了钱，这种恐惧就会消失吗？不一定。很多人发现，变成有钱人之后，他们又开始害怕失去钱，依然处于恐惧之中。除了恐惧之外，这本书还提到另一种感情——贪婪。对于这一点，富爸爸常讲的一个词是"欲望"。很多人为了实现欲望而工作。他们想拥有更大的房子、更拉风的跑车。他们以为如果这些欲望实现了，他们就快乐了。可是，这种用钱买来的快乐往往是短暂的，所以不久之后，他们就需要更多的钱，用来买更多的快乐、更多的舒适和更多的安全感。

那么，我们怎么才能从这种状态中解脱出来呢？从富爸爸的建议里，我们可以领会到，如果不想做"钱的奴隶"，我们就要在工作的过程中明确一个观念：工作不是为了领工资，而是为了学习新的技能；个人技能只有不断加强，才能从根本上给我们带来安全感，赚钱只是这个过程中的一个副产品。

在罗伯特·清崎的从业经历中，他一直在贯彻富爸爸的观念。比如，他上美国商船学院和去标准石油公司工作，是为了了解国际贸易；他加入海军陆战队，是为了学习领导力；他去施乐公司，是因为施乐公司有美国最好的销售培训课程，能帮他克服害怕敲门、害怕被拒绝的恐惧；后来，他辞职去创业，是为了锻炼经营能力。当然，创办公司只是他经商的开端，之后他又在国际贸易领域做了更大的生意。就这样，他逐步实现了财务自由。

2.怎么让钱为你工作？

"要让钱为你工作"的意思是，懂得积累资产，并通过资产的增值来实现财富增长。注意，"积累资产"是关键。但是，这里的"资产"跟很多人想的不一样。富爸爸说的"资产"，是能自我增值和能把钱放进我们口袋里的东西，而且这个钱是我们不工作也能拿到的，比如股票、基金、债券、知识产权等。很多人觉得电脑、手机、私家车等都是自己的资产，但富爸爸认为，这些不是资产，而是负债，因为它们不能给我们带来收入，反而会把钱从我们的口袋里取走。

"少积累负债，多积累资产"，对已经有一定财富积累的人来说，就是不要把大部分钱用来消费，也不要把钱都存到银行，而是要划出一部分钱来做投资。那么，如果是事业刚起步且还没多少财富积累的人呢？罗伯特·清崎建议，一方面，要在支出上克制一些，不要让自己背上太大的债务；另一方面，攒更多的钱，让钱流入资产项，尽快积累起自己的资产。

这是不是意味着，我们就不能买自己想要的或者贵的东西了呢？并不是。罗伯特·清崎只是建议我们不要一拿到收入就立刻去买自己想要的东西，而是要尽量用资产创造的钱去买想要的东西。

比如，罗伯特·清崎有一个朋友，他十几岁的儿子想要一辆车。这辆车并不是豪车，朋友完全买得起。但是，朋友没有直接买给儿子，而是拿出3000美元，跟儿子说："这3000美元归你了，但你不能直接用这3000美元买车。你要用这笔钱做投资,当赚到6000美元的时候,你就可以用其中的3000美元买车。"朋友的意思是,儿子要用增加资产的方式来支付自己想要的东西。在罗伯特·清崎和富爸爸看来,这是一种重要的"富人思维"。

如果我们往更深一层看的话,这种思维的实质就是把资产当作自己的事业来经营。罗伯特·清崎经常问找他咨询的人一个问题:"你的事业是什么?"很多人会说,自己在某某企业工作。但他认为,为别人打工并不是我们的事业,事业的重心应该是我们的资产。因为当意外来临的时候,我们的单位、工资都不能帮我们渡过难关,我们还是要靠自己积累的资产。

在现实中,很多东西可以算作我们的资产,除了股票、债券、基金、房地产以外,还有知识产权,以及各种不需要我们到场就可以正常运作的业务。罗伯特·清崎建议我们,在购买资产的时候,去买那些符合自己个人偏好的,这样我们后续才会愿意多投入时间去思考它、研究它,才更容易实现资产增值。

但是,不管选择什么资产,我们都要明白一点:每个人都有的一项最重要的资产,是我们的头脑。如果受到良好的训练,它就能帮我们撬动其他资产的增值,帮我们积累财富。而要想在这个方面训练我们的头脑或者提高我们的"财商",罗伯特·清崎建议我们夯实四个方面的知识:财务、投资、市场和法律。

如果我们没有时间学习这些知识,他就建议我们不要自己动手来做资产管理,而是把资产委托给更专业的人。在投资中,尊重自己的知识边界很重要,懂得了这一点就是我们拥有的最大财富,而不知道这一点将会成为我们面临的最大风险。

3.结语

作为一本20多年前问世的、经典的财商教育书,《富爸爸穷爸爸爸》里面的观点,在今天看来,可能并没有多么新奇。但是,这本书之所以能够长销20多年,正是因为它揭示了很多关于财富积累的、最朴素的道理。这些道理在无数财商类、成长类的书里被提起,是经历过时间验证的、最基本的财富之道。就像《今日美国》评价的:"《富爸爸穷爸爸》是任何一个想掌握自己财务未来的人的起点。"希望每一个人都能在这个起点上种下自己的一株财富之树,年复一年地浇灌它,守着它扎根拔节、开枝散叶,帮助我们抵御生活中的不确定性。

58 ｜《国富论》
现代经济学的拂晓

邓一丁

《国富论》是苏格兰经济学家亚当·斯密写成于1776年的经典。它是现代经济学的奠基之作,标志着现代资本主义思想的起源。

亚当·斯密在这本书里提出了一系列重要的观点。他提出了"看不见的手"概念,阐明了自由市场运行的机制;他重新定义了衡量国家财富的标准,指出了专业化的分工协作对提升生产力的重要作用。此外,他的学说还展示出一种新的可能性:国际贸易并不是一场尔虞我诈的零和博弈,贸易的双方可以实现双赢。这些观点在当时引起了不小的争议,但在接下来的200多年里逐渐深入人心。

在全球范围内,亚当·斯密的思想影响了无数政治和经济上的重要决策。在他的启发下,世界各国间的关税壁垒得以降低,全球贸易的进程得以加速。可以说,现代的经济学,乃至由商业活动连接在一起的整个现代世界,都有一块共同的不可缺少的基石,那就是这部厚重的经典。哪怕我们对系统地了解经济学知识不太感兴趣,翻一翻《国富论》,也有助于我们看清周遭的世界。

1. 亚当·斯密在和谁交锋?

要理解《国富论》的价值,我们首先要回归当时的历史背景。

在亚当·斯密写作《国富论》的时期,重商主义是西方世界最主流的经济学说。欧洲各国的君主大都按照重商主义的原则来设计对内和对外的经济政策。所谓的"重商主义"并不是字面上的"重视商业"这么简单。重商主义者主张抬高关税壁垒，保护国内的产业免遭外国竞争者的冲击，在生产上尽量自给自足，不依赖国际贸易。他们相信，通过这种策略，国家可以实现最大限度的富强。

可是，在亚当·斯密看来，这套学说已经过时了。从对价值的基本认识开始，重商主义就犯下了根本性的错误，还推导出了一系列错误的推论。根据这些推论制定出来的政策，阻碍了欧洲各国的经济发展。亚当·斯密写作《国富论》，就是为了和重商主义的观点展开交锋，扭转人们对经济现象的陈旧认识。纵观《国富论》全书，新旧两种观点的交锋贯穿了每一个章节。

2. 财富的本质是什么？

《国富论》的英文原书名是"The Wealth of Nations"，也就是"国家的财富"。那么，一个国家的财富是什么？它应该用什么标准来衡量呢？

亚当·斯密认为，衡量国家财富的标准是，把国家一年内各行各业的总产量平均分给全体国民后，每个人能够分到的数量。这个说法类似于我们今天常用的国民生产总值，平均到每一个国民头上，就是人均国民生产总值。

用生产来衡量国家的财富，在我们今天看来十分自然。但在亚当·斯密的时代，这是开创性的观点。根据重商主义的学说，那个时代的欧洲君主普遍相信：国家的财富就是一国之内贵金属的总量。

亚当·斯密认为，重商主义者从一开始就把"价值"和"货币"两件东西搞混了。黄金和白银只是货币，是一种工具，可以让交易变得更方便。可是，它们本身并不具备任何所谓的内在价值。

为了证明这个论点，亚当·斯密推演了一遍货币发展的历史。早期的原始社会并没有货币，人们的交易方式是以物易物。这种方法符合直觉，但十分不便。用亚当·斯密的话来说，在一座城镇里，"一个口渴的面包师刚好找到一个饥饿的酿酒师",是小概率事件。

为了解决不便,人们开始有意识地囤积某些东西。这些东西人人都喜欢,假如我们拿这些东西去跟别人做交换,大多数人不会拒绝。这就是货币的雏形。在早期社会,充当货币的物品有糖、盐、贝壳、烟草、鳕鱼干等,但这些物品未必能持久保存。而贵金属稀有且性质稳定,逐渐成了通行的货币。为了确定金属货币的纯度和重量,国家开始出面在货币上印上保证足量的戳记。这就是法币的开端。

通过对货币历史的推演,亚当·斯密得出了一个结论:贵金属,或者说用贵金属制成的货币,并不具有内在价值,只是一种媒介。人们使用它,只是为了在真正有价值的商品之间搭起一座桥梁。

那么,真正有价值的商品是什么呢?亚当·斯密认为,商品的价值取决于其中凝聚的人类劳动。在以物易物的时代,人们之所以会同意拿手头的东西交换对方的东西,是因为这样做可以节省自己的劳动量。所以,从本质上讲,一件商品的价值应该由其中凝聚的劳动来衡量。

3. 分工如何提高生产力?

既然真正有价值的是劳动,那么国家想要富强,最重要的就是提高生产力。

亚当·斯密提出,提高生产力的关键是分工。这个观点在今天看来很寻常,但在亚当·斯密的时代,工业革命尚未发生,大规模协作的现代生产模式还没有成为现实。亚当·斯密之所以能敏锐地洞察分工的价值,和他成长的环境有关。

亚当·斯密出生在苏格兰的柯科迪港。虽然这座港口城镇的规模不大,贸易却相当活跃。在柯科迪港附近,有一家制造大头针的工厂。亚当·斯密显然对此地进行过细致的调查。这家不大的工厂里只有10名工人,一天制造的大头针却多达48000枚。亚当·斯密发现,这是因为10名工人将制作一枚大头针的工序分割成了18道，每人负责两到三道。

分工为什么能提高效率呢？亚当·斯密认为，至少有三点原因。首先，分工可以让人们对自己负责的工作极其熟练。其次，分工能够帮人们省下切换任务消耗的时间和精力。最后，分工还会带来技术上的革新。

亚当·斯密发现，分工在历史上还发挥了一项重要的作用：导致了交易的发生。因为只有当劳动者各有所长，他们在擅长的事物中投入的精力才可能产生差别，也才有通过交换来节省精力的交易动机。在正常的交易中，交易双方总是能达成双赢。这样一来，分工和交易就构成了一个良性循环。

当然，在交易和分工组成的良性循环中，这两个因素是彼此成就的。一方面，分工的出现导致了交易的发生，并且让交易变得更加繁荣；另一方面，繁荣的交易让分工朝着更全面、更专业的方向发展。也就是说，良好的市场是分工的保障。

4. "看不见的手"如何发挥作用？

到这里，一条环环相扣的逻辑链条已经清晰地浮现出来：国家的财富取决于生产力，生产力取决于分工，而分工取决于市场。

这些观点和当时主流的重商主义针锋相对。亚当·斯密认为，所有公平、理性的交易都应该是双赢的。因为从交易双方的立场来看，他们都节省了自己的劳动量。可是，重商主义者坚持认为价值存在于贵金属当中。从这条基本认识出发，他们得出一条残酷的结论：所有的交易都是"你死我活"的零和博弈。因为所有的交易都是"一手交钱，一手交货"，贵金属制成的货币总是从买方手上转移到卖方手上。这样一来，卖方就总是赢家，而买方总是输家。

在重商主义者看来，不仅个人要捂好自己的钱包，国家的经济活动也要遵循同样的原则，在对外贸易中尽量争取顺差，避免逆差。只有这样，国内才能囤积尽可能多的贵金属。在这种观念的影响下，从16世纪到18世纪，欧洲各国高高筑起关税壁垒。它们对进口生意课以重税，同时给出口生意提供补贴之类的政策优惠。

重商主义者选择了封闭的自我保护措施，而亚当·斯密的选择是以开放的姿态拥抱市场。

开放意味着更低的壁垒、更少的管制。简单来说，开放意味着自由。而自由是一种选择的权利。亚当·斯密说，自由带来的不是混乱，而是秩序。这很可能是《国富论》留给后世最重要的思想遗产。亚当·斯密指出，真实的市场总是受到供需关系的调节。对于任何一种商品，每当供给大于需求，价格就会下降。如果供给端的利润降低，这种商品的生产者就会撤出市场。这样一来，供给就会降低，直到与需求达到平衡。同样的道理，当供给低于需求，商品的价格就会上升。人们看到生产这种商品的利益，就会纷纷入场，导致供给上升，直到与需求达到平衡。在一个自由的市场里，供需平衡是一个自然的结果。而当供需达到平衡时，资源也就得到了最大限度的利用。这个过程既不需要行会的保护，也不需要特别的扶持，所有的资本和劳动力都被用于生产人们最需要的东西。对整个社会的福祉来说，这是一种最优解。而很有意思的是，达成这个最优解的动力并不是任何人的善意或者社会责任感。每个人都只是在追求自己的利益，但是所有微观的私利汇成了宏观上最大的公益。

这套理论就是所谓的"看不见的手"。

5. 结语

在写作《国富论》的时候，亚当·斯密大概不会想到自己在发明一门叫作"经济学"的学科。他大概也不会预见，在接下来的200多年里，他的思想，至少是其中的一部分，会成为全人类的共识。尽管在今天，他发明的古典经济学的"理性人假说"常常会成为学者们批判的对象，但是现代的经济学者也都承认，亚当·斯密为经济学完成了极其重要的奠基工作，甚至和他针锋相对的行为经济学家也承认，行为经济学不是对古典经济学的颠覆，只是一种补足。

59 ｜《合作的进化》
博弈常胜的策略是"一报还一报"

徐玲

《合作的进化》是博弈论领域的经典著作，探讨了在人类社会中，假设人人自私自利，合作如何产生并维系的问题。中国古人想象的"大同"社会充满友爱，而英国哲学家霍布斯则认为，在原始状态下，人人自私自利，社会混乱，合作只能通过强有力的政府来建立。那么，事实究竟如何呢？

本书作者阿克塞尔罗德针对这一问题，设计了一系列基于博弈论的计算机仿真游戏。结果出乎意料：那些愿意合作、不首先背叛的"好人策略"全面胜利，而"坏人策略"失败。也就是说，只有好人才能笑到最后。

这一发现证明，即使在丛林竞争中，合作策略也是最优的生存策略。人们为了个人利益会自发地展开合作，使得合作机制能够自发形成、长期维持并不断进化。

阿克塞尔罗德是著名的博弈论专家、美国科学院院士。《合作的进化》一经出版，便成为研究合作问题的重要著作。著名演化生物学家理查德·道金斯甚至认为，《合作的进化》有资格取代《圣经》。

1.博弈游戏的运行方式

这本书中博弈游戏的设计原理，来自博弈论中的经典模型——"囚徒困境"。"囚徒困境"描述了两个犯人被捕的情景：如果双方都招供，各判3年；如果一方招供，一方保持沉默，那么招供的一方立刻释放，沉默的一方判5年；如果双方都保持沉默，那么各判1年。

在阿克塞尔罗德设计的游戏中，这一模型被简化为：如果双方相互合作，那么各得3分；如果双方相互背叛，那么各得1分；如果一方合作，一方背叛，那么合作者得0分，背叛者得5分。在这里，背叛者收益最大。但如果双方都选择背叛，结果就是两败俱伤。在游戏中，每个人根据自己的利益计算选择合作或背叛。

阿克塞尔罗德邀请了14位博弈论专家，要求他们将自己的博弈策略编写成计算机程序。这些策略可以大致分为两类：好人策略和坏人策略。好人策略倾向于合作，从不先背叛对方；坏人策略则时不时地背叛，以获取更大好处。除此之外，阿克塞尔罗德还加入了一个随机策略，每个回合随机选择合作或背叛。

15个策略在计算机上进行一对一的循环赛，整个循环赛重复5次，总共进行了12万个回合。结果让阿克塞尔罗德自己都感到惊讶：得分排名前8位的是清一色的好人策略，而6个坏人策略和1个随机策略则排在最后7位。这表明，好人策略全面胜利，坏人策略全线溃败。

为了验证这一结果，阿克塞尔罗德组织了第二轮比赛。这次参赛人数扩大到62人，每个参赛者都知道第一轮比赛的结果，并且可以改进策略。加上随机策略，共有63个策略参赛。当上百万个回合的比赛结束后，结果再次证明，好人策略占据绝对优势：得分排名前15位中只有一个坏人策略，排在第8位；得分排名最后15位中只有一个是好人策略。

那么，"好人得好报"的结果究竟是如何产生的呢？深入分析比赛数据后，阿克塞尔罗德揭示了原因：好人策略在面对坏人策略时并不特别强大，但它们能够互相扶持。如果好人策略遇到好人策略，那么双方会始终合作，取得高分。如果坏人策略遇到坏人策略，那么双方会相互背叛，两败俱伤。如果好人策略遇到坏人策略，虽然一开始坏人策略占优，但好人策略反应过来并开始反击后，坏人策略就无利可图。综合来看，好人策略更占优势。

更令人惊讶的是，在两轮比赛中，夺冠的都是同一个好人策略——"一报还一报"。这个策略的行动原则非常简单：第一步选择合作，从第二步开始重复对方上一步的动作。这个策略看似简单粗暴，但非常高效。第一，它是善良的，始终选择合作，不先背叛对方。第二，它是强硬的，如果对方背叛，它就会立刻反击，不让对方轻举妄动。第三，它是宽容的，如果对方恢复合作，它就会恢复合作，既往不咎。第四，它的行为模式简单明了，其他人容易理解，知道无法占便宜，只能选择合作。阿克塞尔罗德认为，善良、不被欺负、宽容和清晰，是"一报还一报"策略能够连续夺冠的根本原因。

2. 游戏与现实的对比

掌握了这些策略，我们是否就能在现实博弈中所向披靡，从而成为人生赢家呢？显然，现实远比游戏复杂。

这个游戏成功地模拟了现实世界的某些方面。第一，它假设每个参与者都是自私的，合作或背叛都是利益权衡的结果，不需要预设道德前提或信任关系。第二，游戏中的选择都是自主决定的，不需要其他权威的干预。第三，参与博弈的策略多种多样，有理性有疯狂，有投机有保守，有善良有阴险。第四，博弈的回合数足够多，未来利益足够重要。

尽管如此，但游戏结果似乎过于理想化，让人难以置信。事实上，阿克塞尔罗德还推演出了一个更乐观的结论：随着时间的推移，好人会越来越多，合作会越来越牢固，坏人会被自然淘汰，最终灭绝。这就是他所谓的"合作的进化"。

阿克塞尔罗德用生物演化的方式模拟"合作的进化"：假设在第一轮比赛中，A策略的得分是B策略的两倍，那么在第二轮比赛中，

A策略的数量是B策略的两倍。这样进行1000轮比赛，即进化1000代，结果会发生什么？计算机的结果显示，1000代之后，所有坏人策略都会灭绝，存活的全部是好人策略，而且仍然是"一报还一报"策略占绝对优势。

阿克塞尔罗德认为，合作的进化是不可逆转的。一旦合作建立，优胜劣汰的机制就会发挥作用。人们如果发现好人策略在竞争中占优，就会争当好人。久而久之，社会上的好人会越来越多，坏人会灭绝，整个过程一旦启动就不会逆转。

然而，这个过于乐观的结论与现实情况不符。人类社会演化至今，坏人并没有灭绝，好人是否占优也难以确定。问题出在哪里呢？阿克塞尔罗德的推演有漏洞。

著名哲学家赵汀阳指出，游戏的一个最大漏洞是"杀不死"假定。游戏中，没有人能消灭对方，每个人都有卷土重来的机会。这限制了坏人作恶的破坏力，让好人自带主角光环。这显然与现实不符，现实中的背叛往往是一击致命的，失败者往往没有翻盘机会。

而如果调整游戏规则，比如某个策略被单方背叛N次，即累计得N次零分，该策略便出局并彻底退出比赛，结果就会有很大不同，不太可能出现一边倒的情况，更可能的结果是好人策略和坏人策略各有胜负。

另外，现实中，很多背叛是"暗算"，并不是每次背叛都能被发现。游戏中，每个参赛者的策略在比赛中不能更改；而现实中，好人一旦遭到背叛，就可能"弃明投暗"，转向坏人策略，导致坏人越来越多。还有，现实中，好人与坏人的实力不均等，导致好人无法实现"一报还一报"。

这些因素使得社会的真实演化过程并不像阿克塞尔罗德所说的那样单向进化，而是在合作与背叛之间波动。

如果一开始人人都是坏人，作恶就无利可图，因为相互背叛的收益低。这时，若出现一些好人，他们彼此合作，并且能获得稳定收益，那么合作会逐渐扩展，坏人会逐渐减少。然而，如果好人占优势，那么坏人占便宜的机会便会增加，导致好人转向坏人，合作的进化也会开始逆转，合作减少，背叛增加。

因此，社会的演化是动态的，合作与背叛的选择是一个持续博弈的过程。无论好人策略还是坏人策略，都不可能一劳永逸地胜出。

3.结语

通过对《合作的进化》这本书的探讨，我们了解到，尽管游戏结果与现实存在差异，但它表明，在一定条件下，好人能够获得显著的生存优势。这启示我们，合作最大化、冲突最小化是人类社会发展的关键。尽管现实复杂多变，合作仍是我们追求的目标。通过理解和应用博弈论的原理，我们可以更好地推动合作，从而实现共赢。

60 |《黑天鹅》
如何应对不可知的未来？

徐玲

"黑天鹅"事件指的是不可预知且具有重大影响力的不确定性事件。塔勒布的这本《黑天鹅》探讨的是关于"黑天鹅"事件的一个悖论：人类一再遭遇"黑天鹅"事件，但为什么没有从中吸取教训呢？塔勒布认为，这是因为人类认知世界的方式存在重大缺陷。

英国哲学家罗素用一个更生动的例子说明了这种认知缺陷：一只聪明的火鸡在被人类精心喂养了1000天后，得出了"被照料和按时喂食是火鸡的生活常态"的结论；然而在第1001天，它成了感恩节的美味。这对它来说是一个巨大的意外。

事实上，人类的认知方式和这只火鸡并无太大区别。那么，我们该如何跳出这种思维，避免成为"火鸡"？这就是《黑天鹅》这本书要尝试回答的问题。

1.为什么我们认知不到"黑天鹅"事件？

一些隐秘的心理机制使我们无法认知"黑天鹅"事件，其中包括叙述谬误、证实谬误和幸存者偏差。

叙述谬误是指，人类大脑为了理解和记住一系列事实，会给这些事实强行加上因果关系，使它们看起来条理分明，但实际上，这种因果关系是不存在的。塔勒布指出，由于叙述谬误，书面上的历史比真实的历史更容易理解。经过层层的事后解释，历史事件变得脉络清晰，但真实的历史过程实际上是随机的、跳跃的、混乱的和不确定性的。这些重大不确定性事件，就是"黑天鹅"事件。

叙述谬误导致我们高估了自己的能力，低估了"黑天鹅"事件再次发生的可能性。人类大脑是一台强大的自动解释机器，可以通过寻找因果关系来简化信息，从而储存大量信息。但信息越简化，我们就越看不到其中的不确定性，理解也就越偏离事实的真相。

这种知识的错觉会被证实谬误进一步加强。证实谬误是指，我们一旦形成了一种认知，就会下意识地寻找能够证明自己正确的证据，从而忽略反面证据。例如，那只火鸡首先犯了叙述谬误，对主人的喂食目的做出错误解释；然后犯了证实谬误，通过不断积累正面证据来印证自己的错误判断，而看不到反面证据的可能性。

心理学实验表明，人们在面对模糊信息时会倾向于根据已有认知进行解释，即使这种解释是错误的。研究者发现，信息越多，产生的干扰信息也就越多，这些干扰信息会让大脑形成错误假设，并忽略后续出现的新信息。塔勒布因此认为，"信息有毒"，人们知道的新闻细节和小道消息越多，对事实的判断往往越不靠谱。

正确的认知方法是"证伪"，这是哲学家卡尔·波普尔提出的概念。证伪是指，我们一旦在头脑中产生一种假设或判断，就要寻找反面证据来挑战这个假设，从而不断接近真相。这是一种反人性的过程，需要不断否定自己并推翻原有认知，但很少有人能真正做到。而且，很多时候反面证据确实难以找到，因为遭遇反面证据的人往往无法发声，塔勒布称之为"沉默的证据"。如果忽视沉默的证据，我们就会陷入幸存者偏差的误区。

例如，一只幸运的火鸡被特赦了，平安无事地活了十年，如果它向其他火鸡宣称被照顾是火鸡的常态，那么其他火鸡会相信它，因为不幸遭遇反面证据的火鸡无法发声。历史往往由幸存者书写，因此我们在解读历史事件时容易落入幸存者偏差的陷阱。

综上所述，叙述谬误、证实谬误和幸存者偏差等心理机制会严重误导我们的认知,使我们高估自己的知识、低估世界的不确定性,从而看不到真实的历史过程是由一系列重大不确定性事件驱动的。

2.为什么"黑天鹅"事件出现的概率比想象中大?

既然心理机制会干扰我们的认知,让我们无法把握"黑天鹅"事件的发生,那么我们能否通过更科学的方法来应对呢?塔勒布认为,"黑天鹅"事件虽然是不确定性事件,但不适用于已有的研究不确定性的理论。

不确定性又叫随机性。说起随机性,我们可能会想到扔硬币、掷骰子之类。但要注意,出现"黑天鹅"事件和掷骰子是两类不同的随机性,它们有一个重要区别:掷骰子的概率是已知的,而出现"黑天鹅"事件的概率是未知的。我们最容易犯的错误,就是以为面临的全部风险来自掷骰子,而不是"黑天鹅"事件。举例来说,如果开一家赌场,那么对老板来说,最主要的风险不是赌客赢走大笔钱或者作弊,而是未知风险,比如老板女儿被绑架等。

塔勒布将随机性分为"平均斯坦"和"极端斯坦"。主宰平均斯坦的是掷骰子之类的不确定性,而主宰极端斯坦的是"黑天鹅"事件。平均斯坦的不确定性严格服从正态分布。它的特点是,偏离平均值越远,它就越不可能出现。

而极端斯坦的不确定性不服从正态分布,极端情况出现的概率大得多。这意味着,某个单一样本会对整体结果产生颠覆性的影响。比如,人类的财富就服从极端斯坦。很可能前面999个人的财富总值只有几百万美元,而第1000个人正好是亿万富翁,他一个人的财富就占了1000个人总财富的99.99%。

金融市场属于极端斯坦,极端情况出现的概率远高于正态分布模型的预测。美国股市在过去50年总涨幅的一半,是在仅仅10天中实现的。然而,令人震惊的是,迄今为止,所有的金融投资理论和风险评估，都是建立在只适用于平均斯坦的钟形曲线基础之上的。这是典型的拿着错误的地图去冒险。塔勒布认为，这是"智力大骗局"，使投资者暴露在"黑天鹅"事件的风险中。

3.我们如何应对"黑天鹅"事件？

面对极端斯坦的"黑天鹅"事件，我们应该怎样应对？首先，塔勒布建议我们不要试图预测"黑天鹅"事件，因为它们本质上是不可预测的。人类对未来的预测往往与实际情况相差甚远。

为了增强抗打击能力，塔勒布建议我们保持冗余。经济学认为，冗余是资源闲置；但大自然的智慧告诉我们，冗余是可靠的保险。在投资中，保持冗余意味着持有足够的现金，以应对危机时的需求。例如，在2008年金融危机期间，巴菲特公司账面上有600亿美元的现金冗余，这些钱占公司净资产的一半。

塔勒布还建议我们采用杠铃策略，将大部分资金投入非常安全的领域，将少部分资金投入高风险的投机性业务。例如，塔勒布长期坚持购买看空市场的认沽权证。在漫长的市场平稳期，这个操作让他持续不断地亏点小钱，他称其为"流血策略"；而一旦"黑天鹅"事件发生，股市大崩盘，他就可以获得极高的回报。这个回报足以弥补之前几年、几十年甚至几百年的小额损失。

随着全球化深入，金融体系的脆弱性增加，"黑天鹅"事件的影响更为严重。但对采用杠铃策略的人来说，这也意味着更大的机会。《黑天鹅》原版首次出版于2007年，随即发生次贷危机，塔勒布的黑天鹅基金在2008年的年化收益率超过100%，成为危机中的最大赢家。

61 |《美国增长的起落》
一部美国百年经济史巨作

徐玲

《美国增长的起落》这本书讲述了从1870年到2015年的145年里，美国的技术创新与经济增长趋势。这个趋势可以用书名里的两个字来概括，即"起"和"落"。作者罗伯特·戈登把这145年分成了三个阶段：第一个阶段是第一个50年，美国结束了内战，经济开始稳定增长；第二个阶段是第二个50年，美国经济进入了史无前例的高速增长阶段；第三个阶段是1970年到2015年，在这45年里，美国经济增速明显放缓。

那么，为什么美国经济增长会经历一个先加速后减速的轨迹呢？决定经济增长率的根本因素到底是什么？戈登认为，答案是技术创新。美国经济增长的"起"和"落"，实际上是由第二次工业革命和第三次工业革命的本质不同引起的。

第二次工业革命的标志是使用电力和内燃机，这让美国人在衣食住行方面得到了巨大改善；而第三次工业革命以计算机和互联网为代表，不管从强度还是持续时间来看，它都没办法跟第二次工业革命媲美。戈登认为，这是造成最近45年来美国增长放缓的最根本原因。

戈登是美国西北大学教授，也是一位知名经济学家。他的老师很有名，是罗伯特·索洛。索洛是经济增长理论大师，还是诺贝尔经济学奖得主。这本书可以说是戈登教授50年学术生涯的集大成者，出版后引起了美国知识界的强烈关注。

1. "特殊世纪"特殊在哪里？

对中国人来说，过去40年的生活变化是天翻地覆的。其实，美国人也经历过这么一段历史时期，即1870年到1970年。在这期间，美国普通人的生活发生了什么变化呢？

1870年，美国还是一个农业国家，农村人口占到全国总人口的75%。农民的住宅条件比城市工人阶级要好一些。农民有宽敞的农舍，而城市工人阶级只能住在拥挤的筒子楼里。但不管是农村还是城市，住宅里都没有通自来水、电力、燃气，也没有下水道和集中供暖。

但是，接下来就发生了巨大变化。爱迪生发明了电灯和发电机，改变了人们用明火照明的历史。同时，政府投入大量资源，修建了自来水、下水道、燃气、集中供暖等公共基础设施，抽水马桶也发明出来了。这些基础设施大大改善了住宅的卫生情况和便利度。另外，贝尔发明的电话也逐渐普及。

对于这种革命性变化，戈登用"网络化"一词来概括。也就是说，住宅从一个个隔绝的小空间，变成了一系列公共设施网络的终端。公共设施包括自来水、电力、燃气、下水道、集中供暖、电话线等。同时，家用电器开始普及。到了1970年，冰箱、电视、电话在美国家庭的普及率超过80%，空调普及率也接近40%。

还有一件小事很能说明这种惊人的成就。在冷战局势最紧张的1959年，美国在莫斯科举办了一个展览，展示了普通家庭的住宅条件，里面各种家用电器一应俱全。苏联人认为，这得是百万富翁的生活水平，根本不相信美国普通人就能享有这种生活。

戈登认为，"特殊世纪"的成就，主要归功于第二次工业革命期间涌现的许多伟大发明，它们推动着劳动生产率加速增长，直到1970年达到高峰。然而，1970年之后，第二次工业革命的红利逐渐消失，以计算机和互联网为代表的第三次工业革命开始登场。第三次工业革命基本上只涉及娱乐、通信等少数领域，占GDP（国内生产总值）比重很小，其影响范围和强度远远比不上第二次工业革命。

戈登的老师索洛曾经提出一个著名的"索洛悖论"：我们随处都能看到计算机，但就是在生产率的统计数据中看不到。根据这本书的测算，第三次工业革命只在1994—2004年短暂提升了生产率，之后10年的增长率又陷入低迷。戈登对第三次工业革命的成就感到失望，他引用硅谷著名风险投资家彼得·蒂尔的话说："我们最初希望获得飞行汽车，得到的却是140个字符。"

2. 美国社会是怎么走向不平等的？

戈登认为，1970年之后，美国出现了一系列阻碍经济增长的因素，其中日益加剧的不平等就是最大的阻力。要想知道美国社会是怎么走向不平等的，我们就需要先了解美国在1970年之前是怎么形成一个比较平等的社会的。那时候的美国社会阶层结构，就像一个橄榄，"两头小，中间大"，也就是说，中间阶层的数量非常庞大。

"特殊世纪"的伟大成就，不仅仅在于生产率的快速提升，更在于经济增长的收益惠及了所有美国人。在"特殊世纪"刚刚开始的19世纪末，美国社会很不平等，那是一个由J. P. 摩根、洛克菲勒等超级富豪统治的时代。"特殊世纪"扭转了这个趋势，让美国社会变得越来越平等。

这个平等化过程是怎么发生的呢？首先，技术进步让所有人的生活水平都得到了显著改善，哪怕是最底层的人群。比如，不管是富人还是穷人，都连接着相同的电力、自来水、下水道、燃气和电话线，能够收看相同的电视节目，这其实缩小了穷人和富人生活水平的差距。

更重要的是，由于大萧条、罗斯福新政和第二次世界大战，再加上反移民和高关税法案，美国工人的实际工资水平快速上涨，增长速度大大高于顶层人群。戈登在书中引用了法国经济学家皮凯蒂的研究结果：在1917—1948年的31年里，美国底层90%的人群的收入增长率是顶层10%的人群的2.5倍。除此之外，还有教育平等化。教育平等化不但使得美国在第二次世界大战后拥有高等学历的人口比例排名全球第一，也加速了底层人群向上层流动。

总结起来，技术进步、工人工资上涨和教育平等化三个因素，让美国社会在1940—1970年经历了一个史无前例的"大压缩"过程，阶级差距大大缩小。那是美国工人阶级的"黄金时代"。一个家庭只要有一个高中毕业的工人去工作，就能过上让人羡慕不已的中产阶级生活，就能买得起城市郊区带有后院的大房子，就能拥有至少一辆车。

然而，这种趋势在1970年之后发生了逆转。虽然顶层10%的人群的收入保持高增长——这个群体的实际财富在1983—2013年翻了一番，但底层90%的人群的实际收入和财富值竟然是负增长的。那么，逆转是怎么发生的呢？

对于顶层人群，特别是顶层1%的人群来说，他们收入的激增主要有三个原因。一是超级巨星效应。全球化带来的一个显著效果就是赢者通吃。二是企业高管的收入，特别是CEO的收入，简直是不合理地暴涨。关键是，CEO的薪酬并不完全由市场决定，而是由包括同行在内的薪酬委员会决定的，这就有点"官官相护"的意思。三是减税政策。美国政府曾对顶层人群征收了90%的边际税率。不过，里根担任美国总统时又取消了这种高累进税。

在顶层人群收入激增的同时，底层90%的人群的收入却停滞不前。造成这个现象的根本原因，是美国制造业的萎缩。数据显示：以制造业为核心的传统生产型行业，在《财富》美国500强中的比重，从最高峰的70%以上下降到45%；制造业的就业份额从1953年的30%降至不到10%。

由于制造业岗位大量消失，工人群体只能转向一些典型的低工资岗位，比如商场、超市、酒店、物流和快餐行业的服务人员。这些行业的福利待遇根本没办法跟制造业相比，工资也只比最低工资略高一点。令人难以置信的是，政府规定的最低工资水平还在不断降低。这样一来，底层人群实际收入的停滞甚至倒退，就是无可避免的了。

雪上加霜的是，与"特殊世纪"的教育平等化正好相反，1970年以后的美国教育体系实际上加剧了不平等。1972年以后，政府对高等教育的补贴越来越少，大学学费直线上升。美国大学生必须得靠高额的助学贷款才能完成学业，这给贫困家庭学生造成了沉重的负担。而且，出身底层的学生，就算完成了大学学业，也很可能找不到一份体面的工作。美国制造业的萎缩造成了美国大量"中产阶级工作"的消失。

总结起来，收入的不平等跟教育的不平等，造成了美国日益严重的贫富分化和阶层对立。社会矛盾积累，失业、酗酒、吸毒、犯罪等问题越来越严重，这是未来美国经济增长的最大阻力。再加上人口老龄化和政府债务膨胀等其他阻力，戈登对美国未来的经济增长持悲观态度。

《灭火》
美国金融危机最深刻教训是什么?

徐玲

《灭火》这本书的副标题是"美国金融危机及其教训",这本书是对2007—2009年美国金融危机的全面复盘。作者为本·伯南克、蒂莫西·盖特纳和亨利·保尔森,他们在美国金融危机期间担任重要职务,是当时"灭火工作组"的核心成员,直接推动了一系列救市政策的出台。

当时的一系列救市政策在美国历史上是罕见的,也引发了巨大的争议。支持者认为,救市政策确实起到了效果。而质疑救市政策的人认为,宣称金融机构"太大而不能倒",就可以绑架美国政府和人民吗?他们还认为,过于慷慨的救市政策,让华尔街投机分子不用为自己的错误买单,却让纳税人来兜底。

那么,这场金融危机到底是如何发生和发展的?大规模的救市政策到底是不是必需的?作为"灭火工作组"的核心成员,三位作者当时是怎样判断的,又是怎样决策的?

1.危机的来源

我们知道,一场野外大火的发生通常需要两个条件:干燥的环境和一个小火星。三位作者认为,在2007年的危机前,美国的金融环境正是如此,危险而干燥,易燃且易爆。

当时,美国家庭债务快速膨胀。2001—2007年,美国家庭的抵押贷款债务飙升了63%,进入了危险的快车道。这一现象的背后,是美国社会贫富差距的逐渐扩大。20世纪70年代以来，美国底层90%的人群的实际收入增长为负。为了实现"美国梦"，美国政府推行了"信贷福利主义"，鼓励老百姓通过银行贷款购买房产、汽车和支付学费，条款非常宽松。

次级贷款就是专门发放给信用和收入水平不达标的购房者的，其利率高于普通贷款。虽然风险很高，但放贷机构通过将这些贷款打包成证券卖给其他投资者，规避了风险，自己则获取了利润。同时，次级贷款利率一开始很低，后期逐渐上升，进一步增加了违约风险。

尽管次级贷款规模不断膨胀，但市场认为风险可控。次级贷款在美国所有抵押贷款中的比例不到七分之一，高风险的浮动利率次级贷款比重则更少。

然而，人们忽略了恐慌的力量。经济学家加里·戈顿把这种恐慌叫作"大肠杆菌效应"，意思是，几起汉堡变质的传言让消费者受到了惊吓，他们不是去弄清楚哪种肉类受到了污染，而是拒绝所有的肉类。这反映在金融市场上就是，面对几起次级贷违约的消息，投资者不是去搞清楚哪些证券风险高、哪些证券风险低，而是争相抛售所有的抵押贷款证券，从而引发金融市场恐慌，进而引起更大范围内的抛售。

这时，美国金融体系的另外两个隐患也开始暴露。一是普遍的高杠杆。大型金融机构杠杆率达30倍，很多是短期或超短期债务。一旦发生风吹草动，债权人就会撤资，金融机构就会被迫抛售资产，导致市场价格进一步下跌，从而形成多米诺骨牌效应。二是金融监管漏洞。美国对商业银行监管严格，但对投资银行、抵押贷款公司、货币市场基金等非银行金融机构监管松散，导致风险积聚在监管体系之外。

综上所述，危机爆发前，美国金融体系因为次级贷款膨胀、高杠杆、监管不力，已经非常脆弱，处于一点即燃的状态。

2. 危机的发展

真正的第一个火星起于2007年7月9日，当天法国巴黎银行宣布冻结三只基金的赎回，这三只基金都持有以美国次级贷款为基础的证券。

法国巴黎银行的决定引起了市场的警觉，债权人纷纷收缩贷款并要求更多的抵押品，全球金融市场开始出现"钱荒"。为了解决流动性短缺问题，各国央行作为"最后贷款人"向市场注入流动性。比如，欧洲央行通过在公开市场买入证券，向市场注入1300亿美元；美联储通过购买国债，向市场注入630亿美元。

没想到的是，美联储的"贴现窗口"政策收效甚微。"贴现窗口"是指商业银行通过抵押票据向央行借入短期资金，来缓解流动性不足的问题。银行害怕通过"贴现窗口"借款的消息走漏，从而影响信用，所以对"贴现窗口"反应冷淡。就算借了钱，银行也只是捂紧资金，不放贷。

美联储随后采取一系列措施，包括启动紧急条款，直接向非银行金融机构提供流动性，并大幅降息至2.25%。然而，这些措施出台得略晚。2008年3月，贝尔斯登遭遇挤兑。贝尔斯登是美国五大独立投资银行之一，因高杠杆和持有大量抵押贷款证券而被怀疑。在短短几天内，贝尔斯登的现金储备锐减。最终，在美国时任财政部部长保尔森的协调下，摩根大通同意收购贝尔斯登。

然而，贝尔斯登事件并未结束危机，市场恐慌转向"两房"（房利美和房地美）。这两家公司占美国新增住房贷款的四分之三。危机开始后，它们的资产严重缩水，美联储发现它们实际上已资不抵债。2008年9月，美国财政部向"两房"各注资1000亿美元，将其国有化。

然而，市场恐慌并未平息，转而针对雷曼兄弟。雷曼兄弟倒闭成为金融危机的标志性事件。既然"灭火工作组"之前救助了贝尔斯登,也救助了"两房",那为什么到了雷曼兄弟这里就任其自生自灭呢?是故意的吗?

在这本书里,三位作者做出了正式的澄清。事实上,他们的确为雷曼兄弟找到了买家,即英国巴克莱银行。可惜的是,英国监管机构在最后时刻否决了这笔交易,因为雷曼兄弟的窟窿实在是太大了,资本缺口达到2000亿美元,英国纳税人没理由为雷曼兄弟的问题买单。

有人可能会问:如果没人接盘,那美联储直接向雷曼兄弟注资不行吗?还真不行,美联储的权力没有这么大。作为央行,美联储虽然可以通过抵押品来给雷曼兄弟发放贷款,但问题是,雷曼兄弟这时候根本没什么值钱的抵押品了,美联储不可能凭空放款。美国财政部也不可能出面注资,因为"两房"毕竟事关国计民生,而雷曼兄弟不符合条件。

3. "大火"的扑灭与教训

在雷曼兄弟倒闭后,金融市场全面恐慌。2008年9月19日,也就是雷曼兄弟倒闭后的第四天,美国时任财政部部长保尔森终于拿出了"大杀器":他向美国国会提交了一份不良资产救助计划草案,即7000亿美元救市计划。尽管舆论哗然,并且草案在第一次投票时被否,但在标准普尔500指数暴跌9%后,美国国会意识到问题的严重性,几天后再次投票通过。

有了7000亿美元,美国政府得以分三步救市:首先,向最重要的九家银行注资1250亿美元,并为其新证券提供政府担保;其次,对近700家小型银行再注资1250亿美元,稳住市场信心;最后,对深陷困境的金融巨头(花旗集团、美国国际集团、美国银行等)进行单独救助。

同时,美国政府推进积极的货币和财政政策。伯南克连续宣布三轮量化宽松,美联储资产负债表扩大到危机前峰值的五倍。奥巴马政府通过《美国复苏与再投资法案》，加大对民众救济，兴建公共工程和基础设施，扩大就业。

不过，这次救助和罗斯福新政相比，有一个显著的不同，就是在对金融机构的事后处理上。罗斯福上台后很快签署了《格拉斯－斯蒂格尔法案》，规定金融业必须分业经营：一家机构要么从事存贷款的商业银行业务，要么从事证券交易的投资银行业务，只能二选一。在该法案出台后，美国金融业开启了长达半个多世纪的分业经营，连美国金融界老大摩根财团也被一分为二，变成了今天的摩根大通和摩根士丹利。分业经营的目的就是，通过设置防火墙来隔离风险。如果只从事商业银行业务，并且所有的呆坏账只能自己消化，银行在放贷的时候自然就会谨慎得多；如果只从事高风险的证券业务，那么银行即使出现了巨额亏损，也不会威胁到储户的存款安全。这样一来，整个金融体系的风险就会低很多。

然而，在本次危机中，尽管要求重启《格拉斯－斯蒂格尔法案》的呼声很高，但三位作者认为没有必要出台如此严厉的措施。他们认为，混业经营不是引发危机的根本原因，规模大不一定不好。后来，奥巴马政府出台了《多德－弗兰克法案》，限制了金融机构的权力，但并未大幅收紧监管。这部法案限制了美国政府对金融机构的救助手段，收回了一部分"灭火工具"。再加上这次危机之后，美国联邦赤字水平急剧飙升，如果再遇危机，实施积极财政政策的空间也会小很多。鉴于这些原因，三位作者对下一次危机感到忧心忡忡。

63 | 《纳瓦尔宝典》
如何过上更富有、更幸福的人生？

得到听书团队

《纳瓦尔宝典》是一部汇集了纳瓦尔人生哲学的著作。纳瓦尔出生于1974年，是一位硅谷投资人和创业家。虽然年龄不大，但他在硅谷的地位不低。他投资了包括推特和优步在内的上百家公司，并创办过几十家公司。这本书讲的不是大而全的道理，几乎没有那种成功者高高在上、讲成功经验的感觉。相反，整本书的姿态非常低。

1. 人生的本质是什么？

纳瓦尔认为，人生的本质不是一道加法题，而是一道乘法题。这意味着，每个小举动都可能带来成倍的结果。例如，一个决策正确率为80%的人与一个决策正确率为70%的人相比，回报可能高出数百倍。这个道理适用于人生的各个方面，因为世界的结构是一层层交错的网，每当能力上升一个层级，我们就能接入更高一级的资源网络，从而获得更多、更好的资源。

例如，一个钟表匠若能制造出更精密的齿轮，就能接到更高级的订单，甚至是奢侈品牌的合作，从而提升品牌价值。再如，世界上最好的深海潜水员能够潜入别人去不了的海域，可以探索深海宝藏。只要能力提升一点点，我们就能接触到别人无法企及的资源网络。因此，纳瓦尔强调，千万不要低估那些小努力。每个小努力都会带来更大的价值，甚至巨大的红利。

说到乘数效应，我们就不得不提到另外一个词，即"复利"。纳瓦尔特别嘱咐我们，要注意复利效应。如果我们对金融知识有一些了解，那么我们肯定知道复利有多重要。比如，我们拿出10元做投资，每年赚10%，第一年是11元，第二年是12.1元，第三年是13.31元，看起来收益没多少；但是，假如按照每年30%的复利来算，那么连续30年，我们获得的可不是本金的10倍或20倍，而是数千倍，我们会获得26000多元。

不光是财富，在纳瓦尔看来，生活中的所有回报几乎都来自复利。不管是人际关系、爱情、健康还是习惯，都是这样的。比如，我们培养一项技能，每天坚持练习10分钟或20分钟，未来这个技能可能就会成为我们的副业。保持这个正向积累的速度，最后带来的回报可能是惊人的。

很多时候，要想干成一件大事，我们需要付出很大的努力，下定很大的决心，拥抱很大的机会。所以，在这个庞大的任务面前，很多人不免产生畏难情绪。结果就是，迟迟不敢展开行动。但是，纳瓦尔告诉我们，千万不要低估眼前的小努力。只要肯比别人多努力一点点，多付出一点点，人生就会以乘数效应获得更大、更多的价值。

2. 如何学习与阅读？

纳瓦尔是一个终身学习者，特别喜欢读书。他认为，阅读是建立心智模型最好的方法。既然阅读如此重要，那么我们应该如何选书，如何读书，以及怎样判断自己是否读懂了一本书呢？

阅读是跟自己较真，而不是跟别人比赛。一本书越好，我们越要慢慢阅读、慢慢吸收。统计读书数量只是为了满足虚荣心，而阅读是为了塑造自己的精神世界，让自己成为一个清醒的思考者，从而形成对世界的独立认识。因此，读书时，我们不要追求数量，也不要怕重复。

早期的阅读，其实是在给我们的整个读书体系做最原始的源代码编程。一开始读的书会影响我们最初的思维方式,而这个思维方式,一旦奠定,以后再改可就难了。我们要把自己的知识基础打好。

纳瓦尔的读书方法可以用一句话来概括:读书的本质不是给自己竖墙,而是给自己找路。很多人在读书时喜欢较真,恨不得一字一句地弄明白,但纳瓦尔认为,读书的本质是在知识的网络中找到一条通向理解的路径。如果一本书读不懂,那么没关系,我们可以先将这本书放下,然后换一本更容易理解的书。这样一路读下来,我们最终会构建起独特的阅读体系。别跟一本书较劲,读书不是任务,而是享受。纳瓦尔还提出一个判断标准:如果能把书中的内容讲给孩子听并让孩子理解,这就说明我们真正掌握了这本书的精髓。

当然,方法之外,更重要的是意愿。纳瓦尔说:"人与人的区别不是'受过教育'和'没受过教育',而是'喜欢阅读'和'不喜欢阅读'。"

3.到底什么叫聪明?

《纳瓦尔宝典》会让我们重新思考一个问题:到底什么叫聪明?过去我们都觉得,聪明指的是一个人智商高,并且他总能做出好的选择。但是,在纳瓦尔身上,我们会明白到底什么叫聪明。纳瓦尔的出身并不是特别好,他从一个贫穷的移民单亲家庭里走出来,后来成为硅谷知名的成功人士。

纳瓦尔之所以能成功,并不是因为他在智商上有非常大的优势,或者说比别人想得更深、更远,而是因为他始终保持着很好的思考习惯,包括学习习惯、对待成功的习惯以及对待失败的习惯。他一直坚持这些好习惯。这些好习惯并不会在短期内让纳瓦尔获得特别大的成功,但是会让纳瓦尔在很多小事上做得比别人好一点。

比如,生活中,我们要诚实正直,积极乐观;工作时,我们总是要跟比自己更成功、比自己优秀的人为伍;玩耍时,我们要和比自己快乐的人在一起。这些事好像做起来都不难，只要我们能长期保持，就像时间的复利一样，它们会给我们回报。

所以，回到我们刚才提到的那个问题：到底什么叫聪明？聪明并不是一种与生俱来的天赋，而是非常多好习惯的集合。

4.结语

纳瓦尔说："99%的努力终将白费。"乍一看，我们可能会觉得这句话有些残酷。其实，这句话并不是说努力没有意义，而是说所有的努力会以另一种方式在未来的某个时刻回报给我们。

就像电影《卡萨布兰卡》里的一句话："如今你的气质里，藏着你走过的路、读过的书和爱过的人。"没错，虽然我们可能记不清读过的书里具体讲了什么，但书里的那些道理可能已经融入了我们的思维方式，成为我们的一部分，可以帮助我们理解这个世界。

64 | 《穷查理宝典》
查理·芒格的智慧箴言录

闫冠男[1]

《穷查理宝典》是金融巨鳄查理·芒格的投资哲学汇编,书里有他过去20多年来的11场演讲内容和他发表的各种文章。就像这本书的副书名所说的,这本书确实是"查理·芒格智慧箴言录"。

你也许对查理·芒格不是特别熟悉,但你一定知道他的合伙人——股神巴菲特。有人认为,芒格其实在某种意义上是巴菲特的导师。巴菲特自己也说过,如果在投资的道路上有人对他影响最大的话,第一个人就是被誉为"华尔街教父"的本杰明·格雷厄姆,第二个人就是查理·芒格。查理·芒格和巴菲特是伯克希尔-哈撒韦的合伙人,伯克希尔-哈撒韦一度是全球股价最高的公司。查理·芒格就是这家超级赚钱的公司的奇迹缔造者。

但芒格作为一个金融巨鳄,他的人生并不是一帆风顺的:1924年1月1日,芒格出生在美国中部的奥马哈市,30岁之前就先后经历了金融危机、战争退学、离异丧子等困境。对很多人而言,如果经历这样的事情,很可能会一蹶不振。但是,芒格并没有被接踵而至的苦难和不幸击倒,而是在这个过程中磨炼了自己的品格,并逐渐形成了自己的投资智慧。

在投资生涯中,芒格恪守了美国西部的传统精神,勤勉,专注

---

[1] 闫冠男,中国科学院大学医学心理学博士,国家二级心理咨询师,图书编辑,自由译者,译有《天生不同》《生活的科学》《自卑与超越》等。

做好事情，对人真诚、正直、善良，再加上节约用钱并将钱花到投资未来的事情上，这为他赢得了很多人的信任。大家都愿意和他一起合作，让他有机会去做其他的投资业务，使他最终在房地产业务上赚得了人生的第一个"100万"。在这之后，他凭借着敏锐的分析和思考，和巴菲特联手收购了像蓝筹印花这样的业务，又投资了很多优质的企业，最终一步一步打造出了属于自己的金融帝国。

和芒格接触过的人都认为，芒格的思想和方法论非常有价值。芒格究竟有什么不一样的人生智慧呢？

1. 多元思维模型

芒格提倡要不断学习众多学科的知识，从而形成一个思维模型的复式框架。当手中只有一种工具的时候，我们就只能用这种工具来干活。所以，芒格说，最重要的事情是，要牢牢记住一系列原理，包括复利原理、排列组合原理、决策树理论、误判心理学等100多种模型，它们加在一起往往能够带来特别大的力量。这虽然是两种、三种或者四种力量共同作用于同一个方向，但我们得到的通常不仅仅是几种力量之和。

之所以要构建这种多元思维模型，是因为在芒格看来，宇宙是一个复杂的整体，人类全部的知识都在尝试研究这个复杂整体，各学科之间并没有泾渭分明的界限，而是相互影响的。如果用单一的思维模式去看待事物，我们就可能扭曲现实，直到它符合自己的思维模型，进而犯下愚蠢可笑的错误。就像芒格经常引用的那句谚语所说的，"在手持铁锤的人看来，全世界都像一枚钉子"。

一个人成长得越快，岁数越大，就越会在自己精神世界里容下很多复杂的、多元的东西。所以，芒格在《穷查理宝典》中一再强调"多元思维模型"。为什么很多成熟的人没有主张，只谈解释？因为对现象的多元解释角度，能够帮助我们成长。作为一个局外人，评论其他人，尤其是做具体事的实践者，太容易，也太廉价，只是把自己主观世界里已经存在的观念、原则拿出来挥舞一番而已。这么做虽然自我感觉良好，但是对自己的成长没有好处。这其实是在对别人的实践指手画脚。而要落实到自己的实践上，我们就要保持一个包容的、多元的视角，让更多的观念和解释角度在自己的精神世界共存，最后一起来滋养自己的实践。这个时候，芒格的"多元思维模型"就是一个很好的抓手。

2.反向思维

芒格有一个方法，就是在思考要去哪里之前，想清楚不要去哪里。他称其为"反向思维"。这种凡事反过来想的方法，也是我们通常所说的"逆向思维"。它其实是数学证明中常用的思维方式，目的是考察人们的思维迁移能力。很多人在上学期间做数学证明题时可能会轻车熟路地运用反向思维，在做选择题时可能也会驾轻就熟地使用排除法，但在面对现实生活时也许很少会想到这种思考问题的方式。

芒格非常推崇反向思维。他认为，对于复杂的系统和人类的大脑来说，反向思考往往会使问题变得更容易解决。他一般会先弄清楚不应该做什么事情，然后再考虑接下来要采取的行动。

3.查理·芒格的投资心法

既然芒格是投资界的大神，那么他肯定有自己的投资心法。

在芒格看来，投资项目可以分为三种：一是可以投资的项目，二是不能投资的项目，三是太难理解的项目。他只投"可以投资"的项目，其他两种都不投。比如，芒格从来不投资制药行业和高科技行业的项目，因为这些在芒格看来都属于太难理解的项目。

怎么才能评估一个项目是不是可以投资呢？芒格有四个筛选标准。

第一个标准，项目要容易理解，有发展空间，并且能够在任何市场环境中生存。芒格说，要在自己的"能力圈"内投资。对于一个项目，如果我们看不懂，别人说得再好也不要投资，不要高估我们的能力范围，更不要盲目地随大溜。

第二个标准，不能只看一家公司的财务报表，公司内外部因素都要考虑到。因为财务报表顶多说明公司现在的价值，不能说明公司未来的盈利情况。所谓投资，就是要求项目在未来也能赚到钱。所以，即便公司的财务报表好看，我们也不要轻易投资，要多方面考虑。比如，公司创始人的品质怎么样，供应商能不能保证供应，库存情况，等等，都需要仔细考量。

第三个标准，要看一家公司的"护城河"够不够宽。"护城河"是指行业壁垒。一家公司最重要的竞争优势不是今年赚了多少钱，而是未来还能不能继续赚钱。怎么才能保证公司持续盈利呢？方法是建立行业壁垒。如果一家公司没有行业壁垒，进入门槛很低，未来就会有很多竞争对手，谁能笑到最后就不好说了。所以，能不能建立行业壁垒，也是考察一个项目是不是值得投资的重要指标。

第四个标准，投资股价公道的大公司要比投资股价低的普通公司好。考虑到未来其他股东可能会增加注资或者转让股权，从而引起股权稀释、股利下降，因此大公司的价值更高，回报也更稳定。比如，芒格和巴菲特一起投资的《华盛顿邮报》、政府职员保险公司、可口可乐，都属于大公司。

芒格认为，所有聪明的投资都是价值投资。我们必须先评估一家公司的价值，再评估公司股票的价值，还要根据公司的竞争优势来判断是不是应该持有这家公司的股票。

4.价值投资

价值投资不是表面上看起来的"买一只股票，然后长期持有"。

价值投资是让我们放弃一切投机的机会，只按照股票的基本价值面来看它的未来。一只股票的股价之所以高，各种短期的因素都是没法把握的。而最重要、最核心、最靠得住的因素，就是它自己配得上这个价格。

"想要得到某样东西的最好方法，就是让自己配得上它。"这也是查理·芒格著名的一句话。这句话单摆浮搁地看，就是标准的心灵鸡汤。关于心灵鸡汤，有一个很好的定义：热腾腾地端上来一碗好汤，但是没给勺子。言下之意，道理是好的，但是没给实现的方法。

那么，芒格的这套理念真的是没办法实现的鸡汤吗？并不是。比如，我们把那句"想要得到某样东西的最好方法，就是让自己配得上它"和他的价值投资策略结合起来看，就会发现，两者说的其实是一回事。我们也可以认为，前者是心法，后者是招式。那么，能不能看到两者的共通之处，考验的就是个人的功力了。

5.结语

其实，查理·芒格在《穷查理宝典》中讲的很多道理，归结起来就是一句话：通过提升自己来强化自己对世界的感知，内在的能力才能增长，和世界的大趋势才能互相匹配。这种匹配度要是提高了，那么不管我们是用来做投资，还是用来创业，抑或用来做其他任何事情，都会无往而不利。

65 │《史蒂夫·乔布斯传》
真实的乔布斯是什么样的?

苗炜[①]工作室

《史蒂夫·乔布斯传》是乔布斯生前唯一授权的官方传记,作者是著名传记作家沃尔特·艾萨克森。他撰写过本杰明·富兰克林、爱因斯坦、达·芬奇等人的传记,这些传主有一个共同特点:他们都是天才,都改变了世界。这也是乔布斯最初选择艾萨克森来写这本传记的一个原因。

乔布斯在谈论设计理念时说过:"一个人对人类体验的理解越宽泛,我们能看到的设计就会越好。"现在,我们来体验一下乔布斯的人生故事。

1. 创办苹果公司之前的人生

在乔布斯的成长过程中,有两件事情对他影响深远。

第一件事是被遗弃和被领养的事实。他出生于1955年,他的生父和生母没结婚就生下了他,不得不将他送给别人抚养。领养他的就是乔布斯夫妇,他们虽然学历不高,却是一对慈爱、尽职的父母,竭尽全力给乔布斯最好的照顾和教育。

但这种被遗弃与被选择的感觉,很可能构成他日后人格中两个矛

[①] 苗炜,人称"苗师傅",作家,《三联生活周刊》前副主编,《新知》杂志前主编。作品:纪实文学《五魁首》,随笔集《有想法没办法》,《三联生活周刊》"花花世界"专栏集结《让我去那花花世界》,小说集《除非灵魂拍手作歌》《黑夜飞行》,长篇小说《寡人有疾》,以及美食文学《面包会有的》,等等。

盾的基本面。一方面，他拥有强烈的控制欲，想要完全掌控自己制造的每一样东西。另一方面，他觉得自己很特殊，世间的规则不适用于他，这可能又加深了他天性里的叛逆与固执。

第二件事是他出生和成长的年代与地点。1960年，乔布斯在五岁那年，随养父母搬到旧金山湾区的山景城，并在那里度过他的童年。20世纪五六十年代的旧金山湾区，恰恰是美国西海岸政治、文化和科技潮流交会的中心点。一方面，他受到工程师文化的熏陶，从小混迹于各种极客俱乐部。另一方面，他是一个嬉皮士，热爱摇滚乐，大学中途辍学，又跑到印度寻找精神启蒙。

印度之旅对乔布斯一生影响深远。他在印度待了七个月之后回到美国，说自己看到了西方世界的疯狂以及理性思维的局限。乔布斯曾经多次在苹果公司的发布会上使用一张图片，图片上是两个互相交叉的路标，一条是人文艺术路，另一条是科技路。而他就站在这两条路的交会处，他希望苹果公司也站在那里。在苹果公司所有的产品中，科技必定与完美的设计、外观、手感、精致、人性化甚至浪漫结合在一起。

2. 苹果公司是乔布斯个性的产物吗？

乔布斯无疑是一个复杂的灵魂。一方面，他对美、设计和技术有着狂热的激情；但另一方面，他的性格中又有自私、暴躁、控制欲极强甚至冷酷无情的一面。问题是，两者之间是必然的吗？很多人说，苹果公司是乔布斯个性的产物。这种说法有没有道理呢？对于这些问题，艾萨克森的一个总体观点是，乔布斯成功的精髓，恰恰在于他将各种自相矛盾的个性与行为方式完美地融为一体。

苹果公司在一定程度上的确是乔布斯个性的产物。乔布斯具有完美主义倾向，并且对细节极度关注。比如，在开发苹果第二代电脑的时候，他否决了最初的电路板设计，理由是里面的线路不够直；在开发麦金塔电脑的时候，他痴迷于字体的设计；在开发iMac的时候，为了设计出完美的塑料外壳，他带着设计团队去了一家生产糖豆的工厂参观，学习如何把半透明色彩设计得更有活力。

乔布斯的完美主义，一方面表现为对别人的设计极为挑剔，另一方面表现为完全不允许别人改动自己的设计。他的产品必须是一个整体。用户甚至不能打开机箱，只有苹果公司员工使用特殊的工具才能打开。这种设计一直延续到现在，成了苹果电脑的标准设计。

乔布斯的控制欲和完美主义在到达极点时，会产生奇特的"现实扭曲力场"。所谓"现实扭曲力场"，是指乔布斯有一种强大的气场，能够扭曲现实，让自己，也让别人相信一些现实中本来不可能发生的事情。我们可能会觉得，所谓的"现实扭曲力场"只是乔布斯粗暴和谎言的一种好听的说法。事实上，我们现在的很多科技成就，在早期不过是一张图纸、一个观念。一旦经过创造性的激发，可能性就会变成一种必然性，虚构就会变成现实。

当然，更多的时候，现实世界的运转是不以人的意志为转移的。乔布斯的"现实扭曲力场"也无力扭转当年麦金塔电脑的市场颓势。尽管麦金塔电脑在概念上更加先进，但它没有足够的内存，也没有内置硬盘驱动，运行非常慢。另外，麦金塔电脑没有风扇，散热很差，导致很多组件出现故障。所以，虽然麦金塔电脑刚发布的时候很受欢迎，但最终还是输给了微软的Windows（视窗操作系统）。麦金塔电脑在市场上的表现，加剧了乔布斯和苹果公司董事会之间的矛盾。最终，乔布斯被董事会驱逐出公司。

3.乔布斯的成熟之路

离开苹果公司后的11年，无论是乔布斯创办的NeXT，还是他之后收购的皮克斯，都没什么建树。直到他40岁那年，事情才有了转机。皮克斯制作的第一部3D动画长片《玩具总动员》上映，成为当时最卖座的影片。第二年,苹果公司收购NeXT,乔布斯也借此重返公司。但这中间沉寂的11年,对乔布斯来说非常重要。艾萨克森的原话是:"他后来巨大的成功,并非因为在苹果的下台,而是下台后华丽的失败。"那么,乔布斯到底经历了哪些华丽的失败,又从这些华丽的失败中学到了什么呢?

离开苹果公司后,乔布斯创办了NeXT。他最初的目标是为高端教育市场制造一款性能强大的计算机,而他得到的结果是一个外观完美的立方体,非常不实用,以致后来他不得不放弃硬件,使NeXT变成一家纯粹开发软件的公司。这些失败让他不得不反省自身的一些缺陷,比如他的控制欲是否遮蔽了他对市场的判断,更重要的是,他是否真的总是正确的。虽然这些问题并没有答案,但是对乔布斯来说,他愿意反省就已经是很大的转变了。

乔布斯从大导演乔治·卢卡斯那里买下了皮克斯。当时,皮克斯的主要业务是出售一款名叫"渲染大师"的软件,并且研究一款能制作动画的高端成像计算机。但是,皮克斯研究计算机的业务失败了,其他业务也没有持续增长的潜力。在长达十年的时间里,皮克斯一直入不敷出,只能依靠乔布斯开个人支票来维持正常运转,直到《玩具总动员》上映。

正是在皮克斯,乔布斯懂得了要在一定程度上收敛自己的控制欲,给创意人员天马行空的自由空间。皮克斯的精神领袖卡特穆尔管理员工的方式,大概对他产生了一定的良性影响。乔布斯也意识到他的想法并不总是正确的,因为按照他的本意,他希望皮克斯专注于开发图形制作软件,而不是制作动画电影。皮克斯的天才们如果不是有自己独立的思想,很可能就会被他的意志碾轧。

在这段时间里,乔布斯变得更有耐心,也更擅长与人合作,这对苹果公司以后的成功非常重要。比如 App Store(苹果应用商店),乔布斯最初是拒绝向任何外部开发者开放的,因为这样可能会让 iPhone

的完整性遭到破坏。但他迅速意识到自己是错误的，并且想到了一个两全其美的办法：允许外部开发人员编写应用程序，但开发者们必须遵循严格的标准，接受苹果公司的测试与批准。这种方法既能保持开放，又能保证足够的控制，以保护iPhone的完整性和用户体验的简洁。

苹果公司之所以能成为世界上最有价值的公司，不是因为乔布斯创造了iPod、iPhone、iPad这些伟大的设备，而是因为乔布斯以这些设备为核心创造了一个新的生态系统。总之，苹果公司后十年的成功，除了乔布斯对大众审美和时代精神的精确把握之外，还有乔布斯在放逐中学到的一定程度的耐心、合作与让步。

4.结语

对某些人来说，乔布斯是神一样的偶像。对某些人来说，乔布斯是一个了不起的产品经理。对某些人来说，乔布斯是一个不可取代的竞争对手。那么，真实的乔布斯到底是一个什么样的人？他的创造力、想象力以及持续创新的动力到底来源于哪里？那些关于他的个人生活与管理风格中自私暴躁、冷酷无情的一面，又该如何看待？这些问题都能在这本书中找到答案。一本好的传记，总会讲述那些看似和普通人一样的经历：童年的委屈，野心勃勃的青春，失落与失败，不甘妥协和偏执。一本好的传记，也会讲述一个人如何面对这些委屈、野心、失败和不甘。

《思考，快与慢》
大脑是如何思考的？

得到听书团队

《思考，快与慢》一书的作者丹尼尔·卡尼曼，是2002年诺贝尔经济学奖得主，开创了经济学的一个新分支——行为经济学。《思考，快与慢》是行为经济学的经典著作。

在传统的经济学大厦中，有一块地基是有问题的。当时，经济学研究有一个基本的前提，叫"理性人假设"，就是假设在经济活动中，人们为了追求自己的利益最大化，都会做出理性的选择。但是，经济学家们发现，在现实世界，人们实际的行为方式和这个假设并不一致。

书中有一个例子，一位经济学家邀请他的朋友玩一个抛硬币的游戏，赢了可以得到200元，但是输了要损失100元。我们按照"理性人假设"分析一下，如果输赢的概率一样，并且输的钱少、赢的钱多，那么游戏是值得参与的。但是，那位经济学家的朋友说他不会接受，因为他觉得获得200元的满足感，无法抵消他损失100元的痛苦。

因此，我们在现实中考虑问题时并不像经济学家想象的那样完全从追求利益最大化出发。人们做选择的过程远比经济学家想象的复杂。很多时候，人们对风险的恐惧要比收益重得多。在这本书中，卡尼曼基于自己多年的研究，向我们展现了人们在做判断和决策时是如何思考的，这种与生俱来的思考方式会产生哪些缺陷，我们又能用什么方式弥补这些缺陷。这本书的重要意义在于，它提出了"思维偏误"这个特性。思维偏误提醒我们，人脑有多么容易犯错误，而且犯的这些错误有什么共同的规律。

1. 我们是怎样做判断和决策的？

我们是怎样做判断和决策的？这个答案其实就藏在这本书的书名里，即"思考，快与慢"。卡尼曼将人类的思考模式分成两个系统：系统1和系统2。我们也可以把它们叫作"快系统"和"慢系统"。

我们先想象一个场景：有一辆车迎面驶来，我们的第一反应是什么？我们是不是会无意识地往旁边闪开？我们再换一个问题：口算一下17乘以24等于多少？我们是不是没法立马给出答案？

这就是快、慢两套系统在发挥作用。在无意识地决定闪开时，我们调动的是快系统；而在口算17乘以24等于多少的时候，我们调动的是慢系统。快系统和慢系统各有擅长。比如，看别人的表情，听别人的语气，看东西的远近，识别周围的危险，这些都是快系统所擅长的。但是，像做数学题、逻辑题，找一个得体的措辞，比较两部手机哪个性能更好，这些都是慢系统所擅长的。简单来说，快系统更倾向于使用直觉判断，慢系统更倾向于使用理性判断。每个人的思考过程，其实都是快系统和慢系统合作的结果。

这两个系统分工明确，它们的配合还有一个特点：快系统常常处于自动运行状态，而慢系统处于放松状态。快系统只有在遇到处理不了的问题时，才会找慢系统帮忙。比如17乘以24等于多少的问题，快系统没法给出答案，这时候慢系统就会被激活。

还有一种情况，慢系统也会被激活，就是当事情不符合直觉，或者违反了常识的时候。比如，天不会下红雨，动物园的猩猩不会突然跑到大街上。这就是卡尼曼所说的，直觉遇到麻烦，理性会出面解决。

我们的大脑为什么要使用这样一套机制呢？既然慢系统更准确，那么我们为什么不把所有的问题都交给慢系统来处理，反而要多出一个不那么准确的快系统呢？

主要原因是，慢系统太占用我们的注意力了。我们可以把大脑想象成一台电脑。慢系统就是那种功能强大但特别耗费内存的程序，一旦运行起来，电脑就不能运行其他程序。我们在开启慢系统思考问题时，就会忽略身边的其他信息。

但这种分工有一个潜在的问题，我们可能根本意识不到这个问题。问题是，由于快系统运行得太快，它往往会抢在慢系统之前就给出答案。结果就会出现错误。这个过程，就是我们说的非理性思维。

2.如何提升思维准确率？

我们知道，出现非理性思维的最主要原因是，快系统迅速给出了一个错误的答案，而这个答案又没有经过慢系统的深思熟虑。所以，提升思维准确率的一个重要方式，就是让慢系统醒过来。

那么，哪些方式可以帮助我们唤醒大脑中的慢系统呢？卡尼曼在书中给出了很多方法，总结起来有两个方向：借助公式和借助他人。

我们先来看看怎样借助公式唤醒慢系统。

我们常说"好记性不如烂笔头"，其实我们也可以说"好脑子不如烂笔头"。卡尼曼提醒我们，遇到问题时，一个简单的公式运算的准确率会比主观判断高很多。

比如相亲，我们有20个人的资料，想从中选择三个人见面。凭感觉去挑，不是最好的办法。我们可以为自己设计一个简单的评估系统：首先，选择我们认为最重要的几个因素，比如长相、学历、性格三项；然后，针对这三项给每个人的情况打分，将所有打分加在一起；最后，选择总分前三名的人就可以了。

我们再来看看怎样借助他人唤醒慢系统。

用当下的概念来说，自己看自己是"内部视角"，用别人的结果判断则是"外部视角"。引入外部视角，更能帮助我们进行准确的判断。

卡尼曼给我们提供了一个方法，叫"事前验尸"。这个名字听起来有些恐怖，其实是一种帮助我们避免过度自信的方法。

这个方法非常简单：在做一个重大决策前，我们可以与了解这个决策的同事开一个简短的会议。会议的议题是，假设这个决策已经实施了一年，但是遭遇了巨大的失败，最可能的失败理由是什么。

每个人按照自己的理解写下导致这件事失败的可能原因，同时按重要性和概率将这些原因进行排序。我们就可以做到未雨绸缪，从而提高工作的成功率。

3.结语

实际上，快系统和慢系统不是一种此消彼长的关系。虽然快系统是我们做出很多错误决策的原因，但快系统也是我们做出很多正确决策的原因。这套系统运行了数百万年，保护我们的祖先在充满各种挑战的环境中生存了下来，繁衍不息。直到今天，在关键时刻，快系统的当机立断依然帮助着人们。比如训练有素的军人、消防队员、运动员，都知道如何利用自己的快系统。

所以，最理想的状态是，我们了解快系统、钻研慢系统。我们还要掌握一种统筹全局的方法，知道什么时候该相信快系统、什么时候该启动慢系统。能够在快、慢思考之间游刃有余，才是一流的智慧。

67 ｜《逃不开的经济周期》
经济盛衰轮回的秘密

哈希[1]

大家应该对"经济周期"这个概念不陌生。经济周期的四个阶段——繁荣、衰退、萧条、复苏，是我们在高中就接触过的。而"逃"这个字，恰恰是经济周期理论发展背后的一个重要驱动力。

什么意思呢？其实，人们研究经济周期的最初动力，主要来自面对经济危机时的恐惧和逃离心态。18世纪，欧美主要经济体处于资本主义早期阶段，市场经济迅速发展，与之相伴的是经济危机的不定期来袭；但每一次危机之后，经济又会迎来新一波的发展。这样的周期性波动，吸引了许多经济学家投入研究。

随着研究的深入，人们发现，即使没有外部冲击，经济的周期性波动似乎依然会自发地循环下去，像是市场经济国家逃不开的一种宿命。而学者们对经济周期的探索方向，也逐渐从"逃离"转向了"共生"，希望能够通过理解周期运转的逻辑来趋利避害。

《逃不开的经济周期》这本书比较全面客观地总结了人们在过去300多年里关于经济周期的主要理论成果。这本书的作者拉斯·特维德，是衍生性金融商品交易员、企业家兼投资人。

1.什么是经济周期？

特维德比较认可的一个对经济周期的定义，出自美国经济学家韦

---

[1] 哈希，得到听书专职作者。

斯利·米切尔。米切尔在1913年出版的《经济周期》一书里，对当时流行的经济周期理论做了简短的叙述，并给出了一个定义：经济周期是"一个国家整体经济活动中出现波动的现象"。在一个经济周期中，国家会依次出现繁荣、衰退、萧条和复苏四个不同的阶段，完整走过一轮需要的时间从1年到12年不等。

特维德提醒我们注意两点：第一，每一轮经济周期的持续时间是不固定的；第二，当经济周期发生的时候，我们看到的是"整体经济活动"的震荡。

那么，"整体经济活动"的震荡是从什么时候开始有的呢？据记载，18世纪，荷兰、英国出现了多次大规模的经济危机，而每一次危机之后，经济就会复苏，然后迎来又一个高速发展阶段；等到进入19世纪，德国、美国也开始出现类似的情况。

我们可以发现一个共同点：它们都是当时世界上市场经济最发达的经济体。根据特维德的总结，经济周期的出现，需要有比较成熟的市场机制和信用货币制度作为环境支持。这在一个国家的具体表现通常是，工商企业在经济中占主体，并且在经济活动中，交易和标价的主要工具是有国家信用背书的纸币。因为只有满足了这些条件，一国经济才会变成一个"牵一发而动全身"的整体，从而出现普遍性的震荡局面。

2.经济周期背后的驱动力是什么？

特维德从目前的众多研究成果中提取出了造成经济周期的五个主要因素：利息支付、资产价格、房地产建造、资本性支出和存货。其中，利息支付称为"货币因素"，另外四个因素统称为"经济因素"。

对于每个因素的具体传导机理，我们不用挨个去研究。我们可以整体理解一下它们对经济周期的驱动作用。还是回到特维德构建的比喻：把全球经济看作一台运转中的机器。这五个因素就像驱动机器运转的五个巨大的活塞，它们各自上下运动的速度是不同的。在某个特定的时点，这些活塞会同时到达最低点的位置，产生一股巨大的撞击力量，造成经济机器内部的大震荡。这个时候，经济危机就发生了。之后，这五个活塞又会各自运动起来，带领我们进入新一轮的周期。

在这本书提到的经济周期的所有驱动力中，特维德尤其强调了房地产市场的作用。他甚至把房地产市场称作"周期之母"。后来，这个说法也在学界和业界被广泛引用。

全球历史上很多大的经济危机和房地产有关。比如，1929年，美国经济大萧条与房地产泡沫破裂以及随后的银行业危机有很大关系；1991年，日本房地产崩盘后，陷入失落的20年；1998年，东南亚房地产泡沫破裂后，多数经济体落入中等收入陷阱；2008年，美国房地产泡沫引发的次贷危机，最终演变成全球性的金融危机。

但是，为什么房地产对经济的影响会这么大呢？特维德用现实数据和几个简单的计算，让我们更直观地看到了背后的逻辑。

特维德选取了经济表现中规中矩的一年作为数据样本。2004年，全球可变价格资产的总额是全球GDP的4—5倍。其中，可变价格资产是指价格不固定且会发生变化的资产，比如股票、债券、房地产等。在2004年全球的可变价格资产中，房地产占了大约一半。也就是说，2004年，全球房地产价格总额是GDP的两倍多。

我们都知道，资产价格的变化会影响我们的财富，而财富的增减又会影响我们的支出。研究表明，这个影响的比例一般是4%。

这个数看起来似乎不大，但我们设想一下，在经济繁荣的时候，房价从GDP的4倍变成了5倍，之后又掉头向下跌了五分之一，也就是GDP的100%。这样的财富损失再乘以4%。如果用支出法计算的话，当年GDP的实际增长就会损失100%×4%＝4%。也就是说，如果原本当年GDP增长能够达到6%，那么在房地产价格波动的影响下，实际增长率可能只剩下2%。

当然，这只是一个非常简化的计算，实际情况要复杂得多。但特维德进行这一番计算的目的是，让我们看到，由于房地产市场的价格基数很大，并且跟人们的实际财富紧密相关，因而房地产市场的价格波动才会对经济的整体状况产生非常大的影响。

不仅如此，房地产市场还具有多重放大效应。比如，房地产价格会对房地产开发和建造产生影响，而房地产建造也是GDP的重要组成部分。因此，房地产市场对经济的实际影响，可能比我们刚才算得还要大。

3. 如果经济周期注定"逃不开"，我们该如何应对呢？

对国家来说，头疼的肯定是经济周期里的萧条阶段。早期的经济学家一般假定，在萧条期内，即使不进行干预，经济也会自己回到增长的路径上。有些学者进一步提出，人为干预会对经济的回暖起到反效果。也有很多学者站在相反的一边，认为政府应当通过财政刺激、货币刺激等政策干预，把经济带出低谷。

在过去的许多年里，西方经济学的钟摆都在干预和放任之间来回摆动，两派学者争论不休。不过，特维德也提醒人们，不管是主张干预的一派还是主张放任的一派，他们都是市场经济的维护者，他们都承认要想让经济回到正轨，根本力量还是来自市场的自我运行和修复。

因此，所有这些讨论都是建立在"市场经济"这个特定前提下的。从更长远的视角来看，经济周期只是300多年里我们的经济社会发展到某一特定阶段的现象。

当然，在可预见的未来，我们还将继续生活在由市场机制主导资源配置的经济体系中。这也就意味着，我们每一个人都要长久地与经济周期相伴而行。

而对个人来说，了解经济周期的意义或许就在于，帮助我们以冷静、理性的视角看待经济的波动起伏。我们可以了解到，繁荣不会永生永续，衰退也不是繁荣的对立面，两者是相伴相生、不可分割的一个整体。从投资的视角来看，理解了经济周期的存在，我们就不会期望牛市一直持续，也不用担心市场从此"一熊不振"。我们会明白，投资中最可贵的是，在繁荣时有未雨绸缪的智慧，在衰退时亦有耐心坚守的勇气。

回顾经济周期现象诞生以来的300多年，我们可以发现一件有趣的事：在稳定与繁荣的时期，人们很容易忘记经济周期，甚至会质疑它的存在；而在衰退和萧条的时期，人们对经济周期的关注度则会陡然上升。因此，人们对经济周期的研究本身就有"周期性"。

但无论如何，我们都需要记住的是，在我们目前身处的这台经济机器中，周期的力量总是存在的，而它内部的运行逻辑，就连世界上最聪明的头脑们也无法参透。因此，面对这样一种力量，最明智的选择或许就是，始终保持谦虚、审慎。纵观历史，每当人们自以为已经战胜经济周期的时候，往往就是周期力量的惩罚即将到来的时候。

68 ｜《原则》
为什么你需要成为一个"专业犯错者"？

远读重洋[①]

《原则》这本书的核心内容是，要想达成目标，最重要的是拥有一种以原则为基础的工作和生活方式，以绝对理性的态度应对复杂的世界。

这本书的作者是瑞·达利欧，被誉为"投资界的乔布斯"，是华尔街的传奇人物。他最大的成就是创立了桥水基金。即便在金融危机期间，其他基金遭遇巨额亏损甚至倒闭，桥水基金也能平安度过，并获得良好收益。达利欧本人被称为"对冲基金教父"，由于其在投资界的出色表现，还被美国《时代》杂志评为全球100位最有影响力的人物之一。

这本书的创作可追溯到20世纪80年代。当时，达利欧会记录一些投资心得。因为投资的不确定性很大，他经常会遇到很多新问题、新情况。他发现，与其每次遇到新情况时手忙脚乱，不如静下心来总结经验，以应对未来类似的情况。

接下来，我们将从达利欧的"生活原则""工作原则""如何形成自己的原则"三个方面出发，了解这本书的精华。

[①] 远读重洋，专注提供海外前沿内容的知识服务团队。创始人孙思远，毕业于美国南加利福尼亚大学，曾驻美多年。

1. 生活原则

"生活原则"包含了许多小原则。其核心内容是，如何用绝对理性的态度认识世界，从而真正面对现实。

很多人自认为是理性且有原则的人，实际上，认清真相并不容易。人具有动物性，很多时候会被内心的动物本能驱使，忽略对事实和真相的追求。例如，巴菲特说过他的投资原则："在别人恐惧时贪婪，在别人贪婪时恐惧。"这条原则听起来简单，但在市场大跌时，保持理性并不容易，许多人会跟风抛售股票。

为了更理性地思考和行动，达利欧总结了"达成目标的五个步骤"：设定目标、认识问题、诊断问题、设计解决方案和执行解决方案。这五步看似简单，但在实际操作中，许多人在认识问题时就会停滞不前。达利欧分析了两方面原因：第一，每个人都有盲点，不同人看问题的视角不同，惯有的思维模式可能无法让我们准确判断形势；第二，人的天性是傲慢与自负的，当观点受到挑战时，人们首先想到的不是承认错误，而是为自己辩解，甚至愤怒。

达利欧认为，人类最大的悲剧在于傲慢与自负，使我们带着错误观点行事，并且不愿接受质疑。这种悲剧的产生与大脑的运行机制有关。神经科学家指出，大脑中的一部分喜欢发现我们的弱点，以便我们改进；而大脑中的另一部分则将真实的评价和批评视为攻击，拼命采取防御机制。换句话说，大脑中存在两个"你"，一个是理智的，另一个是情绪化的。两者总在争夺控制权。

那么，如何让理智占上风，克服傲慢与自负，从而避开盲区呢？答案是，保持极度开放的态度，承认自己有盲点和缺陷。达利欧接触过无数精英人士，他们无一完美；但他们的聪明之处在于，面对质疑和批评时，他们极度开放，清楚自身的盲点和缺陷，从而不断进化。

要做到极度开放并不容易，达利欧也提到，多数人需要18个月才能习惯这种方式。我们可以从日常小事做起，比如与家人、朋友或其他人开诚布公地交流想法，经过深思熟虑后做出判断和选择。我们发现，在极度开放和坦诚的环境中，大家能畅所欲言，达成的结果会比一个人独自思考更好。

除了保持极度开放，达利欧认为，我们应该主动用科学而理性的方式对待生活的方方面面，将感性经验变成理性总结。如果问一个人每天上下班需要多长时间，那么大多数人会说"40多分钟"或"大约1个小时"，但很少有人会记录每天的通勤时间，然后进行统计分析，从而得出准确的平均时间和上下班过程中最长、最短的时间。如果能准确记录，并用科学理性的方法对待生活，那么生活的掌控感会大大提高。

2.工作原则

实际上，达利欧总结的工作原则和生活原则是一脉相承的。他在书中提到，工作原则是将生活原则应用于事业上，但工作原则比生活原则更为重要。他在书中列出了上百条原则，主要涉及三方面内容：一是人，二是文化，三是组织建设与管理。其中，最重要的一条是桥水基金奉行的"创意择优"，即"优秀想法至上"的原则。

"优秀想法至上"意味着公司决策应该选择最合理、最科学的选项，而不是看职位高低。达利欧认为，企业成功的关键不在于创始人有多出色，也不在于资源多少，而在于能否奉行"优秀想法至上"的原则。

为了让优秀想法脱颖而出，首先要让所有人提出想法，然后大家互相评判，提出不同意见。如何评判一个想法是否合理呢？达利欧介绍了桥水基金内部的决策方法，即"可信度加权决策法"，也就是充分考虑每个人的专业背景，对不同专长的人提出的意见赋予不同权重，最终加权计算进行决策。

例如，在桥水基金的会议上，当讨论医疗相关话题时，有医疗背景的人的意见权重较大，有会计背景的人的意见权重较小。如果讨论会计问题，情况则反过来。这种方法既保证了决策过程的公平民主，又保证了决策结果的科学性和可行性。

这一决策方法的前提是"每个人都是不同的"。达利欧认为，每个人的大脑和生理特征各异，拥有不同的优点和缺点，看问题的角度独特且有局限性。为了保证决策质量，我们必须将各种不同角度的观点和想法提出来，将其充分论证，确保最终决策是最优的。

但不是每家企业都能营造出这种氛围。如何让优秀的想法不断在企业内部产生呢？这涉及达利欧另一个重要工作原则——"极度透明和极度真实"。在生活原则中提到的"极度开放"，在工作原则中变为"极度透明和极度真实"，并被特别强调。

这种极度透明和坦诚的文化有理论依据。哈佛大学学者罗伯特·凯根研究发现，大多数企业员工实际上在做两份工作：第一份工作是本职工作；第二份工作是管理他人对自己的看法和印象，隐藏缺点，展示优点。但第二份工作非常浪费时间和精力。在桥水基金，公司文化要求员工只做第一份工作，只做最自然、最真实的自己，不要浪费时间在第二份工作上。这一切背后贯穿着达利欧绝对理性的哲学，他希望公司如机器般精确运作、员工各尽其责，因为这是最高效的。

不过，"极度透明"的原则也有代价，那就是桥水基金新员工离职率很高。据报道，三分之一的新员工在两年内离职。这些离职员工认为同事之间的交流过于粗暴，经常受到质疑。这种公司文化确实对员工要求严格，但这是达利欧坚持的原则：原则至上，而非以人为本。

3.如何形成自己的原则？

在这本书的导言中，达利欧提到，这些原则的价值由读者决定。

更重要的不是原则本身，而是其背后的思考。只有形成自己的原则，我们才能更好地做出决策。原则不能仅通过听取他人的经验来建立，必须来自自己的"痛苦加反思"。

达利欧有一个习惯，喜欢在痛苦中复盘错误。他甚至开发了一个App（应用程序），叫作"Pain Button"（疼痛按钮），用来记录每一个错误和引起痛苦与反思的事情。

他反复提到对自己影响最大的一个错误。20世纪80年代初，美国失业率高，主要银行持有大量拉美国家债务。1982年8月，墨西哥债务违约，达利欧成功预测到这次危机，受邀在美国国会和电视节目上讨论问题，预测未来市场将出现经济危机和大熊市。但美联储采取宽松政策，美国迎来十几年大牛市，达利欧因此遭受巨大损失，几乎破产。达利欧回忆，这次错误促使他彻底反思，他从"我是对的"转变为"我怎么知道我是对的"，变得更加理性。在后来的金融危机中，这种思维方法让他受益匪浅。在每次危机中，桥水基金都能保持较好的收益率。

因此，达利欧鼓励大家理性记录错误和反思，做一个"专业的犯错者"。在工作和生活中，我们会经历许多事情，有些经历会带来经验教训，但人类大脑偏向短时记忆，不刻意重复记忆的经验和好点子容易忘记。《原则》这本书告诉我们，不要仅停留在感性经验层面，必须理性记录和总结。

书中的几百条原则，都是达利欧一点一滴记录总结的，是他个人的人生百科全书。如同搜索引擎，在遇到问题时，我们可以搜索相关原则作为决策参考。桥水基金也是如此，还为此开发了"Coach"（"教练"）工具软件。员工在遇到问题时，输入关键词，就能找到相应的原则和解决方案。无论是达利欧还是桥水基金，都如机器般严谨运作，遇到问题会记录总结，形成原则，确保高效运转。

69 ｜《助推》
怎样无痛养成一个好习惯？

汪恒[①]

《助推》这本书的作者是2017年诺贝尔经济学奖得主理查德·塞勒和法学专家卡斯·桑斯坦。

我们先来讲几个小故事。

第一，机场在男洗手间的小便池里刻了一只苍蝇，就能吸引男士上厕所时对着苍蝇瞄准，尿到小便池外边的现象减少了80%。

第二，餐厅把健康食品摆在显眼的位置，把不健康食品放在不容易拿到的地方，人们就会多吃健康食品。

第三，美国人不爱存钱，但如果发工资的时候，默认把一笔钱存起来当养老金，不想存的人需要单独申请，存钱的比例就会大大提高。

这些做法的好处是，"我既不强迫你，也不剥夺你的自由选择权，只是利用你的心理弱点做引导，从而帮助你做出更好的决策"。这么做就像用胳膊肘轻轻地推别人，而不是用刀枪逼着别人。这个思路就叫"助推"。

《助推》这本书主要研究的是决策。决策是经济学研究的核心问题，小到个人投资，大到政府制定公共政策，都是决策。为什么我们要用助推的方法做决策呢？因为我们的理性是有局限的，我们的选择

[①] 汪恒，拥有经济学、政治学、历史学、外交学研学背景的金融人，任职行业顶级机构，操盘过百亿美元级别的项目。

会受到偏见的影响。助推的方法就是要帮我们克服心理偏见，从而做出更好的决策。

1. 为什么理性的经济人并不存在？

传统经济学认为，人是理性的，能做出对自己最有利的决策。但实际上，理性经济人在现实中并不存在，我们的决策总是受到偏见的影响。这种偏见并不是因为我们不够聪明、学历不高或是经验不够，而是由人类的心理特质决定的。

那么，在现实生活中，哪些偏见性的因素会对我们的决策造成影响呢？这本书列举了很多因素，比较重要的是三种效应：锚定效应、可得性效应和损失厌恶效应。

锚定效应是指，在面对未知的新问题时，人们会把脑子里先入为主的信息当成参照物。就像船的铁锚一样，即使起了波浪，船也不会离开锚的位置太远。有一个著名的实验是，让两群来自不同城市的学生来估算一个陌生城市密尔沃基的人口数量。其中一群学生来自有300万人口的大城市芝加哥，他们估计密尔沃基人口是100万人左右，另一群学生来自只有10万人口的小城市，他们估计的结果只有30万人左右。而密尔沃基的实际人口是多少呢？58万人。两群学生的估计都不算特别精确，而且非常重要的是，两群学生在估算时的偏差都和自己故乡的人口有关。

可得性效应是指，如果一件事情更容易出现在大脑里，人们就认为这件事情更容易发生。这种效应在我们面对风险的时候体现得特别明显。比如交通事故和恐怖袭击，虽然交通事故出现频率更高，但人们往往更害怕恐怖袭击，因为关于恐怖袭击的媒体报道更多，引起了人们更多的关注。

损失厌恶效应是指，人们失去某种东西的痛苦会远大于得到它的快乐。换句话说，我们捡到100元获得的快乐，远远不能弥补丢失

100元带来的痛苦。这种效应会让我们产生安于现状、不思改变的盲目保守心态。

除了锚定效应、可得性效应和损失厌恶效应，比较常见的偏见因素还有随机性效应、盲目乐观效应和默认选项效应。随机性效应是指，人们常常会对随机发生的小概率事件随便寻找原因。盲目乐观效应是指，人们常常会过高估计自己。默认选项效应是指，人们常常被动接受默认选项，不管它是不是最佳选项。这些偏见都会导致决策失误。

所以，现实生活中的我们，并不是理性的经济人，而是活生生的社会人。我们的理性思维常常受直觉思维影响。各种偏见性因素、诱惑性因素和群体性因素，都会导致我们决策失误，我们的理性其实非常有限。那么，既然理性这么靠不住，我们还有没有可能做出更好的决策呢？《助推》这本书认为，在不需要强迫的情况下，引入助推策略是很有用的。助推理论主张人们可以通过优化决策环境来做出更好的决策。

2.如何采用助推的方法更好地做出决策？

那么，在现实生活中，我们如何运用助推理论优化决策环境呢？这本书提出了一整套系统性方案，可以总结成五种方法。

第一，减少直觉迷惑。这种办法充分考虑直觉思维的特点，在决策环境和选项的设计中，尽量减少误导直觉的因素。举例来说，假设在教室里安装了一扇门，本来门是从内向外推的，但要是在门的内侧装了一个多余的拉手，大多数人会下意识地去拉门。显然，这种设计容易迷惑直觉，是不够友好的。在设计决策环境的时候，我们应该避免出现这种情况。

第二，提供容错空间。这种办法充分考虑直觉思维可能出现的错误，在免不了犯错的情况下，给错误必要的宽容度。这样一来，即便我们因为直觉思维犯了错，也不会引起特别严重的后果。例如，传统的 USB 接口分正反两面，很容易插错。而最新的 Type-C 接口则不分正反，怎么插都行，为用户提供了更多的容错空间。这就是一种对做决策很友好的环境。

第三，优化默认选项。这种办法充分考虑了直觉思维对默认选项的依赖和惯性，从适合大多数人的角度入手，让默认选项尽可能对大多数人有利。如果某些项目很难找到一个对大多数人有利的默认选项，我们就要将其从默认选项里拿出来，提醒自己集中精力，做一个自定义选择。例如，在制订养老金计划时，政府把缴存比例的默认选项设定为法律规定的上限，从而让人们存更多的养老金。

第四，提供充分信息。这种办法可以帮助我们克服各种偏见，从而提高决策理性水平。例如，食品营养标签能帮我们获得充分信息、了解食物的脂肪水平，也就能让我们更好地抵御高脂肪食品的诱惑。

第五，简化选择体系。心理学研究发现，我们决策的理性程度会受到选项复杂程度的影响。选项并不是越多越好，如果面对的选项不多，并且这些选项一看就明白，我们就会更愿意认真分析每个选项，从而认真考虑该选哪个。如果选项又多又复杂，我们就会不知道选哪个，最后的结果往往是跟着直觉做决策。这样的决策质量就很难讲了。

3.结语

行为经济学是近年来经济学发展最快、最有活力的一个分支，引入了心理学和其他社会科学的方法，对传统西方经济学的理性经济人假设提出挑战，形成了很多关于经济活动、经济决策和经济解释的全新观点。21世纪以来，已经有三位行为经济学家获得诺贝尔经济学奖，他们是2002年获奖的丹尼尔·卡尼曼、2013年获奖的罗伯特·席勒以及2017年获奖的理查德·塞勒。这一流派的发展势头强劲，其影响力也越来越大。

虽然行为经济学对传统经济学提出了挑战,但至少从目前来看,行为经济学并不是对传统经济学的否定和全盘颠覆。《助推》这本书说得很明白,虽然它认为人的理性存在欠缺,并且我们应该用助推的方法适度干预个人决策过程,但它并不会颠覆个人有权自由选择的基本价值观。它所追求的,仍然是对原有体系的完善和修补,是在承认个人自由选择和决策权利的前提下,用助推的方式改进决策环境,从而提高个人的决策质量。

整个20世纪,人们都在讨论有没有第三条道路,也就是在自由放任政策和政府积极干预之间有没有第三个选项。塞勒认为,可以把助推的思路看成第三条道路。不过,在大多数情况下,这本书还是会小心翼翼地反复强调,助推的干预是温和的,并不是要反对和颠覆自由主义。

70 | 《卓有成效的管理者》
人人都是管理者

徐玲

《卓有成效的管理者》这本书是管理学大师彼得·德鲁克的代表作之一。在这本书里，德鲁克讨论了一个问题：管理者要如何自我管理才能做到卓有成效？

在这本书中，德鲁克重新定义了"管理者"。他提出，管理者就是组织中的知识工作者，管理者的首要任务就是管理好自己，也就是现在所说的"人人都是管理者""每个人都应该是自己的CEO"。

1. 什么叫"卓有成效"？

20世纪上半叶，工业界奉行的是弗雷德里克·泰勒的"科学管理"，管理者的工作重点在于提高体力劳动者的生产效率。这样的管理职能相对容易，因为体力劳动者的生产效率很好衡量，比如一天生产了多少双鞋、多少件衣服，一目了然。但后来情况不同了，知识工作者在组织中越来越重要，他们的工作成效直接决定了组织绩效。对知识工作者来说，显然没办法用衡量体力劳动者的方法来考评，因为他们的任务不是把已有的事情做对，而是要创造性地去做对的事情。

那么，我们该怎样衡量知识工作者的劳动成果呢？德鲁克进一步指出，卓有成效的关键在于强调贡献，这个要求对组织和个人都一样。组织是社会的一种器官，必须为社会做出贡献、提供有效服务。同样的道理，知识工作者也要强调贡献。由于知识工作者生产的是知识和创意，要想有所贡献，这些东西就必须为别人所用。这意味着，知识工作者不能关起门来闭门造车,而是要了解别人的需求,并且有责任让别人了解自己的工作。总之,追求卓有成效就是强调工作的贡献。

2.什么才是真正的"管理者"?

德鲁克指出,管理者首先是一个知识工作者,他的工作必须对组织有所贡献,能实质性地影响组织的经营能力和绩效。反过来,要判断一个知识工作者是不是管理者,不是看他的职位高低,也不是看他有没有下属,甚至不是看他工作的复杂程度,而是看他的工作是否会对组织的能力和绩效产生显著影响。如果答案是肯定的,那么哪怕只是一名基层员工,他也是管理者。

显然,每个管理者都应该追求卓有成效。但是,实现卓有成效不是一件容易的事情。德鲁克说,在45年的咨询生涯中,他从来没有遇见过一个"天生的"卓有成效的管理者。即使一个管理者拥有很高的智力和知识水平,这也并不意味着他是卓有成效的。

好消息是,学习卓有成效并不是多难的事情,并不需要特殊的天赋和才能,只要掌握了正确的方法,不断练习,不断实践,就能够把追求成效变成自己的一种习惯。总之,对管理者来说,卓有成效是可以学会的,也是必须学会的。

3.管理者应该如何做好时间管理?

管理者面临的主要挑战之一,就是他的时间不属于自己,随时可能被各种事务挤占和打断。而且,管理者在组织中的地位越高,组织占用他的时间就会越多。

更可怕的是,极少有管理者认识到这一点。实际上,很多人根本不知道自己的时间是怎样分配的。

所以,德鲁克说,作为管理者,如果做不到"认识你自己",那么起码应该先做到"认识你的时间"。做到这一点并不难，管理者需要持之以恒地记录自己的时间安排。要注意的是，管理者必须在处理某件工作时立即记录，不能在事后凭记忆补记，因为人的记忆是很不靠谱的。

在记录下时间分配之后，管理者要大刀阔斧地砍掉浪费时间的活动。管理者可以问问自己，哪些活动是完全没有必要的，哪些活动是可以授权给别人去干的，哪些活动是自己在浪费别人的时间。德鲁克断言，每个管理者只要认真检讨自己的时间记录，就会发现有不少时间浪费在这类不必要的活动上。对于这类活动，该取消的取消，该授权的授权。

除此之外，还有一类浪费时间的情况，就是由组织本身的管理缺陷引起的。比如，一个组织一而再、再而三地发生同样的"危机"，管理者光是应对这些危机就忙得焦头烂额。其实，管理者完全可以设计一种制度，在这类危机发生前就将其化解，也就不用天天忙着"救火"。

最后，对于集中起来的整块时间，管理者必须有效利用，集中精力，一次只做一件事，而且是最重要的事。这就是"要事优先"原则。特别需要提醒的是，管理者不能根据压力来决定优先次序。压力最大、看上去十万火急的事情不一定最重要，而真正重要的事情，比如关于未来的战略思考、将决策落实为行动等，却并不显得很急迫。如果按照压力来决定优先次序，这些真正重要的事情就会"缓一缓再说"。有经验的管理者都知道，所谓"缓一缓再说"，实际上就是"永远不办"。

4.管理者应该如何做出有效的决策？

我们通常以为，一个好的管理者必定天天忙于做决策。是这样的吗？其实不然。德鲁克说，有效的管理者并不做太多决策，他们只做少数重要的决策。而且对管理者来说，最费时的并不是决策本身，而是决策的推行。一项决策如果不能落地，就不是真正的决策，而只是一个良好的意愿。如果一个管理者天天只忙于做决策，而没有执行决策，这就恰恰说明他是一个无效的管理者。

所以，要想成为一个有效的决策者，我们首先要问的是：是不是真的需要一项决策？做决策就像动一次外科手术，多少都有风险。外科医生不到万不得已是不会轻易给病人开刀的。同样的道理，不到非做决策不可的时候，我们也不要轻易做决策。有些时候，保持现状才是一个最好的决策。

反过来，一旦确有必要做决策，管理者就必须果断采取行动，做出正确的决策，切忌只做一半或者折中。这就像外科医生做切除扁桃体的手术一样，如果决定必须做，就要做得彻底，而不能做一半留一半。

除了慎重决策、果断行动，一个有效的决策者还必须对经常性事件确立原则性的解决方案。对于重复发生的问题，管理者不能头痛医头、脚痛医脚，不能满足于临时性的解决方案，而要从更高的层面去寻求解决方案，建立一套原则性的规章制度。比如，工厂输送蒸汽的管道接头经常坏掉，这时候管理者应该做的决策不是让人定期更换接头，而是派人研究设备的温度和压力是否太高了，是否需要重新设计接头。

除此之外，决策者还应该注意到一点：做决策时，备选方案不能只有一个，而要在两个以上相互冲突的方案中进行判断。要是一眼就能看出一个方案好或者不好，这就不是做决策。只有当每个方案各有优劣，需要通过深入研究才能做出判断时，这才是有效的决策。实际上，有经验的管理者如果看到所有人都对某个方案一致支持，反而不会马上采纳这个方案，而是会故意激发出反面意见，充分考虑正反两面的意见后再做决策。

5. 结语

这本书是一部半个世纪以来经久不衰的管理名著，书中的很多理念已经成为管理常识，以至于我们"日用而不知"。尽管如此，这本书还能带给我们新的收获。这是因为德鲁克并不是简单地告诉我们一些"干货知识"，而是将我们带到具体的时代背景和管理场景当中，用严谨的分析和平实的语言来推导出结论，把自己的思考过程一步步展示给我们。

所以，读德鲁克的书，记住一些有用的结论只是最初级的，更重要的是学习他的思考方式，学习他超越时代的视角以及他如何对社会趋势做出敏锐判断。就像德鲁克在书里所说的："真正重要的不是趋势本身，而是趋势的转变。"

{第四模块}

科学素养篇

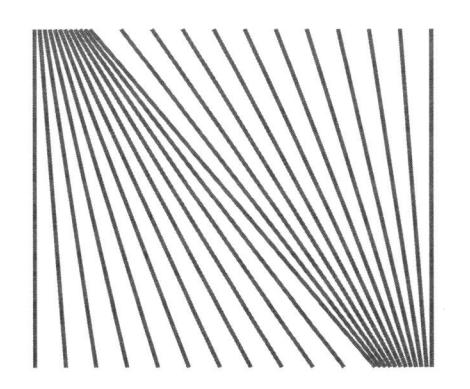

71 ｜《别闹了，费曼先生》
"科学顽童"的关键特质

时康洁[①]

《别闹了，费曼先生》这本书讲述了著名的物理学家理查德·费曼的有趣故事。费曼是爱因斯坦之后又一位伟大的物理学家，在1965年获得了诺贝尔物理学奖。他提出了费曼图、费曼规则和重整化的计算方法，这些都是研究量子电动力学和粒子物理学的重要工具。他还参与了第二次世界大战时期的"曼哈顿计划"，这个计划主要用来制造原子弹。在日本长崎爆炸的原子弹就是这个计划的成果之一。

这本书是一部自传，作者是费曼本人和他朋友的儿子拉尔夫·莱顿。这本书的出现也很有意思：费曼有一天和莱顿在一起敲鼓的时候，说起他之前的故事。莱顿一听，这么多的好玩故事，一定要让大家看到物理学家的另一面，于是这本书就诞生了。我们发现，原来科学家可以很可爱，他们的世界不只是公式、实验和数据，也可以有美女、狂欢和恶作剧。

1. 费曼的四个特点

费曼的第一个特点是"好奇心旺盛"。好奇心可以说是科学家的标准配置。费曼也一样，从小他的好奇心就特别旺盛。他喜欢捣鼓很多小玩意，对不知道的事情，就要打破砂锅问到底。十一二岁的时

[①] 时康洁，得到听书特邀解读人。

候，他就在家里搞了一个小型的实验室。这个实验室里面可以说什么都有，有一个能炸土豆的加热器，还有各种电路板。有一次，他做了一个防盗铃，只要别人推门进来，这个门铃的电路就会连通，然后发出声音。

他还特别喜欢玩收音机，平时就抱着收音机一直听。他又从别人的手里低价回收了很多二手的收音机，这些收音机要么音响坏了，要么电线松了，他就自己动手修理。结果，街坊邻居都知道他有这门技术，还不收钱，于是邻居把自己家坏了的东西都送过来。

这种天生的好奇心和动手能力，让他在各种领域里尝试新鲜好玩的事情。那么，除了好奇心，他为什么能快乐地沉浸在很枯燥的物理学中呢？这是因为费曼一直在享受发现的乐趣。

弗曼的第二个特点是"享受发现的乐趣"。费曼在书里说过，他之所以喜欢研究物理，是因为那不是在学习知识，而是在玩，他喜欢琢磨不同的现象。从有些在我们看来很常见的现象中，他都会思考出很多原理。

有一次，他在学校食堂吃饭，看到有人把食堂的盘子往空中抛着玩。然后，他就发现，在盘子转动的时候，盘子上面的校徽比盘子本身转得要快。这个现象让他开始思考，他就不断地推导转盘子的方程式。最后，他还真的算出来了。他把这个发现告诉了一位好朋友。这位朋友就劝他，这个虽然挺好玩，但是有什么实际意义呢？然而，费曼不同意朋友的说法，他觉得"好玩"就是这个研究的意义所在。

费曼的第三个特点是"能把复杂的事情具象化"。他可以用很简单的话或者案例就把一个抽象的原理解释清楚。费曼有一个著名的"冰水实验"，这个实验是针对美国当时的"挑战者号"航天飞机失事的原因做的演示。当时，"挑战者号"航天飞机在空中爆炸，七名宇航员遇难，震惊世界。美国时任总统里根召集了很多专家来调查，费曼就是其中一位。

经过调查，费曼将问题锁定在火箭助推器的 O 形密封圈上。这个密封圈是橡胶做的，有一定的膨胀性。在发射火箭的时候，这个密封圈可以保护火箭体的接口，防止高温气体接触到燃料舱。但是，发射基地的温度特别低，在零摄氏度以下，密封圈一遇冷就收缩了。在燃料舱开始燃烧的时候，一冷一热，这个密封圈就失效了。

但是，到底怎么跟大家解释这个原因呢？大家很难听懂"高压燃料涡轮泵失灵"这种专业名词。于是，费曼就在新闻发布会现场进行了一个演示实验。他用镊子夹住橡胶圈泡在冰水里一会儿。拿出来之后，橡胶圈上就有了镊子的痕迹，过了几秒才恢复到原来的状态。这就完美地解释了航天飞机爆炸的原因：由于"挑战者号"航天飞机发射当天温度很低，推进器的 O 形密封圈受冷之后不能立刻恢复原状，导致燃料从飞船的连接处泄漏，从而发生爆炸。

这个实验被称为近代科学最美妙的实验之一。费曼就这样，用了一个比我们高中实验课还简单的操作方法，把航天飞机失事这么复杂的事情解释清楚了。费曼的这种表达方式，让有的人怀疑他的教授身份。一个速记打字员质疑他："别的教授说的话，我不知道他们在说什么。您说话的时候，我什么都能听懂。所以，我觉得您不可能是教授。"

弗曼的第四个特点是"拥有很强的学习能力"。他的学习能力可不仅限于物理学，他还有很多看起来"不务正业"的学习，比如学画画、学桑巴鼓。很多他感兴趣的事情，他都会去尝试。

对于学画画，有一天，他突发奇想，和一个画家朋友杰瑞说："你教我画画，我教你学物理，行不行？"结果两人一拍即合，费曼就在画家朋友的指导下越画越好，最后开了个人画展。在画展中，还真有人买下了他的画。后来，费曼画画的题材也越来越广，最后他还画了裸体画。本来这幅画是准备卖给红灯区的按摩店的，结果被气象局的人买走了，并将其挂在办公室里。除此之外，他还玩音乐，破解玛雅文字，通过嗅觉辨认不同的人，在赌博的时候看透套路。各种我们觉得很专业的能力，在他那里仿佛都是小菜一碟，可见他的学习能力有多强。

2. 费曼父亲的育儿术

可以说，费曼是一位天生的科学家。从小到大，他一直拥有科学家的特质，这离不开父亲的教育。父亲的教育方式在现在看来仍然特别有价值，父亲用一种开放式的教育，让费曼充分观察大自然，并天马行空地思考。最后，费曼和妹妹都成了物理学家。

在费曼还坐在婴儿椅上的时候，父亲就拿回来很多厕所用的蓝色和白色的瓷片，他俩就把这些瓷片摆成多米诺骨牌的样子推倒，或者按照不同颜色的规律反复摆放。母亲说："这有什么好玩的。"而父亲说："我正在教他数学中的排列。"可能在这个年纪，别的孩子都在玩玩具汽车，父亲已经开始带费曼用这种有趣的方式来认识数学了。

父亲还会经常给弗曼读《不列颠百科全书》，并且在读的时候，会用很形象的语言来描述抽象的事情。比如，恐龙身高25英尺（7.62米），头宽6英尺（约1.83米）。像这种抽象的数字，小朋友是根本无法理解的，父亲就会给费曼解释，25英尺大概就是两层楼那么高，6英尺就是比家里的窗户还宽。这样一解释，恐龙的体型一下子就清晰了。父亲总是把所教的概念变成可触可摸、有实际意义的东西，这也为费曼思考的简化打下了基础。

对费曼的教育，父亲不只是告诉他这是什么，还会把背后的知识和原理都告诉他。有一次，费曼和小伙伴一起在山上玩的时候看到了一种鸟，别的小伙伴就问他："你知道它叫什么吗？"费曼说不知道，小伙伴就开启了嘲讽模式。其实，这个问题费曼父亲已经教过他了，只不过方式不一样。父亲没有直接说这只鸟的名字，而是告诉费曼这只鸟在不同国家中的名字分别叫什么。他们还观察了这只鸟一直在用嘴啄自己羽毛的现象,猜测其中的原因。费曼就是在这种教育方法下学会了"知道一个东西的名字"和"真正懂得一个东西"的区别。

费曼的父亲还培养了他爱观察的好习惯。有一天,费曼在玩玩具马车,车斗里小球的运动就引起了他的注意。这个小球在拉动马车的时候往后走,在马车停住的时候反而往前走,这是为什么呢?他就去找父亲,父亲告诉他这是惯性,是一种物理学现象。正是这种教育方法,让费曼用自己的好奇心来对待身边的事情,让他永远用自己的执着和坚持来完成自己想做的每件事,也造就了后来的"科学顽童"。

3.结语

《别闹了,费曼先生》讲述了科学家费曼有趣的一生。作为一个怀有赤子之心的科学家,费曼一直假定自己是无知的,对外界保持着怀疑的态度和验证的兴趣,永远用自己的执着和坚持来完成自己想做的每一件事。这些特点让他成为一个有趣的人。在繁忙的生活里,我们也可以尝试着对每一件事情保持兴奋与好奇,钻研自己喜欢的事情,从而修炼成有趣的人。

72 |《从一到无穷大》
那些反直觉的数学问题

柴知道[①]

　　《从一到无穷大》是20世纪最为知名的经典科普著作之一。作者乔治·伽莫夫是世界顶级的物理学家和天文学家，同时被誉为"科普界的一代宗师"。20世纪，人类对世界的认知突飞猛进，但这些理论非常抽象，脱离了日常认知的范畴，普通人理解不了。这本书就是用日常语言来讲述抽象科学的，是一本面向普通人的科普著作。

　　这本书的书名本身，就是一个数学问题。整本书也是从数学问题出发的，逐步发散到其他学科，并在数学和其他学科之间建立了意想不到的联系。

　　接下来，我们将通过书中几个精彩的、违反人们日常直觉的数学问题来了解这本书的精髓。

1.无穷大到底有多大？

　　无穷大的数字，在数学上经常能碰到，但是没人能真正想象出无穷大的数字到底有多大。最先思考这个问题的是一位名叫康托尔的数学家，他提出了一个问题：像1、2、3、100这样的整数，一共有无穷多个；而一条线上点的数目，也有无穷多个；那么，整数的个数和一条线上的点的个数相比，哪个更多呢？我们肯定会想，既然都

---

① 柴知道，专注于知识传播的自媒体团队。2016年开始制作知识短视频和读书节目，全平台粉丝数超过1000万。

是无穷大，那还怎么比呢？但数学家还真想出了一个办法，叫"一一对应"。

比如，奇数和偶数的数目都是无穷的，那么哪个更多呢？我们可以用奇数1对应偶数2，奇数3对应偶数4，奇数5对应偶数6……我们会发现，奇数和偶数可以一一对应，所以奇数的总数和偶数的总数是相等的。这个很容易理解，但如果往下再追问一层，问题就复杂了。

比如，偶数的总数和整数的总数，哪个更多呢？整数包含了所有的偶数和奇数，所以乍看起来，肯定是整数要比偶数多。但如果用"一一对应"的规则来算一下的话，我们就会发现不是这样的：整数1可以对应偶数2，整数2可以对应偶数4，我们可以一直这么对应下去。我们会发现两者刚好是可以一一对应的。也就是说，整数的数目跟偶数的数目，其实是一样多的。

由此可见，在无穷大的情况下，部分是可以等于整体的，这跟我们的常识很不一样。既然这样，那是不是说，所有无穷大的数字都是相等的呢？也不是。我们可以回到刚才康托尔提出的那个问题：整数的个数和一条线上的点的个数相比，哪个更多呢？

我们继续用"一一对应"的方法来看一下。我们可以给线上的每个点都赋予一个数字，这个数字就是它距离线的一个端点的距离，这很好理解。这条线上不光有代表整数的点，也有代表小数的点，还有代表无限不循环小数的点。我们如果用整数去一一对应这些点的话，就会发现，无论我们用什么方式，总有一些点是对不上的。

所以，虽然两者都是无穷大，但线上的点的数目要大于整数的数目。也就是说，即使都是无穷大，但不同的无穷大之间也可能存在着大小区分。有些无穷大，就比其他的无穷大要高一个等级。

2.虚数到底有没有用？

我们知道，一个数的平方永远是正数，比如10的平方是正100，负10的平方还是正100。所以，我们可以理所当然地认为，只有正数才有平方根，负数是没有平方根的。但数学家在进行计算的时候，其实经常会碰到负数的平方根。那么，我们有没有可能找出两个数字，让它们加起来等于10而乘积等于40呢？

在实数范围内看，答案是不存在的。但如果允许负数的平方根存在的话，我们就可以找出一个答案，只不过这个答案会包含类似 $\sqrt{-15}$ 这样奇怪的数字。数学家给负数的平方根起了一个名字，跟实数相对应，叫虚数，还规定 $\sqrt{-1}$ 等于i。这样的话，$\sqrt{-15}$ 就是15i。

有人可能会问：虚数有什么用处吗？其实，虚数还真有用，而且有大用处。我们可以用虚数把时间和空间结合起来，构建出一套四维空间的几何学。

我们生活的世界，在空间上是一个三维世界，也就是说，要确定任何一个位置，至少需要三个维度的数据，比如经度、纬度和高度。但我们如果要确定某件事的具体状况，光有空间还不够，还得加上另一个维度——时间。

但如果要把时间看成第四维度，我们就必须面对一个问题：怎么才能把时间和空间联系到一起进行计算呢？如果我们出门问路，问"地铁站还有多远"，那么人家可能会跟我们说，"走路还要20分钟"。这就是一个典型的用时间来表示距离的办法。我们只要找到一个确定的速度，就可以把时间转换成空间。

怎么找到这个确定的速度呢？就是光速。科学家已经发现，光在真空中的传播速度是恒定的，不受任何情况的影响。比如，光年就是一个距离单位，代表光在一年时间内传播的距离。如果我们要计算5分钟相当于多远，那就用5分钟乘以光速，可以得到一个距离。

但时间和空间毕竟还是不一样的两种东西，空间距离和时间距离必须有所区分。怎么区分呢？科学家想了一个办法：建立一个坐标系，然后把空间距离当作横轴，把时间距离当成纵轴。这样一来，四维时间里的距离就既有空间意义，也有时间意义。

在这种计算中，虚数就发挥了重要的作用。在四维空间的计算中，时间距离前面是要乘以i的，以显示出时间和空间的本质不同。

利用虚数将时间和空间结合在一起，组成坐标系之后，科学家发现了一个非常奇异的现象：我们平常所说的两个事件之间的时间距离和空间距离，其实可以看作四维距离在时间和空间两个坐标轴上的投影。这么一来，一旦旋转这个四维坐标系，我们就可以让时间和距离相互转化。

从这一点出发，我们会发现，时间和空间都不是恒定不变的，而是跟物体的运动状态有关。也就是说，对于一个静止的人和一个运动的人，时间在他们身上流逝的快慢是不同的。这就相当于运动旋转了时空坐标系，因此改变了四维距离在时空坐标轴上的投影。看到这里，我们可能已经意识到，这不就是狭义相对论嘛。

我们可以看到，数学家们曾经以为没用的虚数，在相对论的计算中就派上了一个大用场。看似毫无意义的虚数之下，居然隐藏着如此重要的意义。

3. 弯曲的三维空间是怎么回事？

"空间"这个概念，人人都知道。但如果要追问空间到底是什么，恐怕就很少有人能讲清楚了。但即便如此，我们还是可以通过一些类比和实验来探究一下三维空间的形状。

举个例子，在爱因斯坦的广义相对论中，有一个极其重要的假设：大质量的物质，比如太阳，会让周围的空间发生弯曲。这个预言要怎么验证呢？我们可以先选取两颗除了太阳以外的恒星，然后用两根超级长的绳子把地球和这两颗恒星连起来，组成一个三角形。

接下来，我们测量这个"超级三角形"在地球一端的夹角。因为我们要验证的是"太阳周围的空间是不是发生了弯曲"，所以，当太阳靠近这个三角形的时候，我们测量一次这个夹角，等太阳远离这个三角形的时候，我们再测量一次。如果两次测到的结果不一样，这就说明太阳导致了空间的扭曲。

当然，在实际操作中，我们找不到这么长的绳子，所以科学家是利用光线来完成实验的，因为光总是沿最短的路线传播。为了避免太阳光对光线的干扰，我们在日全食的时候才能进行试验。1919年，一支英国的天文队伍利用这种方式成功验证了爱因斯坦的相对论。他们发现，地球和两颗恒星之间的夹角，在有太阳干扰和没有太阳干扰的情况下出现了微小的差异。这说明太阳的确扭曲了周围的空间。广义相对论由此得到了验证。

我们可能会想，即使我们知道了空间是可以弯曲的，那又怎样？我们生活在空间之内，空间弯不弯曲能影响到我们吗？答案是：对我们的影响太大了。因为引力就跟空间的弯曲有关。

在爱因斯坦之前，大家只能认为引力是瞬间作用，反正各种物体之间会相互吸引。但爱因斯坦在对时空形态进行研究之后提出，引力其实是空间的弯曲导致的：大质量的物体会导致空间弯曲，弯曲的空间又影响了物质的运动。这才是引力的真正本质。

我们用一个模型来解释一下。可以把空间想象成一张保鲜膜，一般情况下，保鲜膜是平坦的。这时候，我们往上面放一个物质，比如一颗球，这颗球就会让膜变形，也就导致了空间发生弯曲。而一旦膜弯曲，膜上其他东西的运动轨迹就会发生变化。这就是引力的来源。

我们之所以能感受到重力，不是因为地球在吸引我们，而是地球弯曲了我们周围的空间，而空间的形变又影响了我们的运动。所以，弯曲的空间不是没有意义的，它会对我们产生切切实实的影响。

73 ｜《规模》
变大到底意味着什么？

李南南[①]

《规模》这本书主要讲的问题是，世间万物，包括生物、城市、国家等的规模增长，到底遵循着什么样的逻辑。说白了就是，变大到底意味着什么。这是一本难度系数非常高的书，但是值得我们花点时间啃下来。我们会获得一个神奇的看待事物的新角度，能够超脱自身的经验，洞察到这个世界在更大尺度上的规律。

作者杰弗里·韦斯特是目前全世界在复杂科学领域最领先的研究机构——圣塔菲研究所的前所长。这个身份相当于拳击界的阿里、电影界的斯皮尔伯格。他可能是目前全世界在复杂科学领域最厉害的人物。

1.生命的生长，到底遵循着什么样的逻辑？

我们从跟自己关系最密切的话题说起，那就是，生命的生长，到底遵循着什么样的逻辑。只要搞懂这个逻辑，我们就知道，任何生命都不可能无止境地增长，不管是体积、重量还是寿命，都有极限。

这其实没有那么复杂。我们只需要知道，这个系统最底层的变量，也就是触发系统改变的根本的变量和整个系统中各个因素的相对关系，就行了。对生物来说，这个最底层的变量就是代谢率。

---

① 李南南，资深媒体人，编剧。曾任中央电视台数字频道主编，湖南卫视节目编剧。得到App"罗辑思维"节目策划人、"得到头条"节目主理人。

那么，代谢率和生物的成长之间到底是什么关系呢？这个问题，早在1932年，就被一个叫马克斯·克莱伯的生理学家回答了。他观察了几十种动物，最后得出一个结论：代谢率和体重的四分之三次方成正比。

比如，大象的体重是老鼠的1万倍，但是大象需要摄入的能量只是老鼠的1000倍。1万是10的四次方，而1000是10的四乘以四分之三次方，也就是10的三次方。所谓的和四分之三次方成正比，就是这个意思。克莱伯还观察了几十种动物，包括鸽子、山羊、公牛等。这些生物的体型跨越几个数量级，但是它们都满足这个规律。

简单来说，随着我们不断长高以及体重不断增加，我们摄入的能量也在不断增加。只不过，能量的增长速度比体重的增长速度要慢。那么，这样一直增长下去，会发生什么呢？最终结果是，早晚有一天，我们摄入的总能量只能维持现有的重量。这就是为什么说任何生命的生长都有一个规模上的限制。

同样，生物的寿命之所以有上限，也和新陈代谢有关。不管是什么生物，在新陈代谢的过程中，都有一件事是不可能避免的，那就是整个代谢系统的摩擦损伤。比如，血液流过血管，一定会有摩擦。只不过，对体型大的生物来说，因为血管系统更庞大，血管壁上的细胞更多，血管比较耐磨一些。这个损伤的过程比较慢，其寿命就比较长。但是，它总归都是有一个承受极限的。

按照这个规律，韦斯特还推算出了人类寿命的理论上限，大概是125岁。但是，说到这里，我们还有一个巨大的疑问：整套关于生命规模的理论都有一个前提，那就是代谢率和体重的四分之三次方成正比，但这个数据仅仅是通过事实归纳得出的。

2.生命到底存不存在第四个维度？

换句话说，我们要想进一步砸实这个结论，就必须在理论层面找到它的逻辑。接着，我们就来解决这个问题：给"四分之三"这个数字找一个扎实的逻辑。

对一个正方体来说，面积和体积的三分之二次方成正比，边长和体积的三分之一次方成正比。因为正方体是三维的，所以三个数字才会作为分母经常出现。但是，放在人类身上，这就有点说不通了。人体明明也是三维的，但出现频率最高的数字不是三，而是四。要想在理论上证明这个"四"是对的，我们就必须证明一件事：我们的身体里有某些东西是四维的。

论证生命到底存不存在第四个维度，韦斯特在这本书里给我们提供了一个新的视角。他说，生命的成长，除了体量的增加之外，还意味着一件事，那就是分形。简单来说，一个东西的上一层结构和下一层结构会呈现出一种自相似性。比如，从地图上观察一个小岛的海岸线，我们会发现，它是弯弯曲曲的形状。假如截取其中的一段，放大了再观察，我们会发现，它还是差不多的弯弯曲曲的形状。

事物不断生长的最终结果是，形成一种分形结构。换句话说，从分形的角度来看，一个事物生长的过程，不仅仅是一个不断变大的过程，也是一个不断分形的过程。比如，树是在原来分支的基础上长出新的分支。再如，人类血管是在原来动脉的基础上分形出形状类似的血管结构。

那么，一个东西在经过不断地分形、生长、延伸之后，到底会发生什么呢？变大还是变多？远没有这么简单。真实情况是，这个东西会升维，也就是完成一次维度的提升。比如，原来是一维的线，分形后可能会变成一个二维的面。但线明明是一维的，怎么可能变成二维的呢？

假设有一条线，线的中间部分有一个和水平夹角成90度的凸起，乍一看，就像把大写字母T倒立过来。现在，按照这个形状，我们开始让这条线分形、延伸，也就是让它的每一段的中间位置都长出一个

90度夹角的凸起。经过第一次分形，我们会发现它的形状变成了几个横七竖八的字母T，它们紧挨着摆在一起。假如继续分形下去，它就会变成一大片密密麻麻的线条。最终，我们会发现，这条线几乎铺满了整个三角形。

虽然这条线是一维的，但是，经过不断分形之后，它已经铺满了一个面。换句话说，通过不断地分形，这条线上升了一个维度，从一维的线变成了二维的面。带着这个结论，我们再来看人体。我们会发现，从分形的角度来看，我们的某些身体结构（确切地说是身体里的血管结构）是四维的。

首先，血管是一个分形结构。从主动脉到毛细血管，每一层分叉的分形结构都是一样的。既然任何布满所在空间的分形都会上升一个维度，那么从这个角度来看，我们的血管系统也上升了一个维度。换句话说，尽管血管本身存在于三维空间，但是它的分形维度是四维的。这就是"四"这个数字的由来。

假如把这个结论和前面的那些统计数据结合在一起，我们就可以确定，对地球上的任何生物而言，不管是已经发现的物种，还是没有发现的物种，它们的代谢率都跟体重的四分之三次方成正比。换句话说，在这个星球上，任何生命的规模在出生的那一刻都已经注定了。

3.组织层面遵循着怎样的增长逻辑？

在组织层面，公司、城市、国家的规模增长又遵循着什么样的逻辑呢？我们来做一个思想实验。有一部电影叫《流浪地球》。这部电影讲的是：未来有一天，太阳没法再为地球提供能量了；人类为了自救，在地球表面建造了一万座巨大的发动机，打算把整个地球推离太阳系，到宇宙中去寻找新家园。

我们可以就着这个故事本身做一次假设。假如当时还有一套方案，不是把整个地球推离太阳系，而是建造一艘巨大的飞船，人们坐着飞船走。请问,推动地球和坐飞船,到底选哪个?

很多人可能会说,当然选坐飞船。因为飞船更好控制,技术更成熟。跟推动地球比起来,这个操作的风险要低得多。当然,还有人可能会说,应该选择推动地球,可以救尽可能多的人。根据书里的观点,韦斯特大概率会支持"流浪地球"计划。原因有三个。这三个原因也是包括公司、城市、国家在内的一切组织在规模增长中所遵循的底层逻辑。

第一个原因是,组织越大,对基础设施的利用率就越高。简单来说,规模越大,越节省资源。比如,有人计算过,城市的道路总长度、加油站数量以及水电线路的总长度,都跟人口的0.85次方成正比。按照这个关系,假如一个100万人的城市需要50个加油站,那么一个200万人的城市大概只需要再增加30多个加油站。从这个角度来看,选择推动地球反而会提高公共资源的使用率,这是一件很划算的事情。

有人可能会说,我们也可以通过制定规则来实现。比如,在飞船上严格规定每个人的生活物资,这不是也可以提高资源的使用效率吗?但是,别忘了,一个组织要想持续发展,不能光靠节省,还得增加产出。这就要说选择"流浪地球"计划的第二个原因:规模越大,产出越高。注意,这可不是简单地等比放大。而是,当规模增加,产出的效率会更快地提升。比如,有人计算过,一个城市的创新专利数,还有产能,跟人口的1.15次方成正比。也就是说,当城市变大,它的产能会以更快的速度增加。

到这一步,还是存在一个问题:假如这个飞船可以造得非常大,甚至比一座城市、一个国家还大,坐飞船的方案是不是就可以胜出了呢?很遗憾,还是没有。这就要说选择"流浪地球"计划的第三个原因:一个组织越是具备多样性,就越有活力。从这个角度来看,假如选择坐飞船,那么为了让大家适应飞船上的生活,为了确保秩序稳定,大概率所有人要开展一次军事化的培训,都要严格遵循统一的行为规范。这么一来,这个群体的多样性就在很大程度上被洗掉了。因此,从多样性的角度来看,还是"流浪地球"计划胜出。

其实,说了这么多,这本书只是想说明一件事:一个组织真正的优势,不是规模大,而是规模复杂。不管是对个人、公司还是城市来说,"大"只是基础,而不是真正的厉害。能够包容万物的"大",才是真的了不起。

《科学革命的结构》
如何理解科学的进步?

徐竹[①]

《科学革命的结构》最早出版于1962年,自问世以来,其影响力很快扩散到整个人文社科领域。作者托马斯·库恩是著名的科学史家、科学哲学家。这本书是他的代表作,他的名字也与"范式"的概念关联到了一起。

所谓范式,就是研究的方式。在每个时代,科学研究的方式都不同。科学研究从一个方式转换到另一个方式,这就是科学革命。同领域的科学家之间常常交流一些别人听不懂的"行话",因为他们采用了共同的范式。

这本书的核心观点是:科学的历史演化不仅有积累,更有很多间断和革命;不同时代的科学有不同的范式,科学家也是以完全不同的方式来做研究的。突破既有的范式,意味着改变某些习以为常的观念和坚信不疑的原则。科学就是通过不断地转换范式,打破旧有框架束缚,才取得了进步。

1.科学发展成熟的标志是什么?

所谓成熟的科学,一般具备系统、全面的知识体系,有成熟的教科书供学习使用,能够清楚区分出哪些是大家已经接受的知识,哪些

---

① 徐竹,哲学博士,华东师范大学哲学系教授。著有《理解社会》,译有《自我知识》等。

是有待于探索的问题。这样学生只要按部就班地学习,就可以经由知识的积累而走到研究的前沿。不够成熟的科学往往做不到这些。

科学从不成熟到基本成熟的标志是:大量争论烟消云散,基本共识得以确立。牛顿写了一本《光学》,告诉人们光是物质微粒,这被科学家广泛接受,于是人们不再纠结于"光是什么"的话题,转而研究光现象的具体问题,光学就成熟了。

库恩用了两个特征来概括科学成熟的标志:一是某种理论、著作或研究成就空前地吸引了一大批坚定的拥护者,他们不再相信对同一类现象的研究还可以用其他的方式进行;二是这些理论、著作或研究成就能够提出丰富的问题,把追随者的目光引向解决这些问题的研究工作上,而不像原来那样总是纠结于对基本概念的泛泛争论。

这两个特征有一个更简洁的说法,就是"范式的确立"。库恩所说的范式,就是那些能够化解基本争论、形成共识的理论、著作与研究成就。科学从不成熟到成熟的标志,就是形成了一个范式,摆脱了先前那种无所适从、莫衷一是的局面。

2.科学革命为什么必然会发生?

科学研究的魅力在于,有些问题尽管看起来是有答案的谜题,但真正研究下去,发现它们并不简单:或是在既有的知识体系下根本找不到答案,或是真正满意的解决要求重新质疑基本概念,也就是把争论重新引向基本的共识,突破原来确立的范式。

比如,科学史上发现氧气的例子。氧气最早是由英国化学家普利斯特列在实验中获得的,但在科学史上,人们把氧气的发现权归于法国化学家拉瓦锡。这里面有一个很重要的理由:普利斯特列没有认识到氧气是空气的一种成分。在他那个时代,化学是被燃素说的范式统治的。

所谓燃素说,就是假设可燃物中普遍存在一种叫燃素的成分。燃烧就是燃素的消耗,燃素消耗殆尽的物质就不再可燃。我们可以看到,在燃素说范式中,完全没有氧气的位置,因为该学说根本就没有把燃烧理解为"依赖空气的某种成分"。然而,拉瓦锡第一次提出了这个概念,并指出这种成分就是普利斯特列得到的氧气。由此,拉瓦锡提出了氧化还原学说的新范式,替代了燃素说的旧范式,奠定了直到今天的现代化学的基础。

"氧气是什么?"这就是燃素说范式无法解答的谜题。普利斯特列尽管在旧范式中也做了很多尝试,但依然无法找到答案。拉瓦锡的成功并不在于他多么勤奋地解答谜题,而在于反过来质疑这一范式,要求对燃烧现象重新理解,进而"氧气是什么"的问题就顺理成章地得到了解决。普利斯特列与拉瓦锡的这段公案并不是特例,按照库恩的看法,类似的戏码在科学史中不断上演。

根本原因在于,在已确立范式的成熟科学中,总会有某些无法解决的谜题出现,库恩称之为"反常"。反常不断积累,就会使已有范式的权威与信誉大打折扣,于是由范式确立的共识无法维持,科学家又开始了关于基本概念的争论。这很类似于科学的不成熟阶段的情况。最终的结果是,一个新范式替代原来的旧范式,确立新的共识来终结这些基本争论。原来在旧范式下无法化解的反常,在新范式中却很自然地得到了解答。

范式的转换就是科学革命。范式的确立虽然化解了基本争论,确立了共识,但也埋下了科学革命的伏笔。因为任何范式都只不过是一种受多数人追捧的观点,尽管范式让科学摆脱了无休止的概念争论,但同时也排斥了其他可能合理的意见,因而就会有解决不了的谜题。从这个意义上说,反常是一定会出现的。这是既有范式的局限性。而范式的转换与科学革命也一定会发生。只有新的范式取代旧的范式,以及新的共识取代旧的共识,原来的局限性才能被克服,科学也才能进步。

3.如何判断科学革命是合理的、进步的？

通常，人们认为，科学是完全理性的事业，科学家是以理性冷峻的目光审视世界的一帮人。然而，库恩的这本书告诉我们，科学研究从来不是完全理性的事业。科学家在工作中也会固执地坚持自己所偏爱的范式，即便有更好的选择摆在面前，他也不会被理性说服。

更麻烦的是，我们也许根本不知道范式之间如何比较。因为它们根本就无从比较。任何比较都要有共同接受的标准。比如，比较两支铅笔的长度，我们可以拿尺子量一下，但不同范式之间不存在这样一把公共的"尺子"。因为转换范式就是彻底改变了看待世界的方式。世界既可以用旧范式来把握，也可以用新范式来理解。

这样一来，如何评价科学革命的合理性和进步意义就成了很大的问题。比如，20世纪初的物理学革命突破了牛顿力学，确立了爱因斯坦的狭义相对论作为新的物理学范式。这是科学的进步吗？当然是。但若按库恩的说法，牛顿的范式与爱因斯坦的范式本身不可比较，它们只不过是看待世界的两种不同方式，无所谓谁更好或者谁更接近真理。

事实上，科学家从来不一般地评价理论是否更符合真理，而是更看重某些看得见、摸得着的评价指标，比如哪个理论更容易进行准确的预测、更能系统地解释了现象、拥有更宽的适用范围等。在所有指标上，狭义相对论的范式都胜出一筹。因此，我们才说爱因斯坦的范式替代牛顿的范式是一项科学进步。这并非只是对逼近客观真理的信仰，而是有理有据的论断。

在库恩看来，评价科学革命的合理性和进步性，并不是相信科学总是逼近客观真理，而是从科学的真实演化历史出发，进而做出判断。范式就是用来描述科学演化的，科学通过范式的转换，不断破除既有的思想束缚，聚焦新的谜题，朝向未知领域不断扩展。科学的演化也许并未设定任何目标，但认识的进步永无止境。

4. 如何看待这本书和库恩的理论？

库恩曾经被指责背叛了科学进步的理想。但他真的拖了科学进步的后腿吗？显然不是这样的。库恩的这本书与其说是对科学进步的背叛，不如说是对科学进步的重新理解。以往人们所理解的科学进步是一种不断逼近真理的神话，好像科学家有某些神奇的技能，总能够走在揭示世界真相的道路上，库恩则彻底破除了这种神话。他告诉人们，科学进步并不神秘，科学家的成功经验也可以供普通人学习借鉴。

譬如，确立范式就是在思维上要收敛，不能总是天马行空地设想各种可能性，而要"攻其一点，不及其余"，要在基本概念上确立共识，把目光集中于可解决的谜题上。科学革命则要求思维再次发散，碰到无解的问题，就不能只考虑既有框架中的可能性，还要突破框架，寻找新的解决途径，这时就需要天马行空、大开脑洞。

科学之所以能够成功，在很大程度上是依赖思维的收敛与发散之间的协调配合，并保持必要的张力。科学进步也因此得到了合理的解释。所以，关于科学是否在进步，似乎用不着太多的质疑，根本问题在于，如何理解科学的进步。这是库恩的这本书给人类知识的最大贡献。

75 ┃《上帝掷骰子吗？》
量子论是如何颠覆人类认知的？

柴知道

如果要评选20世纪人类社会最重要的事件，那么这个事件可能既不是两次世界大战，也不是人类登上了太空，而是量子力学的出现和发展。这种说法来自《上帝掷骰子吗？》这本书。为什么会这么说呢？因为量子力学引发了一系列的技术革命，包括核能、计算机、材料学、信息技术等领域，完全深入了我们生活的每一个角落，深刻影响甚至颠覆了人类对世界的认识。

《上帝掷骰子吗？》是一部非常出名的科普作品，曾获吴大猷科学普及著作奖、文津图书奖等奖项，被誉为"中国版的《时间简史》"。在书中，作者曹天元展现了量子力学百余年来的发展史，对量子力学的基本原理、发展历程中的重要事件以及多位顶尖科学家之间的观点争执做了梳理，并详细论述了量子力学对人类认知的颠覆性影响。

"上帝掷骰子吗"这句话来源于爱因斯坦对量子力学的批评。爱因斯坦和另一位顶尖科学家玻尔的论战，是20世纪最出名的科学争论。爱因斯坦在这场围绕量子力学的对战中说："上帝是不会玩掷骰子游戏的。"他的意思是，量子力学的理论一定是有问题的，世界不是按照量子力学的理论来运行的。但事实证明，爱因斯坦错了，上帝真的就是在掷骰子，量子力学彻底颠覆了人类对世界的认知。

1.量子理论如何冲击经典物理学？

当经典物理学发展到19世纪末的时候，所有人都认为，物理学的发展差不多已经到头了。所有的物体、一切的现象，都在遵照经典物理学的基本原理在运行。大自然中的力、热、光、电、磁等所有的现象，都已经被物理学无死角全覆盖。人类已经完全掌握了大自然的运行规律，可以把握世界上的一切事物。

但是，热力学泰斗、物理学家开尔文在1900年发表了一个著名演讲，指出了当时物理学大厦上空飘浮着的两朵"乌云"，也就是两个还没有解决的物理学难题。第一个难题是，人们猜想宇宙中有一种叫"以太"的物质。但人们无论怎么做实验，都探测不到这种物质。第二个难题是关于黑体辐射实验的。这个实验的结果总和理论预测不一致。第一个难题催生出后来的相对论，而第二个难题导致了量子论革命的爆发。

19世纪末，很多科学家在研究黑体辐射问题，简单来讲，就是研究物体的温度和辐射能量之间有着怎样的关系。科学家们经过前仆后继的努力，终于得到了两套公式。但问题是，其中一套公式只对电磁波的短波有效，另一套公式只对电磁波的长波有效，所以这里面肯定是有问题的。

这个时候，量子论历史上最重要的人物之一普朗克登场了。到1900年，普朗克已经研究黑体辐射好几年了，但也没搞出什么头绪。一天下午，他想换一个思路，先不管各种各样的假设和推导，用数学方法把这两套公式拼起来再说。结果几天之后，普朗克还真把这两套公式凑成了一个，也就是著名的"普朗克黑体公式"。在公式公布之后，大家发现它非常管用。问题是，大家只知道这个公式好用，但不知道它为什么好用，也不知道这个公式究竟隐藏着怎样的物理意义。

又经过了一段时间的研究，普朗克终于发现，如果要让这个公式成立，就必须做一个假设：能量在发射或者吸收的时候不是连续不断的，而是必须分成一小份一小份的。也就是说，能量不是可以无限分割的，而是有一个最小单位。这个基本单位后来被命名为"量子"。这个"量子"的假定，最终推翻了整个经典物理学的大厦，也彻底改变了人类对世界的认知。

在经典物理学看来，一切自然过程都是连续不断的。如果气温从20摄氏度上升到30摄氏度，那中间肯定经过了25摄氏度。如果一个化学反应释放了50焦耳的能量，那中间肯定有一个时刻，它刚好释放出了30.134焦耳的能量。但量子的假设不是这样的，量子论相当于在说，能量的发射和吸收就像我们花钱一样，我们每次最少也要花1分钱，因为没有比1分钱更小的面值了。我们不能说买个东西花了0.3分钱，这是不可能的。能量也一样，它有个最小单位，是不连续的。

关于连续性和平滑性的假设，是微积分的基础。无论是牛顿的力学还是麦克斯韦的电磁学，都建立在微积分的基础之上。而量子论的诞生直接动摇了连续性的假设，相当于经典物理学的大厦一下子被移走了地基。

2.为什么说量子力学是在"掷骰子"？

在量子理论出现之前，人们理解世界的方式是"决定论"。在经典的物理学中，人们可以完美地预言几时几分几秒会出现日食，能够掌握所有运动的来龙去脉。总之，一切事物之间都是有因果联系的。宇宙就像一台精密的机器，所有零件都按照规则运行。只要我们掌握足够多的规律，拥有足够强的计算能力，那么整个宇宙里所有事物的过去和未来都应该尽在掌握之中。人们之所以还没做到这一点，只是因为目前知道的信息还不够多。

但人们通过量子力学对微观粒子进行研究后发现，世界的运行规则跟人们想象的完全不同，比如著名的电子双缝干涉实验。

假设我们有一台仪器和一个感光屏，两者之间还有一块有两条缝的板子。如果这个仪器发射出一个电子，那么这个电子到底会出现在感光屏的什么位置呢？答案是，无法确定。我们不知道这个电子会出现在哪里，因为这根本就是一个随机过程。

但如果进行大量观察的话，我们就会发现，电子的出现也不是完全没有规律的，有些位置出现电子的可能性高，有些位置出现电子的可能性低。这是完全符合概率计算的。所以，如果大量发射电子，我们就会发现，有些地方亮一些，有些地方暗一些。亮的地方就是电子出现概率高的地方，暗的地方就是电子出现概率低的地方，而且每次的明暗分布都是有规律的。所以，我们虽然没法确定单个电子的位置，但可以计算出大量电子会组成怎样的图案，因为电子的随机分布符合数学规律。

总之，我们根本无法预言电子的实际位置，只能预言电子的出现概率。这个结论意味着，量子论彻彻底底地从最根本的因果关系上颠覆了整个物理学。

因此，我们即使掌握了电子的初始状态，拥有了最强大的计算工具，考虑了所有可能的影响，也不可能准确预言电子的位置。更重要的是，这不是因为我们的能力不足，而是大自然从根本性质上就是不可预测的。这不是推翻某一条规律的问题，而是要完完全全地推翻整个决定论系统，推翻当时所有科学的根本基础。在量子力学中，概率是深藏在世界底层的根本性质，一切的事情都是靠掷骰子来决定的。

3.量子力学里的"不确定性"意味着什么？

我们在前文提到，即使完全确定了一个电子的初始状态，我们也无法预测电子出现的位置。其实，不仅如此，量子力学里的另一位"科学巨人"海森堡还发现，我们连完全确定电子的初始状态都做不到。这就是著名的"不确定性原理"。

简单来讲，海森堡发现，如果对速度的测量越精确，对位置的测量就越不精确；反过来也一样，如果对位置的测量越精确，对速度的测量就越不精确。所以，电子的位置和速度是一种互补关系，就像跷跷板一样，按下这头就翘起那头。我们永远也无法同时确定一个电子的速度和位置。

科学家们进一步研究发现，能量和时间也存在着这种不确定性的互补关系。如果能量测量得越精确，时间就越模糊；如果时间测量得越精确，能量就会开始起伏不定。各种物理量都遵循着海森堡的"不确定性原理"，此起彼伏，难以捉摸。

"不确定性原理"其实告诉了我们一个现实：我们的观测行为本身会影响我们的观测结果。采取不同的观测方式，我们会观测到不同的结果。

在经典物理学中，我们认为有一个客观实在的世界，即使我们还没有对这个世界有清晰的认识，那也是我们自己的问题。世界本身肯定是客观实在的，不以我们的意志为转移。这是人类一直以来认识世界的方式，叫"客观实在论"。

但在量子力学中，情况就完全不同了，一切都跟测量行为挂钩：观测对象和被观测对象融为一体、相互影响，主客体之间的界限消失了。也就是说，物理学或者其他科学都没法研究一个所谓的"客观实在"的世界。人类并不知道宇宙的客观本质是什么，只知道自己观测到的宇宙是什么样的。任何事物都只有在被观测的时候才有意义。

76 |《时间简史》
可能是知名度最高的科普经典

柴知道

《时间简史》很可能是全世界最知名的科普经典,没有之一。这本书自上市后在全球被翻译成40多种文字,畅销了1000多万册。

作者霍金是一位具有传奇色彩的科学家,也是一位家喻户晓的人物。霍金在20多岁时不幸患上了"渐冻症",被禁锢在轮椅上,但是凭借着杰出的大脑,他对当代物理学研究做出了巨大的贡献。

在《时间简史》里,霍金除了对物理学概念的介绍外,还重点讲述了他的几大理论贡献:提出并证明"奇点定理",提出无边界宇宙模型,以及提出并证明"霍金辐射"。

1. "奇点定理"到底是什么?

霍金最标志性的成果,就是和英国数学家彭罗斯一起提出并证明了"奇点定理"。

20世纪之前,人们一直默认宇宙是静止的。即使牛顿的万有引力定律已经说明不同的物体之间会相互吸引,但人们还是提出了各种各样的说法,来维护宇宙静止的设想。

但到了20世纪20年代,科学家们在观测其他恒星时发现,很多恒星发生了一种叫"红移"的现象,这些恒星都在远离地球。天文学家哈勃还发现,这些恒星离地球越远,它们离开的速度就越快。这意味着,宇宙并不是静止的,而是膨胀的。

爱因斯坦的广义相对论是描述宇宙最好的模型。在发现了宇宙膨胀后，科学家们以相对论为基础，找出一个新模型来描述宇宙膨胀。科学家们发现，如果把时间往前推，宇宙就会收缩；如果一直倒推到150亿年前，那么所有的星系之间的距离便会变成0，就好像整个宇宙被紧紧地挤压成了一个点。这个点就被称为"奇点"，它就是宇宙时空的开端。奇点的性质非常特别，我们没办法直观地去想象它。但是通过数学计算，我们可以发现，奇点的体积无限小，弯曲程度无限大，密度无限大，引力也无限大。

在"奇点定理"刚提出的时候，很多科学家并不认同这个说法。但是，霍金和彭罗斯一起，用严谨的数学过程证明了，如果广义相对论是正确的，宇宙就必然诞生于这样的一个奇点。这就是宇宙的开端。

2.霍金关于宇宙模型的设想

"奇点定理"是霍金最大的学术贡献之一。但后来，霍金改变了自己的想法，提出了无边界宇宙模型，认为宇宙并不需要诞生在奇点之中。这是怎么回事呢？

目前，最主流描述宇宙起源的模型是"宇宙大爆炸理论"。我们很可能听说过这个理论：宇宙是诞生于一个奇点之中的，宇宙诞生的那一刻被称为"大爆炸"，之后万事万物开始形成。而且根据模型，宇宙各个地方还残留着当初大爆炸的能量，科学家们称之为"微波背景辐射"，可以通过观测发现。

但是，大爆炸理论有一个让科学家们尴尬的地方，就是宇宙的开端。在奇点这里，一切的物理定律都失效了，人们根本不知道从这个奇点里会冒出什么东西。宇宙现在所遵循的规律到底是怎么出现的呢？是谁规定了这些规律呢？难道真的是上帝吗？

霍金说，"奇点定理"和"宇宙大爆炸理论"成立的前提，是广义相对论正确。但是，如果要思考宇宙的起源，那么我们只用相对论是不够的，还需要跟量子力学相结合。所以，霍金的无边界宇宙模型是把量子力学和相对论结合运用的产物。

在无边界宇宙模型里，宇宙没有一个特别的奇点，也就不需要上帝来指定一个特殊的规律，这是一个"有限无界"的宇宙。宇宙时空是有限大的，却是没有边界的。这是什么意思呢？霍金用地球做了一个类比。地球就是一个有限大的星球，虽然我们知道地球的直径和大小，但是地球是没有边界和开端的。我们在地球上哪怕一直走，也不可能找到一个边界，不可能掉到地球外面去。

不过，要注意的是，霍金自己也强调，这个模型只是一个设想，并不是当前的主流理论，需要被检验。

3. 霍金对黑洞研究的贡献

霍金对黑洞的研究也是一次把相对论和量子力学结合起来的尝试。为什么这么说呢？

因为黑洞的诞生是利用广义相对论计算出来的。黑洞来自大质量恒星的坍缩。根据科学家的计算，如果一颗恒星的质量比一个半的太阳还大，内部聚变产生的斥力就无法抵消自身的引力影响，恒星就会一直坍缩，从而变成质量极大、体积极小的黑洞。

我们知道，黑洞之所以叫黑洞，是因为它具有极强的引力。任何物质，包括光在内，只要进入某个临界区域，就永远也不可能逃出黑洞。

但问题是，黑洞这种吸引一切的性质跟热力学第二定律产生了冲突。根据这条定律，黑洞也应该有温度，有温度的物体就会向外发出辐射和粒子，黑洞也不应该例外。但刚才提到，既然连光都逃不出黑洞的引力，怎么可能有粒子能从黑洞里跑出来呢？

这时候，霍金引入量子力学成功回答了这个问题。他发现，黑洞的确会发射出粒子，但这些粒子并不是从黑洞里面跑出来的，而是从黑洞边缘空虚的空间里无中生有变出来的。

根据量子理论里的"不确定性原理",即使是看起来什么都没有的空虚的空间,在微观上也是波澜起伏的。那么,空虚的空间里到底有什么呢?其实,空虚的空间时时刻刻都在产生成对的粒子。为了保持能量守恒,这些粒子有的带正能量,有的带负能量,它们碰撞到一起会同时湮灭。

推理到这一步,霍金就提出,黑洞的边缘虽然看似是虚空的,但其实在一刻不停地产生成对的粒子。其中,带负能量的粒子就会被吸到黑洞里去,但还有一些带正能量的粒子可以幸运地从黑洞的边缘逃脱,跑到其他地方去。如果我们站在黑洞外面看的话,就好像是黑洞在不断地向外发射粒子,这就是"黑洞辐射",也叫"霍金辐射"。正是因为这种辐射的存在,霍金才会说,黑洞其实并不完全是黑的。

虽然"霍金辐射"目前没有被观测到,但是在物理学上,这是一个极富价值的理论。因为它尝试把广义相对论、量子力学和热力学结合起来。

77 ┃《宇宙的琴弦》
为什么说宇宙空间是十维的？

柴知道

爱因斯坦是人类历史上最伟大的天才之一。在生命的最后30年，他一直希望能找到一个包罗万象的理论，用来描绘包括引力在内的各种自然力。不过很遗憾，爱因斯坦没能成功。其实，所有的科学家几乎都有这样一个梦想，希望找到一个基本的原理，这个简单而深刻的理论能够描绘宇宙中的各种现象。经过一代又一代科学家的努力，人类终于窥见了一点希望。这个有可能描述一切现象的理论，就是"弦理论"，也是《宇宙的琴弦》这本书的主题。

作者布赖恩·格林是牛津大学的物理学博士，也是哥伦比亚大学的数学和物理学教授，还是站在弦理论研究最前线的顶尖科学家，对弦理论中空间状态的研究做出过很重要的贡献。

弦理论是当今最前沿的一门科学，目前还在发展之中。弦理论不光涉及物理学，也涉及大量艰深的数学知识，非常深奥抽象。它所描绘的宇宙，跟我们熟悉的宇宙有很大差别，远远超出了普通人的认知范围。所以，要对弦理论进行科普的话，可能只有布赖恩·格林这样的专业人士才能做到深入浅出、游刃有余。而这本《宇宙的琴弦》就是介绍弦理论最好的科普读物之一。

1. 弦理论是如何诞生的？

很多人知道，相对论和量子力学是现代物理学的基础理论，是整个物理学大厦的地基。大到宇宙的膨胀，小到组成物质的微观粒子，相对论和量子力学都能解释。这两套理论都经受过无数次严格的检验。无论实验的精度有多高，相对论和量子力学都能得到证实，屹立不倒，可以说是人类历史上最成功的两大科学成就。

但问题恰恰就出在这里：作为物理学的基础，相对论和量子力学在根本上是存在冲突的。在某些条件下，这两套理论水火不容，所以不可能同时正确。为什么这么说呢？

在广义相对论看来，宇宙空间就像一张巨大的膜，虽然物质可以使它弯曲，但空间还是很平滑的。在量子力学看来，宇宙空间在微观尺度上是剧烈涨落的，根本不是平滑的。所以，在超微尺度上，相对论和量子力学存在冲突。

这么小的尺度到底有没有研究意义？还真有。比如黑洞的中心，质量极大，尺度极小。再如宇宙在大爆炸的一瞬间，也是质量极大，尺度极小。如果我们要研究这些问题，相对论和量子力学的冲突就必须解决。物理学一路发展到相对论和量子力学这里，终于出现了不能不解决的矛盾。为了解决这个矛盾，人们就需要一套能够调和它们的理论。在这个背景之下，弦理论诞生了。

2.弦理论有什么特别之处？

在弦理论出现以前，人们普遍认为，物质是由基本粒子构成的。不光如此，宇宙里的各种力，包括电磁力、强力、弱力，也跟各种粒子（光子、胶子等）有关。这套用粒子来描述各种事物的理论叫作"标准模型理论"。

跟标准模型理论不同，弦理论认为，宇宙不是由点状的粒子组成的，而是由一根根振动的弦构成的。弦理论提出，如果我们把各种基本粒子放大，用目前还达不到的精度去观察它们，我们就会发现，这些粒子并不是一个个点，而是由一个小小的环构成的。每个粒子都好像一根无限细的、一维的橡皮筋，在不停地振动。当然，这些弦非常小，以我们目前的观测技术来看，它们就是一个个点。

所以，在弦理论中，从微观层面来看，宇宙到处是小小的琴弦。这些琴弦的振动，就演奏出了整个宇宙演化的交响曲。这就是弦理论最为核心的观点，也是弦理论最特别的地方。

有人可能会问：弦理论的设想虽然很巧妙，但到底有什么用呢？弦理论可以解释标准模型理论的一个遗憾：标准模型理论虽然能描述四种基本力中的三种，也就是电磁力、强力和弱力，却解释不了引力是怎么回事。但弦理论不同，如果把粒子换成弦的话，我们就会发现，在某个特别的振动模式之下，刚好可以产生一种质量为0的粒子。这恰好就是科学家们所期待的"引力子"，它能够解释引力是怎么回事。所以，弦理论不光可以描述物质的组成，还可以描述自然界里包括引力在内的所有基本力，有解释万物的潜力。

前面说过，相对论和量子力学有不可调和的矛盾。在广义相对论中，空间和时间是光滑、弯曲的；但在量子力学中，空间在微观上是剧烈涨落的。那么，弦理论是怎么解决这个矛盾的呢？

我们先来看一个形象的例子。假如面前放着一块精心加工过的花岗石，我们用手去摸它，会感觉它特别光滑，一点瑕疵都没有；但如果用放大镜或者显微镜来观察它的表面，我们就会发现，花岗石的表面是凹凸不平的，有许多颗粒和坑洞。在这个例子中，我们的手感觉不到花岗石表面的小颗粒，因为它们已经超出了手的感知范围。对于手来说，它们是没有意义的。同样的道理，如果一个东西比弦还小，对弦都产生不了影响，那么它对弦来说也是没有意义的。

在弦理论中，组成物质的最小单位是弦。弦的平均长度是普朗克长度，是1.6×10^{-33}厘米。假如我们把一个原子放大到整个宇宙那么大，普朗克长度就相当于地球上的一棵树那么高。如果一个空间比普朗克长度还小，那么不管里面发生些什么，都不会影响到弦。我们之前说过，量子力学和相对论的冲突发生在超微尺度，也就是普朗克尺度以下。实际上，在这么小的尺度下，无论发生怎样的量子涨落，空间里有怎样的滔天巨浪，都影响不到弦。它们之间的冲突既然影响不到整个宇宙中最小的基本单位，就更影响不到其他事物。所以，我们根本就不用管在普朗克尺度以下才会出现的量子力学和相对论的冲突，问题就这么解决了。

有人肯定会想：这是耍花招，不是解决问题，而是逃避问题。还真不是。因为我们想象的普朗克长度以下的冲突，本来就是在标准模型理论的基础上产生的，而在标准模型理论中，构成各种物质的是粒子。但如果我们换一套理论，把粒子换成弦，这个问题压根就不会产生。因为在标准模型理论中，空间是可以无限分割的，要多小就有多小，没有极限；但在弦理论的世界中，这种空间概念并不适用。空间只能小到弦的尺度，不能再小了。这就相当于整个游戏规则都变了，原先的问题自然就不存在了。广义相对论和量子力学在新的规则下可以和谐共处。

3.弦理论可能推翻哪些已有认知？

弦理论动摇了现代物理学的基础，让我们对空间的理解发生了变化。弦理论所描绘的宇宙，跟传统观念中的宇宙也不一样。

我们先看宇宙的维度。在传统看来，宇宙是三个空间维加上一个时间维。三个空间维是上下、左右、前后，一个时间维是时间。宇宙中，任何时间、地点发生的事，都可以用这四个维度来确定。但随着弦理论的发展，科学家们逐渐发现，宇宙好像不是只有四维，而是有十一维，应该是十个空间维加上一个时间维。只是有些维度蜷曲起来了，我们感受不到。

有人可能会问："照这么说，我也可以说宇宙有一百维、一千维，反正我们也看不到，科学家凭什么说它们存在呢？而且，就算这些维度存在，但它们蜷曲得那么小，又有什么意义呢？"之前我们说过，在弦理论看来，粒子是由弦的振动产生的，弦的不同振动方式会产生不同的粒子。那些蜷曲起来的维度虽然很小，但会影响空间的结构，也就是会影响弦的振动。宇宙有十个空间维，就意味着弦可以在十个方向上独立振动。弦的振动模式会影响粒子的质量和电荷，从而影响宇宙。

我们再来看黑洞。如果用弦理论来看黑洞的话，我们会发现更多匪夷所思的情况。在一般人的想象中，黑洞和基本粒子是完全没有联系的两种物体。黑洞是质量极大的巨无霸天体，而粒子的质量是极小的。但有物理学家提出，黑洞和基本粒子有很相似的特征。如果任何两个黑洞有相同的质量、力荷和自转，它们就是完全相同的，这跟基本粒子是一样的。所以，有科学家提出了一个猜想：黑洞本来就是一个巨大的基本粒子。但如果要研究这个问题，科学家们就会碰上质量极大、尺度极小的问题，就要面临量子力学和广义相对论的冲突，所以这个猜想一直没有进展。而随着弦理论的发展，科学家们真的在黑洞和基本粒子间建立起了一个无懈可击的联系，发现黑洞和基本粒子就好像冰和水一样，它们是同一种物质的不同存在方式。

看完这本书，我们会发现，人类对于理论的追求，很多时候是源自一种世界观。宇宙中的所有现象在根本上都可以用一个和谐的、统一的、完美的理论来解释，虽然这个想法可能永远无法得到证明，但它是深存于人类心底的一种美学追求，也是一个坚定的信念。

《怎样解题》
解决问题的底层心法

陈章鱼

《怎样解题》是一本出版近80年的经典作品,围绕"探索法"这一主题,采用明晰动人的散文笔法,阐述了求得一个证明或解出一个未知数的数学方法,并且将这样的方法迁移到更广阔的场景中。

作者乔治·波利亚不仅是一位杰出的数学家,也是一位数学教育家,他曾经担任瑞士苏黎世工业大学的数学系主任,而这所苏黎世工业大学就是爱因斯坦的母校。后来,波利亚移居美国,担任布朗大学和斯坦福大学的教授,并且当选美国国家科学院院士。

在这本书中,波利亚讲解的不是具体的数学知识,而是解答数学问题的底层逻辑。就像波利亚在书中所说的,"解题是一种实践性技能,我们可以通过模仿和实践来学会任何一种实践性技能"。我们平时所说的洞察力、判断力、创造力、思维能力等,其实可以通过不断模仿和实践解题技巧来提高。

1. 面对一道问题,应该从哪里入手?

波利亚说,面对一道问题,我们应该从题目的叙述开始,让自己熟悉题目并且理解题目。有人可能会说:"我知道理解题目很重要,但是对于看不懂的题,我还是看不懂。怎么办呢?"波利亚介绍了几种非常好用的方法,可以帮助我们更快速地理解题目。

第一种方法是类比。其核心的策略是,找一种我们熟悉的东西,它的特性和题目类似,这样我们就能借助熟悉的东西去理解陌生的东西。

比如，爱因斯坦对时间的描述，就是一个类比。他认为，时间就像一个空间上的坐标轴，有长短，有方向，有刻度。这是时间的真实状态吗？未必。只有通过这种类比的方式，我们才能借助空间这个熟悉的东西去理解时间这个陌生的东西。

这就是类比的最大好处，能将陌生的问题转化为熟悉的问题，而这恰恰是数学家最擅长的。

第二种方法是借助图形。如果翻一下波利亚的著作，我们就会发现他有一个习惯：在分析题目时，他能不用公式就不用公式；只要能用图形，他就一定会画图。

如果面对的是几何问题，我们当然要画图；如果面对的是其他问题，波利亚也强烈建议我们用图形帮助我们理解题目。

第三种方法是分解和重组。这个方法的核心策略是，像电影镜头一样，在整体和细节之间切换观察。

为什么要切换观察呢？如果深入细节中，我们就有可能在细节中迷失自我。这会阻碍我们对要点投入足够的注意力，甚至使我们全然看不到要点。但困难在于，我们事先不可能知道哪些细节最终是必要的，而哪些不是。如果不看细节，只考虑整体，那么我们又未必能深入理解题目。

所以，聪明的做法是切换视角。首先整体观察题目，然后观察细节。如果一个细节打动了我们，我们就可以对它集中注意力。接下来，我们再观察另一个细节。当每个细节都观察到，我们再回到整体。最后，我们可以把不同的细节组合起来，看看能不能有新的收获。

这三种方法的背后有一个基本策略：尽可能清晰、生动地使整个题目形象化。如果能把抽象的概念变得形象化，这就说明我们已经成功地理解了题目。

2. 怎样找到解题思路？

波利亚在这本书中也给我们提供了两种非常好用的工具。

第一个工具是特例。当没有思路的时候，我们不妨用特例帮助自己思考。

一个泛泛的问题往往让人有一种无法把握、无从下手的感觉，这是因为条件太多，所以看起来哪个条件都没法入手。正所谓，乱花渐欲迷人眼，一个泛泛的问题往往有一种不确定性。这种不确定性会成为思维的障碍。

怎么减少这种不确定性呢？我们可以先考虑一个特例，这样就能使问题的条件确定下来，从而帮助我们探一探问题的内部结构。

第二个工具是逆向思维。当正面思考感觉茫然的时候，我们不妨尝试反过来推导。

我们来看一道题："你站在河边，身边有两个桶，大桶能盛9升水，小桶能盛4升水。那么，你要怎样做才能盛出6升水呢？"如果这道题用逆向思维来思考，从结果向前推，我们就会发现更容易得出答案。

6升水肯定放不进4升的小桶里，一定是放在9升的大桶里的。所以，前一步需要做什么呢？为了只剩下6升的水，需要从9升的大桶里倒出3升的水。那再往前一步需要做什么呢？为了能倒出3升的水，需要4升的小桶里先有1升的水。怎样能有1升的水呢？再看一眼题目，大桶9升，小桶4升，9升减4升再减4升，正好就是1升。

我们再把逆向思维转化为正向操作：第一步，大桶装满9升水，倒进小桶4升水，然后把小桶里的水倒掉；第二步，把大桶里的水倒满4升的小桶，然后把小桶里的水倒掉；第三步，把大桶里剩下的1升水倒进小桶，再把大桶装满水；第四步，用大桶的水把小桶倒满，大桶里就剩下6升水。

如果我们反过来想，这道题的思路就变得明确了。玩过迷宫的人都知道，从入口进去，想要找到出口，非常麻烦。可是，如果把迷宫画到纸上，这件事就能变得简单了。因为我们可以反过来思考，从出口出发，寻找去入口的路线。这种逆向思维往往就能简单很多。

3.怎样确定自己的答案是否正确？

靠着前面这些方法，我们就可以理解题目、找到思路。根据这个思路，我们就能解出一个答案。可是接下来，我们还是会面临一个问题：怎样确定这个答案是不是正确的呢？我们可以从两方面验证自己的解答。

如果是物理问题或者几何问题，那么有一个非常好用的工具，叫"量纲检验"。量纲就是长度、面积、重量的标准单位。对于很多物理问题或者几何问题，我们求出来的往往是一个表达式，之后我们怎样快速检验呢？我们可以把表达式每一项的单位代入进去，看看两边的结果是不是一样。

比如，长方体的体积公式 $V=abc$，左边是体积，单位是立方厘米；右边 a、b、c 分别是长、宽、高，单位都是厘米，乘在一起就是立方厘米。这么一对照，两边都是立方厘米，这个答案就比较靠谱。

另一种验证的工具叫"特殊化"。简单来说，如果我们求出了一个公式，那么我们可以用具体的值来验证。比如长方体的体积公式，我们可以用一个具体情况来验证。假设长、宽、高都是1厘米，体积就是1立方厘米。我们可以将其代入公式中进行检验。

所以，量纲检验和特殊化可以组合起来用。如果我们的解答有问题，这两种检验方式往往能让我们快速发现错误。

79 |《众病之王》
癌症到底能不能被治愈?

文晶[①]

《众病之王》不但是一部严谨翔实的经典科普巨著,更是一部饱含人文主义色彩的、从宏观视角俯瞰癌症的史诗级作品。在癌症科普领域,这是一部绝对绕不开的佳作。

作者悉达多·穆克吉是印度裔美国医生、科学家和作家。他毕业于斯坦福大学、牛津大学和哈佛大学医学院,本身就是肿瘤科医生。他说,有一位癌症病人曾问他:"我愿意继续治疗,但是我必须知道我在对抗的敌人是什么?"

为了回答这位患者以及千千万万其他癌症患者类似的疑问,穆克吉花了六年的时间,对癌症进行了综合全面的梳理,最终完成了《众病之王》的撰写。

1.什么是癌症?人为什么会得癌症?

癌症是人类对所有恶性肿瘤的统称,并不是一种疾病,而是一大类包含了不同发病年龄、发生部位、恶性程度和治疗效果的极其复杂的疾病。我们之所以把这些疾病叫作癌症,是因为它们都有一个基本特征:癌细胞不受控制地、畸形地、极端地病理性生长。

人类对癌症有如此深刻的了解和认识,完全是最近几十年才出现的事情。在癌症的早期阶段,人类甚至几乎没意识到癌症的存在。科

[①] 文晶,得到听书特邀解读人。

学家在一亿五千万年前侏罗纪时期的恐龙化石上发现了肿瘤的痕迹，也就是说，癌症在人类诞生之前就已经存在了。所以，癌症也是人类历史上最古老的疾病之一。

癌症吞噬人的生命，给人造成了极其沉重的心理负担，最终是为了达到它永生的目的。总之，癌症是人类进化和自然选择的结果。

那么，人为什么会得癌症？答案很简单，因为基因突变。在正常情况下，人体的细胞每分裂一次，就会发生一定数目的基因突变。随着年龄的增长，基因突变在人体的细胞里不断累积。直到有一天，某些基因突变引起了一个细胞的癌变。这个癌细胞具有在遗传上的高度不稳定性，每分裂一次，就会在原来的基础上再出现更多新的突变。在这些新突变中，有的突变赋予了癌细胞运动的能力，于是癌症转移了；有的突变赋予了癌细胞耐药的特性，于是癌症在化疗缓解以后又复发了；有的突变赋予了癌细胞加速生长的能力，于是肿块突然有一天迅速变大了。这些突变在癌细胞里不断重复，癌细胞由此实现了连续的自我迭代和升级，也就获得了越来越强大的生存能力。

基因突变致癌理论，是癌症研究史上第一个令人信服的、综合全面的致癌理论。不仅如此，这个理论也使得我们对癌症有了全新的认识。我们了解到，原来癌症不是由外部侵入的，而是从人类生命的内部发起攻击的。

2.人类是怎样跟癌症斗争的？

认识癌症和治疗癌症一直是相互交织在一起的两条脉络。在基因突变理论出现之前的很长一段时间里，人们都认为癌症是一种从外部侵入身体的疾病。基于这种认识，医生依据"机械论"的观点和癌症进行抗争，他们往往把病人看成有待改造的血和肉的机器，而不是活生生的人。这展现出医学对病人身体的极端冷漠和蔑视。

19世纪末，纽约医疗界的青年才俊威廉·霍尔斯特德，开创了一种切除范围极其广泛的"根治性乳腺切除术"。在这种手术中，患者的整个乳房、乳房下方的胸肌、腋窝的淋巴结、锁骨、锁骨下方的淋巴结甚至一部分胸骨都要被切掉。做完这种手术，病人的肩膀向内塌陷，手臂再也无法伸展，还会肿得像大象腿一样，甚至需要几年的时间才能恢复元气。而这种手术完全是在一种还没有得到验证的假设下施行的。后来的研究结果证明，这种手术的效果跟只切除乳腺和腋窝淋巴结的手术相比并没有差别。

20世纪70年代，美国国家癌症研究所进行了大量规模巨大的、以人体为试错对象的化疗临床试验。种类繁多的大剂量化疗药，给患者带来了各种可怕的副作用。书中讲到一个11岁的白血病小女孩，她在化疗以后掉光了头发，精神狂乱，在医院的走廊里游荡，尖声号叫。在苦苦等待下一次镇痛吗啡的时候，她狠咬自己的嘴唇，并在上面留下了永久的瘀青。对于"一心求生"的患者来说，这些化疗药即使最后真的能救活自己，也会先置自己于死地；而对于"一心求胜"的医生来说，为了治愈癌症，并发症带给病人的痛苦却是可以忽略的。

进入20世纪80年代，基础研究的积累和进步，为人类找到一种有特异性的抗癌药提供了可能性。1988年，美国加利福尼亚大学的肿瘤学家丹尼斯·斯拉蒙及同伴，一起研制出了一种针对HER2基因的抗体，这种抗体能特异性地杀伤HER2突变的乳腺癌细胞。

治疗HER2基因突变乳腺癌的这种靶向药物，就是如今抗癌领域大名鼎鼎的赫赛汀。在之后的20多年里，针对白血病、间质瘤、肺癌、结直肠癌等中晚期恶性肿瘤的基因靶向药物，越来越多地被开发了出来。针对第一代靶向药物发生耐药的癌症患者，科学家还开发出了第二代甚至第三代靶向药物。基因靶向药物能针对性地消灭癌细胞，对很多中晚期癌症都有很好的治疗效果。一直到今天，基因靶向药物开发都还是癌症研究领域最热门的方向之一。

回顾人类与癌症抗争的历史，人们用手术、放疗和化疗手段来治疗癌症，但这些治疗手段又会给病人带来身体和心理上的额外伤害。在当时"机械论"主导的医学模式里，医生往往对病人的痛苦视而不见。进入20世纪80年代，医生在基因突变致癌理论的基础上研制出了基因靶向药物。基因靶向药物高效低毒，而且免疫治疗更加精准。这两种方式是目前癌症治疗和研究领域最热门的方向。另外，社会、政治、经济等因素也在人类和癌症的战争中发挥了重要作用。只有综合各个方面的力量，人类才能推动抗癌战争的胜利。

3.人类能战胜癌症吗？

那么，人类能战胜癌症吗？很可惜，这个答案是不能完全战胜。医学是一门科技的艺术，它的核心是通过干预人体本身达到改善人类生活的目的。而癌症医学干预的是人类的生命密码，也就是基因组。这就意味着，人类很可能根本没法把癌症从自己身体里分离出来。

既然如此，摆在我们面前的问题就是：如何提高生活质量？如果未来我们能在人衰老之前阻止癌症带来的死亡，甚至可以把癌症变成和高血压、糖尿病等一样的慢性疾病，我们就可以达到这个目的。这不失为一个与癌症和谐共存的好办法。

所以，癌症是一种进化的结果，它就像影子，永远是生命的一部分。

80 ｜《自私的基因》
为什么人类生来自私？

姚广孝[①]

《自私的基因》这本书是理查德·道金斯的成名之作，也是最经典的进化论科普著作之一。这本书的影响非常大，在书出版后，"自私的基因"甚至成了英语里的一个固定词组。

这本书破除了长久以来人们以生物个体为中心来看待进化论的传统思维，基于分子生物学、古生物学、动物行为学、博弈论、人类学等学科的知识，雄辩地证明了基因才是自然选择的基本单位。这些石破天惊的观点，让道金斯成为继19世纪博物学家托马斯·赫胥黎之后第二个被称为"达尔文的斗犬"的学者。

1. "自私的基因"到底是什么？

诺贝尔生理学或医学奖得主雅克·莫诺有句名言："进化论最奇特的地方，就在于每个人都以为自己懂进化论。"这句话其实同样适合《自私的基因》这本书。很多人看到书名就会望文生义，以为这本书是在告诫大家：人和动物的体内都有让其显得自私自利的基因。但这并不是道金斯的本意。

在他看来，所有基因都是自私的，每个基因都有各自的利益，基因之间、基因和生物个体之间都有可能产生利益冲突。更重要的是，这些自私的基因并不是生物用来保证自己生存繁衍的手段，恰恰相

[①] 姚广孝，得到听书特邀解读人。

反,生物只是基因不断制造和传播自己的一个工具而已。如果要用科学的方式来表述,那么道金斯其实是在说,基因才是自然选择和自我利益实现的基本单位。

达尔文说的"自然选择",不都是在讲生物个体的生老病死和物种的优胜劣汰吗?那些经历着大自然严酷选择的好像是生物个体,怎么会是基因呢?

要说清这个问题,我们需要知道,什么样的对象才能被大自然选择。这里有两个标准。第一个标准是,这个对象要有自我拷贝的能力。只有这样,它在占据优势的时候才能源源不断地复制和传播自己,然后彻底战胜竞争对手。如果无法拷贝自己,那么当这个对象死掉时,它生前辛辛苦苦打拼出来的优势局面就会全部化为乌有,自然选择就没有任何意义。第二个标准是,这个能被大自然选择的对象一定要稳定。只有这样,大自然才有足够的时间在它和它的竞争者之间挑选出一个赢家。

生物个体符合这两个标准吗?答案是否定的。首先,生物个体不符合能够自我拷贝的这个标准。我们可能会觉得奇怪,生物不是可以繁衍后代吗?可我们知道,对大部分生物来说,他们的后代都是父母双方特征的混合,并不是某个父辈的完整拷贝。从生物个体的角度来说,它只要死了,这份拷贝就永远消失了。其次,生物个体也不符合稳定的这个标准。既然每个生物只有自己这一份拷贝,而且这份拷贝的寿命很短暂,那么无论生物如何适应大自然,它都会衰老、死亡。相比漫长的进化岁月,生物个体短短几年到几十年的寿命根本来不及让大自然进行挑选,所以个体是不适合作为自然选择的基本单位的。

那么,为什么基因符合这两个标准呢?因为基因最重要的特点恰好是稳定。高中生物课本会告诉我们,基因主要分布在染色体上,除非发生了基因突变,否则无论细胞如何分裂,基因都只是挪动了自己在染色体上的位置,自身并没有被破坏。因此,随着生物体的繁衍,基因会从上一代的个体身上移居到新一代的个体身上,一代代地遗传下去,最终存活上千万年甚至上亿年。这么长的时间足够自然选择发挥作用,从而筛选出那些适应力更强的基因。

所以,在道金斯看来,我们以为基因是为生物个体的生存而服务的,但这只是我们的错觉,真实的情况恰恰相反:我们是基因的载体,基因则是我们的宿主。

2.了解"自私基因假说"有什么用?

看到这里,我们可能会觉得,"自私基因假说"除了标新立异,有什么实际意义呢?为了回答这个问题,道金斯在书中列举了大量自然界的奇妙现象,这些现象只有使用"自私基因假说"才能得到更合理且经得起检验的解释。

我们先来看一个社会性昆虫的例子。

我们比较熟悉的社会性昆虫,包括蜜蜂、蚂蚁和白蚁,都有一个相同的特点:每个群落的所有成员都是一母所生,这个母亲通常也被称为"女王"。女王不干活,唯一需要做的事情就是繁殖后代。在这些后代里,雄性负责交配,雌性则会分化为不同的类型。有的雌性负责寻找食物,有的雌性负责养育后代,还有的雌性负责防卫和战斗,这些各司其职的雌性昆虫统称为"职虫"。很早的时候,人类就发现这类虫子有着严格的等级划分。女王高高在上,奴役子女来满足私欲;职虫则显得非常无私,不仅任劳任怨地工作,必要的时候还会牺牲自己。那么,职虫表现出的这种无私是真的吗?道金斯认为,这其实依然是自私的基因伪装出来的假象:职虫不仅不是女王的奴隶,恰恰相反,职虫是在主动喂养有生殖能力的女王,驱使女王提高繁殖力,从而更好地复制职虫的基因。

为什么会这样呢?首先,无论蜜蜂还是蚂蚁,女王一生都只会与一只雄虫交配一次,然后把这只雄性配偶的精子存储起来,在今后漫长的岁月里，根据实际需要随时取用。之后，女王不断产卵，那些受精后的卵发育为雌虫，雌虫中的绝大部分会变成职虫，而未受精的卵则发育为雄虫。这种性别体系造就了一个非常奇特的结果：由于雄虫是由未受精的卵发育而成的，因而只携带了一套遗传物质，这套遗传物质在交配的时候又被100%地传递给了精子。而女王携带了完整的两套遗传物质，因此每套遗传物质只有一半的概率进入某个卵细胞。

道金斯在书中创造了一个叫"亲缘关系指数"的概念，也就是两个亲属之间拥有某个相同基因的可能性。对一只从受精卵发育而来的职虫来说，它和另一只职虫姐妹从父亲那里接收的遗传物质完全相同，从母亲那里接收的遗传物质有50%的概率相同，那么显而易见，两只职虫姐妹之间的亲缘关系指数是四分之三，而每只职虫与母亲之间的亲缘关系指数只有二分之一。也就是说，职虫姐妹之间的关系比它们与母亲之间的关系还要密切。

这是一个非常重要的结论，意味着职虫姐妹们会团结起来，把它们的母亲当作生育机器加以利用。于是，女王就被职虫影响，尽可能多生职虫。由于职虫是雌性，所以最后反映到子女的性别比上，雌雄比例高达3∶1。而这个比例也和动物学家根据理论推算得到的性别比完全吻合。因此，社会性昆虫的女王实际上是被职虫，更准确地说，是被职虫体内的自私基因奴役的。

"自私基因假说"在人类当中是否适用呢？

父母之爱是最深的，其次是兄弟姐妹之爱，然后是其他亲戚的关爱。而不同的亲戚血缘关系有远近，表现出来的关心程度也会有很大的差别。道金斯认为，这和基因的自私也有关系。比如，父母和子女的亲缘关系指数是二分之一，兄弟姐妹之间的亲缘关系指数也是二分之一，但考虑到可能存在同父异母或同母异父的情况，兄弟姐妹之间的平均亲缘关系指数会少于二分之一，所以对每个人来说，父母比兄弟姐妹亲。至于一个家族里的第三代堂兄弟姐妹之间的亲缘关系指数，则低到了一百二十八分之一，接近于陌生人水平。这种亲缘关系指数的差别，刚好和人类面对不同血缘关系亲属的亲近程度保持了完美的一致。这说明生物之间的亲情其实也受到了自私的基因的调控。

必须说明的是，道金斯认为，尽管基因是自私的，但这并不意味着大自然里只能充斥各种自私自利的行为。由于自然界有着大量不固定次数重复博弈的情形，在这种情形下，自私的基因也可以进化出利他行为。这也解释了为什么自然界会有稳定的互利行为。

3.道金斯的影响

在《自私的基因》这本书中，道金斯的视野没有局限在自然界，他大胆地将进化论推广到了人类文化领域，并提出人类文化中的大量现象，比如语言、歌曲、宗教、时装、饮食习惯乃至工程技术这样的科技知识，其实也经历了和自然界类似的进化过程。

基因可以通过生殖细胞，从一个个体转移到另一个个体；文化现象也能通过人类所特有的模仿能力，从一个大脑转移到另一个大脑。不同的文化现象也和基因一样会彼此竞争，那些对人类更有工具价值或者更有感染力和号召力的现象，就会在激烈的竞争中保存下来，并传播给更多的人。如果说基因是生物体的宿主，这些文化现象就是人类大脑的宿主。道金斯给它们起了一个名字，即"meme"，这个词在中文里有各种翻译，其中传播最广的叫法是"模因"。

如今，"模因"这个概念已经被收录到了《牛津英语词典》中，它的影响力并不低于"自私的基因"这个词本身。所以，我们今天已经不会再觉得用进化论的视角去分析人类社会是一件多么了不得的事情。对世界影响这么大的一个概念，其实道金斯只在书里用了短短一章来描述。毫不夸张地说，这一章就开创了一个全新的领域。

{第五模块}
思维工具篇

81 | 《爱的艺术》
爱有没有方法可循？

风君[①]

"爱是什么？"这是无数人问过的问题。从古到今，各个领域的杰出人物，都试图从自身角度给爱情下一个准确的定义。在对这个话题的探讨中，《爱的艺术》这本书占有举足轻重的地位，被誉为关于爱的理论专著中最负盛名的作品之一。作者是心理学家埃里希·弗洛姆，他在书中提出，爱是一门艺术，是一个人人格整体的展现。要发展爱的能力，我们就要努力发展自己的全部人格，并朝着自我实现的方向做出不懈努力。

1.爱的本质是什么？

弗洛姆说，爱的本质是对人类生存问题的回答。这就牵涉到一个问题：动物会不会爱？比如，我们看到母兽对于幼兽的呵护，不就和爱很像吗？不过，在弗洛姆看来，动物身上近似于爱的东西，更多的只是一种生物的本能。

但人和动物不同，人超越了动物界，有理智，可以认识到自我的存在，还能认识到生老病死等现象。所以，人会意识到自己独特的分离处境，并因此产生一种感觉，即孤独。而与孤独相伴而来的是恐惧，人会恐惧和外界失去联系，恐惧世界把自己淹没而自己无能为

---

① 风君，自由撰稿人，译者，独立书评人，书评常见于各大报刊。著有《网络新新词典》，译有《金融的背叛》《经济巨擘》。

力。所以，对人来说，最大需要就是克服孤独感，重新建立和他人以及整个世界的联系。

在弗洛姆看来，为了解决这个问题，人们进行了各种尝试，比如纵欲、趋同和创造性劳动。但这三种途径不能从根本上克服孤独感，无法解决人的生存问题。纵欲获得的是暂时的统一，药劲一过，人就清醒了，孤独感再次浮现。趋同看起来效果持久，但是这种方式会造成人失去自身的个性，从而活得像一个机器人。创造性劳动就像画家创作一幅画，劳动者和劳动对象在这个过程中合二为一，但这只能解决人和物的统一，不能带来人和人的统一，所以终究还是有缺陷的。

只有爱，才能实现人与人的结合，才能解答人的生存问题。这也正是爱的本质。

2.怎么辨别真正的爱？

那么，是不是人和人的结合就可以称为"爱"呢？我们怎么才能辨别出真正的爱呢？弗洛姆认为，我们显然不能一概而论。因为人和人的结合方式其实是不同的。如果我们把爱定义为"对人类生存问题的成熟回答"，那么肯定会有相对不成熟的形式存在，也就是被称为"共生有机体"的形式。这种结合的典型例子，在生物范畴内就是母体和胚胎的关系。

弗洛姆指出，对于缺乏自我生存能力的胎儿来说，共生当然是必要的。但对于人和人的结合来说，这种关系就不那么美好了。因为它会让人失去独立性和完整性。"共生有机体"的结合有两种形式：消极形式和积极形式。

消极形式就好比胎儿必须依赖保护者才能摆脱孤独，否则就没法生存。这种人从来不是一个完整的人，某种意义上只是一个未出生的胎儿。至于积极形式，那就是致力于控制对方，把另一个人变成自己的一部分，从而摆脱孤独。在日常生活中，这种关系常常把自己伪装成爱，但弗洛姆说，这并不是爱。因为在这种结合过程中，双方都失去了自身的独立性和完整性。

既然共生关系不是爱，那么真正成熟的爱又是什么样的呢？弗洛姆说，真正成熟的爱是在保持自我完整性和独立性的基础上，实现两个人的合二为一。这种爱是积极的，可以冲破人与人的隔阂，帮助人克服孤独与恐惧，但同时又能让双方保持忠诚。这样的爱是一种给予，而不是索取。双方在互相给予的过程中唤醒了彼此内心的生命力，这就是爱的美妙之处。

弗洛姆提出，这种积极的爱还要具备四种基本要素：关心、责任、尊重和认识。如果爱一个人，我们就应该关心他，而不是漠视他。爱当然也意味着责任心，意味着一生相许誓言背后的担当。但相爱的人也应该互相尊重，否则爱就要沦为控制和奴役。而真正的尊重，基于彼此的了解。如果不以了解为基础，那么关心和责任也都会是盲目的。同时，只有爱可以让人真正深入了解一个人。

从弗洛姆对爱的论述中，我们可以看出，他所说的爱并不局限于男女之间的情爱，而是包含世间一切人与人的积极结合。不管是父母对孩子的爱、男女之间的爱，还是全人类的爱，爱的四种基本要素都是齐备的，只是各有突出而已。就像弗洛姆在书的一开始强调的，爱不是一个对象问题，而是一个能力问题。一个有能力去爱的人，不但可以爱一个人，也可以爱周围的人，甚至爱全人类。这就是博爱。

那么，什么样的人才有能力去爱呢？这样的人是一个成熟的人，是一个懂得给予和付出，以及懂得关心、尊重和认识他所爱对象的人。这就要求他首先发展自己的人格，发展一种创造性倾向。这样的人的内心可以孕育和创造出爱，从而不断给予他人甚至整个世界以爱。这种能力不是与生俱来的。只有经历了成长和发展，他才会明白，爱不仅仅是被爱，更是主动去爱。这也是弗洛姆把爱称为"一门艺术"的真正原因，因为爱的成熟需要付出相应的努力。

3. 怎样实践爱？

那么，到底怎么才能发展成熟的爱呢？这本书并没有提供一些情场秘诀之类的知识，因为在弗洛姆看来，爱是一种个人的体验，需要自己去探索。不过，既然爱可以被看作一门艺术，那我们还是可以把握一些最基本的原则的。

首先，爱作为一门艺术，也和绘画、雕塑这些艺术一样，需要一些共通的基本条件。弗洛姆归纳了四点。一是纪律，也就是对自己有要求，不是凭一时兴趣把谈情说爱当成一场游戏。二是集中，也就是专心致志，一心一意。三是耐心，也就是持之以恒。四是极大的兴趣。如果我们对一门艺术没有热忱，那么我们是不可能成为真正的大师的。

但是，爱毕竟不是绘画或者雕塑，它有自己的独特性。掌握爱的艺术也需要一些特殊的条件。弗洛姆认为，其中最主要的条件是克服自恋。所谓自恋，并不是自爱，而是只关注自己的内心活动，以自我为中心。这样的人既不能客观地看待世界，也不能平等地对待别人。弗洛姆认为，自恋倾向对爱的伤害是很大的。因为既然只有"我"才是唯一的现实，那么别人自然只是"我"用来满足自己的对象罢了。

那么，怎么才能克服自恋呢？弗洛姆说，这就要求发展我们的理智和客观性，同时要把爱看作一种信仰。弗洛姆说的信仰，并不是宗教信仰，而是建立在自己人生基础上的一种信念。我们首先要相信自己，相信自己人格的核心部分、自己拥有的生命和人的尊严不会改变。这是爱的基本条件。同样，我们也要相信别人，相信他们有着自我发展并逐步掌握爱的潜力。这样我们才能在爱中敞开自己的心扉，而不害怕自己被伤害。

当心中有了这样的信念，我们就自然会用积极的态度去实践爱、创造爱，而不是被动地等待爱。我们会发现，爱不是索取，而是奉献和给予。我们不会再把爱当成给了某个人就不能给别人的私有品，而是可以自豪地对所爱的人说，"我爱你，就是在你身上爱所有人，爱整个世界"。

4.结语

如果爱真是对人类生存问题的唯一解答，那么只要人还存在，人的需求还存在，人类对真正的爱的追寻就不会终止，即使这种需求在今天被深深压抑。对于身处这个时代却仍然在抵抗商品化的爱，以及在期盼真正的爱的人来说，弗洛姆的理念，就如同迷雾中的灯塔，鼓励我们继续前行。

寻找真爱，并不是撞大运，也不是在商场里挑挑拣拣，而是首先实现自己，完成自己。当成为真正的自己的时候，我们自然会做到心中有爱，并唤醒别人心中的爱。在这样的爱中，我们不会失去自己，而是会和爱人一起创造全新的和谐统一，创造一个超越了自我的全新世界。这难道不是更高层次的自我实现吗？

82 | 《被讨厌的勇气》
什么是这个时代的"精英精神"?

袁泽[1]

岸见一郎是日本很有影响力的哲学家。他在30岁那年遇到了一位"牛人"的学说——阿德勒心理学。从此以后,他便全身心投入有关阿德勒思想的研究中。《被讨厌的勇气》这本书介绍的就是岸见一郎研究阿德勒心理学的成果。

阿德勒是"个体心理学"的创始人,强调社会文化和自我奋斗对个人的影响。他还是现代自我心理学之父,极大地影响了西方心理学的发展。

阿德勒的思想告诉我们,我们的成功和幸福与其他任何人无关,所有的一切都取决于我们自己。

1.我们为什么会感到不幸福?

阿德勒认为,我们的人生不是别人赋予的,而是自己选择的。我们的选择与其他人无关,与过去的经历也无关。

弗洛伊德喜欢用过去的经历,尤其是童年时期的心理创伤,来解释现在的不幸。但是,阿德勒不这么觉得。阿德勒说,现在我们之所以不幸,正是因为我们亲手选择了"不幸"。我们之所以无法改变,是因为下了"不改变"的决心。

比如,在阿德勒看来,自卑感并不是什么坏事。自卑感是人不断

---

[1] 袁泽,得到听书专职作者。

追求卓越的一个动力源，让人时刻感到自己的不足，从而不断努力进步。但是，在我们的生活中，很多人因为自卑而变得特别消极。他们什么都不做就断定自己不行，我们想让他们改变很难。阿德勒说，这种情况就不应该叫"自卑感"，而应该叫"自卑情结"。有些人会把自卑感当作某种借口来使用，就像"我因为长得不漂亮所以才找不到对象"或者"我因为学历低所以才无法成功"这样的想法。这种大肆宣扬"因为有A所以才做不到B"的结论，就已经超过了自卑感的范畴，是一种自卑情结。而且，阿德勒特别强调，这种自卑情结还是我们自己的选择。

为什么有的人会选择自卑情结来做自己的保护伞呢？因为他们都"避免在与他人的关系中受伤"。在阿德勒看来，人际关系是一切烦恼和不良情绪的源头。

有自卑情结的人会安慰自己说："因为我有这样的缺点才会遭人拒绝，只要我没有这个缺点，就会很讨人喜欢。"他们选择用自己的不幸来当作武器，因此就会一直需要这种不幸。

人际关系带来的烦恼，除了自卑情结以外，还有一种常见的心理，即"优越情结"，也就是到处跟人比，充分炫耀自己的优越性。这样的人会快乐吗？当然不会。他只要觉得有人超过了自己，就会感到焦虑和不安，甚至会不择手段地夺回优越感。

只要处在这个复杂的社会网络之中，任何人都会感到烦恼。所以，阿德勒说："人的烦恼，都来自人际关系。要想消除烦恼，恐怕只有一个人在宇宙中生存。"

2.如何拥有被讨厌的勇气？

从"一切烦恼来自人际关系"这个观点出发，阿德勒认为，每个人都面临着三大人生课题：工作课题、交友课题和爱的课题。

乍一看，我们可能会说，这三大课题都离不开复杂的社会网络。

但阿德勒说，要处理好这三大课题，不靠别人，而是靠自己。阿德勒想帮我们从内部建立一套完整的自尊体系。

这套体系的建立，不仅需要具体的行动，更需要心理层面的建设。

我们先来分析行动层面。阿德勒认为，我们必须把自己的课题与别人的课题区分开来。对于"一切烦恼来自人际关系"这个观点，我们可以再进一步："人际关系造成的烦恼，其实都源于对别人课题的妄加干涉，或者自己的课题被别人干涉。"只要能够进行课题分离，人际关系就会发生巨大改变。

比如，孩子不爱学习，应该怎么办？阿德勒要我们先去判断这是谁的课题。我们只需要考虑一点：这种选择所带来的结果最终要由谁来承担。如果孩子选择不学习，那么这种决断带来的后果，像成绩不理想、考不上好学校等，最终不是由父母来承担，而是孩子自己。所以，学习是孩子自己的课题。

但要注意的是，这并不意味着，阿德勒的心理学是在推崇放任主义。放任主义是一种不知道也不想知道孩子在做什么的态度。阿德勒提倡在了解孩子干什么的基础上，对孩子进行保护。父母要随时准备好给孩子提供充分的支持，在孩子没有向父母求助的时候，不去指手画脚。这就是课题分离，父母需要把帮助孩子成才的课题和孩子对自己学习的课题区分开来。课题分离是建立内部自尊体系的一个重要环节，也是一个很具体的行动指南。

分析完行动层面，我们再来看心理层面。我们都知道，人类作为一种社会性动物，天然就喜欢得到认可，没有人喜欢被人指责、被人讨厌的感觉。但是，我们不可能做到被所有人喜欢。为了满足别人的期望而活，把自己的一生托付给别人，既是对我们身边的人不负责，也是对我们自己不负责。

所以，阿德勒心理学否定追求别人的认可。阿德勒说，正是对别人认可的追求，扼杀了我们的自由。我们并不是为了满足别人的期待而活，别人也不是为了满足我们的期待而活。我们如果一味寻求认可、在意别人的评价，最终就会活在别人的人生中。所以，在阿德勒看来，真正的自由就是能够有勇气被别人讨厌。

但这并不意味着，被别人讨厌是我们应该去追求的一种状态。阿德勒是想告诉我们，"被讨厌"是自由生活的一种证据，是我们按照自己的方式生活的表现。想要行使自由，就需要付出代价。而在人际关系中，自由的代价就是不被别人接受。换句话说，"不想被人讨厌"是我的事情，但至于"你是否讨厌我"与我无关，那是你的课题。

最后，我们再来看看，阿德勒心理学是如何看待价值感和幸福的。

阿德勒说过，人际关系是一切烦恼的来源；但他还说，人际关系同时也是幸福之源。人际关系带来的幸福，既可以是"低级的幸福"，也可以是"高级的幸福"。

"低级的幸福"是在人际关系中比较得来的，比如，我们的考试成绩比别人好，我们的收入比同龄人高，我们的孩子比其他人的孩子优秀。但是，阿德勒说，这种幸福必须建立在别人的某种不幸福上，只能算是一种"低级的幸福"。

"高级的幸福"来自人际关系中的"共同体感觉"。"共同体感觉"是一种持续的贡献感。

家庭、学校、单位都可以是共同体。在家庭这个共同体中，我们的幸福来自被家人需要。在单位这个共同体中，我们既能够为公司创造价值，也能感受到幸福。但我们也会经常看到，有些人一旦退休便立即没了精神。因为他们不再被需要，他们突然失去了那种在共同体中的"贡献感"，从而感到不幸福。相反，有些富豪已经拥有了一生也花不完的巨额财产，但他们中的多数人依然继续忙碌地工作着。因为他们需要保持对整个社会的贡献感。这种幸福不是靠和谁比较得来的。

这就是阿德勒所说的"共同体感觉"。但需要注意的是，阿德勒反对为共同体牺牲自己。阿德勒强调，这种幸福感也可以通过看不见的形式来实现。我们追求幸福的起点和终点，依然汇聚在自己身上。我们的贡献和价值，虽然在这个共同体中得以体现，但最后的结果依然与他人无关，我们不需要别人的肯定或者回报。

3.结语

阿德勒所倡导的这种思想，放在今天，我们可以用一个更形象的词来阐释，那就是"闭环"，确切地说，应该是"打通自身的闭环"。也就是说，我们的行动、思想都应该在自己身上形成闭环。万维钢在得到App"精英日课"专栏里有一篇文章，名字叫《精英水平的道歉》。文章谈到，精英在道歉时不会去关注是否能够赢回信任，而是关注"自己想成为什么人"。精英的道歉，说的是个人从这件事上吸取了哪些教训、取得了哪些进步。他们不会去控制对方是否原谅，他们只控制自己。这也许就是我们这个时代最需要的"精英精神"。

83 | 《非暴力沟通》
如何让人与人之间充满善意？

得到听书团队

很多人一看到《非暴力沟通》的书名，就以为这是一本讲沟通方法的书。但是，如果仔细读过这本书，我们就会发现，这本书讲的不仅仅是沟通的问题。

过去我们都觉得，人是先有想法再开口说话的。我们的话代表了我们的想法。但是，根据这本书的观点，很多时候，我们先是不经意间说出了一些话，然后这些话又反过头来塑造了我们的想法。

所以，非暴力沟通的核心，就是通过改变语言来消除人们心中的戾气，进而让人与人之间充满善意。这正是《非暴力沟通》这本书要解决的问题。

1.是什么造成了关系疏离？

这本书的作者马歇尔·卢森堡认为，造成关系疏离的最主要因素是道德判断。

比如，我们正在饭馆吃饭，身边走过去一个人。我们一低头，发现桌子上的手机没了，就怀疑手机是刚才从身边经过的那个人偷的。我们肯定越看他越像贼。看见他戴着帽子，我们就会琢磨："好人吃饭谁戴帽子呢？肯定是为了遮盖长相。"我们再盯着他看，发现对方不跟我们对视，这说明什么？肯定是他心里有鬼，做贼心虚。总之，怎么看怎么不顺眼。经过一番分析，我们都决定要报警了，结果低头一看，发现手机原来掉在地上。这时，我们再看刚才那个人，保证怎么看怎么顺眼：戴帽子，说明他注意形象；不敢跟我们对视，说明他有礼貌。

这就是人的本性：习惯性地对别人的行为产生猜测，并且特别不容易改变。

于是，这就形成了一个循环：看见行为—道德判断—搜集证据—自我验证—加深判断。

我们观察到的是行为，但经过大脑一加工，它就变成了道德评判。显然，这个习惯放到生活里就特别容易出问题。

那么，我们给他人贴的道德标签到底准不准呢？大概率是不准的，有两个理由。

第一，现实世界不是演电影，哪有那么多绝对的正派、反派。绝大多数人是普通人，本性不坏，总体善良，但是偶尔会犯错。

第二，假如我们觉得别人在刻意使坏，那么我们可以换个角度，试试给别人使坏。我们会发现，自打动坏心思的那一刻起，还没等别人说我们，我们的心里就会感到别扭。比如，我们背着别人打小报告，当再见到这个人时，我们的心里就会发慌。这说明什么？要想专门给人使坏，我们要花费心思、脑力和心力。这些情绪成本是远远超过我们的想象的，一般人根本承受不了这种不踏实的感觉。从这个角度来看，我们以为别人在使坏，说到底这就是一场误会。

2.如何掌握系统的非暴力沟通方法？

那么，我们如何掌握系统的非暴力沟通方法？首先，不带评论地观察。也就是说，我们只描述自己看到的，只关注事实，不随意评论。其次，基于观察到的事实表达感受。再次，根据感受描述需要。最后，发出请求。

简单来说，整个非暴力沟通的步骤分为四步：观察、感受、需要和请求。

我们来看一个更具体的情境。当你感到生气，恨不得要吵起来的时候，你可以用这个句式去回应。

比如，今天有同事冲你发火，说你的工作干得乱七八糟，你恨不得马上怼回去。别着急，你可以按照这四步去思考，然后进行回应。你可以说："你的评价，我已经全都听到了，我感觉我的工作好像没有获得你的认可，我想我需要做出改进，获得你的认可。请问，你能不能根据刚才说的，有针对性地给我一点更具体的建议。"

怎么样？假如换了是你，听到这样的回复，是不是感觉很难再生气。同时，当这句话说出口，你有没有感觉你跟对方的关系发生了一点善意的转变？

观察、感受、需要、请求四个要素并不一定要成组出现，也可以拆开来灵活使用。使用这四个要素的关键就在于，我们的心里要有这四件事。只要把这四个要素给区分清楚，沟通就能很大程度上得到改善。

这套方法的底层逻辑不外乎是两句话："要摆脱动机论，相信人性本善。"也就是说，不管别人做了什么让我们不开心的事，首先，我们不要揣测动机，不要觉得他一定是针对我们的；其次，我们要相信人性本善。注意，这里不是要告诉我们世上好人多，而是要我们相信自己，相信自己内心深处是善良的，相信自己不是一个会用恶意揣测别人的人。

一旦切换到这个视角，我们就更容易唤醒非暴力沟通的四个要素。

3.三个叮嘱

除了这套系统的方法之外，卢森堡还有几点特别的叮嘱。这些叮嘱能在某种程度上改善人与人之间的关系。

第一个叮嘱是，尽量少跟别人做比较。

做比较未必是一件坏事，但是习惯性地做比较就不是好事了。比如，两个人从小一起长大，从幼儿园一起念到大学，好得跟亲哥俩似的。但是，步入社会后，一个人没两年就当上科学家了，而另一个人没找着工作。当两个人再见面时，过得不如意的人肯定会感到别扭。卢森堡认为，做比较会在我们意识不到的情况下，一点点切断心中对他人的善意。

第二个叮嘱是，不要打着"不得不"的旗号推卸责任。

简单来说，很多人一旦干了自己觉得亏心的事，就会给自己找一个不得已的理由。举个例子，国外一所学校要求老师给学生打分。有一位老师特别烦躁，他说："我讨厌打分，我觉得这对学生没什么好处，只会让他们焦虑。但是现在，因为上面有要求，我又不得不打分。"乍一看，这位老师好像是站在学生这边的。但是，仔细想想，他其实是在逃避责任。既然学校要求打分，他就应该去想怎么把打分变成一个对学生有帮助的工具。而一旦他觉得这是"不得不"的事情，这就等于告诉自己："我随便怎么打分，造成什么后果，都跟我没关系，不是我的责任。上级要求我这么做，我才不得不这么做。"

因此，卢森堡建议，我们从一开始就不要使用"不得不"的句式，要把"不得不"变成"我选择"。这样，我们就会在不知不觉中主动承担起了一份对他人的善意。因此，要警惕"不得不"这个词，它会让我们放弃责任心。一旦责任心没了，我们跟他人的关系就会越来越疏离。

第三个叮嘱是，要学会鉴别情绪。也就是说，我们得正确认识自己的情绪。

那么，怎么才能有效沟通？答案是，大家都理智一点。潜台词就是，情绪不是好东西，它会影响人们之间的关系。但我们要是真这么想就错了。卢森堡认为，没有无缘无故的情绪，情绪背后一定隐藏着某种理性的需求，比如渴望被倾听、被关爱、受欢迎等。

就像心理学家卫蓝老师所说的，情绪也是一种理性，只不过是暗理性。也就是说，情绪在暗处发生作用，帮助我们做出合理决策，但我们又意识不到。比如，在跟人吵完架之后，我们会觉得心里愧疚。在这个愧疚情绪的驱使下，我们会考虑要不要与对方好好聊聊，跟对方和解。对于这个理性的行为，背后推动它的其实是情绪。情绪本身没有错，关键在于，我们能不能识别出情绪背后的潜在需求。

一切沟通问题的根源，其实都是因为我们本能的想象。我们想象所有行为的背后，一定有一个深思熟虑的意图，一定有某种道德层面的原因。我们要相信人总体是善良的，更要相信自己是善良的。

84 | 《福格行为模型》
如何让改变发生?

潘旭[①]

"想做"和"做到"之间好像总是存在一道不可逾越的鸿沟,在很多人看来,这都是由于自己缺乏动力或者意志力薄弱。不过,《福格行为模型》的作者福格认为,我们不应该把"无法改变"的问题算在自己身上,只是我们为做出改变所采取的方法不对。换句话说,能否实现改变是一个行为设计问题。

福格在复杂的人类行为背后,找到了共通之处,提出了一套简化的行为模型。福格认为,只有当动机、能力和提示三个要素同时出现的时候,行为才会发生。

那么,我们要怎样一步步设计自己的行为,从而切实做出改变呢?

1.什么是福格行为模型?

福格行为模型指的是,人类的一切行为都可以被拆解成动机、能力和提示三个要素,也就是"我想做""我能做"和"现在就去做"。福格用一个最简单的公式来表示:$B=MAP$。B指的是行为,而M、A、P分别指的是动机、能力和提示。福格认为,如果某个行为,我们始终做不到,那一定是这三个要素没有同时发生作用。

不过,我们如果再深入观察一下$B=MAP$,就会发现这个公式多

---

① 潘旭,得到听书专职作者。

少有些奇怪。公式里并没有人们常常提到的"意志力"。如果凭实践经验来看,意志力对我们能否坚持一个行为非常重要。虽然话是这么说的,但是福格通过科学研究发现,能否实现行为改变的关键还真不取决于我们是否有意志力,关键在于我们能否同时集齐动机、能力和提示三个要素。注意,这里的"同时"很重要。

动机是"人们想做某件事的欲望"。福格认为,动机很重要。任何尝试改变别人的人,都只能帮助他们做他们自己想做的事,就像我们永远无法叫醒一个装睡的人。

但仅仅依靠动机是无法支撑行为改变的,这是人的本性使然。一方面,动机波动非常频繁。可能今天受到什么刺激之后,我们的动机就会冲到顶峰,但是过几天就会急转直下。另一方面,动机非常复杂。有时候,我们根本搞不清自己想做某件事的真正动机是什么,可能是因为做这件事能得到奖励,也可能是因为身处某个环境中受到他人的感染。总之,动机的最大缺陷就在于它不可靠。

如果动机不行,那我们依靠能力呢?能力当然是做出任何行为所必需的。但是,人们一般喜欢高估自己的能力。人们总觉得如果自己来做这件事,"要么做到最好,要么干脆不做"。实际上,这种观念是非常不利于我们真正做出改变的。

最后一个要素是提示。那么,提示有什么用呢?实际上,我们每天都会经历数百个提示,但是极少注意到它们的存在与行为有着直接的联系。比如,马路上的绿灯亮起,我们会踩下油门;超市里有人递来一块蛋糕试吃,我们会顺手接过来;电脑上弹出邮件提醒,我们会点击打开。这些都是提示。提示就是在对我们说:现在就去。

提示对于一个行为发生有多重要呢?有人做过一项实验,如果想让一个人养成多喝水的习惯,最好的方法就是在他的桌上放半杯水。而且,放在左手边的效果要比放在右手边好很多,这么做大约每天能让这个人多喝4杯水。

人要多喝水的动机谁都有，喝水的能力当然也不缺。如果我们还是不喝水，那么缺的是提示。提示是行为发生的决定性因素。我们既有动机，也有能力，但如果缺少提示，我们可能就会忘了这件事，行为自然也就不会发生。

人类的一切行为都可以从动机、能力和提示三个要素来拆解。我们一旦掌握了这个通用模型，下一步就可以试着观察人类的行为机制，并思考该从哪里入手来采取措施。

2. 如何通过行为设计来帮助自己培养好习惯？

过去，我们说要养成一个好习惯的方法很简单，无非就是重复。我们做的次数多了，自然就能固定成一个习惯，所以有人提倡用7天或者21天的时间来重复某个行为，从而创造习惯。

但是，福格并不认同这个看法。他研究发现，创造习惯的关键并不在于刻意重复，而在于保持积极情绪。积极的情绪能瞬间刺激大脑产生多巴胺，多巴胺可以帮助我们记住那些产生良好感受的行为。这样大脑就会把那些行为和积极情绪做一个因果关系的连线，进而产生对未来的期望。

所以，在福格看来，行为设计的本质就是情绪设计。只有把一个积极的情绪扎根到新的行为中，这个新行为才能变成一个好习惯。

围绕"积极情绪创造习惯"这个根本，福格在《福格行为模型》一书中用了大量的篇幅给出了一整套清晰的行为设计的步骤，一共有七步。为了便于记忆，我们可以总结成三大步，分别对应三个要素。

对应动机这个要素，第一步就是怎么在一大堆自己想做的事情中找出那个让自己感觉最好的黄金行为，然后把这个行为固定成自己的习惯。

动机都是很抽象的，比如希望身体健康，希望从工作中获得更多的成就感，希望对孩子更有耐心，等等。这些愿望都不是具体的行为，我们要做的是发散。首先，在这个大的愿望之下，找到我们能想到的所有具体的行为；然后，收敛，在这么多行为中，选出我们觉得最匹配的行为，也就是黄金行为。

举个例子，福格经常感到压力大、睡不好，他的愿望是能提高睡眠质量。首先，围绕这个愿望，福格在卡片上写出25个与改善睡眠有关的具体行为：晚上七点之后把手机设置为飞行模式，安装遮光窗帘，用15分钟做一个身体拉伸活动，等等。然后，福格开始选择。他问了自己两个问题：第一，这个行为对改善睡眠影响大吗？第二，这个行为我真的能做到吗？这两个问题能帮助我们找到那个对自己真正有效的，哪怕在最忙碌、最没动力且状态最不好的情况下也能做到的行为。

完成了第一步之后，第二步就是对应能力要素。其中，最有用的诀窍就是"简单"。福格说，"简单"是他教给学生最重要的东西，"简单"能彻底改变行为。

福格常年在商业领域工作，会观察什么模式行得通、什么模式行不通。时间久了，他发现成功的产品背后都有一个共通的模式，就是"简单"。苹果和谷歌的产品策略就是这样的，他指导学生做出拍照软件照片墙也是这样的。照片墙之所以能够在多个同类产品中杀出重围，靠的就是功能简单、设计简单，用户只需要点击三次就可以上传照片进行分享。

所以，第二步的行为设计就是，把我们前面选择的黄金行为拆解成一个最微不足道的习惯，再从它开始。我们要把"能"做这件事，变成"不费吹灰之力"就可以做到。福格提醒我们：千万不要看不起每一个微小的行为，因为它将会成为我们能撬起地球的第一个支点。

第三步的行为设计就是，对应提示这个要素，找到一个对的提示，然后真正去做。

设计一个对的提示特别重要，如果这个提示出现的时机不对或者没引起我们的注意，行为就不会发生。其实，我们身边的很多信息提示是无效的，比如手机上满屏的小红点，它们被设计出来的本意就是，希望能够成为有效的提示，从而让我们打开某个 App，但实际效果大多是形同虚设。我们如果是那种要按三四次延迟闹钟按钮之后才起床的人，那么肯定能感受到手机闹铃的提示其实没多大作用。

那么，到底该怎么设计一个对的提示呢？

福格推荐的方法就是，找一个我们日常生活中的既定动作，比如刷牙、停车、冲厕所、穿鞋、关电视等，然后让我们想要培养的那个微习惯接在这些既定动作之后。在福格看来，我们日常生活中的这些既定动作是一套最自然的提示库。生活中，我们原本就有很多不用动脑子就会做的行为，一个新的行为如果能够接在这些既定行为之后，就会变成完全顺手的事。

在微习惯发生后，福格再三强调，一定要庆祝。一个简单的庆祝，是能让我们感受到积极情绪、感觉自己变得更好的最直接的方式。在福格看来，让我们通过感觉更好而不是感觉更糟来实现改变，才是微习惯的精髓所在。

85 |《广场与高塔》
用网络重新理解历史

郑路[①]

《广场与高塔》这本书的作者是当今全球最有影响的历史学家尼尔·弗格森。他是一位"学术明星",非常高产。他的著作还有《货币崛起》《文明》《帝国》《基辛格》等,几乎每一本都是全球畅销书,很多还被拍成了纪录片。

《广场与高塔》是弗格森的第15部著作。其核心内容就是书名里的两个词:"广场"和"高塔"。这两个词分别指的是两种人类的组织形式。广场代表网络,也就是分散的组织。它发生在一个公共空间里,每天上演着各种各样非正式的互动。高塔代表等级结构,也就是世俗的权力。它非常集中,屹立在广场之上,投下一道长长的阴影。

借用这个比喻,弗格森想说的是,人类文明一开始就存在两种组织形式。人们的生活,一部分是在网络中完成的,一部分要遵循等级结构。两者的互动和竞争,塑造了我们所看到的历史。

1.基于网络和等级的新历史观

"网络"这个词最早指的是丝线做成的编织物,比如渔网。到了十七八世纪,科学家们开始用网络来描述蜘蛛网以及人体的血液循环

[①] 郑路,清华大学社会学系长聘副教授、系副主任,清华大学社会科学学院社会与金融研究中心主任,教育部青年长江学者(2021—2024),国家社科基金重大项目首席专家。

系统。到了19世纪，这个词才开始流行，被人们赋予了丰富的含义：地理学家用它表示水路，工程师用它描绘铁路，作家用它概括人物关系。

"等级"这个词起源于古希腊语"hierarchia"，字面意思是"大祭司的统治"。这个词最初用来描述天堂里天使的级别，后来被运用到政治领域，形容人类组织的等级结构。俗话讲，"官大一级压死人"，这就是一种等级现象。

在《广场与高塔》这本书里，弗格森特别强调，等级结构也是一种特殊的网络。一个理想化的等级网络就像树根，顶端有一个节点，越往下，节点越多。但是，节点之间没有横向连接。大家只有通过上一级节点，才能和其他节点产生联系。

举个例子，中国在改革开放以前实行计划经济，采用的是等级结构的思路。就像一家超级大公司，制造什么产品和提供什么服务都由计划部门决定。这样看起来有利于统一安排，并且指令贯彻高效。但用过布票、粮票以及逛过供销社、国营商店的人都知道，计划经济运转的结果是，连老百姓的基本需求都满足不了。而市场经济是由一个个生产商、消费者形成的网络，看起来没有规划、杂乱无章，但是能调动大家的自主性和能动性，从而达到乱中有序以及提高人们物质文化生活水平的效果。从计划经济到市场经济的改革，就是把经济的组织方式从等级结构切换到网络结构。

《广场与高塔》这本书就是从网络和等级结构的相互作用和交替更迭来重新书写人类历史的。这本书的格局非常大。它按照时间顺序，从网络的角度，对人类社会从古到今的历史整个重写了一遍。从人类早期部落到罗马帝国，从大航海到新教改革，从启蒙运动、科学革命到大英帝国、美国独立战争、法国大革命，从两次世界大战、冷战、苏联解体到欧盟成立、2008年金融危机、英国脱欧，等等，登场的主角令人眼花缭乱，有美第奇家族、罗斯柴尔德家族，还有伏尔泰、基辛格，甚至有基地组织、脸书和推特。

弗格森说，人类社会分为两种时代：一种是被等级结构主宰的时代，占据了人类历史的大部分时间；另一种是充满活力、因技术变革而产生的网络时代。而纵观人类历史，世界上出现过两个具有革命性意义的网络化时代。第一个网络化时代自15世纪印刷术传入欧洲之后，一直持续到18世纪末。第二个网络化时代从20世纪70年代互联网出现一直到今天。

弗格森说，在这两个"网络化时代"之间，也就是从18世纪90年代到20世纪60年代的170年间，出现了一个相反的趋势：等级结构重新确立了控制权，并且摧毁或者收编了网络。所以，20世纪中叶，等级结构组织的权力达到顶峰。直到互联网的出现，才打破了这个局面。

历史就是社会网络和等级结构此消彼长的过程。当等级结构无法自我改革的时候，网络就会不断地去瓦解它。与此同时，当网络陷入无政府状态的时候，等级结构也有可能恢复运行。

2.为什么要从网络的视角看历史？

建立了这个坐标系，我们再来看弗格森的这种历史叙述方式造成了什么样的冲击。

弗格森在接受媒体采访的时候谈到，他之所以要从网络的视角来重新书写历史，主要有两方面原因。第一个原因是，让硅谷的科技精英通过了解历史来更好地认识到网络的社会后果；第二个原因是，向他的历史学家同行们介绍网络科学对历史研究的重要性。

弗格森发现，虽然"网络时代"是硅谷精英开创的，但是他们根本不关心历史。在硅谷精英眼中，历史是从谷歌上市或者脸书创立以后才开始的。此前的一切时期，都属于石器时代。

所以，弗格森想告诉硅谷的科技精英别太自负。网络不是他们发明的，人类历史的一开始就存在社会网络。从原始部落的采食者的合作网络到大航海开启的全球贸易网络，从印刷机编织的文化传播网络到科技革命中的学者网络，世界早就被网络连接在一起。这些硅谷大佬只不过是延续了这个传统。弗格森怼天怼地的劲头，是不是挺有意思的？

为什么弗格森这么有底气？因为他所在的斯坦福大学是社会网络研究的重镇。提出"弱关系"的格兰诺维特教授，"不是市场，也不是厂商，而是网络"这个金句的发明人鲍威尔教授，还有《人类网络》的作者杰克森，都是弗格森在斯坦福大学的同事。弗格森在书里引用了这些学者的大量研究。我们可以设想，如果弗格森没有搬来硅谷，没有处在斯坦福大学这个学术网络之中，他也许就写不出这本书。

如果说弗格森对硅谷精英的冲击是提醒他们重视历史，那么他对历史学家的冲击便是提醒他们要重视网络。

主流历史学家研究的对象往往是君主制、民族、国家、政府、军队、公司，这些都是等级机构，不是社会网络。所以，弗格森告诫同行，要小心现有档案形成的"陷阱"，因为历史上的大变动往往是由一些没留下多少记录的非正式组织造就的。

这种偏差是怎么产生的呢？跟历史学研究依赖的材料有关。弗格森说，传统历史研究在很大程度上依赖的是国家等级机构记录的文献资料。虽然各种秘密和公开的社会网络在历史上存在已久，但历史学对它们的研究几乎是空白的。所以，这才造成了阴谋论的盛行。像光明会、共济会等，似乎一手遮天，非常可怕，但实际上，这些都不过是网络化的社团组织。

弗格森说，希望随着历史档案资料的逐步公开，历史学家可以利用社会网络的理论和方法来分析它们，给人们提供更科学、更精确的历史发现。

3.结语

丘吉尔有一句名言:"你能看到多远的过去,就能看到多远的未来。"所以,历史的书写方式,实际上决定了我们看待未来的方式。朋友是一张网,公司是一张网,城市是一张网,社会也是一张网,而弗格森写《广场与高塔》这本书的雄心,就是想告诉我们,不要低估网络在人类历史进程中的重要性。

86 | 《金字塔原理》
一个解决问题的武器库

得到听书团队

"金字塔原理"出自著名的咨询管理公司麦肯锡。最早提出这套方法的人叫芭芭拉·明托,也就是《金字塔原理》这本书的作者。明托毕业于哈佛大学商学院,是麦肯锡咨询顾问中的第一位女性。

加入麦肯锡之后,公司认为她在写作和表达方面是一把好手,就安排她去帮助那些不善于表达自己观点的咨询师。结果,在这个过程中,她逐步发展出了"金字塔原理"这套方法。

这本书已经出版了40多年,被翻译成多种文字,数次再版,常年名列各国畅销书排行榜的前茅。这本书的中文版首次出版于2002年,经过了20多年,其影响力仍然非常大。

1. 什么是金字塔原理?

到底什么是金字塔原理?

著名的认知心理学家史蒂芬·平克说过一句话:"写作之难,在于将网状的思想,通过树状的句法,用线性的文字展开。"这句话揭示了写作的底层逻辑,也点出了写作这件事最大的技术含量:怎样将脑中无数碎片化的想法收拢起来,整合成一条最佳的文字线。这是写作者最大的挑战。

这不只是我们写作的过程,也是我们思考问题的逻辑。我们的思考方式往往也要经过三个阶段:网状、树状和线性。

我们大量的思考,其实是停留在网状的阶段。我们有大量相关的信息，它们好像都和一个主题相关，但是这些信息之间没有逻辑。而我们所有向外做的事情往往对我们的要求是，要遵循线性的逻辑。

比如悬疑推理的电视剧，侦探手里的很多线索跟某个案子相关，但是这些线索之间到底有什么关系，侦探还没有捋清楚。侦探会做一面线索墙，将各种照片、剪报、笔记贴在墙上，然后在各个线索之间连线，找到其中的逻辑，确定下一步的行动。

金字塔原理的核心价值就是，找到一套系统的方法，构建一个层级清楚、逻辑清晰的树状思维。只有这一步做好了，从思考到表达以及从思考到行动的这条路才算彻底打通。

金字塔原理最重要的意义就是，构建我们的思维中台，系统管理信息，打通思考、表达和行动的路径。

2.怎样用金字塔原理提升思考的能力？

怎样把金字塔原理应用在实践中呢？我们先来看怎样用金字塔原理提升思考的能力。

很多人有一个误区，觉得自己嘴笨，好多事情心里明白，但是嘴上说不清楚。其实，大多数人说不清楚的原因是，他们还没有想明白。如果思路清晰了，表达和行动就会变得流畅。

那么，我们怎样才能想明白呢？换句话说，我们怎样才能把零散想法、碎片信息组织起来呢？《金字塔原理》告诉我们，这个过程并没有我们想得那么复杂。其实，组织信息的逻辑不外乎四种：时间顺序、空间顺序、重要性顺序和逻辑演绎顺序。只要了解这四种逻辑顺序，我们就能处理绝大多数的信息了。

至于时间顺序、空间顺序、重要性顺序，我们一看就知道是什么意思，这里不再赘述。逻辑演绎顺序就是我们所说的三段论：大前提、小前提和结论。比如，大前提是，人都需要呼吸；小前提是，我是人；结论就是，我需要呼吸。

我们如果有一个观点，就可以在这四种顺序中任选一种，整理支持这个观点的论据，再概括出主题思想。这时候，这些信息就不再是零散想法了，而是有明确结论和清晰结构的完整表达。

不过，到这一步还没结束，表达之前还有一个重要步骤，就是检查。《金字塔原理》给出了一个检查标准：这条论据是否符合"MECE法则"。MECE法则可以概括成四个字："不重不漏。"也就是说，一个论点下面支撑的论据应当彼此独立、完全穷尽。

3.怎样用金字塔原理提升表达的能力？

那么，怎样用金字塔原理提升表达的能力呢？

我们都知道，想让别人愿意听我们的演讲或者读我们的文章，并不是一件容易的事。那么，表达到底难在哪里呢？我们可能会觉得自己缺的是口才或者文笔，但是这本书认为，这些都不是最重要的，最重要的是要减轻对方的认知负担。

我们的大脑认知有一个特点，就是大脑的短期记忆特别有限。科学家发现，人一次短期记忆的容量是"7加减2"。也就是说，记忆力强的人可以一下记住9件事，而记忆力差的一次最多只能记住5件事。

那么，我们用什么样的方法能减轻对方的认知负担呢？我们需要一个清晰的金字塔结构：一个目标、两个方向、三个原则。

首先，我们来说一个目标。金字塔结构的核心目标是，用问题把碎片的信息连接起来。我们如果找到了正确的问题，就找到了正确的连接，也就梳理出了正确的逻辑。

其次，我们来说两个方向。要想搭建一个金字塔结构，我们既可以自上而下，也可以自下而上。简单来说，自上而下就是带着问题找答案。我们要先确定主要的问题，有一个问题就连一条线，下面就需要给出一个答案。接着，我们可以设想一下：针对我们给出的这个答案，别人会不会提出新的问题？如果有新的问题，我们就接着往下连线，就这样一层一层搭建整个金字塔。除此之外，我们还可以换一个方向：自下而上构建金字塔，其实就是反过来，带着答案找问题。因为很多时候，我们的想法是碎片化的。我们先不管逻辑，把自己想说的所有要点都列出来，再把这些要点分堆，看看哪些要点相关，以及背后有没有一个共同的主题。只要找到它们之间的关联，我们就可以找到核心问题。

最后，我们再说三个原则。一是纵向原则，就是文章中每个层次的思想必须是对下一层次的思想的总结概括；二是横向原则，就是每组的思想必须属于同一逻辑范畴；三也是横向原则，就是每组的思想必须按逻辑顺序组织。如果想写一篇文章或者准备一个演讲，我们就可以按照这三个原则来组织。我们可以先确定一个中心思想，再用问题把信息连接起来。另外，好的表达就像是放风筝一样。对方是风筝，我们手里有一根线，然后不停地放线，让风筝飞得越来越高。但我们还要时不时地拽一下线，让风筝能够集中注意力。提出问题就是拽线，给出答案就是放线。我们可以按照提出问题、给出答案这样的顺序不断推下去。用问题引发好奇，用答案传递信息。

4.如何用金字塔原理找到解决问题的方法？

最后，怎样在金字塔原理的帮助下找到解决问题的方法？

麦肯锡内部有一个经典的思维模型，即"空雨伞"。这个模型跟解决问题有什么关系呢？其实，这个模型的每个字都是帮我们解决问题的一个步骤。"空"就是抬头看天，比如发现今天阴天。这是事实，需要我们先有重点地陈述事实。"雨"就是等会儿可能要下雨。这是根据信息做出的推理和判断，需要我们预测接下来的变化。"伞"就是出门的时候把伞拿上。这是根据之前的预测确定接下来的行动。

所以，"空雨伞"就是从事实到判断，再到行动；从是什么到为什么，再到怎么办。

5.结语

金字塔原理的适用范围特别广。金字塔原理可以指导我们的表达。不论是我们想在一分钟之内和别人说清楚一件事，还是要用一个小时的演讲详细阐述一个问题，我们都可以用金字塔原理组织思路。如果我们在工作中接到一个项目，那么完成这个项目至少需要三步：第一，理清思路；第二，制定解决问题的步骤；第三，说服他人来帮忙。这些都可以借助金字塔原理帮助我们更快、更有条理地完成。

同时，由于金字塔原理简单、清晰，因而它可以衍生出更多方法。金字塔原理就像一个操作系统，有的自带软件确实不好用，但是我们能在操作系统上加载更多更好用的软件，甚至还能根据这个原理研发出自己的软件。而且，这个操作系统不仅可以安装在台式机上，还能安装在笔记本电脑、平板电脑、手机上。即使面对一个毫无处理经验的任务，我们也至少拥有一种通用的解法。

87 |《巨人的工具》
如何掌握"牛人"的工作方法？

万维钢[①]

《巨人的工具》这本书讲的是"牛人"的方法论。它还有一个很长的副标题："亿万富翁、偶像和世界级表演者的战术、习惯和日常。"作者费里斯访问过一两百位名人，这些人都是各个领域的"牛人"。然后，他把访谈内容编排在一起，就有了这本书。我们能在书中看到，那些真正的"牛人"到底是怎么思考问题、怎么工作生活的。

这本书会给我们带来三个收获：第一，对"牛人"思维方式里的共性形成直观的认知；第二，从"牛人"方法论里学到科学的决策方法；第三，让自己找到把生活变高效的捷径。

1.漫画作者斯科特·亚当斯

我们先看第一个"牛人"——漫画作者斯科特·亚当斯。他的"呆伯特"系列漫画，如今在65个国家，被翻译成25种语言，被超过2000家报纸转载。亚当斯原本是一个坐办公室的白领文员，刚开始画《呆伯特》漫画的时候，因为要上班，必须每天早上四点起来画。他是怎么坚持下来并取得今天这个成就的呢？亚当斯分享的最有价值的经验大概有三条。

[①] 万维钢，前物理学家，现科学作家，"中国好书""文津图书奖"得主。著有《万万没想到》《智识分子》《高手》《你有你的计划，世界另有计划》等。

第一条经验是，要为自己建立一个系统，而不是制定一个目标。亚当斯当年一边工作一边业余画画和写作，这些给他带来的物质回报非常少，大概只相当于工资收入的5%。他做这件事情，不是为了完成一个具体的"目标"，而是为了发展一个"系统"。亚当斯所谓的"系统"，是一个连续变化的东西，或者一项技能，抑或一个关系。我们要的不是某件具体事件的成败，而是发展这个系统。

亚当斯的博客写作，就是一个系统。具体哪篇文章能不能获得收入，有多少读者阅读，都不重要，重要的是能不能让这个系统不断地发展。他写博客没有任何具体的目标，这恰恰是系统的特征。

怎么发展系统呢？亚当斯做了两个方面的事情。第一，定期写；第二，把博客当作一个研发平台，在上面做各种写作技术的测试。比如，亚当斯测试了不同类型的话题，看哪个话题受读者欢迎。时间长了，博客越写越多，亚当斯的写作系统就成长起来了。

第二条经验是，灵感更依赖身体，而不是大脑。如果我们的写作技术已经比较成熟，那么我们最关心的便不是"怎么写"，而是"写什么"。亚当斯的专栏要想保持高频率的更新，他就必须有大量的想法做后盾。那么，他的想法都是从哪里来的呢？亚当斯的做法是，先清空大脑，再用新信息灌满大脑。清空大脑就是早餐之后把昨天的一切问题抛到脑后，把整个大脑"腾出来"接收新信息。接着，他就打开电脑，看新闻，读文章，了解世界都在发生什么。他必须从这些日常的新信息里获得下一幅漫画或者专栏文章的素材和灵感。

第三条经验是，在自己身上多发展几个熟练的技能。亚当斯说，如果我们想取得出类拔萃的成就，那么我们大概有两个选择。

第一个选择是，把自己的某个技能练到全世界最好。这个非常困难，极少的人能做到。第二个选择是，选择两项技能，把每一项技能都练到世界前25%的水平。第二个选择比较容易做到。同时拥有两个能排在前25%的技能的人，其实是很少的；而如果你能把这两个技能结合起来去做一件事,你就可能会取得了不起的成就。亚当斯给年轻人的建议是,不管你真正喜欢的领域是什么,你要努力在这个领域练到世界前25%。然后,你最好再加一两个领域的技能。如果你不知道该加什么,那么亚当斯建议你练演讲。亚当斯说,对于演讲来说,你只要愿意苦练,就一定能练好。如果你是一个世界排名前25%的程序员,而你所在公司有很多人也是世界排名前25%的程序员,但你同时还是一个排名前25%的演讲者,你天然就是其他程序员的领导。

2.美国海军海豹突击队指挥官杰克·威林克

接下来,我们要讲的第二个"牛人"是担任过美国海军海豹突击队指挥官的杰克·威林克。他的心得是,真正的自由是自律,是你要对你的世界有极端所有权。

威林克在海豹突击队服役20年,参加过伊拉克战争,之后负责美国西海岸所有海豹突击队队员的训练,退伍以后跟他人合开了一家咨询公司。威林克的方法论主要有三条经验。

第一条经验是,自律就是自由。威林克的座右铭是"自律=自由"。为了获得真正的自由,我们就得给自己设定一些限制。我们平时所谓的自由,比如说想要什么就有什么,想做什么就做什么,这个其实不是真正的自由,会有两个弊端。一个弊端是"选择悖论"。面临的选项太多,我们就容易挑花眼,根本不知道选什么好,幸福度反而会下降。另一个弊端是"决策疲劳"。有个理论说,我们每一次做决定都会消耗一点意志力,选来选去什么都没干就已经身心俱疲。我们现在太自由了,表面上看什么都可以做,实际上做什么都没意思,也没意义。这样的自由就如同开了作弊码打电子游戏,玩一会儿之后面对的就是无尽的空虚。可是,如果我们是一个特别自律的人,每天有各种固定流程,每时每刻都知道自己应该干什么,那么我们反而会获得一种自主的感觉。所谓"真正的自由",也就是财务自由、时间自由以及免于疾病和贫困的自由。为了完成这样的目标,我们必须自律才行。

第二条经验是,要对自己拥有极端的所有权。在海豹突击队开始重大行动之前,负责整个海豹突击队的海军准将会召集所有分队指挥官开一个会,指挥官们就抓住这个机会赶紧向上级提要求。但威林克不会提任何要求。威林克说:"这个逻辑是这样的。我对我的世界有极端的所有权。如果我的队伍有问题,我自己就会解决,我不会等到这个时候向上级抱怨。反过来说,如果哪一天我真的跟上级说,'老板,我需要这个',那我马上就能得到我需要的。因为上级明白,凡是我提出的要求,一定是我真正需要的。自己必须负责任,这就是极端的所有权。"

第三条经验是,要用谦卑来增强自己的领导力。怎样才是一个好的指挥官?威林克的答案是"谦卑"。这里的"谦卑"并不是说对领导毕恭毕敬,而是我们听得进去别人的话,有开放的头脑,能时刻学习。那么,威林克是怎么自我评估的呢?他以一个第三人称的视角旁观自己。比如,你正在做一件事,但是你能够时不时地跳出自己的身体去观察自己:"我是不是生气了?我是不是太感情用事了?我是不是反应过度了?"这其实就有点像中国人所说的"当局者迷,旁观者清"。这相当于自己给自己提供即时反馈。做到这一点非常困难,这要求我们在即使投入全部身心的情况下,仍然能在心里保持一个冷静的心态,给自己提个醒。这是谦卑的最高境界。

3.风险投资人克里斯·萨卡

最后,我们来讲第三个"牛人"——克里斯·萨卡。萨卡可能是硅谷最成功的风险投资人之一,据说身价超过10亿美元。

萨卡曾经在谷歌担任部门的经理,出来搞风险投资以后有过多个

"神来之笔"。像推特、优步、照片墙、Kickstarter（众筹平台）这些现在如雷贯耳的公司，萨卡都是在它们成立初期就投资了。他还上过《福布斯》杂志的封面。

萨卡是一个有点个性的人。比如，作为一个风险投资者，萨卡并不住在硅谷，他住在加利福尼亚州的一个山区里。萨卡为什么不住在浪潮中心呢？因为他是一个进攻型的人。萨卡说，人们在生活中面对的各种挑战可以分为两类。一类挑战是"防守"，也就是那些别人给我们的挑战。如果别人给我们任务，我们就会想方设法完成，做成了也很有成就感，但是主动权是在别人手里。另一类挑战是"进攻"，也就是我们做自己想做的事情，主动权在自己手里。因为萨卡想进攻，所以他从2007年就搬离了距离硅谷30分钟车程的旧金山，跑到山里居住。萨卡不想再没完没了地见各种人、开各种会。他在山里可以集中精力做一些自己想做的事情，学习新东西，建立一些真正有价值的长期关系。

他住的地方正好是一个滑雪胜地，景色很好。他经常在周末邀请各路商业伙伴来家里玩，别人也愿意来。这样的关系显然就会更深入。这种长期的个人朋友关系是萨卡成功投资推特和优步等公司的关键。风险投资人肯定要认识很多人，而萨卡已经不再被动地见很多人，而是主动地、有选择地跟一些人建立更高水平的关系。

这里面的关键词是"主动"。所谓"进攻"，就是要以我为主，积极主动。实际上，萨卡早期也是这样的。他知道风险投资人需要很多知识，需要对各行各业的情况都有所了解。如果我们在一家公司有份正式工作，而这份工作能够给我们提供的视野非常有限，我们就必须主动出击。

当年萨卡的做法就是不论哪有重要会议，不论人家是否邀请了他，他都想方设法去听一下。在谷歌的时候，遇到各种高层的会议，甚至创始人之间的会议，萨卡都会去参加。别人根本没请他参会，有时候别人不好意思说他，有时候也会有人问他来干什么，这时候萨卡就说："我是来帮你们做会议记录的。"然后，他真的会把自己记的笔记发给与会者。

88 ┃《刻意练习》
天才是掌握了这些方法的人

成甲

有一个广为人知的观点,叫"1万小时天才定律",但实际上,1万小时并不是放之四海而皆准的真理。《刻意练习》的作者安德斯·艾利克森告诉我们:只有在刻意练习下,1万小时才有用。

《刻意练习》是学习领域的一部经典著作,不仅可以帮我们理清很多学习中模糊的概念,还颠覆了一些关于学习的传统认知。对在任何行业或领域中希望提升自己的人来说,"刻意练习"是迄今为止发现的最强大的学习方法。

1.为什么训练可以铸就天才?

莫扎特是大家公认的一位音乐天才,他在4岁的时候就能够分辨任何音乐的音调,像声音的调子、时钟报时的音调,甚至人打喷嚏的音调。莫扎特的这种能力一直作为证明"天赋是与生俱来的"绝好例子。似乎,天才之所以是天才,是因为有天赋异禀的能力。

真是这样的吗? 2014年,日本一位心理学家做了一个实验。他招募了24个两岁到六岁的孩子。在训练一年以后,这24个孩子都有了完美音高的能力。也就是说,经过训练,人们也可以获得和天才一样的表现。艾利克森说,莫扎特所谓的天赋很可能是训练的结果。要知道早在莫扎特4岁的时候,他父亲就已经全职教他音乐了。他每天音乐训练的强度非常高,是训练铸就了天才。

过去,我们觉得"天赋"或者"天才"的意思就是天生具有某种能力。可是，艾利克森说，所谓的潜能是可以被训练出来的。这个观点完全颠覆了传统认知。

在伦敦，由于道路条件极其复杂，因而GPS（全球定位系统）会陷入混乱，人们要想在伦敦做一名出租车司机，就必须通过世界上最难的测试考核。而为了通过测试，司机必须进行大量的高强度训练。实验结果发现，对经过高强度训练通过考试的司机来说，他们大脑中负责导航功能的海马体部位比之前增大了不少。同样的现象也发生在盲人中，由于盲人经过大量用手指触摸盲文的训练，其大脑相关部分也更发达了。因此，艾利克森说，我们可以通过大量的训练改变身体的适应性，可以创造潜能和天赋，从而创造天才。

2.如何区分有效训练和无效训练？

我们可能会问：为什么我们一直上学、受训练，却没有被训练成天才呢？艾利克森说，那是因为训练方法不对。训练方法分为有效训练和无效训练，而我们大多数人常常陷入无效训练中。怎样区别有效训练和无效训练呢？

大多数人对练习有三种误区。

第一种误区，觉得练习可能没有太大的作用，能力主要受基因限制。有人会说，"我不擅长和数学打交道""我的空间想象能力比较弱""我不认路""我没办法做得更好"……可是艾利克森说，任何人都可以通过正确的训练来改变自己，关键是要有正确的心态。

第二种误区，认为只要练习的时间足够长，能力就会慢慢提高。但是艾利克森说，以完全相同的方式一而再、再而三地做某件事情，并不能提高成绩和表现，这样做有时候还会让我们停滞不前，并使我们的能力水平缓慢下降。

第三种误区，认为只要足够刻苦勤劳，我们就能提高成绩，就会更加优秀。可是艾利克森说，除非我们有专门的、恰当的练习方法，否则即使加倍努力也不会有太大的进步。

有效的练习，既不等于长时间的练习，也不等于重复的练习，拥有正确方法的练习才真正有效。那么，什么样的练习方法才算有效呢？这个很重要的方法叫"有目的的训练"。这是一种不断改进的做法。我们在训练中必须专注，不能心不在焉。我们常常只是在做，并没有认真地思考。我们必须及时反馈，如果做完了题并不知道对错，进步就非常慢。还有一个很重要的因素，就是必须跳出"舒适区"进行训练。有效的练习是有目的地突破舒适区的训练，只有这样才能快速进步。那么，是不是我们进行有目的的训练就会成为天才呢？艾利克森说，不是。要达到天才级的水平，我们需要更高效的方法，那就是"刻意练习"。

3.刻意练习究竟是什么？

在讨论刻意练习之前，我们要问自己一个问题：我们的努力和勤奋究竟训练的是什么？

艾利克森说，真正训练的核心是我们的"心理表征"。"心理表征"是认知心理学上的一个名词，意思是在思考问题时对应的心理结构。比如，对外行的棋手来说，他看别人下棋只是看到一个个棋子在移动；而对一个大师而言，他除了看到棋面上的棋局变化之外，还能看出两方的优势和劣势、接下来的走势等。对于同样一件事，新手和专业的人员看问题的深度和高度是有差别的。换句话说，他们之间的认知模块、认知结构是不一样的，而这种差别就是不同的心理表征。对专家而言，他们能够把复杂的、大量的信息组成一个个认知模块，以这样的模块去思考和处理问题。他们在面对新情况的时候，能够快速调出过去的一些认知模块，从而在思考和解决问题上有更高效的方法。所以，我们的目的本质上就是要建立一个更强大的心理表征来思考问题，而刻意练习就是目前人类发现的最强大、最高效的训练方式。

什么是刻意练习呢？艾利克森说，从严格意义上讲，判断刻意练习有两个标准：第一，我们所训练的领域是合理发展的行业，并且有了一整套成熟的评价标准和高效的方法；第二，我们必须有一个能够给自己布置训练作业和及时反馈的优秀导师。只有具备这两个条件，它才是严格意义上的刻意训练。

按照这个要求，符合这种严格意义上的刻意训练的行业是少之又少的，可能只有国际象棋、芭蕾舞、体操、音乐表演等少数行业。大多数行业其实是不符合这个标准的，在很多情况下，它们并没有高效的方法体系和专门从事教练的一流导师。怎么办呢？艾利克森说，我们可以退而求其次，尽最大可能用刻意练习的原则来训练。

什么是刻意练习的原则呢？首先，明确高绩效的目标，也就是想要实现哪方面能力的提升；其次，尽可能找在这个领域中最优秀的专家、高手或者经典图书，目的是能够让我们和这个领域高水平的心理表征进行对比，从而获得高质量的反馈；再次，研究这些杰出人士或者优秀案例背后可能的成功因素；最后，不断地投入时间和精力去训练。

有人可能会说，自己既不认识杰出的导师，也没有这样的"牛人"朋友，那怎么办？艾利克森说，如果没有导师的话，哪怕我们用案例和优质的图书也可以实现应用刻意练习的原则来提高能力。

比如，美国建国早期的伟人本杰明·富兰克林，他早年受的教育水平很有限，能够写出通顺的句子就很了不起了，但他又想提高自己的写作能力。一次偶然的机会，他看到一本名叫《观察家》的杂志。他发现杂志中的文章质量非常高，特别希望自己也能写出那样漂亮的文章。但是，他又不认识这些优秀的作者，没人给他反馈。怎么办呢？他就去模仿杂志中文章的写作方式。在不断地揣摩和研究下，富兰克林成了美国历史上最受尊敬的作家。他的著作《穷查理智慧书》以及后来的自传都成了美国文学史中的经典。

如果某个领域连优质的图书也没有，行业专家的意见也不能确定是正确的，怎么办？艾利克森说，遇到这样的情况，我们就要回到刻意练习的本质，让自己的行为和结果之间建立及时的、高质量的反馈，从而提升效能。

如果你的工作是整个项目流程的一个环节，比如你是做平面设计的或者编程开发的技术人员，你要是不知道成果怎样影响结果，你的工作能力就很难提高，工作几年后你就会觉得自己在吃老本。刻意训练的原则告诉我们：我们要想办法把自己的工作和最终结果之间建立起联系。比如某次做的平面设计，哪些地方客户评价很好，哪些地方客户不满意，原因是什么，我们可以和自己的同事、相关的部门人员一起讨论改进方案，然后再刻意练习，下次继续改进，从而不断提升自己的能力。

89 | 《理性乐观派》
用什么样的心态看未来?

怀沙[①]

《理性乐观派》这本书有一个副标题:"一部人类经济进步史"。看上去这像一部讲历史的书,但其实是一本改变世界观的书。我们生活在一个充满了坏消息的世界,坏消息还在持续不断地冒出来,因为这就是一个"悲观是主流"的世界。但是,这本书的作者马特·里德利还是建议我们,要做一个坚定的乐观派。这种乐观不是因为里德利天生的气质和本能,而是他认真思考后的结论,即"我们应该乐观"。因为人类有一个制胜法宝,就是两个字——"交易"。有了它,这些困难最后都能迎刃而解。

1. 自给自足就是贫困

"自给自足就是贫困"这句话有点反常识,中国人比较喜欢另一句话:"自己动手,丰衣足食。"我们的祖先过的日子就是自给自足的。

为什么现代人不用这么生活呢?因为我们的祖先找到了可以交易商品的对象。一旦有了商品交易,我们就可以摆脱自给自足而走出贫困。而交易可以推导出一个天大的好的推论——社会分工。

如果一个原始部落发现,附近有别的部落可以自由公平地交易,

[①] 怀沙,纪录片导演,从事科普工作十多年,从2016年开始担任得到App"万维钢·精英日课"专栏转述师。

这个部落只需把捞鱼的技术练好，然后将多捉到的鱼拿到其他部落换水果和兽皮，一个个原来自给自足的部落就会变成渔人部落、采集部落和猎人部落。这个劳动项目再分配的过程，就是一次社会分工。随着这个过程的加深，一个部落就会从自给自足的贫困里走出来。

2. 社会分工的三大好处

社会分工为什么好？

第一，社会分工能提高效能。我们先来看看什么是低效能。中国历史大多数时间的农业生产是低效能的。就在里德利写这本书的2008年，世界格局已经完全不一样了。在整个世界人口里，只有1%的人在从事农业生产。那么，1%的人能养活全世界吗？没问题。有了繁荣的交易和市场之后，只要耕作的效能提高了，我们就不需要原来那么多的农民了。

第二，社会分工能提升产品的丰富程度。在《理性乐观派》里，有一个很著名的例子，就是在法国国王路易十四吃饭的时候，他一个人面前就有40个菜品，背后有498个人为他服务。但现在，大城市稍微上点档次的自助餐厅，其菜品都超过40个。我们如今能选择的服务门类很轻易就能超过路易十四。

第三，专业分工能产生高精尖知识。因为一个繁荣的商业社会能给那些生产高精尖知识的人提供足够的商业回报。在人类历史上，总有一些人要比其他人爱琢磨问题。但过去，一个人没法凭借自己在一个方面走得足够深，就让自己得到足够好的商业回报。所以，这些人只能放弃自己的单点突破能力而追求一些其他收益。但在一个商业交易繁荣的世界里，一个人可以联系到足够多的买家，出售自己的高精尖的认知和技能。这么一来，他就更有动力在某一个领域走得更深、走得更远。

里德利在书里总结道："所谓穷，就是负担不起以足够高的价格，卖掉自己的时间来购买自己所需的服务；所谓富，就是不光能够买到自己需要的服务，还能买到自己想要的独特服务。"

3.集体大脑是人类的外挂

集体大脑是交易推导出社会分工这个必然结果之后，再推导出来的第二个好的推论。

集体大脑就是通过人类的书本、电脑、文化、社会，包括每个人的个体记忆等方式，共同保存起来的集体知识和信息。这些知识的数量巨大，而且它们是跨空间和时间的。比如，手机中有法拉第的电磁感应原理，有爱迪生的电池技术，有乔布斯的设计理念。这些旷世奇才创造的知识都在超时空为我们服务，人类的集体大脑已经帮我们将其存储下来了。

这只是集体大脑对信息的保存功能。还有一个更厉害的，就是集体大脑的信息升级能力完全碾压动物的有性繁殖。人类集体大脑的信息繁殖速度不仅快，而且可以跨时空、跨种间。跨种间繁殖是什么意思？动物是不能跨种繁殖的，但是人类集体大脑保存的各种信息可以做到。比如，我们可以把老子的治国理念拿到委内瑞拉去试试，也可以把最新的数学理论成果拿给一位物理学家去解一个理论物理的方程。这么一来，信息之间的繁殖升级模式就会被彻底打破。

4.无限制的政府是交易最大的敌人

那么，交易有没有敌人呢？有。里德利说，交易最大的敌人就是无限制的政府。他认为，商业的繁荣是一个由下而上的结果，不用领袖，不用管控，繁荣能够自然产生。但繁荣就像凝结的蜂蜜，一定会招来捕食者。

大概在公元前1000年的时候，政府、王权、酋长、祭祀这些所谓的上层建筑在全世界的不同地方就都出现了。此时为以后的几千年定了一个基调,就是商人创造财富,政权收之国家。《理性乐观派》一书引用了另外一位科学家兼历史学家的话:"过去的一万年的人类大战,一直是反垄断之战。"请注意,里德利不是说政府一定是坏的,而是无限制扩张的政府是交易的最大敌人。但遗憾的是,政府似乎永远不会主动节制扩张。

但纵观全球,似乎没有什么理由能让世界的主流放弃自由经济。换句话说,商贸和交易不会停止,社会分工会继续,人类的集体大脑会被塞进更多、更好的知识。在互联网的帮助下,整个人类的知识会像旋风一样旋转,给人类带来更多的繁荣和幸福。

5.为什么我们偏爱悲观?

既然这个世界这么好,为什么悲观的声音在我们耳边从来没有停过?

悲观之所以有这么大的市场,主要有三个原因。第一,人们对坏消息更敏感,更倾向于记住坏消息。第二,公布坏消息的人,对世界悲观,会显得更智慧、更有深度;而对世界乐观的人,会让人觉得考虑问题不周到,显得很肤浅。第三,公布坏消息能带来益处。如果一个人给人们带来了坏消息,那么人们一定要做点什么才能抵御坏消息,这里可能暗含收益。但如果一个人公布的是好消息,人们就什么都不用做了。这是里德利对悲观世界的解释。

6.未来会好吗?

里德利在2008年写这本书的时候,也提出了两个他感到忧虑的问题:一是气候问题,二是贫困问题。他认为,唯一有效的解决方案就是,更开放的政策,更频繁的商贸,更细化的分工,更好的知识。可能有人会觉得这个说法太笼统,那么里德利在2008年提出的这些问题得到解决了吗?这里给大家补充一个这本书之外的消息。

2016年2月,当年呼吁气候变化的美国副总统戈尔在 TED 上发表了一个演讲。他说:"十年过去了,事情比他当年想象的好得多,我们能战胜环境问题。"而解决的方案主要是新能源商业,也就是通过市场经济解决的。世界的贫困问题则被一个过去想不到的方式解决了。戈尔说:"过去我们认为亚洲和非洲摆脱贫穷会很慢,现在看起来,科技给我们提供了意想不到的解决方案。而这个解决方案正是人类的集体大脑用科学知识提供的。"

只要世界的商贸环境没有倒退的趋势,人类的社会分工就一定会更细致,人类的集体大脑就一定会存储更多的知识,科技就会用各种我们当下难以想象的方法帮我们解决问题。未来一定会更好,而且还是以惊喜的方式降临到我们身边。

《模型思维》
如何用模型理解世界？

李南南

模型是经验的抽象集合。我们平时听到的谚语、公式、定理，本质上都是一种模型。但是，统计学大师乔治·博克斯说过，所有的模型都是错的，它们只在特定的尺度上成立。假如只用一个模型观察世界，真理就会成为公式的牺牲品。所以，要想理解真实世界，我们需要的不是模型，而是多模型。《思维模型》这本书要做的，就是帮我们建立多模型思维。

这本书的作者是斯科特·佩奇。2012年，他在密歇根大学开设了一门叫"模型思维"的公开课。一开始，这门课只有不到100人听。但现在，上过这门课的学生已经超过100万人。这本书就是这门课的精华。

1.什么是多思维模型？

多模型思维是一种抛弃习惯经验、切换思考逻辑的能力。

在《思维模型》这本书里，佩奇把人的思考能力分为四个层级。

第一个层级叫作数据。数据是我们能直接观察到的事实。比如，森林里发生了火灾，我们知道哪里发生了火灾。

第二个层级叫作信息。信息是我们对数据做归类统计，得出一个准确的数字。比如，我们知道一年总共发生多少场火灾，以及火灾造成了多大的损失。

第三个层级叫作知识。知识是我们面对信息时的处理方式。比如，面对大火，我们知道应该用什么方法来扑救，知道怎么组织人员。这些特定情况下的知识也就是我们所说的模型。当掌握了一种模型，我们就可以说我们是一个有知识的人。

第四个层级叫作智慧。智慧是我们面对不同的情况，在多个模型之间做出选择切换的能力。比如，面对大火，我们知道有些地方偏潮湿，应该应用对应的救灾模型；同时，我们还能意识到有些地方偏干燥，要切换另外一种救灾模型。前提变了，方案也要变。能凌驾于存量经验之上切换模型，也就是我们所说的多模型思维。

菲茨杰拉德说过，第一流智慧的体现是同时持有两种截然相反的观点，还能正常行事。我们可以把这句话理解成：第一流智慧的体现就是同时掌握多种模型，并且能够根据环境切换模型。

佩奇认为，任何模型都具备三个特点。第一，它们一定是简化的。第二，它们都是逻辑化的。比如物理规则，大多可以表现为某个公式。当然，逻辑化也伴随着代价。第三，它们都是不全面的。任何单一模型都没法解释复杂世界。只有建立更多的模型，我们才能看清世界的真实面貌。我们引用一句有点极端的话，这是生态学家理查德·莱文斯说的："我们的真理，说到底，就是若干独立的谎言的交集。"换句话说，模型其实是真实世界在某一个场景下的运行规则。场景变了，规则也要跟着变。

2.怎么建立多思维模型？

我们从这本书中挑选了三组应用比较广泛的模型，每种模型都对应着某些特定的场景。

第一组是两个分布模型，即正态分布和幂律分布。

正态分布也叫常态分布。我们可以把它想象成一个追求平均且一切资源均等的世界。简单来说，在所有的样本中，最接近常态的平均值占比最大。比如高考分数，大多数人处在一个不太高也不太低的分数区间。满分和零分都罕见。

而幂律分布是平均值的比例优势消失了。我们可以把它想象成一个赢家通吃的世界。在所有的样本中，少数人占据了大多数资源。比如流量，网络上的"大V"占据着绝大多数流量，而大多数人的粉丝很少。

那么，搞清这两个分布模型有什么用呢？简单来说，这两个模型可以帮我们合理地规划资源、管理风险。

比如设计公共汽车上的扶手高度，考虑到人的身高是正态分布的，特别高的和特别矮的都是少数，扶手高度就应该是一个不高不矮的人伸手恰好能够到的高度。

但是，假如我们在林业部门工作，要维护一整片森林，我们就要意识到，森林火灾是幂律分布。也就是说，虽然火灾的发生率很低，但是它造成的损失非常大。这时，我们就要重视防火抢险工作，为此储备大量的资源。

那么，面对一个陌生的系统，我们怎么判断它是遵循正态分布还是幂律分布呢？这个标准其实很简单，就是看样本之间会不会相互影响。假如样本之间是独立的，我们就可以判断这个系统遵循的是正态分布。假如样本之间相互关联、彼此影响，这个系统就遵循幂律分布。

第二组是一个单独的模型，即夏普利模型。

这个模型能够帮我们判断一个人在团队中的价值。假如我们在公司里觉得自己应该获得更高的报酬，那么我们应该仔细看一下这个模型。这大概是衡量一个人的价值的最合理的模型。

在正式讲夏普利模型之前，我们思考一个问题。假设有一家公司，做的是西班牙和法国之间的跨国贸易，它必须同时跟法国人和西班牙人交流。注意，只有必须同时跟这两个国家的人沟通，这家公司才能创造价值。这时，公司有三个人：第一个人只会西班牙语，他的工资是2000元；第二个人只会法语，他的工资也是2000元；第三个人同时精通西班牙语和法语，那么他的工资应该是多少呢？

按照通常的设想，如果会一种语言的人的工资是2000元，那么会两种语言的人的工资应该翻倍，即4000元。但是，我要说的是，他真正的价值应该是8000元。

这是怎么算出来的呢？这就要说到夏普利模型了。这是经济学家罗依德·夏普利发明的。它计算的是，一个人在所有可能加入团队的次序下，对团队做出的边际贡献的平均值。

乍一听，我们可能有点蒙。其实，它计算的是这个团队多一个人到底会怎么样？你可以先设想，当你是第一个加入某个团队的人的时候，你能贡献多少价值。当这个团队已经有一个人了，而你是第二个加入的人，你能贡献多少价值。同理，当你是第三个、第四个加入团队的人的时候，你能贡献多少价值。最后，你再算出所有次序下价值的平均值。这就是你在团队中的夏普利价值。

因此，不管你是只会西班牙语还是只会法语，你都必须得在另一个人已经入职的情况下再入职，这样才能创造价值。否则，如果你只会一种语言，你根本做不了公司的业务。换句话说，对这两个人来说，只有一种情况能创造价值。那就是，其中一个人第一个入职，另一个人第二个入职。

但是，假如一个人同时会两种语言，那么他至少能在四种情况下创造价值。首先是第一个入职，其次是在只会法语的人入职之后入职，然后是在只会西班牙语的人入职之后入职，最后是在一个什么都不会的人入职之后入职。所以，他的待遇应该是只能在一种情况下创造价值的人的四倍，他的工资应该是8000元。

这个方法的科学之处在于两点：第一，忽略掉了资历，只看能力；第二，计算的不是一个人的孤立价值，而是他在这个团队里有多大的不可替代性。当然，这里把夏普利模型做了简化。真正的夏普利模型比这个算法要复杂得多，也严谨得多。

第三组是相对简单点的网络模型。我们要用网络化的方式看待人群，不要把人群看成一个个孤立的点，而是将其看成一张网。网络模型可以帮我们快速找到问题的突破口。

比如，要向市场推广一个新产品，我们可以把拥有最多连接的节点当成种子用户，先发给他们试用，然后让他们帮忙推广。总之，不管是想扩散观点还是控制问题，通过网络模型，我们都可以快速找到问题的突破口。这个突破口往往就是拥有最多连接数的节点。

3. 结语

我们到底应该怎么看待模型呢？模型其实是一个人最底层的思维系统，它比知识和方法还要底层。有时候，我们做事的方法可能都对，但就是达不到预期的结果。归根结底，很可能是我们用错了模型。比如，在职场上，有人抱怨：为什么我天天加班，但升职加薪没我的份？说到底，他是在用友谊模型看待工作。他觉得自己付出了忠诚，就应该获得同样的忠诚。有人把工作当作打仗，用战争模型来看待工作。有人把公司当成家，用家庭模型来看待工作。当然，我们不是说谁对谁错，而是说很多时候模型比方法更重要。假如我们发现自己做事的方法都没问题，但就是无法获得预期的效果，那么我们可能要反思是不是在一开始就用错了模型。

91 | 《清单革命》
怎样在复杂世界把事做对？

成甲

《清单革命》这本书的精髓是：怎样能够避免犯错，让自己持续、正确、安全地做好事情？

作者阿图·葛文德是美国白宫最年轻的健康政策顾问。作为一名医生，葛文德的工作性质决定了他必须小心谨慎，避免犯错。因为这个行业犯错的代价几乎是无法承受的，所以葛文德一直在寻找怎样才能减少犯错，并提高做事的正确率，直到他发现了清单。

金融巨头巴菲特说过，他之所以能比其他人投资更成功，不仅仅是因为他做出正确的决策，一个很重要的原因是他能够避免犯一些愚蠢的错误。而在葛文德看来，清单是让我们把事情做正确的必要方式。就连著名的《科学》杂志也刊发书评直言不讳地宣告：人人都该有份小清单。

1.人为什么会犯错？

人的错误可以分为两种：一种是无知之错，另一种是无能之错。

无知之错，是指我们因为没有掌握正确的知识，所以没有相关知识而犯的错。比如，我们不知道盖房子要考虑地震的可能性，所以把房子盖错位置或选错材料。

无能之错，是指我们虽然掌握了正确的知识，但没有正确地使用知识而犯的错。比如，我们开会记错了时间，律师用错了法律条款，等等。

无能之错是完全有能力避免的，但这种错误会不断发生。这是为什么呢？原因有两个，这也是清单能够发挥作用的两个原因。首先，人并不能把所有的事情都记住。现代世界的复杂性已经超出了人力所能控制的范围。人往往在高压的情况下很容易忘掉一些事情。其次，记忆和经验会让人麻痹大意，导致无能之错的发生。我们往往凭借自以为熟练的经验和记忆，麻痹大意地跳过了一些基础但重要的步骤。

那么，清单怎么帮助我们去避免犯无能之错呢？清单有两方面的价值：外包和可靠。

清单的第一个价值是外包。外包是指我们把大脑需要记忆的工作外包给清单。我们都知道，大脑在事情多又高度紧张的时候很容易犯错。而使用清单，就相当于让大脑把记忆的工作外包出去，让大脑集中注意力做判断的工作，这样就可以避免因为大脑记忆的局限而犯错。

清单的第二个价值是可靠。因为人的经验和记忆总是不稳定的，所以我们工作的表现会受到工作的熟练度甚至当天精神状态的影响。而使用清单，相当于把工作流程从依靠回忆和经验变成了一种可视化的强制约束，从而确保不论在什么情况下都能保证重要的环节不被遗漏。

2.清单如何避免错误的发生？

要想让清单起作用，我们需要两个重要步骤：第一步，对遇到的问题进行分类；第二步，对不同类型的问题采取不同的策略。

我们在这个世界上遇到的问题大概可以分为三类：简单问题、复杂问题和极端复杂问题。

第一类问题是简单问题，就是那些可以有明确解决方法的问题。比如，照着食谱做蛋糕。第二类问题是复杂问题，比如要完成大企业的收购、并购，这种问题专业性强，技术复杂，步骤多。第三类问题是极端复杂问题,就是那些结果非常不确定的问题。比如,要想把子女培养成优秀的人,会受到很多因素的影响。面对这三类问题,清单都有一一应对的解决方案。

第一种情况,应对简单问题,用执行清单。简单问题有步骤,怕的是忘记,所以我们可以做一个执行清单来提醒自己,以免遗漏而犯错。

第二种情况,应对复杂问题,用核查清单。复杂问题需要很多道工序,专业性强,人的注意力没法持续关注,很容易忘掉很多重要步骤。因此,我们要用核查清单,在重要的节点上用一个核查清单来检查自己是否遗漏了重要的环节。

第三种情况,应对极端复杂问题,用核查清单和沟通清单。除了用核查清单来确保复杂问题的各个环节被注意到,我们还要用沟通清单来应对过程中没有预料到的不确定问题。

建筑行业是一个非常典型的行业,有两套清单。

第一套清单是核查清单。不同的部门要提交任务清单,由专门的团队进行整合,然后协调各个团队要完成的任务。但是,这个过程会遇到很多种突发情况。比如,虽然施工的工序都正确了,可是楼板凹下去了。再如,原来定的钢材型号突然断货了,想要换其他的型号。类似这种此前没有想到的或者突然发生的问题,怎么解决?这就需要靠第二套清单,即沟通清单。比如,施工过程出现了一个此前都没有考虑到的问题,无论这个问题是一线工人发现的还是项目经理或者承包商发现的,发现的人都不会擅自去做下一步决定,而是用沟通清单让专业的团队协作沟通。他们会在沟通清单上写:几月几日,我们邀请某专家对什么问题进行讨论。他们把预计会遇到的问题提前安排给相关的专家和人员,大家共同制定决策。

这不代表沟通清单能解决所有问题,而是说很多无能之错的发生是因为我们在忙乱中往往没有安排及时的沟通。

3.制作有效清单的三大原则

要想让清单真正发挥作用，葛文德讲了很多技巧和方法，有三个原则非常重要。

第一个原则，清单设计要简单、高效，并且可测。简单是指清单不用面面俱到，而是要找到需要提醒我们的关键内容。高效是指清单要以效果为导向，强调清单的效果。让清单变得简单、高效，是整个清单系统最关键和核心的地方。可测是指清单要具体，要有可操作性，效果能进行观测，并由此得以改进。打个比方，做糕点的要求是非常精确的，盐几克、油几克、面粉几克，有专门的电子秤来称这些配料。这是一个可测、可执行的清单。

第二个原则，执行上要有明确的检查点。检查点就是在执行清单的时候，提前安排某个节点或者某个情况下要使用指定的清单。比如，开车的时候，突然仪表盘上的电瓶灯亮了。这个时候，我们可能要停车，拿汽车手册翻到电瓶仪表灯亮的那一章看看接下来该怎样处理。仪表灯亮就意味着一个检查点。要让清单用起来，我们就要设置这样的检查点，从而告诉我们什么时候使用这个清单。

第三个原则，清单在内容上要不断更新。清单要能使用，必须符合实际情况，不能现在用的内容还是当年的"老皇历"，就算是最简单的清单也需要不断改进。只有持续改善，清单才能始终确保安全、正确和稳定。

92 ｜《人性的弱点》
如何成为人际交往高手？

裴鹏程

《人性的弱点》是戴尔·卡耐基的代表作。这本书于1936年首次出版，几十年里被翻译成世界上几乎所有的主要语言，总销量超过1.5亿册，被称作"人类出版史"上的奇迹，仅市面上通行的中文译本就不下10种。

这本书的英文名是"How To Win Friends & Influence People"，直译过来是"如何赢得友谊及影响他人"。如今，我们能方便地买到各种讲自我管理和人际沟通的书，有偏理论的，有讲实操的，有从心理学角度介绍的，也有从社会学方向探讨的。但无论这些书偏重什么，当代的自我管理和人际沟通课题正是由戴尔·卡耐基正式确立的。

1.经久不衰的名作

卡耐基出生的时间相当于清朝光绪年间。他在100年前写的文章搭建起了自我管理和人际沟通课题的四梁八柱。后来，人们对成长与沟通的讨论，始终无法脱离卡耐基打下的基础。

有句话是这么说的：读一本好书就是在跟一个有趣的灵魂对话。《人性的弱点》还是一扇打开卡耐基思想世界的大门。卡耐基身份的常见定位是"美国著名演讲家和作家"，但有一个描述或许更到位：卡耐基是一位深谙人性的人。人性才是他一生关注的课题。他的研究并非停留在纸面上，而是把学院派里阳春白雪的心理学、社会学知识与实用的为人处世、表达沟通实践紧密结合。当下，"成人教育""终身学习"很热门。其实，早在20世纪20年代，卡耐基就成立了"成人教育机构"，直到现在，我们在世界各地依然可以看到卡耐基学院。

这本书共分为六章，包含30多篇文章，听起来有些松散。但阅读后，我们会发现，这本书有一条清晰的脉络。我们会看到一个人从掌握最基础的人际交往技巧到如何获得他人好感，再到如何影响他人、领导他人与改变他人的全过程。这个过程的前后两段，正对应英文书名中的"如何赢得友谊"和"如何影响他人"。

2. 如何赢得友谊？

其实，赢得友谊暗含了一个意思，那就是我们需要主动争取。但100多年前，卡耐基发现这种方式并不好。请思考一个问题：在日常沟通中，哪个字的使用频率最高？纽约电话公司做过一项调查，人们在日常电话沟通中使用频率最高的字是"我"。这其实是人的天性，交往的主动性会让我们不自觉地从自"我"的角度说话、做事。

卡耐基认为，交到朋友的核心法则是，真心实意地关注他人。因为人性中最深层的渴望就是得到别人的重视。但也正因为人人都希望被别人重视，我们反而忽视了别人，这正是"人性的弱点"之一。

那么，我们要怎样真心实意地关注他人呢？100多年前的卡耐基给出了很多好用的技巧：保持微笑，记住对方的名字，建立对他人的兴趣，等等。卡耐基讲到自己的一个小习惯。虽然他本人对星座并不感兴趣，但是和别人聊天的时候，他总会问对方是否相信星座。他的目的不是打听别人的爱好，而是要把话题转移到对方的生日上。对方告诉他日期后，卡耐基就默默记下来，然后在生日当天给对方发去祝福。试想一下，生日当天，如果我们收到了一位只有一面之缘的人发来的亲切祝福，那么我们在心里大概率是会给这个人加分的。因此，卡耐基也结交到很多朋友。这样一个简单、有心的行为，就可以让我们变得更受欢迎。

3.如何影响他人？

赢得友谊只是人际交往的第一步，接下来我们还需要影响他人。卡耐基有一句名言：专业知识在一个人成功中的作用只占15%，而其余的85%则取决于人际关系。卡耐基认为，人际关系非常重要，能在很大程度上影响一个人的事业和生活。那么，我们要如何影响他人呢？

常用的方法是说服，但结果往往是引发争论。卡耐基认为："行为根植于人类的根本欲望……无论在商界、政界，还是家庭或学校，说服别人的首要途径，是引发对方的强烈欲求。"

《人性的弱点》一书提到一个方法，叫"苏格拉底的秘密"。这个方法的精髓可以用一句话来概括：从一开始，就努力让对方说"是"，不要给对方机会说"不"。

有位叫艾迪的弓箭狩猎爱好者，打电话给一家店，想租一套弓箭装备，但电话没聊几句，他竟然花重金购买了装备和配件。当他意识到这个事情时，钱已经付完了。

事情是怎么发生的呢？艾迪回忆了当时的场景。

电话那端的声音彬彬有礼。店员听说艾迪想租弓箭，先道歉说出租装备的损耗太高，他们负担不起，因此不再出租了。接着，他问艾迪之前是不是租过。艾迪回答："是的，好几年前了。"店员便询问："当时的价格是25美元到30美元之间吧？"艾迪再次回应："是的。"店员又问艾迪想不想省钱。艾迪回答："当然想啊。"店员接着解释，他们店里正在打折促销，一套弓箭套装只需要34美元95美分，而且包含所有配件，只比租用多出4美元95美分。店员还说他不再做租赁生意也是因为差价太小。艾迪觉得，店员说得很有道理。最终，艾迪的一系列"是"，引导他买了一套弓箭。在去店铺取货的时候，他甚至又买了别的东西，并从此成为那家店铺的忠实顾客。

4.卡耐基的成功之路

《人性的弱点》是一本读起来感受层次很丰富的书。有人说,经历过挫折和风雨的人,更能读出其中滋味。我们试着换一种读法,走入卡耐基的人生故事,走进那个特殊的时代,重新认识这本书。

对于卡耐基的少年时期,历史书中有一个专有名词叫"镀金时代"。这个词出自马克·吐温的小说,后来人们用它形容1870—1900年美国财富突飞猛进的历史。在这30年里,数百万的移民从欧洲来到了美国,大规模劳动力加速了美国工业化进程,铁路、工厂、采矿都在飞速发展。

卡耐基的少年时代是在密苏里州度过的。密苏里州位于美国中部。这一时期,由于铁路和汽船的普及和扩张,密苏里州成为美国的十字路口,交通便利,工商业繁荣。1904年,密苏里州的圣路易斯市举办了世界博览会。同一年,圣路易斯举办了第三届现代奥运会,这也是美国第一次举办奥运会。两年后,卡耐基从中学毕业,开始在高校深造。在进入高校这一年,他以《童年的记忆》为题参加了一次演讲比赛,并一举获奖。这次获胜成为影响他一生的关键。

又过了两年,卡耐基毕业了,他的第一份工作是销售,成绩还不错。但他很快放弃了这份工作,并走出密苏里州。他学了表演,希望成为一名演员,但发现收入太少。他想到自己从小就在演讲方面有天赋,于是决定试着去教人演讲。这一次,卡耐基找准了赛道。

后来,美国社会遭遇了1929年经济危机,无论是金融产业还是实体经济,统统遭到毁灭性冲击,民众对生活的信心跌至冰点。在这个背景下,卡耐基的一部作品问世,就是这本《人性的弱点》。

他写这本书的初衷只是将其作为教材使用。但为了完成这本书,卡耐基下了一番苦功夫,研究了各种心理学著作,浏览了无数杂志文章,亲自访问了美国时任总统罗斯福在内的很多成功人士。在经济危机期间,这本书的问世,就像是点燃了一支火炬,重新激发了很多美国人的信心。

《纽约时报》曾评论:"除了自由女神,卡耐基就是美国的象征。"这句话并不是无脑吹捧。卡耐基的个人经历其实是那个时代的美国以及那一代美国人的真实写照。

93 ┃《少有人走的路》
如何成为一个心智成熟的人？

周艺新[①]

20世纪70年代，由于美国深陷经济危机和越南战争的泥潭，整个国民精神萎靡不振。这时，有一位精神科医生考虑竞选美国总统，试图"挽救国民的精神"，他就是斯科特·派克。虽然他后来没有去竞选总统，但是他在1978年出版的《少有人走的路》事实上成了当时人们的精神食粮。

在《少有人走的路》这本书里，派克根据自己多年的临床经验以及自我反省，对人们如何成为一个心智成熟的人，从方法、动力、阻力和终极力量几个角度进行了分析。贯穿全书的，是无处不在的对人性的理解和激励。

派克认为，人生困难重重，无可回避，而人天生具备克服人生困难的能力和智慧。正是在不断克服人生困难的过程中，人的心智才逐渐成熟。这条心智成熟的路艰难曲折，越往后走人越少，但这条路对每一个人都敞开着。

1.克服人生困难、促进心智成熟的四个方法

"Life is difficult"，意思是"众生皆苦"。派克说，这是世界上最伟大的真理，我们必须深刻领会。要想深刻体会这句话，我们可以从

[①] 周艺新，高校教师，国家二级心理咨询师，中国心理卫生协会会员，译有《破碎的镜子》。

必然性和彻底性两个角度来看。必然性是指生活必然是苦的，没有谁可以例外。彻底性是指生活处处都有困难，某个问题解决了又会冒出新的问题，别指望一劳永逸。

既然困难重重是命，那么克服困难也必然是命，不但是宿命，而且是本能。那么，有没有解决问题的方法呢？派克说，有的，办法就是自律。自律包括四个原则：延迟满足、承担责任、尊重事实和保持平衡。

第一个原则是延迟满足。人生充满各种痛苦，有的痛苦大些，有的痛苦小些。我们要对痛苦的程度进行排序，先解决痛苦大的，然后解决痛苦小的。从表面上看，这是一个痛苦和幸福谁先谁后的问题；但从心理感受的角度来讲，这是痛苦带来幸福还是幸福带来痛苦的问题。

第二个原则是承担责任。我们要分清楚哪个问题是自己的、哪个问题是别人的，自己的问题自己解决，不要推卸责任。

所以，在直面人生难题的时候，我们要首先解决属于自己的、最痛苦的问题。但是，如果这个问题是不准确的呢？比如，因为不幸的童年，一个人得出"我不能相信父母，他们是不值得信任的"这样的观念。虽然这在当时是实事求是，但后来环境变了，他的观念没有跟着变，并坚持认为"我不能相信任何人"。这种不准确的观念会让他的生活遇到很多问题。所以我们还需要第三个原则，那就是尊重事实。世界不停变化，我们得及时调整自己的观念，实事求是。

第四个原则是保持平衡。保持平衡的关键是放弃。很多人之所以无法保持平衡，是因为无法承受放弃带来的痛苦，比如放弃先吃奶油、放弃依赖他人、放弃根深蒂固的观念等，这些都会带来痛苦。但是，如果我们回避这些痛苦，心智就无法成熟。

这就是《少有人走的路》一书的第一个重要观点：人生苦难重重，自律的四个原则可以帮助我们攻坚克难。

2.克服人生困难、促进心智成熟的动力和阻力

我们果真有动力去克服人生困难吗？

派克说，我们克服困难的动力是爱。那什么是爱呢？"爱是为了促进自我和他人心智成熟，而具有的一种自我完善的意愿。"换句话说，在派克看来，凡是不以心智成熟为目的的爱都是耍流氓；反过来，凡是真爱必然促进心智成熟。

第一个"凡是"把"激情之爱"赶出了真爱的行列。大家正爱得死去活来的时候，派克说，醒醒吧，那不是爱，而是本能，是性冲动。本能的东西，又不需要花力气，怎么能算爱呢？派克甚至说，这样的激情之爱是心智的退化。这就是为什么很多人在激情退去之后会惊呼：天啊，我怎么会爱上这样的人！

接着，派克又把批判的矛头指向了自我牺牲的爱。有些热衷于自我牺牲的人只是在满足自己好人形象的心理需求，真正的爱绝不是无原则、无条件的付出，还应该包括必要的冲突、果断的拒绝和严厉的批评。

还有一种耍流氓的爱比较隐蔽，它不是弱化对方的心智，而是拒绝自己心智的成长，表现为一种病态的依赖，把自己的生命和价值寄托在别人身上。由于在依赖的过程中，心智不是成熟而是退化，所以人们会越来越无法忍受孤独。

既然心智成熟的动力是爱，那么阻力是什么呢？派克说，阻力是懒惰。是不是一天到晚忙个不停就对了呢？也不是，一天工作24小时的人很可能没有认真思考，只是瞎忙。懒惰与付出时间没有关系，而与恐惧有关系。懒惰的人总是害怕尝试新事物，害怕改变，因为尝试和改变都需要付出努力。

人天生都是懒骨头，无论是谁，总是会在某个时候受到身上潜藏的惰性的影响，好在我们身上还有促进心智成熟的爱的力量。有时候，懒惰占了上风，于是我们就倾向于及时行乐、逃避痛苦，甚至编

造谎言让懒惰变得合情合理；但如果爱的力量占了上风，我们就倾向于接受挑战、承担风险，心智也越来越成熟。

3. 克服人生困难、促进心智成熟的终极力量是什么？

那么，克服人生困难、促进心智成熟的终极力量是什么呢？派克说，终极力量是潜意识，心智成熟的路就是一条认识潜意识的路，是一条回归自我的路。

这本书的关键词是"心智成熟"，即意识的成长。我们需要重新认识潜意识早已熟知的事情。言外之意，潜意识早就什么都知道了，它是全知全能的。

这个观点最早可以追溯到柏拉图。他有一个特别有名的观点，叫"知识就是回忆"。也就是说，我们学习知识，并不是在学习新的东西，而是在回忆我们已经具有的东西。后来，这个观点在心理学领域被发扬光大，其中的集大成者是瑞士心理学家荣格。荣格有一个关于潜意识的比喻，他把我们的精神世界比喻为一个岛屿。其中，水面露出来的部分是意识，水下时隐时现的部分是个人潜意识，最下面看不见的部分是集体潜意识。很多我们不知道的人类智慧，就隐藏在我们的集体潜意识里，是指引我们思维和行为的终极力量。派克认为，我们身上隐藏着全知全能的潜意识，它是神秘莫测的。我们对大脑很多方面是未知的。我们对潜意识认识得越多，意识就越成长，心智就越成熟。

那么，我们要怎样才能认识潜意识呢？派克说，直面现实，克服人生困难。我们的潜意识本身具有强大的智慧和力量，但是要通过解决人生的难题才能发掘出来。这种情况就像我们看到照片想起来了某个人一样，睹物思人。潜意识就在我们的脑袋里，但是需要现实的东西去把它唤醒。

派克的潜意识全知全能观点给了人一种终极的力量。这些人生难题有什么好怕的呢？我们本来就具有解决这些难题的潜力。反过来，如果我们逃避现实，不承认现实，也就无法让现实的信息去激活强大的潜意识，我们的心智就得不到锻炼。这样的话，我们对世界的认识会越来越少，我们说话做事也会越来越不切实际。发展到一定程度，我们还会产生严重的心理疾病。

心智成熟的旅程，实际上就是不断克服人生困难、激发自身潜能的过程。因为这条路困难重重，很多人无法坚持走下去，所以越往后走人越少。这是一条少有人走的路。但是，每个人都拥有成长的潜力，只要勇于挑战，我们就能到达人生的新境界。

《深度工作》
如何成为职场"开挂达人"?

张爽[①]

《深度工作》是一本自我管理类图书,讲述了在碎片化时代,如何训练大脑排除干扰、提高大脑的深度思维能力,从而创造更多价值。这本书首次出版于2016年,一发行就占据了美国亚马逊网站的职场励志书榜首。

这本书的核心思想是:决定工作价值的,不是那些琐碎浮浅的表象,而在于"水面"之下真正的"深度",也就是深度工作。深度工作是指在没有干扰的专注下进行的工作,它可以把我们的认知能力推向极限,从而得到具有创造性和高价值的工作结果。

1.为什么大部分人无法进行深度工作?

作者卡尔·纽波特说,人在做事的过程中会本能地选择一个"最小阻力路径"来完成自己想要完成的事情。也就是说,人们在选择工作时,总是从简单的工作开始,因为这些工作的阻力最小。

如果回复一封电子邮件要比准备一份述职报告简单得多,我们就会先回复电子邮件。虽然我们明明知道需要拿出一大块时间来准备述职报告,但是一收到邮件,我们还是忍不住点开看,并马上回复。这样半天下来,我们的述职报告可能还是一个字都没写。我们可能会抱怨,总是被这些看上去更简单的事打乱节奏,但第二天还是这样。

[①] 张爽,得到听书特邀解读人。

这是为什么呢？因为回复邮件的阻力更小，让我们觉得轻松。这样下来，我们会不断重复去做简单的事。我们会在那些需要花费时间并且产出高价值的事上压缩时间，甚至草草了事。时间长了，很多人就会觉得自己的工作没有价值，重要的工作总是一拖再拖。

根据最小阻力原则，人们如果长时间在简单、低效、低价值的工作中切换，等再回到重要工作时，注意力就很难集中。因为人脑的注意力调控，并不像计算机进程调度那样简单。对于不同难度和类型的任务，人脑内有不同区域和机制进行处理。但无论是哪种机制，当我们不断切换注意力目标时，大脑的处理能力都会降低。

这是为什么呢？原因有两个。第一个原因是"任务切换耗散"。当我们同时处理两个任务时，人脑的认知能力会在两个任务切换时消耗掉。我们看上去同时处理了两件事情，但是对于每件事情所分配的注意力都比一次只做一件事情时要少得多。第二个原因是"任务混淆耗散"。当人脑的认知从前一个任务切换到后一个任务之后，头脑中仍然会时不时地出现前一个任务的内容，这会影响我们进行第二个任务。

除此之外，我们过去的认知偏见也会导致我们无法深度工作。比如，很多人认为，忙碌代表生产力，只有忙碌才能有产出。所以，比起留出大块时间做有价值的工作，人们更倾向于追求这种看得见的成果所带来的成就感。

纽波特认为，要想摆脱低效的忙碌，我们就要重新审视自己习以为常的工作习惯，通过刻意练习来培养深度工作的能力。

2.培养深度工作能力的四个步骤

培养深度工作能力的四个步骤分别是：选择适合自己的深度工作模式、将工作内化成习惯、像经商一样去执行和适当减少整体工作时间。

培养深度工作能力的第一步是选择适合自己的深度工作模式。

深度工作需要保持长时间的专注，但并不是所有人都可以随时随地保持专注。所以，我们要根据自己的生理特性和职业特性来选择适合自己的深度工作模式，这样才能保持高度专注状态，从而让消耗的意志力最小化。

纽波特介绍了四种深度工作的模式：节奏模式、双峰模式、禁欲模式和记者模式。我们可以结合自身情况选择适合自己的深度工作模式。

如果你是深度工作的入门新手，那么纽波特建议你采用节奏模式来培养深度工作能力。节奏模式是指实践者创造一种工作节奏，将深度工作整合到生活中，并转化成一种简单的常规习惯。也就是说，你可以在每天的固定时间都做同一件事，形成节奏。

如果你是普通上班族或者有固定休息时间的教师、创业者，那么你可以采用双峰模式。双峰模式要求你将个人时间分为两部分，其中一部分时间追求高强度、无干扰的专注，其余时间完成浮浅工作。

如果你是自律的自由职业者，禁欲模式就比较适合你。禁欲模式是指与世隔绝地进行深度工作，切断一切与外界联系的媒介，将自己封闭在别人联系不到的地方。但纽波特认为，这种模式只适合少数人，毕竟大部分人是无法完全做到与世隔绝的。

记者模式是一种比较难的深度工作模式，是一种在日程安排中随时可插入深度工作的模式。也就是说，只要一有空闲时间，你就能立刻进入深度工作模式，苦心打磨产品。但纽波特强调，记者模式是很难实现的，只有很少一部分人才具有这种能力。所以，在培养深度工作能力的初期，纽波特并不建议你一上来就采用这种模式。

选择好适合自己的深度工作模式之后，接下来就是适应和重复。这也是培养深度工作能力的第二步——将工作内化成习惯。也就是说，不要等灵感或者状态来的时候才开始工作，而是将工作变成每日固定的习惯和准则，这样才能减少过渡到深度工作状态的阻力。

那么，如何养成严格内化的习惯呢？首先，我们需要确定执行深度工作的地点和时长。比如，我们可以把卧室里的一张书桌定为深度工作地点，每当坐在这张桌子前时，就告诉自己要开始深度工作了。然后，我们要设定一个具体的时间框架，在这个时间内要求自己保持专注，只专注在目前的工作中。最后，我们要给自己的深度工作设置规则和程序。如果我们想进行深度写作，那么我们可以设定每20分钟产出的文字数量，或者设定3小时内切断一切网络来源。只有长期刻意练习，我们才能形成习惯。

将深度工作习惯化之后，下一步就是执行。纽波特提出了一个执行概念，叫"像经商一样去执行"，这是培养深度工作能力的第三步。我们都知道商人具有很强的目标感，并且为了赚到钱，他们会把所有精力都放在最关键的目标上，然后围着目标设定一系列实现方法，让自己迅速达成目标。培养个人深度工作能力也是一样的。如果我们只是告诉自己要花更多时间来深度工作，这种泛泛的目标就很难让我们有太多激情和动力去行动。纽波特说，我们应该让自己像商人一样，给自己找一个能够燃起欲望的目标，把所有关注点都放到这个最重要的事情上，然后用足够的精力去完成它。

在找到关注点之后，接下来就是设置目标。纽波特建议，在设置目标时抓住引领性指标，而不是滞后性指标。滞后性指标是用来描述结果的，而引领性指标是指在达成预定目标之前的阶段性指标。

以减肥为例，滞后性指标是指具体要减多少斤，而引领性指标是指为了达到目标体重所需要完成的阶段性目标。运用到减肥当中，引领性指标就是每天摄取的食物热量值不能超过多少，或者每周进行多长时间的运动，等等。

为什么要抓住引领性指标而不是滞后性指标呢？滞后性指标代表一件事情的最终结果。在最终结果出现之前，我们不知道会出现什么问题，也就无法及时调整行为。如果等到结果出来后，我们再来改正行为策略，那么黄花菜都凉了。

引领性指标是衡量最终目标的前期目标。如果发现某个目标没有达成，那么我们可以及时调整策略和方向，这样我们还是有机会达成最终目标的。

在确定了极端重要目标之后，我们还需要衡量自己的完成程度，统计在通往目标的深度工作上投入的时间。具体做法是，设置一个计分板，每周都在卡片上进行简单标记，记录当周的深度工作时间。比如，每完成一个重要任务，我们就画一个圆圈。要是没有完成，我们就画叉号，然后定期回顾自己深度工作的计分板。我们需要分析没有完成深度工作的原因是什么，随时调整自己的工作状态和工作方法。

培养深度工作能力的最后一步是适当减少整体工作时间。这可能有点让人觉得不可思议，别说减少工作时间了，现在工作多到加班都干不完，如果再减少工作时间，那岂不是会堆积更多的工作吗？

纽波特说，通常一个工作日的工作时间是8小时，我们能保持深度工作的时间最多是4小时，普通人每天一般能保持2小时深度工作就已经很不错了，其余的时间都是用浮浅工作填满的。所以，压缩工作时间会让人更加专注在重要的事情上，减少的时间只是各种会议、媒体干扰、网页浏览、办公室政治等无价值无意义的浮浅工作时间。

当我们觉得无法专注时，减少工作时间反而是一种方法。也许原来我们在工作时会一拖再拖，等到最后一秒才完成。当截止日期提前时，我们就会因为工作时间减少反而更加珍惜时间。这种方法会让我们在做选择时有所侧重，从而自觉减少无意义的浮浅工作时间。

95 ｜《心流》
如何运用心流提升生活质量？

秋秋[1]

《心流》是积极心理学世界级领军人物米哈里·契克森米哈赖关于心流理论的第一部著作。所谓的心流，是指一种状态，就是人们在全神贯注做一件事情时的那种沉浸其中的忘我状态。

米哈里发现，很多顶级艺术家、运动员、作家、主持人有心流的体验。其实，你肯定也有过心流体验，比如在画画、下棋、上网或者打游戏的时候。如果你忘记时间、忘记吃饭、忘记上洗手间，你就已经处在心流当中。

1.如何才能收获幸福？

想要提升生命体验，落脚点在于体验。体验就是人们如何感受生活，是纯粹的主观感受。不管你是天才还是平凡人，体验都只跟你自己有关，但这个体验也是你最真实的感受。

我们从生活中得到的快乐，归根结底取决于心灵如何过滤和阐释日常体验。每个人每天都有体验，幸福就像考核体验好坏的指标。如果生活体验不好，人们自然就不会有幸福感。

那么，人类不幸福的根源是什么？为什么我们的感觉体验会不好？

在生命创造之初，人类就不是以安逸舒适为念的。从生物学的

---

[1] 秋秋，得到听书特邀解读人。

角度来说，人类受基因驱使，会去追求感官的享乐，比如品尝美味佳肴、享受吃饱喝足后的休息时光等。但是，感官的享乐不等于幸福，这种快乐转瞬即逝。沉浸其中的人实际上在被肉体的欲望牵着鼻子走，变成了基因的奴隶，从而远离了幸福。

从社会学的角度来看，在现代文明中，人们把财富和地位当成了幸福的象征，好像只要有了钱，生活就可以改头换面。不过，越来越多的调查显示，当人们的财富达到一定水平后，幸福感并不会再随着财富的持续增长而增长。也就是说，社会认可跟生活品质没有必然关系。在米哈里看来，认为获得财富就可以获得幸福，只是一种社会控制的手段，用幸福作为诱饵，让人们沉浸其中。如果只追求社会认为我们应该追求的东西，那么即使我们得到了这些东西，我们的满足感也来源于别人的认可，我们的精神生活终究还是被社会控制着。

在澄清社会控制和基因驱使两种幸福误区之后，也许我们已经发现，只有做自己意识的主人，才有幸福可言。如果沉浸在基因带给我们的享乐中，那么我们只能得到暂时的快乐。追逐社会认可的财富目标，让我们成了社会控制的傀儡。所以，要追求内心的和谐，我们只能从掌控意识入手。

2.如何控制意识？

要想控制意识，我们就要了解人类意识运作的方式。米哈里在心流理论中的最大创新就是，借用了物理学中的"熵"的概念来考量意识。他提出了"精神熵"的概念，这个概念用来指代意识趋于无序的状态。这也是全书的亮点。

在物理学中，熵代表的是无序的量度。套用到意识这个层面，我们可以简单理解为，意识会自发变得无序和混乱。比如，你在加班写文案的时候，大脑中可能已经奔腾过无数念头：昨晚的比赛为什么又输了？为什么只有我一个人在这里加班？当我写完这个文案，老板会不会表扬我？再比如，下班后跟朋友喝两杯酒，一边因为没有早点回家感到内疚，一边因为浪费时间和金钱而生气，各种念头心猿意马地跑过。

无序状态会让人不安，会对自我造成极大损害，使人没有办法集中注意力，从而无法实现任何目标，也就谈不上好的体验。米哈里说，精神熵是常态。这简直太可怕了。

幸好，物理学家薛定谔看到了大自然中的反例，提出了"负熵"的概念，也就是从无序走向有序的趋势。类似地，精神熵也有反面，即最优体验。

最优体验指的是一种状态。如果我们接收到的信息跟既定目标是匹配的，精神能量就会源源不断地涌现。我们既没有担心的必要，也不用怀疑自己的能力，能够保持意识的有条不紊。这种积极的反馈能够使我们投入更多注意力，照顾内心跟外在环境的平衡。

最优体验还有一个名字，就是心流。当处在心流当中时，我们并不会感到快乐，因为我们专注于做事，连自己是否快乐都忘了；但是，在任务完成后，当我们回味刚刚发生的事时，我们的内心就会油然而生一种满足感，这种满足感让我们感到快乐。

这就是我们所说的最优体验能够对抗精神熵，能够保持意识的井然有序。专注能够让人们感到快乐。在人们完全投入一件事的时候，精神能量能够源源不断地涌现，这就是心流。

3.如何为心流的出现创造条件？

那么，心流的出现需要满足哪些条件？

第一，清晰的目标。心理学实验发现，相对被迫做一件事，一个人没事可做的时候才是体验最差的时候。他会精神涣散，陷入忧虑、恐惧和无聊等负面情绪中。所以，不论行动的目标是主动的还是被动的，都比漫无目的的行动要好。

第二，即时反馈。即时反馈能让人在每完成一步之后立马知道自己做得究竟好不好。比如，登山者每攀登一步便知道，自己的位置又上升了一截。清晰的目标和即时反馈是相辅相成的。没有清晰的目标，我们就根本不可能获得反馈，因为我们不知道做到了没有。大部分人之所以不容易坚持目标，是因为他们的目标是模糊的。比如健身，"每次尽力做"就是一个不清晰的目标，大脑还需要在努力的时候反复思考"是不是尽力了"，我们很难投入。但是，如果我们把目标设定为"每组12次，组间休息30秒，实在做不到就放下"，这就是一个清晰的、能反馈的目标。即时反馈能够让我们不至于浑浑噩噩，并且时刻清楚自己在做什么。

第三，挑战的难度和能力相当。高能力做低挑战的事容易无聊，而低能力做高挑战的事容易焦虑。如果做一件事不是无聊就是焦虑，那么这种体验怎么会让我们坚持下去呢？而焦虑和无聊之间有一个神奇的空间，人在其中很容易进入专注状态，这就是心流通道。更加精确地说，当难度略高于技能5%—10%的时候，人们最容易出现心流。使出浑身力气登上顶峰的人，也会在挑战和能力之间找到平衡。在这种情况下，人的注意力会开始聚集，逐渐进入心无旁骛的心流状态。此时的我们，已经达到了身心合一，丝毫容不下无关的念头和情绪，甚至连自我也会消失不见，但感觉比平时强烈，过去2小时就好像只过了2分钟，不论做什么事都会感到价值百倍，因为做事本身成了目的。这是一种极致的体验。它就像一块磁铁，吸引我们发挥高超的技巧，并主动迎接挑战。

《学会提问》
如何成为一个批判性思考者?

得到听书团队

《学会提问》这本书中的"提问"有一个明确的指向,就是所谓的"批判性思维"。这本书的目的,就是帮助我们成为一个批判性思考者,从而更好地提问、更好地论述自己的观点、更好地认识这个世界。

1.什么是批判性思维?

很多人对批判性思维有一个误解,觉得批判性思维就是怀疑一切、批评一切,并且抓住别人话语里的小辫子大加挞伐,但其实不是这样的。

关于批判性思维的定义,《学会提问》这本书是这么写的:"批判性地倾听和阅读,就是对自己耳闻目见的一切加以系统的评价,然后做出回应。"就像在纷繁芜杂的信息中淘金,批判性思维强调对信息进行思考、分析与检验,再选择性地相信和吸收。

批判性思考者不是"杠精",不是不假思索地进行批评或抬杠,而是用理性的头脑对信息进行筛选、评估和判断,并做出回应,从而得出自己的结论。古希腊哲学家苏格拉底就是一个特别喜欢提问的人。他在和人讨论问题时,常用诘问法,也称"苏格拉底法"。苏格拉底认为,一切知识都是从疑难中产生的。提问能够避免独断专论,能够帮助我们寻找正确的答案。批判性思维能够帮助我们明辨是非,从而做一个清醒、包容、谦恭的人。

批判性思维其实不难培养，难的是我们很难时刻做到。生活中，无论是学习知识、与人交际、处理工作还是娱乐消遣，我们无时无刻不在获取和处理大量的信息。但我们的大脑是有惰性的，面对大量的信息，很容易偷懒，也很容易受到一些思维习惯的限制。因此，有意识地训练我们的批判性思维，能帮助我们规避思维的陷阱。

此外，关于批判性思维，有两点值得强调。第一，批判性思维的基础不是原理，而是丰富的知识。批判性思维与数学、经济学等学科不同，它不是工具，不能直接解决问题。批判性思维不是纯粹的概念推演，而是求诸外界和知识的。因此，掌握了批判性思维，只是掌握了一套语法，我们还要丰富自己的单词量，才能让它真正地变成我们的武器。第二，批判性思维不是让人不犯错，而是让人在犯错之后能及时纠错。批判性思维的对象不仅仅是他人的话语，还有自己的所言所想。也就是说，作为一个批判性思考者，我们不仅仅要对他人言论进行批判性思考，还应该将批判性思维应用于我们的发言和写作中。

2.如何提出一个好的问题？

无论是话语还是文字，只要对方抛出了一段完整的论述，它都是由论题、论据和结论构成的。这也是《学会提问》列出的批判性思维训练的三个要素。

论题是一个人话语中讨论的问题，我们首先需要找准论述中的论题，才能进行有针对性的回应。此外，这本书还给出了一个很有价值的观点：在需要就某件事情发言时，我们可以把发言变成一个问题。当我们把某段内容当成一个问题来思考时，我们的精力可以更集中，思路也会更清晰，并且容易以更有条理、更清晰易懂的方式让读者或听众明白我们想要讨论和解决的问题。

论据包含理由和证据，而证据是用来支撑理由的。但我们往往会忽略掉的是论证中还包含着一种没有明说的东西，这种东西叫"假设"。"假设"就是说话者在论述中所认为的理所当然而没有明说的信念，是把他的理由和结论联系在一起的纽带。比如，有人讨论要不要在学校里用金属探测器对学生进行安检。其中，个人隐私和集体安全就是一组冲突的价值观。在一场辩论赛中，正反方都会用雄厚有力的论据支撑他们的结论。虽然这些论据听起来很有道理，但双方最大的分歧往往是针对特定问题的价值观假设不同。

我们平时获取信息的大部分来源，无论是媒体、公众人物还是朋友，都很少会点明隐藏在他们观点下的价值观假设。在很多情况下，说话者可能也没有意识到。那么，找到对方论述中隐藏的价值观假设有什么作用呢？

当别人就某件事展开论述并针对结论给出了很多理由时，虽然这些理由听起来很有道理，但我们会觉得有种说不上来的奇怪。我们要注意的是，这些理由很可能无法支撑他的结论，他没有明说的价值观假设很可能是站不住脚的。

比如，有人说，他有两个朋友。朋友A初中辍学后在社会中摸爬滚打，现在成为一个有钱的商人；而朋友B大学毕业后进入了一家普通公司工作，领着微薄的薪水。于是，这个人说，朋友A要比朋友B更成功，读大学没什么用处。他的结论是读大学没什么用，而他的理由是朋友A比朋友B更成功。在这段话中，他没有说出来的价值观假设是"金钱是衡量成功与否、读书有无用处的唯一标准"。

当明确了论题、结论并确认了对方假设是否可行后，我们就要检验其证据的效力。我们要分辨证据是事实还是个人见解，事实比见解更有说服力。

《学会提问》一书给好的结论定了四条标准：第一，结论要重点突出，阐述明确；第二，结论需要理由和证据来支撑，也就是要有充分的论据，而且绝大多数人要觉得理由和证据有说服力；第三，结论要回应论题,也就是不能跑题;第四,结论要容易让读者或听众知道。有一个简单易操作的办法,那就是写完结论后,找一个人来读我们的文字,确保对方能够轻而易举地找到我们的观点和结论。

3.论述中的陷阱

论述中还可能存在一些细微的陷阱,让人一不小心就陷入思维的误区。我们要当心论证中的逻辑谬误、可能欺骗我们的数据以及那些被省略不提的内容。

第一,我们要当心论证中的逻辑谬误,也就是一些干扰我们的"小花招"。一是"人身攻击型谬误"。这种花招很常见,对方没有直接反驳我们的理由,而是对我们进行人身攻击,从而分散我们的注意力。二是"叙述谬误"。这种花招的特点是,我们能够讲出一个故事,而这个故事貌似可以解释某件事情,我们就觉得事实正是如此。

第二,我们要当心可能具有欺骗性的数据。很多人有数据崇拜的惯性,但我们要注意,数据不一定可信。比如,有些数据的样本代表性可能不足,有些人会省略一些信息来达到他们的目的。例如,某园区的公司数量增长了75%,这个百分比听起来挺高,但公司数量可能只是从4家增长到了7家。因此,哪怕对方给我们展开了一张看起来似乎很可靠的数据表单,我们也要提高警惕,因为数据中可能存在陷阱。

第三,我们要当心那些省略不提的内容。我们在生活中遇到的大多数信息是有目的的,是经过精心挑选和组织的。在这些信息中,可能有一些关键信息被省略,从而引导我们做出仓促乃至错误的判断。作为批判性思维者,面对别人提供的信息时,我们要能够发现和询问那些被忽略不提的内容,因为那些内容可能对我们的决策非常重要。

4. 结语

成为一个批判性思考者,到底是要成为一个什么样的人呢?《学会提问》这本书中有一句话可以回答这个问题:"批判性思考者的基本价值观是自主决断、好奇心、谦恭有礼和对好的论证的尊重。"这句话可以作为批判性思维的注脚,成为我们前进路上的灯塔。

97 │《园丁与木匠》
如何做优秀的父母？

苗炜工作室

《园丁与木匠》这本书的作者是艾莉森·戈普尼克，她是美国加利福尼亚大学伯克利分校的发展心理学教授，也是这个领域的顶尖学者。这本书以进化生物学、发展心理学以及认知科学的最新研究成果，对照主流文化包括书籍、电视、报纸中所宣扬的种种错误育儿理念，揭示关于亲子关系的真相。

虽然父母关爱孩子非常重要，但父母不是要把孩子塑造成某种特定的样子。孩子天然就应该贪玩、混乱、不可预测、充满想象力。这个世界之所以有孩子，人类之所以有童年，就是为了最充分地发育我们的大脑，让我们更善于学习，从而应对环境变化。

为人父母，不是工作，不是木匠做桌子，重要的也不是技巧，而是园丁种花，其本质是爱。这种爱的目的是，给予孩子成长所需要的一个安全、温暖、自由的环境，使孩子成为一个独一无二的自己。

1.童年的进化

这个世界为什么会有孩子？从进化的角度来看，童年是一段完全依赖他人的阶段，大人得花非常多的时间和精力照顾小宝宝。既然这么麻烦，为什么人类非要有这个漫长的未成熟期呢？人类进化了这么多年，为什么不能缩短这个阶段呢？

过去十几年来，进化生物学上有一个有趣的发现：对于不同的物种来说，未成熟期越长，大脑就越大，成年后就越聪明，越灵活，越善于学习。这种关联在动物世界里非常明显。鸟类学家很早就根据离巢的早晚把鸟类分为早熟性和晚熟性两种。早熟性的鸟包括鸡、鹅等,它们一两个月就成熟了,也有一些非常擅长的事情,比如啄吃的,但除此之外,它们非常笨。晚熟性的鸟包括乌鸦和鹦鹉等,它们很聪明,有的甚至比黑猩猩还聪明。

虽然大脑会消耗身体大量的能量,但拥有一个强大的大脑有助于物种更好地生存。这意味着生物有充足的余地发育出更大的大脑,从而投资一个更长的童年,然后帮助后代再长出更大一点的大脑,如此类推。而人类就处于这个谱系的终端。在动物王国里,人类有最长的未成熟期、相对最大的大脑容量以及最强的学习能力,人类的成年人也投入最大的时间和精力来照顾他们的孩子。

人类这样一个物种,注定要应对环境中最大程度的变化性与不可预测性,而人类的童年就是一种核心的适应策略。人类巨大的大脑以及漫长的童年,都是为了给孩子提供一个保护性的时空,让他们能不断试验出新的想法和行为。童年就是为了孩子能负担得起一个在不可预测的环境里善于应对变化的大脑,以及一个非常擅长学习、变化而不擅长计划、行动的大脑。所以,作为父母,如果我们以木匠的思维来养育一个孩子,而且成功地实现了木匠的蓝图,制造出一大堆一模一样的聪明、成功、幸福的孩子,我们就彻底破坏了童年的意义。

2.爱的进化

戈普尼克说,为人父母,不是工作,而是爱。那么,这是一种什么样的爱呢?

戈普尼克说,人类对孩子的爱是独特的,由一段独特的进化历史塑造,并且影响了人类许多其他的情感与关系,比如夫妻之间的爱、祖辈之间的爱、朋友之间的爱、师生之间的爱以及社群之间的爱。

与其他动物相比,人类父母照顾孩子的特殊之处有两个:第一,时间特别长;第二,参与的人很多,除了母亲之外,还有父亲、祖父母、邻居甚至路人。我们会觉得这些都是顺理成章的,但其实,父母、祖父母、路人甚至宠物都对人类幼儿表现出喜爱的态度,是一个非常独特的人类现象。

首先,父亲参与照顾孩子这件事情在动物界是很罕见的。事实上,配偶关系本身就是一种异类的存在。DNA的新证据显示,几乎所有动物都有多个性伴侣,构成固定配偶关系的动物很少。而在人类进化中,那种看上去比较软弱但有爱心的男性有进化优势。所以,人类的配偶关系与男方投入之间是有很大关联的,跟人类的童年越来越长、需要越来越多的照顾显然也有很大的关系。即使从本能的感受来看,浪漫的爱情与父母爱孩子之间似乎的确有一种深刻的关联。它们当中都有一种类似幻觉的东西。所谓"情人眼里出西施",父母总觉得自己的孩子天下无双。两者之间的生化基础很相似,都是由催产素驱动的。大脑中分泌的催产素和相关的化学物质负责产生爱、依恋以及温暖的情感。父爱作为一种亲密关系,是在父亲照顾孩子的过程中产生的。研究表明,父亲在照顾婴儿的时候会降低睾丸激素的水平,也就是降低了攻击性与愤怒的情绪。

其次,祖父母尤其是祖母参与照顾孩子,在整个动物界是绝无仅有的。事实上,祖父母的存在本身从进化上看也是一种异类的存在。大部分物种是没有祖父母的,当生殖年龄终结,它们就死掉了。进化生物学里有著名的"祖母效应",绝经后的女性的寿命越长,她们就越能帮助自己的女儿和孙辈,从而促使更多孙辈子女出生。也就是说,很可能是祖母的投入,确保了童年的存在,确保了孩子可以未成熟很久。对于狩猎采集部落来说,正是祖母的照顾让那些两三岁的孩子能顺利活下来。

最后,路人之爱是人类社会一个很独特的现象。美国生物学家莎拉·布莱弗·赫迪最早提出了共同哺育的理论。她认为,这种现象在人类进化的早期就出现了。自从人类迁移到大草原,开始生出体型相对较大的婴儿,人们就需要互相帮助。孩子如此脆弱无助,如果没有这种互助互利的机制,人类作为一个群体根本就不可能生存下来。当然,这种爱的承诺不是没有代价的,"我们与他者"是人类的情感死穴,人类天性中对同类的信任、爱与承诺常常也暗含了对"他者""圈外人"的敌意。

3. 孩子是怎么学习的?

戈普尼克认为,在理解真实世界时,包括人的层面,儿童的思维方式类似于科学家:观察、假设、推理、实验、求证,从而了解世界的因果关系。根据她的研究,儿童很早就懂得揣摩母亲的心意,并根据对方的回应发展出"内在运作模式"。比如,安全型婴儿断定照顾者会尽快安抚他们,逃避型婴儿认为表达痛苦只会引起更多的不幸,而焦虑型婴儿则不确定安抚会不会奏效。对婴儿来说,没有什么比学习更重要,因为在整个童年期间,他们必须完全依赖照顾者才能生存。

儿童为什么喜欢玩假装游戏呢?戈普尼克认为,这是因为他们在利用自己对这个世界的了解,来想象这个世界可以有什么样不同的模样。而在构想一个虚构世界时,他们的方法类似于小说家或者戏剧家。换句话说,小说家、戏剧家只是保留了童年时代的爱好——游戏。戈普尼克在《园丁与木匠》一书中提道:"随便看一下你周围的东西,房间里的每一件东西,杯子、椅子、电脑,都曾经只是停留在想象世界里的东西。连人也是如此。但现在,这些都是真实得不能再真实的东西。这是人类心智最擅长的东西——将想象变成现实。"

戈普尼克认为,发现世界的真相(也就是理论)与创造新世界(也就是想象)这两种根本能力共同构成了人类最重要的进化优势。当儿童学习和想象的时候,他们是在利用已有的知识创造新的可能性。当我们还是孩子的时候，我们专心致力于学习世界上的一切，以及想象世界上还有哪些不同的可能性。等到长大成人，我们就把自己学到的和想象出来的付诸实际。童年是一段被父母之爱保护着并专门用于学习、游戏与想象的时光，因此被赋予了深刻的意义。因为童年的存在，人类跳脱了进化的限制，拥有了生生不息的创造能力和发明能力。所以，父母之爱的本质从来不是工作，而是关系，一种特殊的爱的关系。戈普尼克认为，我们对孩子的爱以及孩子对我们的爱，都是无条件的、亲密的、深刻的，充满了感性的直觉。作为父母，我们最大的奖赏不是孩子的成绩或奖杯，甚至不是他们的毕业典礼或者婚礼，而是我们与孩子在一起时那种分分钟的喜悦以及孩子与我们在一起时那种分分钟的喜悦。

4.结语

父母不是要按照自己的标准来打造孩子，而是像园丁一样工作。父母要创造的是一个生态系统，只要保证土壤富饶、空间安全，花花草草就能以各种预料不到的方式自行应对环境的变化。从进化生物学的角度来说，这就是人类童年的全部意义所在，而父母的责任是创造和保护这种生态系统。

《掌控习惯》
怎样用四个步骤改变人生？

陈章鱼

詹姆斯·克利尔之所以写《掌控习惯》这本书，是因为他实实在在感受到了习惯的惊人力量。可以说，习惯让他从人生困境中挣脱出来。

高二的时候，克利尔被棒球棒击中面部，位置恰好在两眼之间。克利尔面部多处骨折，甚至大脑都发生了严重肿胀。这次受伤让他很长时间都没法参加训练，最后被校队除名了。

后来，在大学期间，他重新开始打棒球，入选了"娱乐与体育节目电视网"学术全美队。美国只有33个运动员入选，克利尔就是其中之一。大学毕业的时候，他还获得了校长勋章，这是他所在的大学给学生的最高荣誉。

为什么他能从这么大的挫折中重新站起来呢？靠的就是习惯。也正因为这一点，他写下了这本书，希望把他培养习惯的方法告诉更多人，让他们从习惯中获得力量。他还创办了习惯学院，已经有1万多名毕业生，其中有公司的管理者、老师等，很多世界500强公司也会选派员工到他的学院参加培训。

怎样改变习惯呢？可能我们的第一反应是，要动用强大的意志力。但是，克利尔认为，改变习惯并没有我们想得那么难。我们之所以很难改变，不是因为我们的意志力不够坚定，而是因为我们用错了方法。

1. 小改变的大力量

2003年，戴夫·布雷斯福德被英国自行车运动协会聘为绩效总监。1908—2003年，英国车手在奥运会上只获得过1枚金牌。不过，在布雷斯福德担任绩效总监以后，情况就完全变了。仅仅过了五年，在2008年北京奥运会公路和自行车比赛项目一共14枚金牌里，英国自行车队拿到了8枚金牌，比之前近100年来获得的金牌都多。

布雷斯福德的训练方法叫"边际效益的聚合"战略。说白了，这个方法就是在每个细节上寻求进步。细致到什么程度呢？他们甚至将团队运自行车的卡车内部的油漆刷成了白色，这能帮他们发现灰尘。车厢里有灰尘本来很正常，但是这些灰尘如果落到自行车上，就会影响自行车的性能，最终影响选手的比赛成绩。

克利尔说，我们总会盯着那些发生改变的重要时刻，忽略了背后的细微变化，而这些常常是看不见的。我们低估了时间的力量。

克利尔建议我们建立一个改变习惯的四步模型：提示、渴望、反应和奖励。这四步分别对应行为转变的四个规律。

2. 改变习惯的第一步：提示

其实，所有改变都源于现状和预期之间的差距，只有我们对现状感到不满时，才想改变它。认识到这一点并不难，但是实践起来，就要难得多了。

比如，我们每天早上八点起床，时间一长，我们就形成了生物钟。但是，有一天，我们得早起赶飞机；而在前一天晚上，我们需要定好几个闹钟，强迫自己提前起床。提示就像闹钟，当我们无意识做出自动化行为的时候，它就会提醒我们要改变了。

具体怎么办呢？《掌控习惯》这本书给出了一个方法：创立一个习惯计分卡。我们可以把日常习惯全都列个清单，然后对照这个清单一条条问自己：这是好习惯还是坏习惯？如果是好习惯，那么我们可以在旁边画一个加号；如果是坏习惯，我们就在旁边画一个减号；要想继续保持这个习惯，我们就画一个等号。

在知道要改变哪些习惯后，我们就可以开始行动了。克利尔说，很多时候我们不是缺乏动力，而是缺乏明确的计划。比如，我们想培养早起的习惯，就不能只在床头贴一个"早起"的便笺纸，而是要写上"我将在什么时间、什么地点做什么"，计划越详细越好。

我们可能会觉得这个方法有点幼稚，但要知道，这是有科学依据的。我们知道，左脑负责语言、逻辑。当我们说出一句话的时候，大脑就已经加工过这个信息了，它会把我们的无意识反应变为有意识行动，提醒我们现在正在做什么。

3.改变习惯的第二步：渴望

怎么降低改变的难度，从而心甘情愿地改变呢？这需要把握好情绪。克利尔把第二步叫"渴望"，这也是我们改变的动力。

人最深层的渴望就是减少不确定性，获得奖励，简单来说就是"趋利避害"。所以，如果想要改变习惯，我们就要让新习惯变得更有吸引力。我们可以把想培养的好习惯和喜好绑定在一起。当开始期待之后的奖励，我们也就不会觉得行动有多难了。

美国广播公司曾经就用这个方法培养了观众按时收看电视剧的习惯。它是怎么做的呢？它鼓励观众在周四晚上自制爆米花、喝红酒，然后在电视机前享受美妙的夜晚。这样一来，周四晚上的电视节目就和爆米花、红酒的美好联系起来了。

4.改变习惯的第三步：反应

怎么让坚持变得简单呢？这就到了改变习惯的第三步：反应。我们重复一个行为的次数越多，大脑对它的记忆就越深刻，这种新的行为就会替代旧的行为模式，转化成自动化反应。

我们的大脑天生就喜欢用最省力的方式解决问题，尽可能保存精力。这个原则叫"最省力法则"，我们的行为都遵循这个法则。也就是说，当一个行为消耗的能量越多，我们就会越少采取这个行动。所以，要想让一个习惯容易坚持，我们就要尽可能减少行动阻力。

具体怎么做呢？《掌控习惯》这本书给出了一个方法，即"两分钟规则"。克利尔说，培养一个新习惯不要超过两分钟。我们可能会觉得想培养一个习惯不应该是坚持的时间越长越好吗？想培养阅读习惯至少也得每天坚持半个小时吧？其实，我们可以换一个思路：用两分钟看两页书。当翻开书看起来之后，我们怎么可能只翻两页呢？我们总会想看看后面又写了什么，慢慢地也就看进去了，甚至看得入了迷。"两分钟规则"就是为了帮我们减轻心理负担，让开始行动变得更简单。

其实，所有的习惯都可以缩减成"两分钟版本"。比如锻炼，我们可以从做一个仰卧起坐开始。再如跑步，我们可以从系鞋带开始。说到底，培养一个习惯，开始行动最重要。当开始做一件事时，很多时候我们就会不知不觉地把这件事继续做下去。

那么，什么时候停下来呢？我们应该在感觉很好的时候停下来。作家海明威也用这个方法来创作，他会在写得不错的时候及时停下。这样，即使第二天没有什么灵感，他也可以按照上次的思路继续写。

5.改变习惯的第四步：奖励

当我们很清楚地知道自己想要改变哪些习惯，也愿意改变，并且已经开始行动时，我们怎么让新习惯变成一件自己愿意一直坚持下去的事呢？方法就是，把它变成一件让人愉快的事。这就是改变习惯的最后一步：奖励。

20世纪90年代，巴基斯坦的经济中心卡拉奇的卫生条件很糟糕，一半以上的居民住在贫民窟里，加上人口密集，人们很容易感染各种疾病。其实，只要勤洗手，人们就可以防止很多疾病，但是当地人都没有养成这个习惯。一位叫斯蒂芬·卢比的卫生工作者想了一个办法，他开始为居民们提供一种香皂。这种香皂有更多泡沫，而且香气更加好闻。人们发现，洗手不再是一个很麻烦的过程，而是一种愉快的享受。越来越多的人慢慢就养成了洗手的习惯。

怎么让习惯变成一件让人愉快的事呢？其实，只有一条原则，那就是让反馈变得及时、可见。在完成一个习惯动作之后，我们可以及时给自己奖励，最好让这些新习惯的好处变得显而易见。要知道，我们的大脑更喜欢短期、确定的回报。如果要改掉一个坏习惯，这个过程就刚好相反，我们可以让它变成一件让人厌恶的事。比如，我们可以把坏习惯造成的后果告诉朋友，毕竟当众暴露自己的问题是一件很丢面子的事。如果实在抹不开面子公开自己的坏习惯，那么我们还可以跟自己订立习惯契约。要是重复了坏习惯，我们就可以给自己一个小小的惩罚。

6.结语

改变习惯本身不是目的，人的成长才是目的，习惯只是工具。当我们意识到自己想成为一个什么样的人的时候，改变就已经开始了。这个时候，我们要做的只是采取行动，推动改变出现。习惯只是帮我们节省力气，让我们的行动变得更容易。

99 |《书读完了》
一套打通古今中外知识的阅读方法

贾行家

金克木是少数有资格说"书读完了"的学者。他是印度学专家,曾经和季羡林一起创办了北京大学梵语巴利语专业。他的梵语水平让后来的学生望尘莫及。同时,他通晓多种语言,学贯中西,文史哲经、古今中外、自然人文无所不通。当他在 2000 年去世时,学界感慨再也难有这样的"通人"型大学者了。

金克木借这个书名告诉我们:某种意义上,世界上的人文社科类读物确实可能读完,而且人人可以做到。就看我们用什么方法。《书读完了》这本书谈论的就是如何建立知识系统,如何高效、有步骤地摄取内容。

1. 为什么说世界上的书能读完?

历史学家陈寅恪回忆,他年轻时见过一个老学者夏曾佑。夏曾佑对他说:"你能读外国书很好。可惜我只能读中国书,都读完了,没得读了。"陈寅恪很惊讶,怀疑对方糊涂了。中国的典籍汗牛充栋,怎么可能读完呢?陈寅恪直到老了才发现当年那句话有道理:中国古书确实能读完,较为重要的只不过几十种而已。

金克木说,很显然,陈寅恪和夏曾佑看出来中国古书之间存在的联系。中国传统经典是一个大的系统结构,有一些书是绝大部分书的基础。离开这些书,其他书就无所依附。如果按照这个标准来看,不只中国文化可以读完,西方文化也可以读完。

读中国古书，首先要读的是那些古代文人从小要背的书，他们的思想和话语体系是从这个知识系统里来的，不读就不知道他们在想什么。这些书是《易经》《诗经》《尚书》《左传》《礼记》《论语》《孟子》《荀子》《老子》《庄子》。不先读这十部书的话，读古代小说戏剧，包括鲁迅的杂文，都会有不明白的地方。

如果读历史，必读书是《史记》《资治通鉴》《续资治通鉴》三部；另外还有一部《文献通考》，它是宋元时代编纂的古代政治制度通史，可以和《资治通鉴》相辅相成。如果读文学类的书，首先要读的是南朝梁武帝长子萧统编选的《昭明文选》。读这套书，我们可以对从屈原到唐代以前文学形成整体印象。

这并不是提倡读经和复古，读这些书用不着咬文嚼字、死抠字句，只做一般了解就可以。这些书，除了《易经》《老子》，都有故事性、趣味性。加了注解之后，中学生也可以读懂，而且也不是都得看，太专业的篇目或者枯燥的内容可以翻过去。把这些书通读一遍，其实用不了太长时间。

同样道理，西方文化也有基础必读书。首先要读的是《圣经》，不了解《圣经》里的知识，几乎读不懂西方公元以后大部分的书，包括那些反宗教的或不涉及宗教内容的书。就像了解阿拉伯文化，基础必读书当然得包括《古兰经》。另外要读的是《圣经》出现之前的古希腊、古罗马时代的经典书，比如柏拉图、亚里士多德的书。我们需要把它们和《圣经》对照阅读，因为这些书在《圣经》之后经过了重新整理。

2.中西文化系统的最大级别分类

这些必读书的深层次联系，才是这本书的奥妙所在。

要看清知识传统的内在联系，我们就要回到书籍形成的初期。各种文明的早期文献，肯定是出自掌握文字知识的人之手。在各大古代文明中，知识阶层的生活方式不同，他们思考问题的方式也不同，这就形成不同的风格。

比如，古希腊的城邦政治产生了相对自主的智者群体，所以他们能专注地思考"认识自己"这类课题。中世纪的欧洲处于政教合一的社会，有一段时间，所有的识字者都在修道院，他们的思考和书写当然就以神学问题为主。

古印度的识字者也是专注于宗教的，但表现和西方不同。在古印度，识字的人是婆罗门或者出家的沙门，他们靠施主供养，与政治关系不大。到了老年，他们会进入森林或者移居到恒河边上修行，所以也不大关心现世问题。

古代中国知识阶层的突出特点就是，和政治联系紧密。

在寻找中外文化根源的过程中，金克木对接了一对基础概念：西方的"逻各斯"和中国的"道"。逻各斯是古希腊哲学和西方神学里的基本概念。在希腊语里，它有语言的含义。语言不只是表达思想的工具，它本身就是思想、行为。所以，逻各斯又有语言、思想、行为合一的意思。另外，有意义的语言，一定合乎理性法则。所以，逻各斯在古典哲学里有规律和原理的含义。《圣经·约翰福音》的第一句"太初有道"中的"道"，就是逻各斯。

这种传统既不是文明一开始就有的，也不是唯一的。中西方同时都有另一类非逻各斯的道，也就是来自人类潜在意识、非理性的道。它不能准确用语言表达。基督教信仰中的很多东西，不能用理性思维去解释，也不能完全用语言表达，就是因为属于非逻各斯的道。而且，这两种道可以共存在一个人身上，比如牛顿就是一个虔诚的信徒。

中国的传统文化也可以划分出逻各斯的道和非逻各斯的道两种体系。产生自本土经典的道都偏重逻各斯。原因就是，中国古代文献的政治性强，它们追求集中性和全体性，是通过某种秩序从全体落实到个体的。其中，《易经》《尚书》《春秋》《诗经》《论语》《老子》最重要。这六部书在逻各斯的结构性语言体系里各有侧重。《易经》和《老子》是符号语言。《老子》虽然抨击当时的政治，但提出来的是另一套政治见解和统治策略，也被汉唐的皇家推崇。《尚书》《春秋》代表官方语言。《诗经》是官方和民间语言的艺术化结合。

在中国传统文化里，偏重非逻各斯的道几乎是外来的。它们在中国语言里也不叫"道"，而叫"法"，也就是佛法。佛法从汉代开始在西域流行，在汉代以后迅速扩展到中原，在思想质地上是从个体到全体的，呈分散和无序状态，和中国原有的道是对立的。

3.让小学学历持有者成为北京大学教授的读书方法

由于自幼家贫，金克木上了一年中学就辍学了，开始赚钱养家，最后一路成为北京大学教授。在自学中，他有两种读书方法。

第一种方法是"格式塔"方法。"格式塔"是心理学名词，其含义是，人类大脑的认知过程是一个动态的整体。整体印象并不等于局部的总和。这种读书方法是迅速对一本书做出整体判断，形成基本印象，近似诸葛亮读书的"观其大略"。也就是说，在短时间内对书在知识体系里的定位、全书的格局形成判断，快速找到最有价值的部分，领会主旨，不在细节上过分纠结。

第二种方法是"福尔摩斯"解密法。这种方法是抱着解密心态琢磨潜藏在字里行间的意思。这在传统表述里叫作"读书得间"，也就是读出书本背后隐藏的含义。一本书讲的是什么很重要，怎么讲的同样重要。这种方法的形式，就是先自己提出问题，再自己寻找答案。

读书解谜的一个常见方法，就是寻找文字背后的潜在关系，也就是人的潜台词。中国古书的一大特点，就是有丰富的潜台词。西方的语言学研究，习惯于把潜台词变成明确的语言。而中国人明白，潜台词只可意会，不能说明。一旦变成明确文字，文字的意思就会随之改变。我们在社会交往中都有体会。潜台词说明白了，就成了《茶馆》里的"把那点意思闹成不好意思"。另外，要读字里行间的含义，我们还需要联系其他的书。

4.结语

《书读完了》这本书多次强调：学习中最重要的是好奇心。教育是不可逆转的。好奇心必须在儿童阶段培养，高等教育只能进行增删，没法对好奇心做根本改变。青少年读书快，可以用"观其大略"的方法把基础性的书都过一遍。不要被考试和作业压得太死，要保护好奇心。另外，读书的目的是建立与外在世界的联系。人不只要读书，更要学会读人、读物。金克木读了一辈子书，也最会读书，还是觉得自己从人和事物上学到的东西更多。通过读书建立的思考，也一定要返回到生活的具体问题上。

100 ｜共创第100本经典
写下你心中的好书

说明：第100本经典，我们希望交给作为读者的你。你可以从本页开始，写下你心目中的经典。你可以把这本书还原到它所在的知识网络里：它掀起了一股什么样的学术风潮？后人如何评价它？你还可以把这本书还原到每个人的生命体验里：它对今天的人有哪些启发？假如我不从事相关研究，这些启发的价值是什么？期待你的共创。

附 录

如果你还没有找到你心目中的经典,这里还有50本好书等你探索。我们为你准备了8天"得到听书会员卡",扫描文末二维码,即可领取。登录得到App,3800多本好书免费畅听。

文学名著

《堂吉诃德》| 黄昱宁工作室解读
《活着》| 朱伟解读
《傲慢与偏见》| 黄昱宁工作室解读
《红与黑》| 黄昱宁工作室解读
《巴黎圣母院》| 黄昱宁工作室解读

《蝇王》| 怀沙解读
《边城》| 陈小花解读
《尤利西斯》| 李迪迪解读
《西厢记》| 陈小花解读
《浮生六记》| 安公子解读

人文社科

《文字的力量》| 贾行家解读　　《昨日之前的世界》| 裴鹏程解读
《王阳明传》| 裴鹏程解读　　　《历史的教训》| 贾行家解读
《千面英雄》| 韩焱解读　　　　《第三帝国的兴亡》| 段文强解读
《罗马革命》| 曲飞工作室解读　《国史大纲》| 段文强解读
《华夏边缘》| 裴鹏程解读　　　《耶路撒冷三千年》| 曲飞工作室解读

商业视野

《大空头》| 小云解读　　　　　《黑客与画家》| 张凯解读
《富国陷阱》| 徐玲解读　　　　《凯恩斯传》| 刘怡解读
《伟大的博弈》| 小云解读　　　《贸易的冲突》| 徐玲解读
《小狗钱钱》| 胡蓉解读　　　　《微观动机与宏观行为》| 徐玲解读
《企业生命周期》| 管理百年工作室解读　《自由选择》| 汪恒解读

科学素养

《女士品茶》| 马继伟解读　　　《系统之美》| 徐玲解读
《人体的故事》| 李志新解读　　《失控》| 怀沙解读
《百岁人生》| 夜里解读　　　　《时间的秩序》| 刘玄解读
《文明之光》| 张凯解读　　　　《基因传》| 吴晨解读
《美丽心灵》| 曹天元解读　　　《天才的拓荒者》| 曹天元解读

思维工具

《有限与无限的游戏》| 贝小戎解读
《禅与摩托车维修艺术》| 哈希解读
《番茄工作法》| 成甲解读
《爱的多重奏》| 吴冠军解读
《信号与噪声》| 陈朝解读

《心智探奇》| 袁泽解读
《微习惯》| 成甲解读
《游戏改变人生》| 陈章鱼解读
《麦肯锡方法》| 成甲解读
《沟通的艺术》| 任闯解读

扫码领取
8天得到听书会员